국민운동사

정부수립 전·후의 국민운동

• 저자 약력

저자는 해방 후 건국을 위하여 헌신하고 어떠한 관직도 탐하지 않은 진정한 애국자이었다. 저자는 1906년 1월 전라북도 익산군 왕궁면에서 출생, 1983년 12월 서울에서 사망하였다. 1927년 전주사범학교를 졸업한 후 8년 동안 전라북도 남원, 이리(현 익산시) 등지에서 초등학교 교사로 활동하였고, 1939년부터 1945년까지는 만주 금주성 창무현에서 농장을 개척하는 한편 초등학교를 설립하여 운영하였다. 해방 직후 귀국하여 1946년부터 1949년까지는 애국단체연합회, 민족통일총본부의 임원 및 대한독립촉성국민회의 중앙상무위원 등으로 활동하였다.

• 편자 약력

편자는 충남대학교 법과대학에서 1975년부터 31년간 후학을 양성한 민법학자이다. 편자는 1940년 9월 저자의 3남으로 태어났으며, 1958년 서울대학교 법과대학에 입학하여 서울대학교에서 법학사, 법학석사, 법학박사학위를 받았다. 충남대학교에서는 법과대학장, 대학원장을 역임하였다. 대전광역시 지방토지수용위원회 위원, 대전광역시선거관리위원회 위원으로 봉사하였고, 세 번에 걸쳐 법무부민법개정위원회의 위원 및 위원장으로 민법개정안 연구에 헌신하였다. 학계에서는 한국법사학회 회장과 한국민사법학회 회장의 일을 하였다. 2000년에 국민훈장 모란장을, 2006년에 녹조근정훈장을 수상하였다.

국민운동사

정부수립 전·후의 국민운동

2018년 11월 20일 인쇄
2018년 11월 30일 발행

저 자 | 서재권
편 자 | 서 민
펴낸이 | 정병석

펴낸곳 | 전남대학교출판문화원
주소 | 61186 광주광역시 북구 용봉로 77
전화 | (062) 530-0571~3 팩스 | (062) 530-0579
등록 | 1981. 5. 21. 제53호
홈페이지 | http://www.cnup.co.kr
이메일 | cnup0571@hanmail.net

값 18,000 원

ISBN 978-89-6849-570-0 (93300)

이 도서의 국립중앙도서관 출판예정도서목록(CIP)은 e-CIP홈페이지(http://www.nl.go.kr/ecip)와
국가자료공동목록시스템(http://www.nl.go.kr/kolisnet)에서 이용하실 수 있습니다.
(CIP제어번호: CIP2018037598)

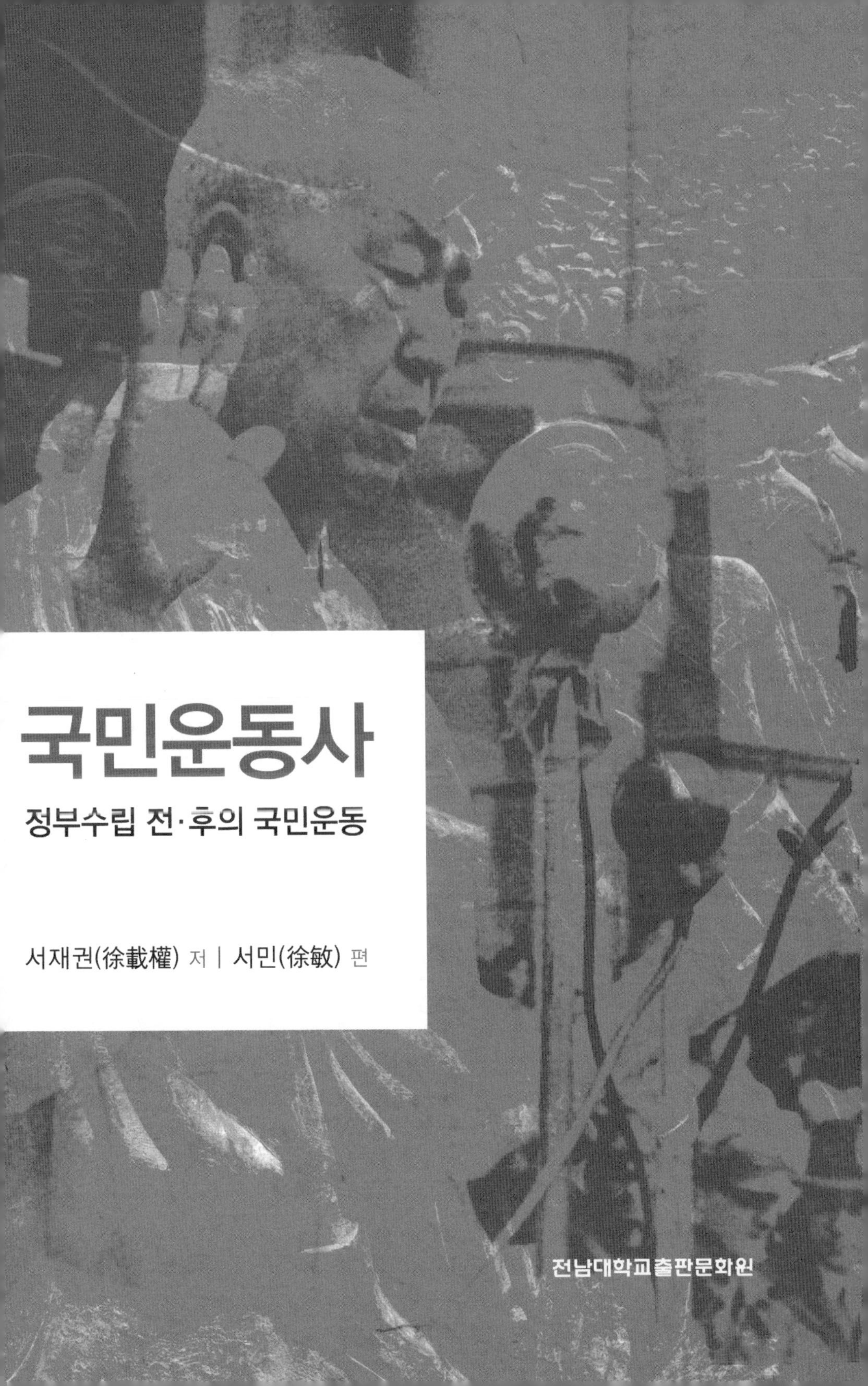

국민운동사

정부수립 전·후의 국민운동

서재권(徐載權) 저 | 서민(徐敏) 편

전남대학교출판문화원

■ 저자 서문

국민회 창립 10주년 기념식을 시공관(현 국립극장)에서 개최한 것은 1956년 2월 8일이었다. 당일에 내참한 국민운동관계 인사들은 다 같이 정부수립에 가장 핵심적인 운동을 전개하였던 국민회가 그 빛나는 혁혁한 기록이 6·25사변으로 분실된 것을 아쉬워하였다. 그리하여 수일 후 본부에서는 10주년 기념사업으로 국민운동사를 발간하기로 의결하고 그 원고 작성을 졸자拙者에게 위촉해왔다. 그러나 나 역시 이 중임을 감당할만한 자신이 없어서 사양하였다. 그것은 본부에 비치된 서류 외의 초안이나 보조서류 등을 소장하였던 원효로 사가를 사변 당시 질녀에게 맡기고 피난 갔다가 10월 중순에 돌아와 보니 그 질녀 말로는 7월 9일 새벽에 종로 내무서원 11명이 몰려와서 가옥 내외를 뒤져서 국민회에 관련되는 문서는 모조리 가져갈 뿐 아니라 그날부터 9월까지 이틀에 한 번씩 그 형사들이 찾아와서 내 소재를 탐문하고, 무슨 문서를 뒤져가더니 놈들이 후퇴하면서 집에 방화하여 전소케 되었다는 것이다.

그 뒤 김일휴 총무, 유화청 조직부장 등이 누차 권고해왔으므로 곰곰이 생각해보니 국민운동에 관한 기록은 없어졌으나 내 머릿속에 간직한 산 기록은 아직도 약간이 남아 있지만 앞으로 세월이 흘러가면 이것마저 소멸되고 말 것이니 그렇게 되기 전에 기록으로 남겨두는 것이 이 운동을 지도하시다가 서거하신 총재 이하 제 영령들에 대한 도리라고 생각한 나머지 한 반년 간 망각 속에 사라져가는 기억의 실마리를 되찾아서 정리하고 산실되어가는 문건들을 수집하고, 다시 약 1년간에 걸쳐서 편술하였는데 임경일 문화부장(국문학자)이 이승만 박사의 독립투쟁사를 저술할까 하여 참고하겠으니 그 원고를 빌려달라기에 빌려주었더니 수월 후에 그 원고를 돌려주면서 임 부장이 다음과 같이 말하였다. "내가 이 박사 투쟁사를 저술할 것을 포기하고 이 운동사를 출판합시다. 내가 출판비를 부담하겠소. 우선 원고 중의 자구字句를 수정합시다." 그리하여 원고 중 자구를 수정하는 도중 1958년 가을에 임 부장이 불의의 뇌일혈로 작고하였다.

그 뒤 세월이 흘러서 4·19와 5·16을 거쳐 제3공화국이 된 뒤에 갑진구락부甲辰俱樂部가 발족되자 이갑성 회장 이하 여러 동지가 다시 출판하려 할 즈음 1964년 5월 30일 내가 외출한 사이에 인가의 실화로 우거하던 용문동 집에 연소延燒되어 서가에 보관한 이 원고도 불 속에 들어갔다. 석양에 귀가해보니 전소된 가옥과 가재 중에 유독 이 원고를 넣어둔 가죽가방은 다 탔으나 그 속의 원고는 하반부만 반소되고 소방수에 젖어 있었으며, 특히 총재, 회장 제위의 소상은 원형 그대로 원고 속에 보전되어 있었다. 이 놀랄만한 기적은 이 운동에 다년간 집념해주신 총재와 역대 회장 이하 제위의 영령께서 음호陰護해주신 영험이리라고 감격하면서 타다 남은 원고를 다시 재정리 보수하기에 반년이 걸렸다. 다시 몇 해를 거듭하면서 출판을 염원하던 차에 발간케 되었음을 전국에 산재하신 국민운동 동지들을 대표해서 감사의 말씀을 드린다.

■ 편자編者 서문

이 책은 편자의 선친께서 50여 년 전에 완성하신 원고를 편자가 정리하여 발간하게 되었다. 그 내용은 8·15해방 후 저자가 생명을 걸고 참여했던 우리나라의 건국과정과 6·25사변 직후까지의 정치상황을 기록한 것이다. 이 원고는 해방 20주년을 맞은 1965년에 출판을 기대했었으나 사정이 여의치 않아 출판이 이루어지지 못하고, 수십 년 동안 잊혀진 채 상자에 담겨 집에 보관되어 있었다.

저자는 1950년대 후반부터 1960년대 중반에 이르기까지 10여 년에 걸쳐 원고를 작성하였다. 편자의 기억에 의하면 저자는 서술의 내용을 정확하게 하기 위하여 해방 후 건국과정에서 같이 일했던 동지들을 일일이 만나 사실관계를 확인하고, 관련 자료를 참조하면서 서술하였다. 즉, 이 책은 저자가 해방 후 대한민국의 건국과정과 6·25사변 직후의 격동하는 우리나라의 정치 상황의 소용돌이 속에서 경험한 사실을 주관적인 시각에서 왜곡함이 없이 사실 그대로 기술한 것이다.

이 책의 내용은 건국과정의 핵심부에 참여하여 희생적으로 헌신한 한 개인의 꾸밈없는 기록이며, 따라서 해방 후 건국과정의 연구 자료로서 역사적 가치도 높다고 생각된다. 특히 그 내용에는 그 당시의 역사적 현장에 있지 않고선 알 수 없는 생생한 기록이 많이 포함되어 있다. 즉 지금까지의 어떤 역사서에서도 찾아볼 수 없는 중요한 역사적 사실이 가감 없이 그대로 기술되어 있어 해방 후 건국과정에 관한 진솔한 증언이고, 독보적인 역사적 기록이며, 다른 시각에서 보면 이 책은 대한민국 건국의 이면사裏面史라고도 할 수 있다.

편자가 2016년에 비로소 원고의 존재를 기억하여 그 내용을 확인하고, 출판할 가치가 있다고 느껴 원고의 내용을 컴퓨터에 저장하였다. 더욱이 근래에 한국현대사를 연구하는 사학도 중에 이 원고의 내용을 확인하기를 원하는 이도 있어 현대사를 연구하는 학자에게 연구의 자료를 제공하는 것이 선친의 희생적 헌신과 숭고한 뜻을 살리는 길이라 생각하여 출판의 필요성을 더욱 강렬하게 느끼고 드디어 출판을 결심하게 되었다.

원문은 1950년대의 문투이어서 읽기에 불편하므로 편자는 그 의미를 변경시키지 않도록 주의하면서 오늘날의 문장형태로 바꾸는 한편, 문단의 구분이 되어 있지 않은 장문의 문장을 문단을 나누어 재정리하였다. 그리고 내용을 파악하기 쉽도록 세부 항목을 구분하여 소제목을 붙여 읽기에 편리하도록 하였다. 다만 여러 번의 이사과정에서 원고의 일부가 망실되어 내용이 불완전하게 된 점은 아쉽다.

어려운 출판사정에도 불구하고 사업적 가치가 많지 않은 이 저서의 출판을 도와준 전남대학교출판문화원에 깊은 감사의 마음을 표한다. 아무쪼록 이 책이 대한민국의 역사를 바로 세우는 데에 유용한 자료가 되며, 사학도의 건국과정 연구에 큰 도움이 되기를 바라는 마음 간절하다.

이 책을 애국일념으로 일생을 사신 선친의 영전에 바친다.

2018. 11.

편자

■ 차 례

제1부 정부수립 전의 국민운동

제1장 서 론

Ⅰ. 서언

국민운동이란 국민의 운동이다. 국민이라면 누구나 하지 아니치 못할 당위적인 운동이다. 개인 즉 소아小我의 생명에 위험이 왔을 때 이를 물리쳐서 그 안전을 도모하기에 최선을 다함을 당연시한다면 삼천만의 민족생명 즉 대아大我를 회생回生시키는 운동이란 당연 이상의 대의요 최고 명분일 것이다.

우리 민족에게는 8·15해방이란 천여天與의 선물이 왔다. 그러나 자력해방이 아닌 연합국이란 타력에 의한 해방이었기에 우리가 그 해방을 향유하여 완전한 민족적 자유·자주국민으로서의 국제적 지위를 확보하는 일은 거저 단순하고 용이하게 성취되지 못했다. 국토가 양단되어서 소위 38선이란 민족적 교수선絞首線을 가져온 8·15해방은 북한에서는 30여년이란 세월이 흘렀으나 일제 철쇄시절에도 상상조차 못할 정도의 공산독재와 탄압, 그 강도적 수탈 하에 비절참절悲絶慘絶한 생지옥 중에서 신음하는 동포들이 행동의 자유는커녕 사유의 자유조차도 말살당하고 있는 실정이요, 남한에서는 미군정이 민주주의 한국을 육성함에 원조하여 준다 하였지만 군정이 물러가고 우리가 독립을 획득하기까지에는 기다幾多의 우여곡절을 거쳐서, 다시 말하면 국민운동이란 남한 전 국민의 운동과업을 거쳐서 독립정부를 수립하여 3,000만이 국권을 회복한 것이다.

그런데 가탄可嘆할 일은 우리 국민 중에도 어떻게 되어서 미군정이 3년이란 단시일에 물러가고 대한민국이란 독립정부가 수립되었나 하는 점을 소상昭詳히 아는 인사가 드물다는 사실이다. 또한 가소로운 일은 전 모 당 당원 중에는 해방 후 단시일 내에 독립정부가 수립된 것은 자당 전신인 모 당이 전적으로 고군분투해서 독립을 쟁취한 것이라고 자부하고, 10여 년간 그네들은 공사석에서 이 공업功業을 선전하기에 관습화하여왔는가 하면, 당시 미군정청에 근무하던 관리, 개중에도 고급관리로서 후일 정계에 진출한 인사들은 말하기를 "미군정이 미국국무성방침으로서 3년간 군정 실시 후 미군정에 충실히 협력하는 관리들의 정치적 능력을 신임하고서 우리 한국민에게 정권을 이양한 것이라"고 말함으로써 은연 중 자기네 군정관리들의 군정협력공로로 독립을 획득한 것같이 자화자찬한다. 그러면 그 당시부터 상금까지 계속 근무하는 10여만 공무원은 거개擧皆 이 선전에 동조하기 마련이다.

그런데 그보다도 더 가경可驚할만한 사실은 강단에서 국사를 강의한다는 선생님들이 강의하기를 「미군정과 UN총회의 협조로써 광복이 되었다」는 것이다. 좀 더 상세히 강의한다는 사가들이라야 독립과정을 설명하기를 「제2차 미소공동위원회가 결렬되자 미국은 한국문제를 UN총회에 제소하니까 동 총회에서는 소총회를 구성하여 가지고 동 회로 하여금 한국실정을 시찰조사한 뒤에 동 회 결의로써 남한만을 UN감시 하에 총선거를 실시하여 민주방식을 밟아서 행정권을 이양한 것이다」라고 당시 경과된 피상적인 양상만을 개괄적으로 파악하여 이상과 같은 내용으로 학생들에게 수업하는 정도이다.

무릇 역사를 다루는 인사라면 모름지기 구비해야 할 것이 있으니, 즉 역사가 흐르는 저류, 다시 말하면 창조되어가는 역사의 밑바닥을 통찰할 만한 관찰력, 즉 사가로서의 사안史眼이 있어야 할 것이며, 이 사안을 밝혀서 역사의 흐름을 관찰할 때에 또 한 가지 간과해서는 안 될 것은 그 역사의 주체가 누구인가, 일국의 흥망사를 탐구할 때에 반드시 관찰하여 파악해야 할 것이 그 역사의 주체가 어디 있나, 중심세력이 어딘가를 관찰하여서 그 진수眞髓를 파악하여야 할 것이다.

비근한 예로서 한 가정사를 탐구하려함에 먼저 그 가정을 운영하는 주체인 호주를 만나야 하고, 그 호주의 정신을 파악치 아니하면 안 될 것이다. 하물며 삼천만민족이 몽매간夢寐間에도 잊지 않고 염원하던 국권 회복에 그 주도적 역할을 한 것이 누구인가, 이 운동의 중심세력이 어디 있었나를 관찰하여서 그 정통을 파악치 못하고서는 대한민국 건국사의 진수를 파악하였다고 할 수 없을 것이다.

Ⅱ. 국민운동의 동인動因

각설却說! 해방의 종소리가 울리자 40년 간 정치에 굶주렸던 이 민족은 저마다 항일투사연하여 애국을 표방하고, 저마다 해외망명가연하여 건국을 절규하면서 정당을 만들고, 사회단체를 조작造作하여 이 우후죽순같이 족출簇出하는 정당과 단체로 인하여 국내가 소연騷然함을 본 오화영吳華英 선생은 영웅천지두난거英雄天地頭難擧요 호걸강산족부답豪傑江山足不踏이라고 개탄하였다.

이때에 미국에서 이승만李承晩 박사가 환국하니 정계 지도자들이 거개 이 박사를 중심으로 건국을 해보려 하여 「독립촉성중앙협의회」를 구성하였다. 그러나 거무하居無何에 중경重慶에서 임시정부가 환국하니까 정계는 다시 임정을 중심으로 그 법통을 내세워서 정권을 획득해보려고 우왕좌왕하였다. 그러다가 1945년 세모歲暮에 이르러서 모스크바 3상결정으로 신탁통치안이란 청천벽력이 떨어지자 이 민족도 미몽迷夢에서 깨어났다. 그래서 「독립은 연합국이 가져다주는 것이 아니고 우리 민족 자체가 주체주동이 되어서 독립운동에 새로운 출발을 해야 되겠다」고 깨닫게 되었다. 국제 외세에 정신이 팔리지 아니한 배달혼陪達魂을 가진 자라면 누구나 이와 같이 각성함과 동시에 분연 궐기하였다. 이러한 동지들이 경향각지에서 동지를 규합해서 반탁운동을 전개했는데 이 반탁, 즉 독립운동이 장기전으로 돌입케 되매 그 운동태세 또한 일시적이어서 지구적인 기구로 발전하지 않을 수 없게 되었다.

그런데 이 운동에 나선 동지들이란 거개가 무명인사들로서 해방 후 정권 감몽甘夢에 도취되어 정당에 가담해서 정치운동을 하던 소위 정객은 드물고, 다만 독립제단獨立祭壇에 혈과 육을 제물로 바치겠다는 정렬에 불타는 인사들만이 누구의 소개나 추천 없이 자연스럽게 지기상합知己相合하여 규합되어가지고 중앙과 각 지방의 유지가 철석같은 굳은 단결 하에 반탁자주독립만을 유일한 목적으로 삼고 해방 후 처음으로 순수한 독립운동, 즉 국민운동단체를 창설한 것이다. 이것이 바로 「대한독립촉성국민회(약칭 : 국민회)」이다.

이 단체는 당무當務한 동지들이 앞날에 어떠한 정치적 욕망을 충족시키기 위한 인위적인 결성이라기보다는 삼천만민족의 지상명령이요, 유구 반만년 내려오는 대배달혼大陪達魂의 대압력에 부닥침을 영감으로 느끼니 이를 못 이겨서, 즉 건국의 사명감에 부닥치니 일체의 사리사욕을 떠나서 순연한 애족의 충정과 독립열정에 불타올라 무아의 심경으로 돌아가서 문자 그대로 발분망식發奮忘食하면서 공산폭력과 군정압력에 항거불굴할 뿐 아니라, 그 모든 사선과 장애를 낙으로 삼고 용왕매진勇往邁進하였던 것이다.

그들은 왜 그와 같이 열렬하였던가? 그것은 그들의 정신을 사로잡은 것은 국가뿐이었기 때문이다. 국가가 모든 것이다. 국가가 생의 전부이다. 그러니 먼저 국가를 생각하자! 국가를 이룩하자! 이 목적만을 위해서 나의 사유, 나의 행위, 나의 일체를 이 국가건설에 총집중하자는 일념뿐이었으니, 말하자면 국가건설광이 되었기 때문이다.

창립 당초에 중앙과 지방 인사들의 성분을 보면 거개가 해방 전후에 국내외에서 항일반공투쟁에 있어서 자타 공인할 만한 인사들만이 지역의 남북도 없고, 파벌과 계급을 초월해서 순수한 동지결속만으로 1946년 2월 8일에 서울 한복판인 인사동 중앙교회에서 고고呱呱의 탄성誕聲을 울렸다. 미군정이나 내외언론계나 정계나 누구의 주목도 끌지 않고 미미한 중에서 마치 대지를 뚫고 나오는 춘초春草와도 같이 솟아나왔다.

그 당시 국내정세는 어떠하였던가? 1946년 1월 하순에 임정에서는 비상국민회의를 소집하고 임정법통을 추대해서 미군정으로부터 정권 이양을 받으려고 서두르는가 하면, 미군정은 2월 14일에 남조선대표민주의원을 조작하여 이 기관으로 하여금 장차 정권을 인수케 할 눈치를 보였다. 한편 공산좌익계열은 그네들 독특한 수법으로 음성과 양성인 기구와 지상과 지하의 조직을 총망라한 기관, 즉 민주주의민족전선을 2월 15일에 결성해가지고 우익민주진영과 대결하려는 태세를 선포하였으며, 이 좌우익의 현란한 정치무대에만 천하의 이목이 끌리었다. 이러한 때에도 독립촉성국민회만은 중앙에서 자체의 정비로 그 결속의 공고를 기하는 한편, 산하 조직망의 확대강화를 위하여 심혈을 경주하였다. 공산파괴분자들의 방해폭력뿐 아니라 우익 민주진영 내 기성 정당단체로부터도 형형색색의 장애와 압력을 받으면서도 꾸준히 싸우면서 일해왔다. 중앙과 지방에서 기천기만의 열렬한 동지들이 나라 없이 살아온 40년간의 뼈저린 설움을 서로서로가 말없이 회상하고 분격을 새로이 하면서 기한飢寒도 잊고, 처자들 생활고도 불고할 뿐 아니라 일체를 희생해가면서 오로지 자주독립만을 최고최대의 목표로 하여 용왕매진하였다. 그러므로 불과 반년이 지난 뒤에는 남한 전역 내 방방곡곡에까지 독립촉성국민회 간판이 붙을 뿐만 아니라 벽촌한리僻村寒里까지도 반탁독립운동 진두에 민중을 총궐기시킨 것이다.

Ⅲ. 대한독립촉성국민회의 성공요인

무릇 해방 이후에 남한에서 수백여 개의 정당과 사회단체가 나왔으나 독립촉성국민회와 같이 단시일에 전국적으로 조직망이 확대될 뿐만 아니라, 각 조직체가 살아서 열렬하고도 꾸준히 지구적으로 그 운동을 지속한 단체가 없다. 그 원인이 어디 있느냐? 위에서 말한 바와 같이 국민운동에 나선 인사들이

첫째는, 기미년 독립운동이 독립선언에만 그치고 실천단계에 들어가지 못한 울분과 애국정열이 쌓이고 쌓인 지 26년, 일제의 철쇄에서 해방된 우리 민족이 그 당시의 정신, 즉 삼일독립운동정신으로 돌아가 이제야 기어코 독립을 실현해보겠다는 결사적인 각오 하에 자발적으로 분기하는 열렬한 동지들이 전국적으로 봉기하여 이 운동에 정신挺身하였다는 점이요,

둘째는, 이 삼일독립정신 하에 궐기한 각급 간부들인지라 어떠한 정치적 야망이나 사리사욕이 없이 순수한 애국심뿐인 무아의 심경으로 이 운동에 헌신하였다는 그 순수성이요,

셋째는, 항일독립운동에 일생을 바치신 이승만李承晩 박사와 김구金九 선생, 이시영李始榮 선생, 오세창吳世昌 선생 같은 위대한 인격자를 이 운동의 영도자로 추대하여 이 영수들의 지도방략指導方略을 금과옥조로 삼아 수화불사水火不辭 절대 실천함에 현명적懸命的이었다는 점이다.

이 세 가지가 합쳐지니 그 단결의 공고함이 강철 이상이요, 그 운동의

열렬함이 실로 백열적白熱的인 것이었다. 물론 본회의 중앙본부와 지방 각급 지부가 혼연일체가 되어 유기적인 연락과 기동성 있는 기획으로써 과감하고도 신속하게 운동을 전개하므로 반공 반탁 독립운동이 활발하게 추진된 것이다.

다음에 구명究明하여 높이 평가할만한 점은 본 국민운동을 전개하여 유종의 미를 거두게 된 것은 본회 전 간부들이 현명한 이성으로 냉철한 비판력을 늘 발휘하여 영도자를 선택할 줄 알았다는 점이다. 본회 창립 당초부터 수년간 본회 육성과 본 국민운동 전개를 적극적으로 지도해주신 부총재 김구 선생이 총재 이승만 박사의 독립노선과 갈라질 때 일인의 이의나 일분의 주저도 없이 전 간부가 총재 이승만 박사의 운동노선으로 총단결하여 미동도 하지 않고 최후목적 달성까지 일로매진하였다는 점이다.

그런데 이승만 총재의 운동노선이 진선진미한 성공적인 독립노선이게 한 소이연所以然은 당시의 미군정 최고책임자 ***하지*** 중장과 대결하여 그를 굴복시켜서 이승만 박사의 독립노선에 협조하도록 미국무성 당국자로 하여금 대한정책을 일대수정하게 할 뿐만 아니라, UN 당국자들이 또한 이승만 박사의 독립노선을 이해하고 이를 원조하도록 그 분위기를 조성한 데 있었다. 이는 또한 영명한 이승만 총재의 심계원모深計遠謀 하에 그 명을 받들어 3년간이란 긴 세월동안 미국 수도 워싱턴과 UN본부가 있는 뉴욕에서의 숨은 활동, 즉 외교공작이란 뒷받침이 있었기 때문이다.

이 국민운동을 너무나 과감하고도 열렬하게 전개한 탓으로 중앙과 지방에서 수시로 공산도배들에게 불의의 습격을 받아 그 가옥이 파괴될 뿐 아니라 동지들 생명까지 희생된 불상사가 부절하였는데, 그 중에도 10월 영남 일대 폭동에는 각 지방에서 국민회 각급 지부 동지들이 막대한 희생을 당하였다. 이와 같이 국내에서의 고귀한 희생을 바쳐가면서 전개한 독립운동은 미국을 비롯한 UN 우방들의 깊은 이해와 협조를 얻어서 1948년에 5·10선거를 거쳐 민주방식에 의한 국권회복이 성취된 것이다.

이 대한민국이란 극동의 반공민주보루국가가 건립된 것은 제2차 세계대전 후 탄생한 세계평화기구인 UN이 거둔 최대의 광휘光輝 있는 수확인 동시에 또한 세계역사상 최초로 이룩한 인류협동정신의 거룩한 구현이다. 다시 말하면 진보되어가는 인류사상에 최초로 창조한 협동과 자유와 평화의 이상적 산아産兒, 가장 거룩한 옥동자인 것이다.

제2장 국민운동의 태동

제1절 8·15해방 후의 국내정세

Ⅰ. 개설

1945년 8월 15일에 제국주의 일본이 연합국에게 항복하여 우리 민족이 일제의 철쇄에서 즉시 해방되니까 국내 지도층 중에서는 재빠르게 정치적 영도권을 장악하려는 야망에 맹목盲目된 자들이 생겼다. 즉 일제가 항복하기 수일 전에 당시의 아베阿部 조선총독이 고 송진우宋鎭禹 씨를 초청하여 항복 후 국내 치안 확보와 일인의 생명 재산 보호를 요청했는데, 그가 거절하니까 그들은 다시 고 여운형呂運亨 씨를 초청하여 전기와 같이 요청하자 여씨는 즉시 이를 수락하였다.

그리하여 그네들의 군경 뒷받침을 받아 8월 16일에는 휘문중학교 교정에서 군중을 모아놓고 소위 건국준비위원회를 만들었다. 그리고 그날 저녁에는 서울중앙방송국을 통해서 당일에 전국대표가 모여서 합법적으로 동 위원회를 구성한 양으로 허위선전을 하여 당시 해방의 감격에 들떠 갈피를 잡지 못하고 있는 전국의 민심에 일대 충격을 주는 동시에 전국의 각 도부군읍면道府郡邑面에서도 그 산하조직체를 구성할 것을 종용하였다. 당시 각 도 이하에 구성된 건국준비위원회 지부의 인적 구성은 차치하고, 중앙에서는 누가 이 해방 후 최초의 정치무대에 등장하였는가? 그 뒤에 대소의 변동은 있었으나 대략 다음과 같다.

조선건국준비위원회	위 원 장	여운형
동	부위원장	안재홍安在鴻
동	총무부장	최근우崔謹愚
동	재정부장	이규갑李奎甲
동	무경부장武警部長	권태석權泰錫
동	조직부장	정 백鄭栢
동	치안부장	최용달崔容達
동	선전부장	조동우趙東祐

8월 15일 아침에 돈화문 앞에서 김준연金俊淵 씨가 여씨와 만났는데 여씨는 의기헌앙해가지고 말하기를, "낭산朗山(김준연의 호)! 금후 나는 공산혁명으로 일로매진하겠으니 낭산과 앞으로 상호 제휴합시다"고 요청하자 김씨는 일언 하에 거절하면서 그 부당성을 지적하였다고 한다.

일제시대 ML당책임자로, 그 전에는 홍명희洪命憙 씨와 같이 조선공산당 책임비서였던 김씨는 해방 후 민족지도의 이념을 벌써부터 민주주의로 확립했는데, 공산주의의 조백糟粕도 못 핥은 여씨는 공산주의혁명을 꿈꾸었던 것이다. 소위 건준의 책임자가 이와 같이 그릇된 관념에 사로잡힌지라 순일旬日을 못가서 건준 본부는 허헌許憲, 이강국李康國, 정백 이하 공산주의자들의 소굴이 되었다. 또한 그들의 음모 암약으로 전국 각지에서도 그 아류인 공산주의자들이 날치게 되는 동시에, 공산주의에 백지인 자들도 거개가 금후는 공산주의를 하여야 행세하고 출세도 하리라는 그릇된 착각 하에 무조건 공산주의를 찬양하며, 소련이 우리를 해방시켜준 나라라고 숭배하기 시작하였다. 그 예를 들면,

「8월 17일에는 우리를 해방시켜준 소련군이 벌써 경성역에 도착한다」는 데마가 장안에 퍼졌다. 여씨 이하 건준 간부들이 후록코트 예복을 입

고 100° 폭염 하에 경성역에 나왔으며, 역 부근에는 태극기와 소련국기를 든 자들이 끼어서 인산인해를 이루어 수 시간 일대 혼란을 빚어낸 웃지 못할 넌센스 극을 연출했다. 그리고 이들에 추종하는 몰지각도배들이 서울 시내 각 동과 전국 각지에서 공산주의혁명이 불원 실시될 것 같이 허위선전하면서 얼마나 광분하였던가 하는 사실을 미루어 상상할 수 있을 것이다.

패망 일제가 물려준 재산과 권력의 뒷받침에 날뛰는 경향각지의 이 광태狂態를 보고서 구안지사具眼之士라면 누가 한탄치 않으리요! 국내에서 일제와 항쟁하던 민족운동지사들이 계동에 있는 고 김성수金性洙 씨 댁에서 고 송진우 씨를 중심으로 모여서 이 광태에 대한 대책을 세우려고 우국애족의 불타는 열렬한 논의를 하던 차에 어언 8월이 가고 9월이 왔다. 불원간 미군이 인천에 상륙 입성한다는 소식이 연합국측으로부터 전하여오자 전기 건준을 중심으로 한 좌익계열은 여씨를 앞장세워 9월 6일 밤에 재동에 있는 경기여중 강당에서 밀회하여 공산주의 일부계열 기백명이 집합한 가운데 소위 조선인민공화국을 날조하였다. 미국에 있는 이승만 박사와 중경 임시정부 요인들의 이름을 도용하여 국민을 기만하고, 국내실정을 모르는 미군에게 한국민의 대표행세를 함으로써 전과前過를 은폐하는 동시에 앞으로도 정치적 영도권을 쥐어보자는 흉계 하에서 나온 협잡연극이었던 것이다.

조선인민공화국	주 석	이승만
동	부 주 석	여운형
동	국무총리	허 헌
동	내무대신	김 구
동	외무대신	김규식

동	사법대신	김병로金炳魯
동	군무대신	김원봉金元鳳
동	재정대신	조만식曺晩植
동	선전대신	이관술李觀述
동	문교대신	김성수
동	보안대신	최용달
동	경제대신	하필원河弼源
동	농림대신	강기덕康基德
동	보건대신	이만규李萬珪
동	체신대신	신익희申翼熙
동	교통대신	홍남표洪南杓
동	노동대신	이주상李胄相
동	서 기 장	이강국李康國
동	법제국장	최익환崔益煥
동	기획국장	정 백

이 인공정치극의 발표는 해방된 이 땅 위의 정객들로 하여금 정치무대에 출연을 촉진하는 유도탄과도 같은 효과를 주었다. 그래서 9월부터 수개월간의 국내정세는 어떠했던가?

Ⅱ. 정당의 족출簇出

건국준비위원회가 발전적 해소를 하고 소위 조선인민공화국이 발표되자 국내 민주진영과 공산주의자와는 차차 틈이 벌어지기 시작하였다. 건국준비위원회 부위원장 안재홍 씨는 9월 2일에 여씨와 갈라져서 명제세明濟世, 박용희朴容羲 양씨와 제휴하여 군소정당인 조선민주당, 공화당, 사회민주당, 자유당, 근우동맹槿友同盟, 동지회同志會 등의 발기인들과 합동하여 9월 24일에 조선국민당을 결당하였다. 한편 전기 인민공화국의 날조극에 분개한 민족주의자들이 8월 하순부터 일군一群은 계동에 있는 고 김성수 씨 댁에서 김씨와 고 송진우 씨를 중심으로 한국민주당을 발기하고, 일군은 안국동에 있는 윤보선尹潽善 씨 댁에서 윤씨와 허정許政 씨를 중심으로 대한민주당을 발기했는데, 양당 합동을 기도하여 9월 6일 오후 1시에 협성실업학교 강당에서 그 합당에 의견일치를 보아 합당 결당 준비를 하다가 9월 15일 오후 3시에 경운동 천도교기념강당에서 한국민주당을 결성하니 국내 민족주의자의 거개擧皆를 망라한 감을 주었다. 그 중요 간부는 다음과 같다.

한국민주당 수석총무 송진우

동 총 무 원세훈元世勳, 백관수白寬洙, 백남훈白南薰, 조병옥趙炳玉, 허 정, 김도연金度演, 서상일徐相日

사무국장 나용균羅容均 당무국장 이 인李仁

조직부장 김약수金若水 외무부장 장덕수張德秀

재무부장 박용화朴容華 선전부장 함상훈咸尙勳

정보부장 박찬희朴瓚熙 노농부장 홍성하洪性夏

문교부장 김용무金用茂 후생부장 이 헌李憲

조사부장 유진희俞鎭熙 연락부장 최윤동崔允東

중앙감찰위원장 김병로金炳魯

동 위원 이중재李重宰, 최승만崔承萬, 서정희徐廷禧, 이기붕李起鵬 외 10여인 한편 공산주의자들의 발호에 대비하기 위하여 국민대회 소집을 주장한 일군은 9월 7일에 동아일보 사옥에서 회동하여 동 대회 소집 준비위원회를 구성하고, 조속한 시일 내에 해외 혁명 선배들의 환국을 맞아 동 대회를 소집할 준비에 착수하여 그 위원장에 고 송진우, 부위원장에 서상일, 김준연을, 동 위원에 장택상張澤相, 윤치영尹致暎, 강병순姜柄順 외 수십 인을 정하였다.

또한 9월 9일 오전 10시에는 계동 중앙중학교 강당에서 민족주의청년 동지들이 회동하여 고려청년단을 결성하였으며, 그 간부는 김상오金相五, 이인수李仁秀, 정대숙丁大淑, 구철회具喆會 외에 수십 인이었다.

9월 11일에는 종로2가 장안빌딩에서 조선공산당이 박헌영을 중심으로 재건되었고, 민주진영과 공산당과의 중간노선을 지향하는 조선혁명당이 이호원李浩源, 김돈金墩, 김진호金鎭浩 등에 의하여 발당發黨되고, 이와 유사한 노선을 표방하는 고려사회민주당이 9월 하순에 발당하는가 하면, 또 하나 대한민국인민정치당이 9월 27일에 김석기金錫琦, 이상준李相駿 등에 의하여 발당하였다.

한편 여성계에서도 해방 후 정치적 활동이 점차 활기를 띠게 되었는데, 8월 17일에는 재빠르게 건국부녀동맹을 결성하여 건국준비위원회에 호응하였다. 동 위원장은 유영준劉英俊, 부위원장은 박순천朴順天이다. 다시 9월 10일에는 인사동 승동예배당에서 한국애국부인회를 결성하였는데, 그 위원장은 유각경兪珏卿, 부위원장은 양한나梁漢拿이다. 이와 같이 여성들의 대중단체가 결성되는가 하면 9월 12일에는 당당한 일개 정당으로서 조선여자국민당이 인사동 중앙교회에서 결성되었으며, 이 당의 위원장에 임영신任永信, 부위원장에 김선金善이 선정되었다.

이상 약기略記한 여러 정당 외에도 민족당, 민중당, 민중동맹, 자유사회건설자연맹 등 수십 개의 정당이 36년간 정치에 굶주렸던 민족에게 우후죽순처럼 족출簇出하였다. 이와 같이 여러 정당이 난립한 가운데 민주적 정당의 통합을 부르짖고 9월 18일에 각 정당 통일기성회를 구성한 후 적극적으로 그 정당 통합을 실현하려고 분기奮起 노력한 인사들이 있었는데, 그들은 오화영吳華英, 이갑성李甲成, 남상철南相喆, 이종린李鍾麟 등이다. 그러나 최초에 의도했던 각 정당 중에서 민족당, 신한국민당, 사회대중당 등 6개 정당이 통합하여 11월 하순에 시내 남대문 서측 구 물산장려관 내에서 신한국민족당을 결성하였다.

민주진영 여러 정당이 난립하여 정계가 소연騷然한 중에서도 조선공산당은 재건한 이래 그 세포망을 확대강화하기에 조직적인 노력을 전개하였다. 즉 그들의 지도층인 지식분자들은 일찍이 8월 16일에 벌써 조선학술원을 조직하고 그 위원장에 백남운白南雲, 부위원장에 김양하金良瑕 등이 활동을 개시했고, 이무영李無永, 이원조李源朝 등 문인들은 중앙문화건설연맹을 발기하여 그 산하에 각 문화단체를 공산당 일색으로 만들려고 음모했다. 그와 보조를 같이 하여 도시공장지대에는 노동조합 전국평의회 산하의 공산당 하부 노동단체를 조직 확대하고, 농촌에는 농민조합 전국연합회를 만들어 전국 각 도내 읍면에 농민조합의 조직을 전개하였다. 또한 조선민주청년동맹, 조선부녀동맹, 조선신문기자협회 등 모든 대중성을 띤 단체와 문화단체, 직업단체가 적색 일색으로 화하여갔으며, 그들은 경향에서 대중 속으로 뿌리깊이 침투하여 들어갔다. 그리하여 이들은 9월 초순까지는 중앙에서부터 각 도부군읍면까지 인민위원회를 결성하여 그 지역인민위원회 산하에서 모든 조직활동을 통일적으로 전개하는 동시에 최고지휘권은 중앙인민위원회에, 이 중앙인민위원회는 또한 조선인민공화국에, 다시 나아가 조선인민공화국은 조선공산당을 통하여 38이북 공산당과 소련주둔군사령관을 거쳐 직접 소련정부 지휘 하에 움직였던 것이다.

하루하루 달라지는 남한 공산화의 위험으로부터 구출하려고 궐기한 우국지사 중에서도 한국민주당은 미군이 남한에 진주하자 기민하게 이 미군 수뇌들과 악수하게 되었다. 그리하여 미군정과의 협조 하에 남한의 치안 확보와 군정 실시를 시작하였고, 이 미군정의 행정권력의 응원을 얻어 전기 공산당의 침투세력을 방지하기에 주도周到한 계획을 경주하였다. 그러니 민주 대 공산의 투쟁은 한국민주당 대 조선인민공화국과의 싸움으로서 경향 각지에서 벌어져가고 있었다.

제2절 이승만 박사 환국 후의 국내동향

Ⅰ. 이승만 박사의 환국

1946년 10월 16일 중앙청 신문기자 회견석상에 한 백발노인이 *하지* 중장의 안내로 나타났다. 수십 명 기자 중 단 한 사람도 이 백발노인을 알아보지 못했다. 26년 전 기미독립선언 이래 전 민족이 흠모하던 이승만 박사이다. 이 회견에 기자 일동의 감격보다도 이 민족의 영도자를 맞아들인 최고의 희소식을 보도한 신문 호외, 가두벽보, 라디오뉴스에 접하자마자 전 민족이 감격의 눈물을 흘리는 것이었다. 이 민족적 환영의 감격 중에서 정치에 관심을 가진 인사라면 누구나 궁금증이 난 것은 이 박사의 인민공화국에 대한 태도였다. 이 전 민족의 갑갑증은 바로 그 다음날인 10월 17일 저녁에 서울중앙방송국을 통해서 발표한 역사적 대사자후大獅子吼 중에서 쾌도난마의 명쾌한 결단을 내렸다. 동시에 해방된 조국의 전도에 대한 그 진로－민족의 횃불을 환하게 비추는 민족의 구국노선을 자부慈父와도 같이 친절하게 지시한 것이었다. 당시의 역사적 대 방송을 들은 사람이면 그 기억이 생생하겠지만, 그 대지大旨는 다음과 같다.

이승만 박사의 환국 제1성 (10월 17일 밤)

「한국을 떠난 지 33년 만에 처음으로 돌아와서 그립던 산천과 고국 남녀동포를 만나니 기뻐서 웃고도 싶고, 슬퍼서 울고도 싶습니다. 내 예정은 중국에 있는 임시정부 당국자들과 상의하고 김구 선생과 같이 돌아오려고 했으나, 중국방면에 여러 가지 장애가 많아서 함께 돌아오지 못하고 미국 군용비행기로 태평양을 건너오게 된 것입니다. 내가 이번에 이렇게 온 것은 임시정부나 외교관계로 온 것이 아니고 다만 평민의 자격으로 사행私行처럼 온 것입니다.

지난 4일 태평양을 향하여 미국 수도 워싱턴을 떠나올 적에 아무에게도 알리지 않고 몰래 떠났는데 급히 정거장에 나와보니 남녀 친우 수십 명이 전송을 해주시었습니다. 밤 9시에 상항桑港(샌프란시스코)에 도착하여 비행기를 바꿔타고 하와이와 괌도를 거쳐서 지난 10일 동경에 도착하니 전 후 6일간에 한국 리수里數로 3만 3천리를 온 것입니다. 동경에서 ***하지*** 중장과 만나서 담화하고, 익일翌日 ***하지*** 중장이 떠나면서 피로도 회복할 겸 쉬었다 오라고 하기에 3일간 동경에서 쉬고, 어제 아침에 떠나 오후에 서울에 도착하였습니다.

내가 한국에 소문 없이 온 것은 비밀관계나 어떤 정당과 연락이 있어 온 것이 아닙니다. 모든 정당과 당파가 협동하여 우리 한국의 완전무결한 자주독립을 찾는 것이 나의 희망하는 바입니다. 지금 이 기회는 전무하고 또한 후무한 기회입니다. 미국인들이 우리들에게 한번 기회를 주어보자는 것이니 우리가 이때에 사감과 사리를 버리고 합심협력하여 회복을 주장하면 잘 될 수 있을 것을 나는 확신하는 바입니다. 이 말을 일반 동포에게 일일이 잘 알려주시기 바랍니다.

미국 정부나 백성은 우리의 독립을 절대로 주장하고 있습니다. 일본에서 한국까지 오면서 보니 ***맥아더*** 장군, ***하지*** 중장, ***아놀드*** 소장은 모두 우리들의 동정자同情者들입니다. 그분들이 말하기를 한국인이 차차 배워가며 자치 자립할 능력을 얻을 수 있다고 말하였습니다. 친구들이 일을 도와줄 지라도 일을 아니 하든지, 자기에게 능력이 없으면 남의 도움이 아무 소용이 없을 것입니다.

또 내가 미주美洲에서 들으니 한국에는 정당이 50개나 60개가 생겨서 혼란을 이루고 있다는 말이 들렸는데, 우리가 이때에 크게 각오해야 할 것은 과거 40년간 나라 없는 백성이 된 원인이 당파싸움했던 것임을 명심하여 한데 뭉쳐서 우선 한국인을 대표할 만한 기관을 만들어야 할 것입니다.

내가 와서 보니 국내에서 벌써 인민공화국이란 것을 만들고 그 주석에 나를 앉힌 모양인데, 그 만든 분들의 호의는 고마우나 나는 이를 수락할 수 없으며, 인민공화국과 나는 아무 관계가 없으니 이 점을 동포들이 분명히 알아주어서 무슨 오해가 없기를 바랍니다. 오늘은 이만큼한 정도로 하고 후일에 종종 말할 기회에 남은 말을 차차 하려 합니다.」

이는 이 박사의 영명을 이용하여 인공人共을 전국적으로 조직하여 나가던 악질 공산분자들에 대한 청천벽력 같은 철퇴이며, 암운에 싸인 삼천만 민족의 가슴을 속 시원하게 해주는 일대 청량제이었다는 것이 당시 감격에 가득한 국내 동포들의 정확한 고백일 것이다.

Ⅱ. 독립촉성중앙협의회의 결성

조선호텔에 유숙하는 이승만 박사를 환영인사차 운집하는 단체·개인·친지들에게 간독懇篤히 지도하는 구구절절이 다 70평생 애국일념의 결정結晶인 것이다. 이 박사를 예방하는 인사는 누구를 막론하고 두 달 전 8·15해방 당시의 감격에 돌아가서 전 민족이 이 노 박사를 중심으로 단결할 것을 명심銘心하였다. 삼천리근역槿域에는 40년 만에 처음으로 서광이 비쳤다. 한민당이나 인민공화국이나 민주진영이나 공산주의자나 누구나 이 노 애국자를 국부로 모셔서 뭉쳐가지고 그의 영도 하에 잃었던 조국의 독립을 찾아보자는 순수한 심정으로 돌아갔다. 그래서 매일같이 조선호텔 응접실에서는 각 정당대표들이 모여서 이 박사를 중심으로 단결하는 방법에 있어서 피차 허심탄회하게 토의한 결과 각 정당단체대표들이 이 박사를 지도자로 추대하여 1개 협의체를 구성하기로 합의했다. 그래서 이 협의체 내에 각 정당단체를 그 산하로 들어가게 하자는 것이다. 10월 23일 조선호텔에는 한국민주당, 국민당, 건국동맹, 조선공산당을 비롯한 각 정당 대표와 각 사회문화단체 대표 200여 명이 회동하여 「독립촉성중앙협의회(약칭: 중협)」를 결성하고, 그 회장에 이승만 박사를 추대하였다. 이리하여 해방된 조국근역 삼천리의 서기瑞氣가 응결되었다. 만장의 우뢰雨雷 같은 박수 속에 유유히 나온 이 회장은 군소정객을 향해서 자부와도 같이 다음과 같은 말로써 이 민족의 진로를 명시하였다.

독립촉성중앙협의회 결성에 제際한 이 박사의 연설요지 (10월 23일)

「지금 이 자리는 역사를 만드는 모임입니다. 내가 만리타국에서 고국으로 돌아올 때 다만 유일한 목적은 여러분과 모여 간담肝膽을 헤치고 손을 맞잡고 서로 앞일을 어떻게 해나갈까 의논하겠다는 그것이었습니다. 그 순서를 결정하자는 것이 이 모임입니다.

내가 이 모임에 바라는 바는 진실로 큽니다. 여러분도 클 것입니다. 이 방 안의 공기는 조용하나 세계 각국이 이 한 곳을 지금 주목하고 있습니다. 미국 안에서는 한국의 소식이 전하여지기를 일본이 물러간 뒤 한인들이 자유로 일어나서 60 정당이니 50 정당이니 하고 난립하여 야단법석이라는 말을 듣고 나는 가슴이 아팠습니다. 그러나 정작 내가 와보니 여러분들도 차차 손을 맞잡고 나가려는 공기가 떠돌고 있음을 알고 기뻐합니다.

우리가 당장에 할 일은 나라를 찾는다는 것입니다. 이 자리에서 내가 희망하고 또 듣고 싶은 것은 무슨 정부조직이나 대행할 기관을 만들자는 것이 아니라, 우리는 임시정부를 가진 사람이요, 그 임시정부를 떠받들고 있는 사람들은 피를 흘려 싸워온 사람들이요, 각국의 승인을 받은 터입니다. 그 분들도 하루바삐 고국에 돌아와 여러분과 손을 잡고 함께 우리들의 굳센 나라를 세우기를 염원하고 있는 것입니다.

김구 선생은 명예나 권리를 원하지 않는 분입니다. 자신의 생명까지도 모르신 분입니다. 전 인민이 좋은 정부를 조직하면 거기에 따라가실 분입니다. 임시정부가 지금까지 못 들어오는 이유는 중국공산당의 간섭이 있었던 듯이 여겨집니다. 그러나 불원간 들어올 것을 믿습니다. 그리하여 전 국민이 바라는 인도자를 내세워 민심을 통솔하게 되면 세계 각국도 우리의 목적이 무엇인가를 알게 될 것입니다.

그러므로 다만 여기서는 각 당 각 단체의 주의주장을 내세우자는 것은 아닙니다. 힘을 합친다는 데 그 무엇이든지 뚜렷한 의견을 솔직하게 발표해주시기 바랍니다. 나는 40여년간 갖은 고초를 겪으며 싸워왔지만, 앞으로도 싸워가겠습니다. 무엇이든지 희생하겠습니다. 여러분도 그만한 생각이 없다면 여기에 참여할 자격도 없고 소용도 없습니다. 지금까지는 소리가 너무 많은 탓으로 세계에서 한국이 무엇을 요구하는지 모르고 있습니다. 그리고 한국의 장래를 걱정하고 있습니다. 오늘은 그 고리를 하나로 하여 세계에 표명하자는 것입니다. 그러므로 이 자리에서는 모든 상호간의 감정이나 관계를 청산해버리고 지금의 한국사람 형편만을 깊이 생각하여야 합니다. 이 판에 잘못하면 40년이고 50년이고 또 남의 노예노릇이나 할 수밖에 없을 것입니다.

무엇이든지 하나로 만듭시다. 한덩어리로 애국정신을 뭉쳐 우리의 원하는 바를 세계에 보여야 합니다. 그 기관을 만듭시다. 이 모임은 실로 한국독립을 위하여 우리의 역사에 길이 남을 것입니다. 그러나 나는 여러분에게 억지로 뭉치라고 강요하지도 않고, 또 뭉쳐 만들려 하지도 않습니다.

당신들이 뭉쳐서 한국사람에게 살 길을 가르쳐주십시오. 그러므로 우리는 서로 의논합시다. 우리가 죽으려면 죽고, 살려면 살 길이 이 자리에 있습니다. 깊이 생각해보십시오. 나의 묻고자 하는 것, 듣고자 하는 것은 어느 단체의 편협된 의견이 아니라 삼천만 민족의 원하는 바 그것을 대표하는 부르짖음입니다. 타국 사람이 한국의 뜻을 알려고 하면 곧 와서 물어볼만한 책임 있는 기관을 만들어야 합니다. 우리의 힘은 이것을 만드는 데에 바쳐야 합니다. 그리하여 이 방을 나갈 때는 기쁨의 만세를 부르고 나가도록 약속합시다.」

국내 모든 군소정치지도자들은 이 노 박사의 간곡한 논고論告를 듣고 그 애족정신에 감동되어 그 영도 하에서 통일보조로 일로 매진할 것을 굳게굳게 맹세하였다. 어제까지 반목질시하던 공산계열과 민주진영도 오늘은 악수하고, 어제까지 왈가왈부 따지던 한민당과 인민공화국 간의 찬바람도 국부의 자애스런 춘풍 앞에는 얼음 풀리듯 풀려가지고 한자리에서 국사를 논하고, 독립 촉성의 방안을 구수협의하게 되었다. 국내 언론기관은 물론이고 외국 통신보도기관까지도 한민족이 이 박사의 영도하에 통일이 되었다는 기사로써 대서특필하여 보도하는 동시에, 당쟁과 분열에만 능하다는 평을 받던 배달민족도 통일과 독립의 서광이 비치는가 싶었다.

남한 각 도부군에 있는 애국자들이 이 독립촉성중앙협의회의 발족에 호응하여 중협 산하에 지부를 결성하는 한편, 청년층에서는 이 중협 각급 지부의 지도하에 이 박사를 총재로 추대하여 청년단체를 결성하는 청년운동이 각 도부군에서 활발히 전개되었다. 그리하여 그 명칭도 독립촉성청년총연맹(약칭: 청총)이라고 하여 중앙에 창설하고, 그 산하에 각 도부군읍면 세포조직에 착수하여 12월 11일에는 천도교강당에서 이 청년단체 각급 대표 700여명이 참집參集하여 중앙본부를 강화하고, 총재의 영도 하에 청년운동을 적극 전개할 것을 맹세하였다.

이 청년연맹의 발족은 해방 후 남한에 교묘한 수법으로 무식청년층을 유혹하여가지고 규합한 조선민주청년동맹(약칭: 민청)이란 좌익분자들의 공산화 청년운동에는 막대한 치명상을 주는 존재로서 이 청총조직이 활발히 전개되는 반면에 민청이나 국군준비대들의 운동은 쇠퇴해갔다. 그러나 모처럼 이루어져가던 이 민족통일단결의 기운도 한민족이 이 박사를 중심으로 단결되었다는 대외적 인상도 하나의 순간적인 현상에 불과하였다. 중협이 발족한 지 한 달도 못된 11월 16일에는 조선공산당을 대표하여 그 책임비서인 박헌영이 발표하기를 조선공산당은 이 박사가 영도하는 독립촉성중앙협의회에서 탈퇴한다고 하였다. 그 이유로는 이 박사가 영도하는 중협과 조선공산당과는 민족통일과 독립에 대한 이념이 다르다는 것이다. 이 발표로써 시작되는 공산계열 일련의 집단탈퇴로 인하여 통일성은 깨졌다는 인상을 국내외 인사들이 가지게 되었다.

이 박사를 중심으로 하여 민족 단결을 이루어 하루 속히 외국 군정을 벗어나 자주독립을 획득하자는 전 민족의 소망이 차차 사라지는 만큼, 공산계열이 지향하는 통일과 독립의 이념이란 우리 전 국민이 갈망하는 자주독립과 전 민족이 염원하는 민주통일과는 거리가 멀다는 것을 깨달음과 동시에 이 공산계열에 대한 전 국민의 격분과 증오감도 점점 높아가게 되었다.

제3절 중경 임시정부 환국 후의 국내동향

기미년(1919년) 3월 1일 정오를 기해서 적수공권赤手空拳으로 일본제국주의 총검 앞에 무저항으로 자주독립을 절규하는 만세소리가 서울 종로 탑동공원에서 폭발되자 전국 방방곡곡에까지 미쳐서 거족적인 광복운동이 되었다. 그 해 4월에 각 도 대표들이 인천 앞바다에서 회동하여 수립한 임시정부가 상해로 건너가서 「대한민국임시정부」라는 간판을 내걸고 망명정부를 조직하여 장기태세를 갖추어서 계속해서 국내외 애국지사들과 연락하면서 항일독립투쟁을 하다가 중일전쟁 이래 남경南京으로 장사長沙로, 다시 중경重慶으로 풍찬노숙風餐露宿하면서 전전유리轉轉流離하다가 26년 만에 해방된 조국에 환국한다는 것이다. 미군정에서는 개인자격으로 입국함을 승인했지만, 우리 민족이야 26년간 망명했던 우리 민족 혈투의 결정으로 세운 정부인지라 거족적 환영을 하기로 하여 11월 23일은 눈보라치는 추운 날씨에도 불고하고 태극기를 들고 전 서울시민, 특히 초등학교 아동까지도 김포공항에서부터 덕수궁 앞까지 그 연도에 환영을 나왔던 것이다. 입국하기 얼마 전에 중경에서 임정의 부서를 다음과 같이 정비하였다.

대한민국임시정부 주 석 김 구
동 부 주 석 김규식
동 외무부장 조소앙趙素昻
동 내무부장 신익희申翼熙
동 선전부장 엄항섭嚴恒燮
동 문화부장 김상덕金尙德
동 재정부장 조완구趙琬九
동 군무부장 김약산金若山
동 법무부장 최동오崔東旿
동 참모총장 유동열柳東說
동 의정원의장 홍 진洪震
동 비 서 장 조경한趙擎韓

수송 비행기의 사정으로 당일은 김구 주석 이하 일부 요인이 환국하고, 12월 3일에야 신익희 내무부장 이하 여러 요인이 전원 환국하였다.

미군정 당국에서는 중경 임시정부로서의 환국을 인정하지 않고 그 요인들이 개인 자격으로 입국한다는 서명 하에 입국하였다 하지만, 우리 국내 동포들은 저 기미년 독립운동의 유일한 결정체로서 춘풍추우春風秋雨 26년간 해외 망명 중 그 전통을 고수해가지고 해방된 조국에 환국하니 그 어찌 감격의 눈물로써 정성어린 환영을 하지 않을 자 있으랴? 문자 그대로 거족적 환영으로서 일간신문지 상에는 매일 그 환영사와 각 요인의 소개와 그들의 공적 찬양이 연재되었다. 국내 각계각층에서 개인이나 단체로서 환영의 뜻을 표할 뿐 아니라, 12월 19일에는 서울운동장에서 서울시민 수십만 명과 남한 각지에서 환영 차 상경한 인사들이 모여서 임시정부 환국환영대회를 거족적으로 개최하였다.

이 거족적인 환영의 선풍 속에 도취한 임정요인들 중에는 냉철한 현실판단에 의한 정확한 임정의 정치적 위치를 인식 파악하지 못한 인사들이 있어서 소위 망자존대忘自尊大하여 안하무인격인 태도를 보였다. 그들은 국내에서도 일제 압정 하에 온갖 신산辛酸을 겪으면서 독립투쟁과 민족적 항쟁을 한 인사들에 대해 과소평가하였다. 이로 인한 상호 원만성圓滿性을 이루지 못하는 미묘한 분위기가 양성釀成되어 소위 국내파와 해외파로 분열되어 정치적 암류暗流가 흐르게 되었다.

더욱이 지적할 수 있는 중대 사실은 이승만 박사가 30여년 만에 환국하여 민주독립을 하루 빨리 달성해보려고 민족통일의 한 방안으로서 구성한 중협에 대하여 냉담한 사실이다. 공산계열이 중협에서 이탈하자 음으로 양으로 이 박사의 구국노선을 방해하고 모략중상을 시작한 이 좌익계열에 대한 민족적 공분이 점고漸高할 때에 임정이 환국하므로 전 국민은 이제야 해외에서 혁명선배들이 환국하였으니 이 박사와 제휴하여

하루 속히 우리 독립정부를 세워주겠지 하는 기대를 가지게 되었다. 이 박사가 미군정 당국에 요청하여 임정 환국을 빨리 하도록 서두른 것도, 서울시민뿐 아니라 전 국민이 거족적으로 임정 환국을 환영한 이유도 여기에 중요한 의의가 있는 것이다.

그런데 환국한 임정은 우리의 기대와는 180° 방향을 달리 하는 정치적 노선이었다. 그 무엇이냐? 26년 망명했던 임정은 그 법통을 고수하여 미군정으로부터 정권을 이양받자는 것이다. 이러한 정치적 계략이니 이 박사의 중협노선이 안중에 들어올 리 만무하고, 따라서 이 박사와 제휴할 리 없을 것이다. 그러니 임정 환국을 서두른 이 박사의 기대나 거족적 환영을 했던 민족적 요망에 어긋나는 슬픈 현실이었다.

이 임시정부 요인들의 태도에 대한 미군정의 입장은 어떠하였던가? 그들은 문제도 삼지 않을 정도로 냉소하면서 「미군정이 연합국을 대표하여 존재한 남한의 유일한 정부인데 이 군정 외에 따로 정부가 존재할 수 없으며, 임시정부 각료란 다 개인 자격으로 입국할 것을 서명하고 입국한 것이 아니냐」는 것이다. 또한 정계의 양식 있는 인사면 좌우익을 막론하고 말하기를 「조국의 해방이 연합국, 특히 미군의 무력으로 된 만큼 그들과 제휴하지 않고서 무슨 정치적 해결을 기할 수 있으며, 연합국측의 어떠한 결의나 승인 없이 한국문제 해결을 기할 수 있겠는가? 더구나 한국정부 수립이란 현 한국인민의 대표가 나와서 조직하는 정부이어야지 거금距今 26년 전에 만세 부르다가 망명한 혁명지사 기개인幾個人들이 모여서 조직한 한 개의 독립운동 집단을 가지고 정부행세를 할 수 있겠느냐」는 것이다.

역사의 조류潮流에 선도자가 앞장서서 소리소리친다 하여도 간단하게 그 선도자의 소리에 추종하지 않는 것은 동서고금에 공통된 실정이다. 그뿐 아니라 그때에는 보수적인 완고한 부류가 있어서 이 진로에 역행할 뿐만 아니라 방해공작까지 하여 막대한 희생까지 내는 일이 왕왕 있다. 세계적으로 전 인류의 진보 향상하는 정치사상에 공산독재주의가 상금尙今도 엄연히 존재하여 점차 그 세력범위가 확대되어가는 현상으로 전 인류의 두통거리가 되어가고 있지만, 해방된 조국에서 같은 민족진영에서 현실을 무시한 채 케케묵은 법통만을 내세워 민족통일노선에 적지 않은 지장을 일으키는 현실이 나타났다. 임시정부 요인들의 과거 혁명공적을 무시함이 아니다. 그렇다고 그 전공前功을 내세워 현 실정에 역류하는 거조擧措로 나감으로 인하여 정치적 혼란 중에 있는 한국민의 진로를 가일층 어지럽게 한다는 것은 민족적 일대과오라 하지 않을 수 없다. 임정이 환국한 직후에 미군정에 향해서 정권이양을 교섭하였으나 실패하니까 임정노선에 공명하는 국내 보수적인 인사 중에는 해외에서 조직한 한국독립당을 확대강화해가지고 중앙과 지방에 이 기존 한국독립당의 조직을 강화하는 운동을 전개하였으니, 그 이면은 전기 임시정부 법통 승계주의자의 동지 규합을 전개하는 운동이었다.

공산계열은 소련을 종주국으로 삼아 미군정의 용공적인 애매한 정책에 편승하여 기세를 올려 경향각지에서 그 세포망 조직에 광분하였다. 한편 환국한 임정은 법통을 고수해서 정권이양을 받으려는 망상妄想된 고집 하에 국내 보수인층과 합작하여 그 세력 강화에 영일寧日이 없었다. 이리하여 이승만 박사가 환국 이래 그 영도 하에 통일단결로써 독립을 촉성促成해볼까 하는 민족의 혈원血願은 점점 사라져가면서 정치적 혼란과 암담 침울만이 깊어갔다. 이런 상황인 1946년 12월 하순에 소련 수도 모스크바에서는 제2차 세계대전 후 처리문제를 가지고 미·영·소 3국 외상들이 회의를 개최하였다.

12월 28일 외국통신이 전하는 바에 의하면 한국문제는 3상회의결정 제6항으로서 다음과 같다:

모스크바 3상결정 제6항: 한국에 주재한 미소 양국 군사령관은 2주일 이내에 회의를 개최하고, 양국의 공동위원회를 설치하여 한국 임시민주정부 설립을 원조한다. 또 미·영·소·중 4국에 의한 신탁통치를 실시하는 동시에 한국 임시정부를 설립케 하여 한국의 장래 독립에 대비할 터인바 신탁통치기간은 최고 5개년으로 한다. 미소공동위원회는 임시정부와 한국 각종 민주적 단체와 협의하여 동국의 정치적 경제적 발달을 촉진하고, 독립에 기여하는 수단을 강구한다. 이 신탁통치제에 관한 외상이사회의 제안을 검토하기 위하여 미·영·소·중 각국 정부에 회부한다.

1945년 12월 27일

모스크바에서

미국대표 *번즈*

영국대표 *애틀리*

소련대표 *스탈린*

이는 일각一刻을 삼추三秋 같이 고대하면서 독립정부 수립을 갈망하는 삼천만민족에게는 실로 청천벽력 같은 일대 비보이었다.

소위 신탁통치안을 3상회의에서 결의했다는 것은 제2차 세계대전 중 혹은 종전 후에 연합국이 선명鮮明한 전후처리의 기본방침에 어긋날 뿐 아니라, 한국민족을 모욕한 것이니 이를 반대하지 않을 수 없다는 것은 당시 국내 좌우익을 막론하고 폭발된 민족적 감정이요, 민족자존심의 자연적 귀결이었다. 서울 시내에서 이 여론이 비등됨을 여실히 반영하는 신문으로서 좌익계열의 인민보나 서울신문, 우익진영의 동아일보나 조선일보 등 모두 공동보조로 이를 반대함을 보도하였다. 단적인 한 실례는 그날(28일)은 좌익계열에 속한 여론사輿論社 주최로 기독청년회관(종로2가 기독교청년회 내)에서 무슨 강연회가 있었다. 이 연설회가 끝나기 전인 오후 4시 경에 그 사회자인 박이하朴易夏 씨가 나와서 긴급발언이라고 전제하고, 「방금 외국통신이 보도한 바에 의하면 지금 모스크바 3상회의에서 우리나라를 최고, 5년간 신탁통치하기로 결정하였다」고 보도하자 이 회장에는 대부분 공산 좌익분자들이었는데 총 기립하여가지고 '이 3상결정을 반대한다'고 고함을 지르면서 전기 사회자 박이하의 선창으로 신탁통치는 결사반대한다고 발을 굴러가면서 만세를 3창, 6창, 연창으로 고함쳐 불렀다.

제4절 반탁운동

Ⅰ. 한국에 대한 신탁통치문제의 발설

1945년 4월부터 6월 사이에 미국 샌프란시스코에서 개최된 소위 국제연합(UN) 창설 당시에 논의된 신탁관리제 해당국이란 것은

1. 제1차 대전 후 위임통치지역

당시 패전국인 독일, 터키, 오스트리아 영토 중

① 자치능력이 없는 민족의 거주 지역

② 문명에서 절연되어 인구가 희박하고, 토지가 불모不毛하고, 면적이 협소한 지역을 전승국이 위임통치하였는데, 이번 제2차 대전의 결과 패전국이 되어서 그들이 위임통치하던 지역(예: 남태평양 중의 일본 위임통치 지역)

2. 전쟁 결과로 적국으로부터 이양 해방된 지역

3. 통치에 책임을 가지는 한 국가에 의해서 자발적으로 이 제도에 처하여 있는 지역을 대상으로 하는 지역

이상 각 조항에 하등 해당되지 않는 한국은 일본의 철쇄에서 해방되었으므로 연합국은 당연히 자주독립을 우리 민족에게 부여해야 할 것임은 평화를 애호하는 만국의 공의公議요 인류역사 진운進運의 정경正徑이다. 그런데 1945년 10월 20일 미국 외교정책협의회석상에서 미국무성 극동부장 ***보인센트*** 씨는 발언하기를,

"한국에 관해서는 동 국에 신탁관리제를 수립함에 앞서 우선 소련과의 사이에 의견을 소통한 후 허다한 정치문제를 해결시키고 싶다. 한국은 다년간 일본에 예속되었던 관계로 지금 당장 자치를 행할 준비가 되어 있지 않다. 따라서 미국은 우선 신탁관리제를 실시하여 그 후에 한국민이 독립 자치를 행할 수 있도록 준비를 진행할 것을 제창한다. 미국은 한국이 될 수 있는 대로 속히 독립한 민주주의정부를 가진 강대한 협의적協議的인 통일국가가 실현되도록 조장하는 데 있다"고 말하였다.

이 얼마나 한국의 역사적 전통과 문화민족인 실정을 몰이해한 망언인가! 이 사실이 10월 21일에 국내에 보도되자 국민당 위원장인 안재홍 씨는 10월 22일에 담화를 발표하기를,

"이는 놀라운 문제라 할 것이다. 이 말은 지난봄에 미국에서 일본과 프랑스의 식민지를 신탁관리한다는 말을 듣고 그에 대한 방침을 세운 일도 있었다. 그런데 이번에 뉴욕통신으로 전하여왔으나 그 소식은 전연 오보라고도 할 수 없다. 미국군이 한국에 들어온 뒤에 이 땅에는 각 정당이 분열하여 통일되지 않았기 때문에 서울에 55개 정당이 생겨 누구를 상대하여야 좋을지 모르겠다고 말하였다.

여기에 있어 식자識者들은 적지 않은 불안감을 느끼고 있다. 1898년 미국은 ***맥킬레*** 대통령 당시에 스페인과 전쟁을 해가면서 필리핀의 독립을 약속하였으며, ***아기날드*** 장군을 중심으로 필리핀 독립군과 제휴하여 스페인군을 격파한 다음 근 40년간 영유한 일도 있다. 이로써 우리는 첫

째, 내부에서 강조되고 있는 민족전선의 합동통일을 시급히 완수해서 우리 문제를 자주적으로 해결할 실력을 보여주어야 한다. 둘째, 완전히 합동통일된 전 민족이 총역량을 모아서 엄중하고도 정중한 항의를 하여야 한다"고 강조하였고,

10월 23일에 조선공산당을 대표한 김삼룡金三龍은 담화를 발표하기를,

"조선 신탁관리제 문제에 대하여 38 이북에 있는 소련측에서 어떤 태도로 임하는지 알 수 없고, 또한 신탁관리제라는 것이 어떠한 성질로서 규정했는지 알 수 없으나, 이 규정된 내용은 별문제로 하고 미국 국무성 극동부장의 언명이 사실이라면 이것은 전혀 조선의 현실을 왜곡하고 또한 민의를 무시한 데서 나온 유감스러운 일이 아닐 수 없다. 이 언명은 거듭 말하면 조선은 자주독립의 역량이 태무하다는 것을 세계에 공포한 데 불과하다고 단언할 수밖에 없다. 우리에게 정치적 능력이 없다, 또는 정당 기타가 50여개가 되어서 어떠한 것을 상대할런지 그 초점을 찾을 수 없다. 우리는 그렇지 않다고 당당히 외쳤었다. 과거 일본 제국주의 폭정 하에서 기미운동 이래 표면으로 또는 지하에서 면면히 조선민족 해방을 위하여 혈맥血脈의 형로荊路를 거쳐서 혁명투쟁이 계속되어 내려왔다는 이 엄숙한 사실은 무엇을 언명하며 말하는 것인가?" 운운云云하였다. 또한 말하기를

"우리 민족이 총결집 아래 자주독립을 하겠다는 역량과 그 질적 사실을 전 세계에 합법적으로 증명하고 여기에 대한 공명정대한 인식을 받아야 할 것이다"고 말하였다.

수일이 지난 10월 26일에는 각 정당 행동통일위원회에서 다음과 같은 성명서를 발표하였다.

성명서

일본이 패배하자 조선은 카이로회담에 의하여 당연히 완전한 자주독립이 될 것을 확신하고 연합국에 만강滿腔의 사의를 표하면서 그 실현이 급속히 이루어지기를 고대하였다. 우리가 목하 제종의 불편불만이 있음에도 불구하고 군정에 최대의 협력을 아끼지 않는 것도 자주독립의 과도적 단계로 보기 때문이다. 그런데 외전外電은 조선신탁통치설을 전하고 있으니 이것이 사실이라면 우리의 기대에 배치됨이 너무나 크고, 환멸은 이에 더할 바 없다.

조선민족은 4,000년의 장구한 역사에 혁혁한 문화를 가졌고, 완전한 독립국가를 유지하며 세계평화에 기여할 수 있는 실력과 열의를 가진 것은 연합국이 충분히 인식할 줄로 믿는다. 일본의 통치 하에서도 우리는 해내외海內外에서 수많은 동지가 혈전고투血戰苦鬪하여 해방에 노력한 것은 그들이 시인하고 원조까지 해왔음에도 불구하고 신탁통치 운운함은 조선민족을 모욕하고 기만한 것으로밖에 볼 수 없다.

우리는 삼천만민족의 총의를 대변하여 완전한 자주독립을 주장하며 신탁통치를 절대 반대한다.

이와 같이 강력히 반탁의사를 표명하면서 미국을 비롯한 연합국에 민족의 이름으로 엄중 항의를 한 것이다. 이 국내 여론이 비등함을 관찰한 미군정 당국에서는 군정장관 ***아놀드*** 소장이 10월 30일 중앙청 제1회의실에서 기자단과 회견한 석상에서 말하기를 "국무성 관리가 말한 신탁관리설은 개인의 의사에 불과하다"고 언명하면서 민심의 안정을 기도하였다. 그러나 국제정국의 추세를 통찰한 이 박사는 12월 26일 밤에 중앙방송국을 통하여 다음과 같은 요지로 반탁운동에 국민이 총궐기할 것을 호소했다.

1945년 12월 26일 밤 방송 요지

「워싱턴에서 오는 통신에 의하면 아직도 한국신탁통치안을 주장하는 사람이 있다 합니다. 우리는 이러한 사람들에게 우리 한국은 이 안을 거부하고 완전독립 이외에는 아무것도 용인할 수 없음을 알리고 싶습니다. 여기에는 당당한 이유가 있습니다. 즉 ***트루만*** 대통령, ***번즈*** 국무장관, 연합군 사령관 ***맥아더*** 장군, ***하지*** 중장 등은 다 한국 독립을 찬동하고 있습니다. 만일 우리의 결심을 무시하고 신탁통치를 강요하는 정부가 있다면 우리 삼천만민족은 차라리 나라를 위하여 싸우다가 죽을지언정 이를 용납할 수 없을 것입니다. 왜적은 교묘한 선전으로 우리 한민족은 외국세력이 강요하는 것에는 무엇이나 복종하는 민족이라는 선입관념을 타 민족에게 주었다는 것입니다. 이러한 그릇된 선입감으로 말미암아 워싱턴과 모스크바에서는 민족으로서의 우리의 명예를 대단히 손상하는 정책을 시행하자는 사람이 있다 합니다. 우리로서는 우리가 줏대 없는 국민이 아니라는 것을 밝히기 위하여 죽음을 결의하고 투쟁하려고 합니다.

진주만사건 이후 과거 40년간 왜적의 선전에 영향을 받고 또한 공산주의에 공명하는 워싱턴 일부 인사는 우리 임시정부에 대한 공식 승인을 방해하여 우리 광복군이 공공한 지위에서 필요물자를 공급받아가며 참전함을 막는 데 동분서주하여 우리의 독립 달성을 방해하여왔던 것입니다. 즉 한인은 국내에 분열이 있기 때문에 어느 당파가 한민족을 대표하는 것인지 알 수 없다는 것이 그들의 표면적 구실이었습니다. 그러나 그 이면에는 한국이 독립을 못하도록 해가지고 공산주의국가를 만들어보려는 음모가 숨어 있었던 것입니다. 그렇지만 기회가 있을 때마다 신탁관리안의 말살과 한국의 독립을 위하여 신문지를 통하여 누차 격론을 환기한 한국을 사랑하는 사람도 많았습니다. 이러한 위기를 알았기 때문에 우리가 분열되었다고 널리 선전된 구실을 소멸시키기 위하여 모든 정당을 최근 결성된 독립촉성중앙협의회로 통합하려고 만반의 노력을 경주해왔습니다. 이 통합이 성숙할 때마다 문제를 일으키는 소수의 극단 공산주의자만 없었다면 통합은 벌써 오래 전에 성공하였을 것입니다. 즉 그들이 합류하여올 것을 고대하였기 때문에 통합이 이와 같이 지연된 것입니다.

우리는 우리 전체를 위한 독립을 달성하려면 좌익 우익을 망라한 전부가 합동하여야 하겠다는 것을 언제나 믿어왔습니다. 그러나 소수의 파괴분자가 있어서 만일 이 합동이 달성되면 그들의 음모가 실패하게 되기 때문에 전력을 다하여 통일을 방해하여왔습니다. 한인이라 자칭하는 사람들 중에 위급존망危急存亡한 오늘에 있어서 조국의 목적에 반역은 이해할 수 없는 일입니다. 애국자라면 남녀노소를 막론하고 언제 어디서나 독립을 위하여 투쟁할 준비가 있어야 됩니다. 최후의 1인까지 죽음으로 싸워 이 독립 방해를 각성케 합시다.

사랑하는 나의 동포들이여 만일 신탁관리제가 실시된다면 독립 방해자뿐 아니라 독립을 위하여 투쟁해온 우리까지도 다 죽게 될 것입니다. 그리고 만일 우리의 방해자들의 파괴목적 달성을 수수방관한다면 나중에는 아무리 싸워도 효과가 없을 것입니다. 반역자들의 그 목적 달성을 방해함은 우리 삼천만의 의무입니다. 이 의무를 소홀히 하는 자는 독립이 방해되기를 원하는 사람들입니다. 어찌하여 우리 한민족의 피를 가진 자가 방관만 하고 말겠습니까?

요컨대 우리가 신탁관리를 거부하기로 결의한 이상 주저치 말고 중앙협의회 지부를 각 지방에 조직하고 민중을 단결시켜서 대기하도록 합시다. 이 중앙협의회의 조직이 완성되면 관계단체와의 연락도 직접 실현될 것입니다. 통일과 독립에 조력하는 단체라면 어느 단체나 환영합니다. 파괴를 목적하고 방해하는 단체는 그 어느 것을 막론하고 배척하여야 할 것입니다. 애국자라면 남녀노소를 물론하고 도시에서나 지방에서나 나라와 동포를 사랑하는 마음으로 어서 일어나 이 신탁관리제를 반대하고, 완전한 자주독립만을 촉성하기로 목적을 삼고 싸워나가기를 부탁합니다.」

Ⅱ. 모스크바 3상회의의 결정

1945년 12월 28일 오후 4시쯤 되어서 한국에 대한 신탁통치를 실시하기로 모스크바3상회의는 3상결정 제6항으로서 결의하였다는 보도가 신문 호외로, 라디오 뉴스로, 가두벽보로 시민에게 알려질 때에 전 시민의 충격은 컸다. 거리거리에 나붙은 벽보 앞에 모여든 군중들의 표정이란 말할 수 없는 비장悲壯한 흥분에 떨고 있어서 민족적 분격이 일대 폭발할 위급한 순간이 박도迫到함을 피차 공감하게끔 되었다. 이는 해방 후 중앙에서 발생한 모든 사건 중에도 제일 큰 사건이었다. 그래서 해방의 감격은 어느덧 사라지고, 연합국에 대한 환멸과 국가의 장래에 대한 우려로 각 정당 사회단체에서는 제각각 소속 임원들을 비상소집해가지고 논의하다가 날이 저물어 밤이 되는 줄도 모르고 각 단체대표를 선출하여 기독교청년회관으로 총집합하기로 하여 오후 7시에는 회관 내외는 초만원을 이루었다.

각 단체대표들 중에서 흥분에 못 견디는 열렬한 인사들은 단상에 올라가서 불을 뿜는 듯한 열변을 토하여 청중에게 호소하면 청중 또한 그에 호응하여 회장 내는 마치 한 개의 불덩어리로 화해서 미구에 폭발하고야 말 일대 분화구와도 같았다. 그들의 열변이란 거개 「우리가 연합국의 덕분으로 일제에서 해방되니까 너무나 무분별하게 연합국만 의뢰해왔다는 것, 그래서 독립도 연합국이 거저 가져다주는 줄 알고서 피차에 정권 잡을 싸움만 했지 정작 국권회복을 위한 근본문제에는 파고들지 아니한 우매한 길을 걸어왔다는 것, 또는 말하기를 국가주권 민족의 자주독립이란 대가 없이 거저 얻어진 예가 동서고금에 없으니 우리도 이제부터라도 늦지 않으니 전 민족이 총궐기하여 자주독립의 대가, 즉 피를 흘려야 한다」는 것이다. 특히 청년단체를 대표한 신균申均, 김창엽金

昌曄 동지들의 열변과 부녀단체를 대표한 임영신 씨의 눈물의 호소, 정당을 대표한 서정희 씨의 피를 토하는 듯한 열변 끝에 흥분에 못 이겨 통곡함에는 전 청중이 동감호읍同感號泣하면서 제각기 책상을 치고 발을 굴렀다.

Ⅲ. 탁치반대전국대회

이 민족적 분격이 최고조에 달했을 때 거구인 원세훈 씨가 등단하여 말하기를,

「우리가 일시적인 흥분에만 그칠 것이 아니라 오늘밤 이 자리에서 신탁통치를 절대 반대하는 운동을 전국적으로 전개하자」는 제의에 전 청중이 호응하여 만장일치로 가결하자, 중앙에서의 개최일자, 개최장소, 대회 책임자 등등에 들어가서 원씨와 각 대표들 간에 설왕설래하다가 다수가결로 결정된 것은 다음과 같다.

1. 삼일운동정신으로 신탁통치반대운동을 전개할 것.
2. 중앙에서 첫 봉화를 12월 30일에 서울운동장에서 올릴 것.
3. 반탁대회 주최는 금야今夜 참석한 단체 연합으로 할 것.

그리하여 즉시 참석한 각 단체 명단을 수부受付에서 가져다가 점명點名해보자는 회중의 요청에 따라 수부에 기록된 단체명을 호명하니 별기와 같이 해방 후 발족한 좌우익의 각 단체를 거의 총망라하였으며, 그 중에서 큰 단체만을 들면 다음과 같다.

한국민주당, 국민당, 신한민족당, 조선인민당, 독립촉성청년총연맹, 자유사회건설자연맹, 민우회, 무명회, 백의청년회, 동아청년동맹, 국민대회준비위원회, 수요회, 독립촉성중앙청년군, 고려청년당, 조선건국청년회, 산업회, 광복단, 여자국민당, 중협 선전국, 삼일동지회, 대한혁신청년회, 삼유회,

자유인연맹, 흑색청년회, 대한민국군사후원회, 공업기술연맹, 조선공산당, 농촌자치연맹 중앙연합회, 조선혁명당, 조선섬유사업회, 팔중구락부, 대한독립협회, 기독교신민회, 신생회, 한중협회, 원호단체연합회, 한국애국동지회, 출옥동지회, 흥국형제단 외 60여 단체.

4. 본 반탁운동 전개 상 지도기관으로서 큰 단체 대표로 상무집행위원회를 구성함. 상무집행위원은 다음과 같다:

조선인민당 대표 이여성李如星
조선국민당 대표 엄우룡嚴雨龍
한국민주당 대표 신현창申顯彰
신한민족당 대표 최익환崔益煥
조선공산당 대표 정태식鄭泰植
상해구국단 대표 김창순金昌淳
독립촉성청년총연맹 대표 유진산柳珍山
독립촉성중앙협의회 대표 오수영吳壽英
공업기술연맹 대표 유 홍柳鴻
조선건국청년회 대표 원석산元石山
고려청년당 대표 이봉식李鳳植
대한독립협회 대표 고철수高喆秀
불교청년회 대표 유 엽柳葉
무명회 대표 김명동金明東, 구자옥具滋玉, 송남헌宋南憲, 손기태孫基泰, 이 헌李憲, 박 완朴浣

참고 : 당일 밤 발의로써 다음날 본 회관에서 인선함.

5. 동 대회장은 당일 밤 출석한 각 단체대표 중 최고연장자인 서정희

씨를 구두口頭 공선公選함.

6. 대회 개최준비사무는 당분간 본 기독청년회관 2층을 사용할 것.

기타 미비한 것은 다음날부터 모일 동 준비위원회에 일임하기로 하고, 서정희 씨의 선창으로 탁치반대와 독립만세를 삼창한 후에 자정이 넘은 밤늦게야 폐회하였다.

그날 밤 모임에서 한 가지 의아스러운 일은 이 날(12월 28일) 오후 4시경까지 이 기청회관에서 좌익계열이 강연회를 개최했을 때에는 그렇게도 열렬하게 신탁통치 반대 만세를 고창高唱하던 좌익계열에서 그날 밤에 좌익계 단체 대표가 참석했음에도 불구하고 단 한 사람도 단상에 올라가 반탁연설을 한 자가 없었고, 그 다음날인 29일에도 개인이나 단체 대표가 한 사람도 출석하지 않은 사실이다.

전날 밤의 결의에 의하여 12월 29일 아침 10시에는 기청회관에 각 단체 대표 100여명이 모였다. 대회장 서정희의 사회 하에 30일에 개최할 탁치반대 전국대회 준비위원회를 구성하였다. 이 대회는 그 성격 상 자주독립을 전취戰取하자는 해방 후 최초의 거족적인 국민총궐기대회이니만큼 향후 중앙과 지방에서 부절히 봉기한 반탁운동—국민운동은 이 대회의 규모를 예로 해서 대동소이하게 진행되었다. 대회 준비부서나 대회 행사나 결의 통과 문안 등까지도 본 대회에 의례依例되었으므로 본 대회 준비경과를 약기하면 다음과 같다:

탁치반대전국대회 회 장 1명

동 부회장 2명

동 총무부위원 책임위원 1명 외 19명

동 선전부위원 책임위원 1명 외 19명

동 재정부위원 책임위원 1명 외 9명

동 동원부위원 책임위원 1명 외 29명

동 연락부위원 책임위원 1명 외 19명
동 경비부위원 책임위원 1명 외 49명

본 대회 주최에 참가한 각 단체대표들의 희망에 따라 전기 각 부서에 위원으로 들어가서 그 위원들이 책임위원 1명을 구두口頭 호천呼薦해서 작정한 후, 그 책임위원 사령司令 하에 맡은바 각 부서의 임무를 협의하면서 원만하게 준비가 진행되었다. 각 단체의 대표들인만큼 상호 지면知面이 적어서 각기 소장所長과 특기를 모르기 때문에 처음에는 인선과 집무 상에 약간 곤란했지만 애국심에 피끓는 인사들이라 소위 감투싸움이 벌어지지 않고 화기애애和氣靄靄한 가운데 일사천리로 진행되었다. 예를 들면 동원부나 경비부 위원 중에는 주로 청년단체 출신인 연소한 동지들이지만, 재정부나 기타 부서 중에는 정당 간부나 상공회의소 간부들로서 50세 전후의 노장들이다. 그래서 청년동지들이 요구하는 재정조달을 이 노장들이 유유낙낙唯唯諾諾 친절히 응해주었으므로 밤늦게까지 선전문과 벽보를 써서 가두에 붙이고, 밤늦도록 기다리며 격려해주면서 그 뒤치다꺼리를 하기에 노쇠老衰와 한설寒雪을 가리지 않았다.

대회일인 12월 30일은 영하 20도의 혹한으로 특히 삭풍이 몹시 불고 전날 밤 내린 수촌數寸의 적설로 보행이 곤란하였기 때문에 시민 동원이 잘 될까 하는 염려도 있었지만, 아침부터 각 동리에서 일제시절에 사용하던 정회기町會旗와 태극기에다가 신탁통치 절대반대라는 플래카드까지 준비하여 시내 8구 200여 동회에서 거의 빠짐없이 총출동했고, 각 정당 사회단체, 종교단체, 특히 청년단체와 학생단체가 많이 나왔다. 더욱 특기할 만한 것은 중앙청 미군정청 국장급 이하 전 직원과 시청 전 직원이 총동원된 사실이다. 대회는 흥분과 감격 속에 해방 후 최초로 최대다수인 10여만 시민이 모인 가운데 오후 1시부터 다음과 같은 회순會順으로 진행되어 오후 3시에 끝마쳤다.

一. 개회 사회자

一. 국민의례 사회자

一. 개회사 대회장

一. 개회선언 안재홍

一. 연합국에 보내는 메시지 통과 박 완朴浣

一. 결의문 통과 유 홍

一. 격려사 청년단체, 부녀단체 대표 수명

一. 만세삼창

一. 시가행진

대회 결의문

국제헌장과 카이로선언 및 포츠담선언으로 세계에 공약한 한국의 독립 부여는 금반 모스크바 3상결정으로써 수포로 돌아갔으니 장차 우리 삼천만은 피로써 독립을 전취戰取치 아니치 못할 단계에 들었다. 동포여! 총궐기하야 일대 각성으로 해방 후 분열되었던 좌우를 청산하고서 우리 임시정부 밑으로 한데 뭉치자! 그래서 강철 같은 단결을 이뤄가지고 최후의 1인, 최후의 일각까지 싸워서 신탁통치를 결사반대하고 완전한 자주독립을 획득할 때까지 전 국민이 총궐기할 것을 자玆에 선언한다.

연합국에 보내는 편지

우리 민족 삼천만은 서울운동장에서 신탁반대전국대회를 개최하고서 다음의 결의사항을 연합국에게 보낸다.

1. 일본군 무장해제를 위하여 설치한 38선을 직시直時 철폐하라.
2. 미소 양군은 조속한 시일 내로 한국국토 외로 철퇴撤退하라.
3. 중경에서 환국한 임시정부는 진정한 우리 정부이니 연합국은 이를 직시 승인하라.
4. 한국의 자주권을 무시하는 신탁통치를 결사반대한다.

1945년 12월 30일

탁치반대전국대회

대회 결의문

1. 우리 삼천만은 임시정부를 진정한 우리 정부로서 절대 지지한다.
2. 우리 삼천만은 민족적 긍지를 모욕하는 신탁통치를 결사반대한다.
3. 우리 삼천만은 탁치를 반대하고 완전 자주독립을 전취할 때까지 총궐기하여 결사 투쟁할 것을 맹세한다.

특기할 것은 전기 메시지 결의문에 "38선 직시 철폐하고 미소 양군 철퇴하라", 혹은 "임시정부를 절대 지지한다" 등등이다. 20년이 경과한 오늘에 와서 회상할 때에 진부하기도 하고 약간 과격하기도 하나 당시의 흥분된 민족적 감정을 반영한 것으로서 전 준비위원들의 총의로써 제안되고, 대회에서 통과된 것이다.

미군정 하에 처음으로 시도하는 가두데모를 내포한 집회이니만큼 미군 현병대에서 그 허가에 난색이 있을까 염려되어서 그 교섭에 적합한 인물을 물색한바 적임자로 본 대회 총무부위원 구자옥(당시 YMCA 총무직) 씨를 중론으로 추천하여 29일 오후 2시 경 필동 헌병대본부까지 그 한천寒天을 뚜벅뚜벅 필자와 걸어서 갔던바 동 현병대 통역 이 모씨의 주선으로 용이하게 허가를 얻었고, 대회일인 30일 새벽에는 고 고하 송진우 씨가 피습 서거하였다 하여 본 대회장 공기는 가일층 비장한 긴장이 감도는 가운데 반탁대회를 서울 시민의 충천하는 함성리喊聲裡에 마치고, 종로와 을지로로 두 패로 나누어서 철시된 거리를 태극기를 선두로 「신탁통치 절대반대」라는 플래카드를 각 단체별로 들고서 행진할 때에 철시한 점포 앞 연도에는 시민 남녀노유가 인산인해를 이루어서 만세로 호응 격려해주었다. 이는 과연 지축을 뒤흔드는 민족적 분노의 폭발이요 일대 함성이었다.

이 대회는 실로 해방 후 최초로 폭발된 독립운동이요, 우리나라 국민운동의 시발점으로서 찬연燦然한 금자탑을 세웠는데, 그 성공의 이면에는 미담과 일화가 많다. 그 중의 하나를 적기摘記해본다.

대회 전날인 29일에 대회 준비위원회가 구성되었으나 당장 필요한 재정이 없고, 재정위원 중에서 현금 몇 천원을 낼만한 실력자도 없었다. 이 절박한 사정을 본 총무위원 유홍(공업기술연맹 대표) 씨가 뛰어가서 일금 삼십만원을 마련해옴으로써 화급한 경비를 쓰게 되었고, 대회 날은 시내 각 구에서 시민을 동원코자 하되 유일한 교통기관인 전차마저 휴업인데다가 눈은 한 치 이상 쌓여서 걱정만 하고 있는 중에 또 유 위원이 기지를 발휘했다. 즉 큰 동아줄을 구해다가 YMCA회관 앞 종로 대로를 차단해놓고 미군용 외의 민간 트럭은 모조리 징발해서 각 구로 배정하여 서울운동장까지 대회에 참가하는 애국시민들을 수송케 하였다. 대회가 끝난 뒤에 운임을 받으려고 모여든 300여명의 운전사들이 YMCA회관 후정後庭에서 예약한 대로 한 대 당 200원씩 속히 지불하라고 아우성이다. 회장 이하 전 위원이 초조한 가운데 태연자약한 유 위원이 한 운전사를 불러서 귓속말로 무엇인가를 청탁했더니 그 운전사가 고개를 끄덕끄덕하고 군중들 앞에 썩 나서더니 큰소리로

"여러분 오늘 반탁대회에 나온 시민들이 우리나라 독립을 위해서 이

설한풍雪寒風 속에 뛰어나왔지 무슨 사리사욕을 채우려고 나왔습니까? 우리들이 그 동포들을 태워다주었으니 우리도 그들과 같이 독립운동을 한 것이 아니었소? 그러니 나는 오늘 받기로 한 운임 200원을 포기하고 돌아가겠소. 다시 말하면 나는 독립운동에 200원을 바치었다는 말씀입니다"라고 하였다.

이 발언에 박수가 터져나오더니 감동된 운전사들이 너도나도 찬성하고 나섰다. 일파만파로 순식간에 이 장내공기는 애국적인 독립운동자로 변해서 전원이 요구하던 운임을 즐거이 포기하고 자기네도 애국시민의 한 사람으로서 할 일을 했구나 하는 자부심에 흐뭇한 듯이 미소를 지으면서 흩어져 돌아갔다(당시 설렁탕 1그릇 값은 10원이었다.)

한편 임시정부 측에서는 서대문 경교장京橋莊에서 12월 28일 밤에 긴급히 국무원회의를 개최하고서 이 모스크바 3상결의에 대한 대책, 즉 탁치반대운동 전개 지도에 관한 방안을 신중히 토의한 끝에 별항 성명서를 중외中外에 발표하는 동시에 즉시 미영중소 4대국 원수에게 임시정부 명의로 메시지를 발송하였다. 그리고서 반탁운동기관 창설에 관한 7개조의 결의를 할 뿐 아니라, 다시 일반국민에게 9대 행동강령을 선포하여 전 국민의 실천할 바를 지시하였다.

4국 원수에게 보내는 메시지

우리는 모스코결의에서 한국에 탁치를 적용한다는 결의를 반대한다.

1. 민족자결의 원칙을 고수하는 한민족 총의에 절대 위반됨.
2. 탁치는 제2차대전 중에 누차 선언한 귀국의 숙약宿約에 위반됨.
3. 연합국헌장에 규정한 3종 탁치적용조례에 재래 1항도 한국에는 불부不符함.
4. 한국에 탁치를 실시함은 원동遠東의 안전 평화를 파괴함.

이상의 이유로 한국의 즉시 독립과 세계평화를 위해서 탁치를 반대하는 강력한 불합작不合作을 미리 성명하고, 귀국의 신중한 숙고를 촉구한다.

대한민국 27년 12월 29일

대한민국임시정부 주 석 김 구

동 외무부장 조소앙趙素昂

성명서

우리는 피로써 건립한 독립국과 정부가 존재하였으므로 다시 선언한다.

오천년의 주권과 삼천만의 자유를 확보하기 위하여는 자기의 정치활동을 옹호하고 외래의 탁치세력을 배격함에 있다. 우리의 혁혁한 혁명을 완성하자면 민족의 일치로서 최후까지 분투할 뿐이다.

대한민국 27년 12월 29일

대한민국임시정부

9대 행동강령

1. 삼천만은 일사一死로 자유를 전취하자.
2. 반독립적 언동은 일체로 배격한다.
3. 탁치 순응자는 반역자로 단정하자.
4. 대한민국임시정부를 절대 수호하자.
5. 임정 명령에 복종하여 규율 있게 행동하자.
6. 친일파 반역분자의 모략을 분쇄하자.
7. 왜구倭寇를 철저히 구축하자.
8. 외국 군정의 철폐를 주장하자.
9. 탁치정권을 불합작으로 격퇴하자.

결 의 안

1. 신탁통치를 반대하기 위하여 기구를 창설하되 명칭은 탁치반대국민총동원위원회라 정함.
2. 탁치반대국민총동원위원회는 각 정당, 각 종교, 각 사회단체 기타 유지인사로 조직함.
3. 탁치반대국민총동원위원회의 기관은 중앙, 도, 군, 면에 종으로 분설할 것.
4. 탁치반대국민총동원위원회는 국무위원회의 지도를 수受할 것.
5. 탁치반대국민총동원위원회는 탁치반대국민총동원위원회를 지도하는 위원 약간인을 선출하여 해외에 대한 지도위원회를 설치함.
6. 재정은 지원자의 헌금과 정부의 보조로써 충용充用할 것.
7. 탁치반대국민총동원위원회에 장정위원章程委員 9인을 김구, 조소앙, 김약산, 조경한, 유림柳林, 김규식, 신익희, 김명준金明濬, 엄항섭, 최동오 제씨로 선출하여 기초 제출케 할 것.

닥치반대국민총동원위원회 위 원 장 권동진

부위원장 안재홍 김준연

총무부장 백남훈 (후에 박용희)

조직부장 신백우申伯雨

선전부장 김세용金世鎔 (후에 이을규李乙奎)

조사·연락부장 김법린金法麟

비 서 장 서세충徐世忠 차장 유 엽

위 원				
	이동산李東山	김진호金鎭浩	정노식鄭魯湜	김창수金昌洙
	이백우李白羽	김상근金相根	임영신任永信	박용희朴容羲
	김관식金觀植	김법린金法麟	최준호崔俊鎬	이군오李君五
	이근숙李根淑	정인회鄭寅會	김승학金承學	김예진金禮鎭
	노평돈盧平敦	박한영朴漢永	정인권鄭寅權	김활란金活蘭

최태동崔泰東 유각경俞珏卿 이극노李克魯 정인보鄭寅普
김상필金相弼 방응모方應謨 이호영李鎬英 전두백全枓白
김준연金俊淵 김약수金若水 진연희陳延熙 박 완朴浣
이강훈李康勳 오세창吳世昌 권동진權東鎭 김창숙金昌淑
오화영吳華英 홍명희洪命憙 조만식曺晩植 김동구金東九
김성수金性洙 강기덕康基德 양근환梁槿煥 박 열朴烈
함태영咸台永 이종욱李鍾郁 정광조鄭廣朝 김 한金韓
김선규金善圭 김석황金錫璜 서세충徐世忠 연병호延秉昊
이규채李圭彩 한남수韓南洙 정영택鄭永澤 이덕화李德華
김양수金良洙 백인제白麟濟 안재홍安在鴻 백남훈白南薰
원세훈元世勳 명제세明濟世 이규갑李奎甲 김관식金寬植
홍남표洪南杓 박헌영朴憲永 한 일韓溢 김세용金世鎔
이을규李乙奎 박현호朴玄昊 김기명金起明 백세명白世明
김두봉金枓奉 김무정金武亭 장후익張厚翼 김신용金鎭容
전진한錢鎭漢 이갑성李甲成 이학송李鶴松 전공우全公雨
김명동金明東 유 엽柳葉 이의식李義植 양한나梁漢拏
백남신白南信 김창엽金昌燁 유진산柳珍山 오정방吳正邦
김치은金致殷

각도 파견원派遣員
경기도 이규채
강원도 이종욱
충청북도 연병호
충청남도 김명동
황해도 양근환
전라북도 박 완
전라남도 김진용
경상북도 박현호

경상남도 김법린
동경 이강훈

이 최초의 반탁운동이 서울에서 거족적 봉화로서 폭발하자 전국의 통신 신문 등 보도기관은 좌우익을 막론하고 일제히 대서특필로 보도하였다. 각 지방에서 애국동포들이 중앙에 호응함은 물론이려니와 중앙에서도 각 단체별로 각종 형태로 운동이 전개되었다. 혹은 극장 혹은 강당에서 반탁강연회가 시내 각처에서 개최됨은 물론이려니와 1946년 1월 1일 오후 3시에는 시내 안국동 풍문여고 강당에서 시내 애국적인 부녀 5,000여명이 운집한 가운데 신탁통치배격여성대회를 개최하였다. 이 대회는 김활란의 사회로 시작하여 열렬한 반탁결의를 표명한 후 일모日暮임에도 불구하고 전원이 국기를 들고 영하 20°의 한천寒天을 뚫고 시가를 시위행진하여 한국여성들의 반탁기세가 얼마나 열렬한가를 행동으로 나타냈다.

다시 1월 3일에는 전기 여성단체 수최로 송로 기녹정년회관에서 반탁강연회가 개최되고, 다시 1월 4일에는 명동에 있는 시공관市公館에서 4개 정당, 즉 한국민주당 함상훈, 국민당 엄우룡, 인민당 이여성, 조선공산당 정태식의 공동주최로 반탁강연회를 개최하기로 신문보도까지 되었으나 좌익계열의 돌연 불참으로 중지되고 말았다.

1월 7일은 전국 반탁학생총궐기대회가 그 대표 이철승의 주도 하에 서울운동장에서 서울시내 각 대학, 전문중학교 남녀학도 수만 명이 동원되어 개최된 후 보무당당하게 시가행진을 하였다.

그뿐 아니라 중요한 한국민족의 반탁결의표시로서는 군정청에 근무하는 모든 한인관리들이 지난 12월 29일 이래 출근치 않고 총사직할 태세 하에 총결속總結束된 사실이다. 그 중에서도 특기할 만한 놀라운 것은 서울시경찰국을 필두로 시내 8구의 경찰서장 이하 전 직원이 총사직을 표명하면서 반탁의사를 표명한 사실이다. 이 애국적인 군정청 공무원들의 총결속에 당황한 미군정장관 ***아놀드*** 소장은 이승만 박사에게 혹은 임정의 김구 주석에게 달려와서 이 공무원들의 사직 철회와 출근하도록 권고해줄 것을 간청해왔다. 더구나 시내 8구의 경찰서장이 총결속하여 직무에서 사퇴하고 난 후 임시정부 내무부장 신익희의 지휘에 복종하겠다고 미군정당국에 통고함에는 과연 그들도 한국민의 단결력과 강렬한 반탁결의에 경탄하였다 한다.

전 시내 점포가 연일 철시하고 이 반탁운동이 민족총의임을 표시함은 물론이요, 기타 모든 방면에서 한국민의 반탁결의가 얼마나 공고하고도 결사적인가 하는 점을 외국인들이 충분히 인식하게 되었다. 그리하여 임정에서는 당면한 긴급조치로서 반탁총동원위원회에 다음 사항을 지시하였다.

1. 시민 생활필수품 판매와 대중식당을 종전대로 개점할 것.
2. 군정에 협력함이 독립의 길을 강고强固케 함이니 조속히 종전 직장으로 복귀할 것.
3. 반탁의사표시만을 할 것이지 연합국 우방에 대한 감정과 예의를 손상치 말 것.

Ⅳ. 좌익계열의 찬탁음모

이와 같이 거족적인 반탁운동이 요원의 화세火勢처럼 일어나고 있을 때 좌익계열의 반동적이고 매국적인 찬탁행위가 유감스럽게도 폭로되었다. 즉 1월 3일은 좌익계열도 서울운동장에서 시민대회를 개최한다 하여 8구 각 동민들을 동원한다는 것이다. 그 내의內意를 탐문하니 지난 12월

30일에는 주로 우익진영이 주동이 되어 했으니 그에 못지않게 자기네 좌익에서도 개최한다는 것이다. 애국심에 불타는 시내 각 동민들은 수일 전의 반탁대회를 회상하면서 서울운동장에 수만 군중이 집합하였다.

대회순서에 따라 진행하다가 마침내 결의문 통과에서 듣자니 모스크바 3상회의결정을 전폭적으로 지지 고수한다는 문구가 나왔다. 이에 깜짝 놀란 몇몇 동회장이 주최 측에 반문했다. 그런즉 그 주최 측의 해답이 모호할 뿐 아니라 신탁통치를 반대함이 아니라 3상결정을 지지한다 하기에 이에 놀란 각 동회장 이하 전 회중은 가마솥 속의 물 끓듯 일대 혼란이 일어나는 동시에 각 동회장들이 인솔한 동민들을 이끌고 퇴장하려 하였다. 그런즉 그들 앞에는 어느덧 죽창과 곤봉을 든 청장년들이 5명 내지 10명씩 전후를 둘러싸고 위협하여 흩어져 나오는 군중을 강제로 중지시키고 있으며, 출입문에는 벌써 더 많은 죽창 든 괴한들이 떼를 지어 살기등등하게 경비하고 있었다.

이 뜻하지 않은 위협과 공포 속에 떨면서 부득이 허수아비처럼 서있으니까 그네들이 미리 음모 흉계했던 대로 좌익분자들만이 "옳소" 소리와 박수를 연속하면서 기계적으로 대회를 순식간에 마치고서 시가데모에 강제동원을 하려 하였다. 양羊 같은 동민들은 또 할 수 없어 문 밖으로 빠져나와 대로에 이르자 동회장들과 보조를 맞추어 데모대열에서 이탈되었으나 약간 명의 부녀자와 극렬좌익분자들은 공포에 떨면서 좌우와 전후로 죽창을 든 흉한들의 위협 하에 강제행진을 했다.

이와 같이 반탁열反託熱에 불타는 시민들의 애국심을 역이용하여 찬탁贊託 대회로 기만한 매국적 반역행위는 전 서울시민의 조소거리가 되고, 일대 분격憤激을 샀을 뿐만 아니라 국민을 우롱 기만했다는 낙인이 찍혀서 그네들은 국민으로부터 신의를 잃은지라 대중운동 상 매사에 실패만 하게 되었다. 이에 궁여지책으로 광목과 고무신을 배급해준다고 새빨간 거짓말을 하여 민중을 동원하려다 그 거짓이 탄로된 사실이 경향각지에서 왕왕 일어났다. 즉 1월 3일에 서울시민을 속인 방법과 비슷한 방법으로 광목, 고무신 등을 배급해준다고 순진한 시골의 농촌부녀자들을 꾀어 민중을 모아놓고 "모스크바 3상결정은 우리를 해방시켜준 연합국의 국제적 협정이니 이를 지지해야지 반대하면 우리는 국제적 고립이 된다"고 그럴싸한 말을 하면서 찬탁대회로 만들려 하다가 그 지방의 애국적인 청년들의 철봉세례를 맞아 일대 수라장이 되는 사태가 벌어지곤 하였다. 그래서 일반 국민대중들로부터도 "좌익이란 소련의 앞잡이들로서 자주독립을 바라지 않는 소연방에 붙어서 공산주의 하려는 매국집단이니까 찬탁한다"는 인식을 점차 가지게 되었다. 마침 이때에 국민들이 그러한 인식을 가지게 되는 데에 더 확실한 사실이 드러났다. 그것은 조선공산당 책임비서 박헌영이 1월 8일 UP통신 기자(외국인)와 만난 자리에서 말하기를 "조선에 대한 소련 1국만의 신탁통치를 절대 지지하는 바이며, 5개년 신탁통치를 받은 다음에는 소련의 1연방으로 참가하기를 바란다"고 공산당의 당 노선을 솔직히 뚜렷하게 표명한 사실이 수일 후에 미국 뉴욕타임스지에 게재되어 "매국도당인 조선공산당을 타도하라"는 소리는 거족적 함성으로 화하여갔다.

이 사실이 폭로된 1월 16일 이후 도하都下 각 신문은 일제히 이를 보도하여 국민의 올바른 여론에 호소하자 다음날인 1월 17일에는 기독교청년회관에서 독립촉성부인단 주최로 조선공산당 성토·반탁강연회가 개최되고, 또한 1월 18일에는 정동예배당에서 반탁학생연맹 주최로 매국도당성토·반탁강연회가 열렸다. 이 강연회가 끝나자 애국심에 불타는 남녀학생들은 조선공산당 타도와 탁치 결사반대의 구호를 외치면서 시가행진하고 있을 때 민청, 학병동맹 등 좌익계열이 돌연 나타나 발포, 테러 등으로 이 학생들의 앞길을 막았다. 그래서 데모하던 거리는 일대 수라장이 되고, 다수의 애국 남녀학생의 사상자를 냈다. 개중에도 발포한 학병동맹원들을 추격한 시경경찰대는 학병동맹의 본거지인 삼청동에까지 가서 그날 밤을 새워가면서 용감히 총격전을 벌인 끝에 동맹본부를 점령하고 그 악질분자들을 일망타진함으로써 비로소 군정 하 경찰의 실력을 발휘하고, 국민의 신뢰를 획득하였다.

이 반탁의 국민운동이 요원의 대세처럼 거족적으로 전국 방방곡곡에서 일어나고 있을 때 이 치열한 반탁열의와 독립정신을 표현하는 혈서와 격문이 각 지방으로부터 미군정청에 매일같이 쇄도함과 동시에 각 지방에서 반탁연판장이 돈암장敦岩莊 이승만 박사 댁으로, 경교장 김구 주석에게, 더러는 미군정장관에게 연일 들어와서 이를 접수하는 인사들을 감격케 했다.

Ⅴ. 반탁국민대회

임정 주재 하에 창설된 탁치반대 국민총동원위원회에서도 전 국민에게 반탁열의를 고취시켜 독립정신을 앙양하려고 1월 12일에 서울운동장에서 반탁국민대회를 개최하였다. 대회는 동 위원회 부위원장 안재홍의 개회사로 시작되었다. 개회사에서 1946년 1월 3일 시민대회에서 공산계열이 시민을 기만한 매국행위를 규탄한 데 대하여 10여만 군중은 환호공명歡呼共鳴의 박수를 보내는 가운데 본 대회가 민족과업 수행 상 중대의의를 가짐을 강조하였다. 다시 별기別記와 같은 성명서와 결의문이 통과된 후 여러 단체 대표들의 피를 토하는 듯한 격려사가 이어진 후에 대회를 마치고, 대오를 정비하여 일부는 종로로, 일부는 을지로를 향해서 시가행진을 하였다.

특기할 만한 것은 지난 1월 3일 시민대회에 시내 각 직장노동조합원들이 참가했다가 찬탁대회로 기만당함에 격분한 동 조합원 중의 애국적인 동지들이 동 조합 내에 잠입해서 공산주의를 선전하고 그 조직공작에 암약하는 악질분자들을 색출하여 이를 타도 숙청하는 과업이 각 직장마다 치열한 투쟁이 벌어져가고 있던 중에도 경성전기노조가 일층 격렬하였었는데, 동 조합원 정대천丁大天 동지 이하 열렬한 애국적인 동지들의 결속으로 경성전기노조 내 좌익분자들을 숙청하고서 수많은 종업원들이 경성전기악대를 선두로 보무당당히 대회장에 입장함에는 수만 시민들이 환호와 박수로써 그들의 승리와 건재를 환영하였다.

이 반탁국민대회는 수일 후 개최될 미소 양군 대표회담에 대한 삼천만민중의 강력한 반탁의사표시로서 개최되었던 것이다. 또한 각도에 파견한 동 위원회 파견위원들의 지도 격려 하에 각 지방에서도 중앙과 대동소이한 반탁국민대회가 봉기蜂起 개최되었다.

성 명 서

지난 연말에 모스크바 상상회의의 결의라 하여 우리나라에 신탁통치제를 실시하고 5년간의 기한부로 독립을 승인하겠다는 소식이 들리자 전 국민은 물끓듯 반대하는 물의物議가 분분하여 그 의사표시로서 서울을 비롯하여 각 지방 각처와 각 정당, 각 단체와 각계각층이 동일한 애국열에 한데 뭉쳐 시위행렬까지 하였던 것이다. 그러면 우리는 무엇을 반대함이며, 무엇을 요구함인가 냉정히 검토해보기로 하자.

우리의 반대하는 의사의 내용은 외래세력의 우리 내정 간섭에 대한 배격이다. 연합국에 대하여 장래 아국我國과의 우호관계와 세계평화를 위하여 우리나라를 독립국가로서 승인해달라는 요구이다. 신탁, 협조, 후견의 언구言句를 농弄하야 내정간섭의 인과因果를 맺으려는 것이다. 삼국三國 외상外相의 탈선적 호의를 반대합시다. 물론 우리의 요구가 열강의 각자가 정치적 아견我見을 떠나 성의 있게 세계평화를 건설하려는 대승적 용단이 없이는 실현되기 어려울 줄 안다. 그러나 우리의 운동이 전도前途 다난할 줄을 각오하고도 오직 이 길만이 우리 민족 장래의 행복을 찾아 올 길이며, 세계평화의 최고적 단계임을 앎으로써 우리의 요구가 실현될 때까지 경우에 따라서는 불합작, 비타협, 비폭력으로 투쟁하려 함이다.

동포여! 세력에 아첨하여 조변석개朝變夕改하는 추종자의 궤변에 속지 말라. 그들은 어느 시대에든지 부동浮動하여 기생을 꾀하는 자들이니 공리公理의 징懲과 엄정한 사필史筆의 삼엄한 심판이 미구에 불무不無할 것이다.

결 의 문

1. 일본제국주의를 타도한 연합국에 대하여 충심으로 감사한다.
2. 우리는 한국의 즉시 독립 승인을 요구한다.
3. 우리는 우리의 유일한 정부인 대한민국임시정부의 즉시 승인을 요구한다.
4. 우리는 이유 여하를 불문하고 국제신탁통치를 거부한다.
5. 당면문제로 38도의 장벽을 즉시 철폐하라.
6. 우리의 문제는 우리의 힘으로 해결하자.

대한민국 28년 1월 12일

반탁국민대회

1월 12일에 개최한 반탁국민대회는 거족적인 반탁결의를 한층 고조한 감이 있다. 그 다음날부터 탁치반대국민총동원위원회 산하 각 단체, 특히 반탁학생단체, 부인단체, 노동단체, 문화단체, 교육자단체 등이 각기 적당한 형태로 반탁운동에 총궐기하였다. 더욱 감격하여 마지않는 사실은 1월 18일 새벽 미명未明에 서울시내 애국적인 부녀 수천 명이 궐기하여 *하지* 중장의 숙소인 반도호텔 앞에 와서 반탁시위를 하고, 다시 서

대문에 있는 경교장을 예방했는데 막 잠자리에서 기상한 임정요인들을 당황케 하였으며, 2층 베란다에 나온 김 주석은 수천 명의 부녀들의 반탁열의에 감격한 나머지 "40년 전에 우리나라가 왜놈들에게 먹힐 때에는 아무것도 모르던 우리나라 여성들이었는데 오늘날은 남자들보다도 이같이 여성들이 이 추운 날씨에도불구하고 나랏일을 염려해서 수고하시니 우리나라가 꼭 독립이 되고야 말겠습니다. 여러분의 용감한 운동에 대하여 감사와 건투를 빕니다." 운운으로 그들의 노고를 치하하며 격려하여 주었다.

이에 용기백배한 애국심에 불타는 부녀 수천 명은 반탁과 김 주석 이하 임정요인들의 건투를 비는 심정에서 만세를 고창高唱하고서 다시 중앙청광장에 와서 농성하기 시작하였다. 아침 8시부터 저녁 느즈막까지 단식하면서 질서정연하게 대오를 지어가지고 영하 15°의 극한極寒에도 불구하고 이 수천 명의 나약한 부녀들이 농성 시위하고 있는 눈물겨운 사실은 드디어 미군정당국으로부터 수차 간곡한 권고로 해산해줄 것을 요청받았다. 그러나 이를 완강히 거절하면서 반탁의 굳은 결의가 한국남성뿐만 아니라 한국 전 여성들에게도 열렬히 용솟음치고 있다는 것을 말보다도 행동으로써 표시하였던 것이다. 이 갸륵한 한국여성들의 결사항쟁에 감동한 미군정당국과 외국 통신·신문기자들은 본국에 이 한국실정을 여실히 보도함으로써 한국여성의 애국적 대기염大氣焰을 전 세계에 만장萬丈이나 선양하였다. 1월 16일부터 중앙청 제1회의실에서 미소양군대표의 회담이 남북한 주재 군대표들로서 개최된 직후인지라 양군대표, 특히 미군대표에게 일대 충격을 주어서 청사에 빛나는 한국여성의 반탁투쟁기록을 남긴 것이다.

해방 이후 각 방면에 침투하여 반민족적 준동을 계속하던 좌익계열은 신탁통치문제를 계기로 그 본색인 마각이 탄로되었다. 즉 1월 3일의 기만적이고도 매국적인 시민대회를 계기로 하여 각 직장과 각 기관에서 공산당 타도 기운이 고조되어 자멸될 운명에 이르렀다. 그 중에서도 가장 중요한 사건으로서 우리 반탁운동에 많은 우익羽翼이 되어 협조를 받은 몇몇 단체를 들자면, 우선 서울시내 각 구·동회장들 거개가 반탁진영으로 가담한 사실이다. 1월 19일 오후에 기독교청년회관에 서울시내 8구 동회장들이 다수 회동해서 사간동회장 이태영李泰榮 씨의 사회로 개회하자 강창희姜昌熙, 박정근朴定根 두 사람의 본 회합을 가지게 된 취지 설명이 있은 후, 강력한 반탁결의를 표명하는 동시에 서울시내 8구 각 동회 내에 잠입한 적색분자들을 숙청하고 반탁애국적인 동회로 재편성 강화할 것을 결의한 것이다. 그래서 약 1개월 이내에 전 시내 각 동회가 거개 반탁동회로 개편되어서 향후 애국운동 전개에 있어서 그 동회장 이하 동회 간부가 전폭적으로 협조함은 물론이려니와 일보 전진하여 모든 애국적인 운동을 전개함에 있어서 동민계몽과 선전, 시민동원, 경비警備 등의 업무수행, 특히 국민운동의 세포조직에 있어서 이 동회는 실로 제1선의 과업을 담당하였다.

다음은 좌익 전평全評 산하 노동조합에 가담했던 각 공장노동자들이 1월 3일에 시민대회에 끌려나와서 자주독립 대신에 신탁통치제 고수를 내용으로 하는 모스크바 3상결정 지지 만세를 강제당하자 비로소 민족의식이 자연히 깨워져서 그네들의 정체가 소련 적색제국주의 주구들임을 간파하게 되었다.

그래서 각 직장 내에서 자연발생적으로 애국자와 매국노, 즉 반탁진용과 찬탁도배로 분열이 생기고, 분쟁이 벌어져서 경향각지의 생산공장, 개중에는 군정 직할인 대공장 내에서 수백 명 내지 수천 명의 종업원들 사이에 치열한 좌우투쟁이 야기되고, 심하면 유혈참극까지 전개되었다. 그중에서도 가장 그 투쟁이 치열하였던 곳은 경전노조와 용산철도노조이고, 영등포 용산공작소(후에 교통부공작창), 종연鐘淵방직(후에 태창방직) 등이었다.

Ⅵ. 신생회

각설! 해방 후 군소정객들이 정당을 하루아침에 만들어서 정계가 소연騷然한 가운데 초연한 위치에서 이를 냉철히 비판 검토한 끝에 「정당 부인, 국민운동 추진」을 구호로 내걸고 을유년(1945년) 12월 중순에 발족한 이채로운 단체가 있다. 그것은 이른바 「신생회新生會」이다. 이것은 일제시절부터 20여 년간을 「조선 기독교의 미국 의존 지양止揚으로 교회 독립과 신앙부흥운동을 주요 골자로 하는 기독교 혁신운동」에 종사하던 최태용崔泰瑢 목사를 중심으로 한 10여 명의 동지들이 전기 신생회 산하에 모여서 매주 1회씩 기독청년회관에서 「정당 부인, 국민운동 추진」이란 기치를 높이 내걸고 대중계몽강연을 연말부터 시작하였다. 얼마 후 반탁운동이 발발하여 차차 장기화되고, 국민운동의 성격을 띠자 신생회의 과업은 이 반탁운동을 겸하게 되었다. 그래서 매주 기독청년회관에서 개최하는 신생회 강연에 공명하는 동지들이 점점 증가하여 강연회가 끝나면 이 동지들이 좌담회를 열었고, 그 회수會數를 거듭하는 중에 열렬한 동지들이 일치된 의견으로 반탁의 당면과업은 「미소공동위원회 분쇄」라는 결론을 내렸다.

그리하여 신생회와는 별도로 미소공동위원회를 분쇄하는 운동단체를 하나 구성하자는 동지들이 매일같이 늘기 시작하였다. 내종乃終에는 반탁기관인 탁치반대국민총동원위원회에서 상무常務로 시무視務치 않는 동지들이 각기 자기 단체를 대표해서 혹은 개인자격으로 나와서 수천여 애국단체 연합으로 「미소공동위원회 대책 국민총연맹」을 3월 초에 결성하여 전기 신생회 대표 최태용 씨와 반탁 부위원장 이규채, 한국애국동지회 대표 김일金一 등 3인이 동 연맹의 대표위원이 되어 미소공동위원회 분쇄를 목적으로 하는 열렬한 민주항쟁운동을 전개하였다. 이때는 군정청 제1회의실에서 미·소 양군대표회담이 시작된 이래 2월 9일까지 별로 신통한 회담성과 없이 경과하다가 2월 10일에는 일단 회담을 중지하고 소련군 대표는 평양으로 돌아갔다. 이 회담에서 회의된 것이 있다면 남북한 간에 1개월에 1차씩 38선 상에서 서신교환을 행하자는 것뿐이다. 결국 국토는 양단되어서 과거 역사상 없던 민족적 질식을 가져온 교수마선絞首魔線이 굳어지기만 했다.

제3장 국민운동의 발족

제1절 대한독립촉성국민회의 결성

반탁의 절규가 거족적 함성으로써 남한 전역에서 일어나고 있을 때 군정청 제1회의실에서는 미소 양군대표가 회동해서 지난해 모스크바 3상회의에서 결정한 조항에 의한 양군대표의 미소공동위원회 개최에 관한 준비절차를 협의한다는 것이다. 우리 민족에게 탁치라는 굴레를 둘러 씌우려고 하는 외세의 압력에 대해서 우리는 어떠한 태세로 대응하였던가? 신탁통치를 결사반대하는 대중운동을 전국적으로 전개하는 한편 정계 고위층에서는 민족자결원칙에 의거한 자유정부 수립을 지향하는 운동을 시작하였다.

1. 객년客年 말에 임시정부가 중경에서 환국하기 직전에 임정국무원에서 결의한 소위 당면정책 14개조 중의 제1항인 국내에 돌아와서 국내 민족지도자와 해외에서 돌아온 혁명세력과 통합하여 민족자결원칙대로 독립정부를 수립할 준비태세를 취한다. 이 단계에 들어서 국내 지도자와 해외혁명세력이 뭉쳐서 자율적으로 독립정부를 수립하려는 정치적 여론이 발기되는가 하면, 일방에서는

2. 소위 국민대회준비위원회의 발기취지인 해외 혁명선배들의 환국을 맞아서 전국적으로 국민대회를 소집하여 그 대회에서 피선된 대표들이 독립정부 수립에 착수하자는 정책으로 1946년 1월 10일에 동 대회를 소

집하려 했으나 동 대회 준비위원장 송진우 씨의 급서急逝로 인해서 중지되었지만, 그 국민대회 소집을 주장하는 민족진영의 여론이 또한 중앙과 지방에서 고조되었고,

3. 미군정당국에서는 장차 개최될 미소공동위원회에 협의대상이 되어야 할 한국의 민주주의 정당 사회단체의 단결로써 행동통일을 기함이 유리하다는 의견에 대해서 반탁주장은 명분상 주장하나 현실문제로서 미소공동위원회에 협의대상이 되어야 할진대 좌익공산진영보다도 우세하고 강력한 민주진영의 정당 사회단체의 단결을 기하여야 하겠다는 정치적 필연성에 입각해서 1월 21일에는 서대문 경교장에서 비상국민회의 주비회籌備會가 열렸다.

이 비상국민회의에 참가할 만한 저명한 정당과 사회단체와 종교단체의 대표와 지방대표가 경향각지에서 육속陸續 모여들어서 경교장으로 오고 있을 때에 중앙협의회 선전국에 있는 이중근李重根 씨로부터 경북 대구에 있는 조선독립경북촉진회에 대표 5명을 파견하라는 전보요청을 받고 김승환金承煥, 최성환崔成煥, 장대희張大熙 3인이 1월 25일에 서울에 올라왔다. 당일 시내 을지로3가에 있는 홍국호텔에서 전기 3인이 이중근 씨에게 타전취지를 물은즉 이씨는 말하기를

"수일 중으로 중협과 임정국무원이 합동해서 비상국민회의주비회를 결성하므로 중협은 자연 해소될 운명에 놓였으나 이 박사께서 이에 대한 하등의 지시도 없고, 중협 선전국 책임자 이하 간부도 하등 대책이 없이 방관적인 태도이니 경북 동지들의 그 열렬한 투지로 보아서 차제에 이 박사께서 귀국 후 절규한 '먼저 한덩어리로 뭉쳐서 국권을 찾자!'의 큰 뜻을 목표로 하여 독립대계를 이룩할 수 있는 한 단체를 만들어봅시다"고 하였다.

이 제의에 전폭적으로 지지하여 합의된 3인과 이씨는 1월 27일 조조早朝에 돈암장으로 이 박사를 방문하여 헌책獻策하기로 하였다. 당일은 노 박사께서 미양微恙 정양 중이라 하여 익조翌朝 다시 방문했는데 청년비서 정태근鄭泰根, 박요철朴堯哲 두 사람의 인도를 받아 응접실에 들어간 지 수분 후에 노 박사가 나오므로 3인은 처음으로 감격적인 초대면初對面의 인사를 드렸다. 자리에 앉자 이 박사께서는

"근일 지방 정세는 어떠한가?"고 물으매 최성환 씨가 "저희는 대구에서 왔으니 경북 사정만 간단히 말씀드리겠습니다. 해방 후 대구지방에도 인민위원회를 제외한 6개 정당이 있었는데, 박사님 귀국하신 후 '한덩어리로 뭉치라'는 말씀을 듣고서 각자 깨달은 바 있어 이 6개 정당이 자진해체하고서 통합하여 조선독립경북촉진회를 조직한 이래 도내의 각 군읍면까지 그 세포조직이 완성되어 이 단체로써 인민위원회와 대립투쟁을 전개하고 있습니다"는 보고가 끝나기 전에 이 박사께서는 감탄하는 말씀으로써

"고마워라! 각 지방에서 다들 이 경북과 같이 하여주었으면 우리의 독립은 문제가 없겠네!"라 하였다. 이에 김승환 씨가 말하기를

"방금 신탁통치문제로 중앙과 지방을 막론하고 좌우대립이 치열할 뿐만 아니라 인심이 극도로 흥분된 나머지 근간 보도에 의하면 중협과 임정의원부(국제위원회)가 합하여 비상국민회의주비회를 구성하였다는데 이 비상국민회의의 성격과 중협의 존재 여부에 대한 자세하신 말씀을 지시하여주시기를 바랍니다"고 요청했다.

이 박사께서 "비상국민회의는 김 주석과도 협의하여 각 기관대표나 사회단체가 애국자로 지목할 만한 인사를 모아서 독립과 반탁문제 등 우리의 장래 큰 문제를 의논해보자는 것이고, 중협과 임정이 합하여 모체가 되어가지고 비상국민회의주비회가 된 것이다. 또한 그 주비회에 대

한 자세한 것은 김 주석과 협의하여 보라"고 말씀하므로 이중근 씨는

"저희들 중협 선전국에서 일을 보는 자의 경우로서는 중협은 박사님 지시에 따라 한덩어리로 뭉치기 위하여 지방에 세포조직을 추진하고 있는 차제에 중협이 임정의원부와 합하여서 비상국민회의로 구성이 될 때에는 중협의 존폐문제는 어찌 될 것인지 지시하여주시기 바랍니다"고 말씀드린즉 이 박사는 "그 점은 아직 생각해본 일이 없다"고 답변하였다. 이씨는 또

"모처럼 한덩어리로 뭉친 중협이 없어진다면 그 혼란을 수습하기 곤란할 뿐 아니라 좌익과 투쟁하는 데 지장이 많으리라고 봅니다. 그 실례로서 금반 반탁운동 때에 제가 대구지방에 가서 보니 경북촉진회가 좌익을 압도하고 전 시민총궐기대회를 열게 되어 좌익도 본의인지 술책인지 알 수 없지만 다같이 그 반탁국민대회에 참가케 되었는데, 그 대회의 주도권은 촉진회가 완전 장악하게 되므로 좌익도 경북촉진회 앞에서는 꼼짝 못하는 것을 볼 때에 참으로 한덩어리로 뭉치는 위대한 힘과 그 효과를 보았습니다"고 말하였다.

이 박사는 "참으로 경북 동지들은 놀랍다"고 말하였고, 장대희 씨는

"차제에 중협이 해소된다면 중앙과 지방과의 연락이 두절되어 중협을 모체로 삼고 전개 중인 지방조직의 중추기관이 상실되는 감이 있으니 이에 대한 대책을 저희들끼리 미리 생각해본 바도 있고 해서 박사님의 말씀을 듣고서 그 대책을 추진해보려고 합니다"고 진언한즉 이 박사께서는

"무슨 좋은 방법이 있으면 말해보아"라고 하므로 수일간 홍국호텔에서 전기 4 동지와 유재기劉載奇(반탁기관 간부) 씨가 논의하고 구상해오던 것을 솔직히 아뢸 기회가 온 것이다. 다시 장대희 씨가 그 구상된 바를 말하였다.

"어느 정당이나 어느 단체를 초월해서 전 국민을 한데 묶을 수 있는 기관, 가칭 '국민회' 같은 명칭의 기관을 만들어가지고 국민운동을 전개하여 이 운동으로써 전 국민이 한덩어리로 뭉치도록 해보자는 것입니다"고 말씀드리자, 최성환 씨가 보조발언으로

"저희가 구상하는 국민운동은 즉 삼일정신에 입각하여서 우리의 독립을 촉진하자는 것입니다"고 하였고, 다시 김승환 씨는

"이 국민운동을 통해서 민족정신을 국민 각자의 마음속에 견고하게 넣어줌으로써 이 정신이자 곧 독립정신 밑에 모든 감정과 파당을 초월하여 한덩어리로 총단결될 수 있으며, 이같이 단결이 이루어지는 날에는 자연히 독립이 이루어지리라고 확신합니다"고 하였다.

이 3인 동지들의 열렬한 주장을 지지하는 이중근 씨는 이 박사께 이들 3인을 지목하면서

"이 3인은 경북촉진회에서도 가장 열렬한 투사입니다. 중앙에 와서 같이 일을 하기 위하여 일부러 상경한 김에 중협의 장래를 위하여 또한 금반에 중협이 자연 해소될 때는 이와 같은 국민운동을 전개할 수 있는 조직을 만들어볼까 하는 안을 박사님께 품稟하여서 그 지시를 받기 위하여 오늘 뵈러 왔습니다"고 말씀드렸더니 이 박사께서는 만족한 표정으로 미소를 지으면서

"오늘 참으로 좋은 의견을 들었다. 그러면 그러한 방법으로 일을 할 수 있는(국민운동을 지칭함) 안을 만들어서 여러분이 잘 상의하여주기 바란다"고 하였다.

이 자부慈父와 같은 온정으로 하는 지도와 격려의 말씀에 감격된 4인 동지들은 숭고한 독립정신 밑에 순수한 국민운동을 목숨을 걸고 강력히 추진하여보리라는 굳은 결의와 벅찬 가슴에 홍조紅潮된 얼굴로 돈암장을 나왔다.

일행은 종로2가 장안빌딩에 있는 중협 선전국에 들러서 여러 간부들에게 전기된 3인 동지를 소개한 후에 금조今朝 돈암장에서 이 박사를 모시고 회담한 내용을 피로披露했던바 거개 간부가 이를 찬성하는지라 이에 힘을 얻은 일행은 다시 경교장으로 김 주석을 방문하여 돈암장 회담을 보고한즉 김 주석 말씀이

"돈암장 형님이 찬성하신다면야 내야 별다른 의견이 없다. 여러 관계동지들과 잘 의논하여서 진행하여보라"고 하므로 가일층 자신이 서고 용기가 백배되어가지고 다시 중협 선전국으로 가서 여러 간부에게 김 주석의 찬의贊意까지 얻었다고 보고한 다음 오후 2시에 중협 선전국 명의로 중협 각 도지부장에게 대표 2명씩 상경을 요청하는 전문을 발송하였다. 2월 5일 경에 가칭「국민회」를 결성하기로 예정한 그날 밤은 여사旅舍인 홍국호텔에서 수삼數三 동지들이 철야해가면서 가칭 국민회의 선언, 강령, 규약 등의 초안을 기초하였다.

이 기초된 문안을 다음날인 1월 31일에 이중근 씨가 일동을 대표하여 돈암장에 가서 이 박사에게 초안의 내용을 설명 드렸더니 이 박사는 즉시로 이를 승인하였다. 중협 선전국 간부 일동은 다시 용기를 내서 말하기를

"중앙에서는 중협과 반탁기관이 각기 별개 단체로 되어 있으나, 각 지방에 가보면 중협 도지부장 이하 전 간부가 또한 반탁총동원 도지부장 이하 전 간부진으로 되어서 양명兩名 일체로 되어 있으니 차제에 양개 단체가 통합함이 마땅하다는 결론을 내림에 이르렀다.

다시 말하면 이 박사가 환국 후 창설해서 영도하는 독립촉성중앙협의회도 반탁운동이 일어나자 이 운동에 합류하고 보니 원래 중협이 지향하는 정치적 노선과 반탁국민총동원위원회 노선과 합치되는 것이다. 그렇다면 이 성격이 동일한 양 기관이 합류한다는 것은 이 박사와 김 주석

의 가일층 긴밀한 합작을 의미함이오, 이 민족 영수 두 분께서 삼천만민족을 영도한다면 반탁독립전선에 전 민족을 총궐기시킬 수 있을 것이니

첫째, 독립운동에 있어서 기미년 이래의 삼일정신의 체계가 확립되고,

둘째, 이 체계가 확립되니 전 민족주의 내지 독립운동자를 총망라할 수 있고,

셋째, 그래서 전 국민을 총동원, 총단결시킬 수 있는 계기가 되고,

넷째, 공산계열을 타도하고 그 모략을 분쇄함에 양 영수를 내세움이 큰 힘이 되어 선전적 효과를 거두고,

다섯째, 양 영수의 투철하신 애국정신을 운동에 헌신하는 간부뿐 아니라 전 국민이 사표로 삼아서 이를 실천하도록 하는 운동을 할 것.

이상의 관점 아래 대중조직을 전개한다면 능히 공산당조직을 분쇄하고 민주진영을 강화할 수 있을 것이니, 이렇게 함으로 해서 비상국민회의 등 정계 고위층 집단에 대한 정치적 기반도 가기可期일 것이라는 것이다.

이러한 동지들의 공통된 이념은 착착 실현단계에 들어서게 되어 중협 측과 반탁 측 사이에는 1월 하순 이래 상호 절충을 거듭하게 되었다. 더구나 2월 1일에 비상국민회의가 구성되자 양개 단체의 통합문제는 본격적으로 구체화되어 2월 4일 밤에는 국일관(시내 관수동)에서 중협 측과 반탁 측 대표들이 합석하여 화기애애한 중에 양개 단체가 발전적으로 해체하고 가칭 국민회를 결성하자는 완전 합의를 보았다. 그날 밤 내참來參한 양측 대표는

중협 측 : 김명동, 이중근, 김익환金翊煥, 구연걸具然杰, 유정劉正(이상 중앙 대표), 경북 최성환, 김승환, 장대희, 충남 성락서成樂緖, 조동근趙東根, 노수일盧壽一, 충북 구연직具然直, 장응두張應斗,

전북 배은희裵恩希, 윤석구尹錫龜, 전남 김영학金永學, 주형옥朱亨玉, 경남 김철수金喆壽, 최석봉崔錫鳳

반탁 측 : 방응모, 조소앙, 유 엽, 유재수柳載壽, 서세충, 백석기白碩基, 유성갑柳聖甲, 이규채, 이을규, 전공우

이날 밤 양측 대표의 합의된 결론은 양 단체를 통합한 1개의 독립운동단체를 구성함에는 이의 없으나, 이승만 박사와 김구 주석의 직접 회합에 의한 합의를 보기 전에는 이를 결정할 수 없은즉 명明 2월 6일은 국민회 결성대회를 마치고, 반탁기관 합류는 추후에 김 주석 지시에 따라 실현하기로 결정했다.

다음날인 2월 6일에 시내 인사동 중앙교회에서 동 결성대회를 개최하려 할 즈음에 김 주석의 비서 신현상申鉉商 씨가 와서 동 대회에 전하기를 "김 주석 말씀이 오늘은 양 단체 합동대회로 하여 달라는 요청이시오"라고 하므로 동 결성대회의 진행을 중지하고 본 대회 대표 2명이 양 영수께 직접 면접한 다음에 회동에 대한 결정을 본 다음에 재차 진행하기로 하여 즉석에서 임시의장 배은희 씨와 중협중앙간부 김명동 씨를 공선公選하였다. 그래서 양 대표가 신 비서를 동반하여 경교장으로 직행하여 김 주석을 뵙고 내의來意를 말씀드린즉 김 주석은 즉시 찬성하며 말씀하기를 "그러면 지금 곧 돈암장으로 가서 이 박사를 뵙고 결정짓자"고 하며, 김 주석이 양 대표를 대동하고 돈암장에 직행하였다. 김 주석의 방문을 환영하는 이 박사께서 김 주석에게 내의를 물으매 김 주석께서

"오늘 중앙과 지방에서 여러 대표들이 모여서 독립운동단체로서 국민회를 결성하려 하다가 형님 하시는 중협과 임정 측에서 지도해온 반탁단체가 합류함에는 우리 두 사람의 말을 들어서 진행하기로 했다고

이 두 분이 대표가 되어서 왔기에 내가 이 두 대표를 데리고 형님께 왔소이다"고 간단히 말씀했다.

이에 이 박사께서는 "암, 합쳐야지. 여러분들은 이 김 주석 말씀대로 서로 합해서 잘 해나가도록 하시오"라면서 김명동 대표의 등을 두들겨 격려하므로 양 영수의 합의를 본 양인兩人 대표는 즉시 대회장으로 돌아와서 기다리고 있는 여러 동지들에게 이 모든 경과를 보고하였다.

당일은 전날 밤 이래의 공기대로 반탁단체가 전적으로 합류한 전국대회가 아닌만치 반탁대표는 거개 불참한 실정이므로 두 단체가 합동한 국민회결성대회는 후일로 미루고, 당일은 우선 중협 각 도지부 대표회의만을 오후 3시에 이중환 씨의 개회선언으로 시작했다. 중앙과 지방의 정세보고가 있은 다음에 오늘의 대표 김명동 동지로부터 양 영수의 합의를 본 돈암장 회담의 상세한 보고를 하면서 말하기를

"이 박사께서 양 단체 통합에 찬성하시고, 김 주석이 또한 적극적으로 이 합동을 밀어주시는 사실을 전날은 그만두고 오늘도 우리가 보지 않았습니까?"라고 하였다.

이리하여 만장일치로 무조건 중협과 반탁이 합동할 것을 재확인하고 산회하였다. 그러나 이 회의에 늦게 도착한 동 선전국 간부 중 1인인 송필만宋必滿 씨가 의아해하면서 합동에는 신중을 기하여야 한다고 주장하였다. 당일 참석한 중협 대표는

중협 중앙선전국 대표: 이중환, 김명동, 구연걸, 유 정, 이중근, 이을규, 성락서, 김익환, 이창규李暢圭, 곽장범郭莊範, 성원경成元慶, 이관운李觀運, 이정규李丁奎, 김영직金榮直, 송필만

중협 지방 도지부 대표: 충북 장응두, 전병수全炳壽, 충남 남천우南天佑, 조동근, 전북 배은희, 윤석구, 전남 주형옥, 김영학, 경북 장대희, 정운표鄭雲杓, 경남 김철수, 최석봉, 함북 이한구李翰求, 이충복李忠馥, 함남 이성

주李成周, 채규항蔡奎恒

이 2월 6일의 중협 대표회의 경과와 양 영수 간 회의된 사실을 2월 7일에 중협대표가 반탁총동원중앙위원회에 보고하였다. 이 보고를 접한 반탁 측에서도 이 이상 고집할 하등의 이유가 없다 하여 합동결성대회를 익일인 2월 8일에 개최하기로 결정했다.

2월 8일 오전 10시에 인사동 중앙교회에서 결성대회가 개최되었다. 대회는 이중환 씨의 사회로 개회되어 집행부 선출에 들어가 의장에 배은희, 기록에 백석기 씨를 선출한 다음 회의에 들어가서 중협 측 김명동 씨로부터 양 영수와 회담한 경과와 합동을 양 영수께서 전폭적으로 지지한다는 상세한 보고가 있자, 각 지방대표와 중앙대표들 간에 양 영수의 의도를 준행遵行하자는 취지의 열렬한 발언이 김철수 대표(경남) 이하 몇몇 대표들에 의해 이루어진 후, 두 기관의 무조건합동은 만장일치로 가결되었다. 이리하여 두 기관은 발전적으로 해체하고 「대한독립촉성국민회(독촉국민회, 국민회)」라는 단일 독립운동기관으로 통합 발족할 것을 의결한 다음, 새로 창설되는 독촉국민회의 강령, 규약, 부서 기타 미진한 안건은 전형위원에게 일임하기로 하고 폐회하였다.

전형위원

중협 측: 김명동, 채규항, 최성환

반탁 측: 유 엽, 유재기, 이을규

위의 전형위원들이 2월 9일부터 수일간에 걸쳐 시내 중구 장교동에 있는 장미옥長美屋 한 방에서 구수협의하여 다음과 같은 성명서, 선언, 규약 등을 기초하고 임원을 전형銓衡하였다.

성명서

독립자주의 성업을 완수함은 삼천만 한인의 요구요, 희망이요, 의무요, 책임이다. 8·15해방의 종소리와 함께 터져나온 만세의 함성은 이 민족혼의 폭발이요, 이 애국열의 비등이 아니고 무엇이었던가?

그러나 슬프다! 정당은 난립하고, 민족은 분열의 위기에 함陷케 되어 국내에는 희망이 소산消散되고, 국외에는 의빙依憑이 첩생疊生케 되었다. 때마침 우리 혁명의 원로 이승만 박사가 미주美洲로부터 환국하시와 "먼저 한덩어리 되어 국토를 찾자!"고 외치신 말씀에 감격하여 일어난 독립촉성중앙협의회는 각도 각군에 걸치어 계통 있는 국민운동을 전개하여오던 중 소위 인공계통의 일부 분자가 분리하여나가게 된 것은 매우 유감스러운 일이었다.

또한 작년 12월 28일 발표된 모스크바 3상회의의 조선신탁통치설은 실로 청천벽력과 같은 흉보이었다. 그러나 우리는 전화위복의 분자를 빌어 민족통일의 호기회를 삼고 사상의 좌우, 이해의 다소를 초월하여 거족적 운동으로 탁치반대국민총동원회를 결성하고서 이래 각도 각군에 지부를 조직하고 민족의 의사통일과 민족의 역량 집결을 위하여 맹활동을 계속하여왔다. 희噫라! 호사다마하여 돌연 인공계통이 불과 수일 만에 탁치를 지지한다는 반민족적 행동을 하게 되었으니 이 점에 대해서는 단조檀祖의 피를 받고 근역槿域에 생을 누린 한인으로서 누구나 의분을 금치 못할 바이다.

일방으로 독립촉성중앙협의회와 탁치반대국민총동원회는 똑같은 목적하에 전개된 국민운동임에도 불구하고 상대되는 성격을 가진 듯이 오해 또는 중상中傷이 있을지도 모르고, 대중의 요망도 또한 동일한 국민운동에 명칭만이라도 둘이 싫다는 점이 절실히 나타나게 되었다.

이때에 마침 중협에서 소집한 지방대표대회를 기회로 이승만 박사와 김구 주석 양 영수의 승인을 받아 중협과 반탁이 무조건 합체를 단행하여 이에 「대한독립촉성국민회」라는 명칭으로 재출발을 하게 되었다.

본회는 정당이 아니오 순연純然한 국민운동단체임을 이 기회에 천명하는 동시에 임시정부 주최인 비상국민회의와 대립되는 단체도 아님을 다시금 언명한다. 이와 같이 본회는 자주독립을 목적하는 순진純眞한 국민운동이므로 강령을 가지지도 아니함을 부언附言한다.

국가를 사랑하는 국민이여! 모이라!!

민족을 살리려는 동포여! 모이라!!

노동자 농민 대중이여! 조국이 없이는 계급도 사상도 행복도 아무것도 없다!!

청년이여! 학생이여! 건국의 대도는 그대들의 앞에 열리었다!!

모여라 대한독립촉성국민회의 깃발 아래로!!

선 언

단조檀祖의 성혈聖血이 얽히고 가갸의 문자로 연連하는 삼천만 동포의 혼을 통하여 우리는 다음의 몇 가지를 엄숙히 선언함.

1. 우리는 대한의 완전한 자주독립을 위해서 최후까지 싸울 것을 선언함.
2. 우리의 운동은 정당 정파를 초월한 순연한 국민운동임을 선언함.
3. 우리는 남북과 좌우의 통합을 기하여 지역적으로나 사상적으로나 통일완수를 위하여 사력死力을 다할 것을 선언함.

거족적인 국민운동의 기관으로 본회가 발족하는만치 창립 당초의 임원 구성 여하는 본회의 운명을 좌우한다 하여 그 인물 전형에는 신중에 신중을 기하였다. 그 경과 일부를 약기略記하면 본회의 총재는 민족의 최고영도자이신 이승만 박사를 추대하는 데 별 이의가 없고, 이 총재 취임 교섭은 중협 측 대표들이 책임지기로 하고, 부총재에는 김구 주석과 김규식 박사를 추대하기로 이의 없이 결정하여 그 취임 교섭은 반탁 측 대표들이 책임지기로 하였다. 그런데 대국민회의 실무를 담당할 만한 회장 인선에는 많은 진통 끝에 김창숙 씨를 결정하여 동지 수인이 그 취임 교섭을 하려고 댁에 가본즉 선생의 건강이 도저히 이 중책을 감당하기 어려우리라는 의견으로 이 안은 철회되고, 다시 함태영 씨를 추대하기로 하여 그 취임 교섭도 성공되었다. 그러나 이번에는 함 회장 하에 실무를 담당할 부회장 인선에 들어가 오화영, 방응모 두 사람을 추천하는 측과 오화영, 이갑성 두 사람을 추천하는 측이 대립되어서 이 안마저 철회하고 제3안으로 타협된바 회장에 오세창 씨를 추대하기로 결의하여 그 취임 교섭이 성공되었다. 부회장에는 이갑성, 방응모 두 사람을 추천함에 합의를 보아 그 이하의 임원 전형은 일사천리로 진행되었다.

대한독립촉성국민회 초대初代 임원

총　재　이승만

부총재　김　구, 김규식

고　문　권동진, 김창숙, 함태영, 오화영, 조만식

참여參與　김관식金觀植, 김려식金麗植, 김주한金冑漢, 김성수, 김법린, 남상철, 이규갑. 이규채, 이극노, 이중환, 이충복, 민승기閔昇基, 배은희, 서세충, 신백우, 안재홍, 최규동, 최태용

회　장　오세창

부회장　이갑성, 방응모

총무부장　홍순필洪淳泌　　차　장　김명동

비서과장　유성갑(뒤에 김진팔金振八)

기획과장　김영학　　용도과장　백석기

재정부장　오건영吳建永　　차　장　이규재李奎載

재정과장　구연걸　　회계과장　원창식元昌植

선전부장　이을규　　차　장　최성환

선전과장 장연송張連松 정보과장 임효순任孝淳
문서과장 정진용鄭珍容
조직부장 채규항 차 장 장대희
조직과장 엄기영嚴基英 지방과장 유 정 동원과장 유진산
문교부장 유 엽 차 장 성락서
출판과장 김익환 교화과장 노수일
산업부장 유재기 차 장 김승환
상공과장 이한구 생산장려과장 김재창金在昌
협동조합운동과장 윤석구
근로부장 권영규權榮奎 차 장 임한복林漢福
직업과장 김진팔 조정과장 우갑린禹甲麟
농민부장 전공우 차 장 조동근
지도과장 하충현河忠鉉
후생부장 최성장崔性章 차 장 박용준朴容駿
원호과장 이관운
조사부장 이성주
청년부장 이중근 차장 최상린崔相麟
부인부장 황기성黃基成

제2절 조직운동

Ⅰ. 대한독립촉성국민회의 조직

독립촉성국민회로 발족한 후 1946년 2월 11일에 을지로 2가에 있는 반탁사무실(현 이북5도청 청사)에서 제1차 상무위원회를 부회장 이갑성 씨의 사회로 개최했다. 이 회의에서 전형위원들의 전형경과보고와 금후 국민운동 전개에 관한 제반 토의를 하였다. 양 기관, 즉 중협과 반탁을 통합했기 때문에 처음에는 각 간부 간에 친교가 없고 상호 이해가 잘 되지 않으므로 매일의 사무집행에 있어서 그 신속과 원활을 기하지 못하였다. 특히 이 부회장을 전적으로 지지하는 측과 그에 동조하지 않는 간부들이 있어서 사무능률이 오르지 못하므로 이 사정을 통찰한 이 부회장은 거무하居無何에 사의를 표명하게 되어 결국 방응모 씨만 부회장으로 남게 되었다.

그리하여 2월 21일에는 조선일보 사옥에서 방 부회장 사회 하에 본회 진용 강화에 관한 토의를 장시간 거듭하여 별기別記와 같은 본부임원을 선임 발표하는 동시에 당분간은 조선일보 사내에 임시사무소를 두고 초창기의 다사다망한 제반 사무를 집행하였다. 그런데 이 임시사무소에서 대국민회의 방대한 회무를 집행하기에는 너무나 좁고도 불편하였다. 그래서 이곳을 임시연락처로 정하고 각 방면으로 사무소를 물색하던 중에 조그만 분상사가 벌어졌다.

그것은 중협과 반탁이 합동하여 본회를 창립하였으나 두 단체의 간부 중에는 본회에 참여하지 못한 동지들이 불선不尠하였는데, 이들 중의 몇몇 인사들이 서정희(반탁 전국대회장, 반탁 경기도지부장) 씨를 중심으로 태고사에 매일 모여서 본회 회무집행을 왈가왈부 비평한다는 정보에 접한 본회 소장 동지들이 이 태고사에 뛰어가서 이 불평인사들과 시비 끝에 폭력행위로까지 발전되었다. 이 분규는 결국 시경찰국원에게 발각되어서 가해자 측인 채규항, 조동근 동지 이하 수삼 동지가 종로서에 연행되었다.

이 급보를 받은 최성장 후생부장은 동지애에 불타는 나머지 시경으로 종로서로 뛰어다니면서 구속된 동지들을 석방시키기에 전력專力할 뿐 아니라, 자기가 경영하고 있는 병원(돈의동 소재)에 본회 임시연락사무소를 차리고 제반 회무 연락과 동지들의 숙식까지 수주일 도와주었다. 그뿐 아니라 본회 사무소 물색에 매일같이 수고하는 동지들의 모습을 보다가 자신이 뛰어가 정·이 모씨 등에게 간곡히 교섭한 결과 구 동일은행 사옥을 얻기에 성공하였다. 이리하여 일시 침체되었던 회무는 점차 활발하게 진전되므로 후생사무 외에도 전체 회무의 발전에 많은 수고를 하였다.

본회의 창설은 양 영수를 추대한만치 거족적 여망 하에 그 운동이 활발하게 전개되었으나, 초창기에 있어서 본부의 정비 강화와 각 지방조직 등 사무를 추진함에는 그에 수반되는 상당액의 재정이 있어야 할 것이로되 여의하게 확보 조달되지 못하였다. 그래서 매일 시무하는 간부동지들에 대한 거마비 지급은 고사하고 점심값도 제대로 지급되지 못하여 진종일盡終日 공복으로 기한飢寒을 견디어가면서도 그 의기만은 매우 헌앙軒昂하여 일기당천一騎當千의 기세를 내뿜는 영웅들이었다.

여기에 한 실례를 들어서 그 애국열성에 불타던 여러 동지들의 거룩한 모습을 추상하는 자료로 삼고자 한다. 을지로3가에 있는 흥국호텔에는 유재수 동지의 소개로 김성환, 최성환, 장대희 여러 동지가 1실을 빌려서 공동자취를 하면서 매일매일 초창기의 업무수행에 분망했다. 이들 동지의 한낭寒囊 중에서 몇 십 원이란 돈이 나오면 큰 기적이 일어난 듯 그것으로 감자 1, 2관과 약간의 잡곡을 구해다가 삼국동맹, 사국동맹 반飯을 짓는데, 누구든지 선착한 동지가 이 식사를 마련하였다. 저녁에는 영하 십여 도의 냉실 속에 모포 1, 2매로 숙면을 하면서도 오직 마음만은 전신전령全身全靈 국민회를 반석 위에 놓아보라! 민주적으로 조직된 토대 위에 육성하여보자! 그래서 민족의 혈원血願인 독립을 촉성하여보자! 함에 응결되어 있었다. 물론 점심이 있을 리 없으나 때로는 지방 동지나 특별귀객이 와서 설렁탕이라도 산다면 이는 두고두고 큰 화제가 되는 성찬盛饌이었다.

Ⅱ. 숨은 일화

여기에는 한 숨은 일화가 있다. 아마도 해방 후 우후죽순같이 족출簇出한 모든 정당 사회단체 중에는 제각기 숨은 미담, 일화가 있겠지만 여기에 나오는 실화는 유례를 달리하는 일화로서 우리 국민운동사상에 찬연하게 빛나는 애국미담이다. 2월 21일 상무위원회에서 결의된 안건은 조속한 시일 내에 중앙과 지방의 조직을 완료하자는 안이었다.

당시 국내정세는 어떠하였던가? 2월 14일에 발족한 민주의원의 그 화려한 정치무대에 모든 국민의 시선이 총집중되는가 하면, 좌익계열은 또한 2월 15일에 민주주의민족전선(민전民戰)을 결성하여 그 망동妄動된 발악과 과장된 선전으로 국민을 현혹시켜서 이 좌우익의 정치활약상에 전국민의 이목이 기울어지고 있어서 독립촉성국민회 같은 대중단체에는 하등의 관심과 흥미가 없었다. 설상가상 격으로 우익에서도 한민당, 한독당 등이 자파세력 확장으로 금후 정권 획득을 위한 조직활동에 중앙과 지방에서 맹활동 중이고, 좌익은 좌대로 민전 산하 각개 단체가 표면으로 지하로, 양성으로 음성으로 준동하면서 그 조직 강화에 독특한 수법을 발휘하고 있는 틈바구니에 끼어서 순수한 애국운동을 목표로 한 본회조직이 순조롭게 되리라는 것은 한낱 망상에 지나지 못했다.

이름 좋은 한 울타리 격으로 총재 이하 국내 명사들을 총망라하여 놓았으나 그 지도간부들은 본회 육성에 운영과 그 유지에 수반되는 재정면에 있어서는 전연 백지이었다. 또한 그 어른들에게 재정적 책임까지 지워드리기는 황송하였던 것이다. 그렇다면 재정부 책임자가 있지 않으냐고 할 수도 있을 것이다. 그런데 이 책임진 분들 역시 뜻대로 재정조달이 되지 않으니 어이하리요!

이 절박한 사정 하에 조직상 필요한 인쇄물과 지방 출장갈 여비 등 도합 35만원이란 재정이 없이는 본회 발족이 공허로 돌아갈 운명에 놓였다. 매일같이 임원회원이 모여서 구수회의를 개최해보았자 백천百千계략이 귀일하여 재정 없이는 구두선이요 공염불이다. 이 절박한 난관에 부닥쳐 있을 때에 일금 35만원이란 대금大金을 조직부 차장 장대희 씨에게 가져온 동지가 있다. 본회의 재정상 곤란을 보다보다 딱하여 부득이 자기 집을 팔아서 25만원을 만들고, 그래도 부족하니까 강원도 삼척에서 그의 백씨伯氏가 물자수송 차로 보내온 화물자동차 1대마저 그 백씨의 승낙도 없이 매각한 대금 10만원까지를 가산해서 마련한 것이다. 이 경위를 알고 사리 밝은 장 차장이 순순히 이 돈을 받을 수 있으랴? 그러나 그 동지의 정성어린 간청으로 결국 그 돈을 받게 되는 동시에 돈의 출처만은 엄비嚴秘에 붙여달라는 긴탁緊託이라 할 수 없이 그 동지의 놀라운 독지篤志까지를 받들어서 그 대금의 출처까지 엄비에 붙였다. 그 뒤에 그 동지는 어찌되었나? 돈암동 집을 팔고 청운동으로 단칸방 하나를 얻어와서 살다가 그곳에서도 나와가지고 전전유리하면서 국민운동에 전력專力하였다. 사가私家를 팔아서 국민회를 짓고, 그 국민회가 대한민국을 이룩했다. 다시 말하면 해방 후 최대의 대중집결체인 국민회가 40년 만에 국권을 다시 찾았다.

이 초창기에 헌신한 김진팔 동지의 뛰어난 애국정신에 감동된 간부들 모두가 운동에 소요되는 경비조달에 헌신 노력하였다. 그 중 몇 가지 예를 들면, 독립전취국민대회 때에는 주로 이중근 동지의 알선으로 윤영선尹永善 씨가 대금 50만원을, 민대식閔大植 씨가 20만원을, 경제보국회(해방 후 생긴 실업가단체)가 25만원을 헌납했으며, 동 국민대회 때 무허가

데모를 했다고 해서 오 부회장 이하 다섯 간부가 미군정재판에 걸리게 되자 최성장 부장 주선으로 전용순全用淳 씨가 7만원을 보조하여 벌금을 물고 나오게 되었다.

그런데 초창기의 국민회 기반을 요지부동하게 구축함에 있어서 제1 요소가 인물, 즉 국민운동을 전국적으로 지휘할 만한 덕망과 역량을 겸비한 인물과 운동에 수반되는 재정을 마련하는 문제이다. 이 두 가지 난제를 가지고 여러 동지들이 여러 날 구수회의를 한 끝에 유재기 부장의 추천으로 원창식 동지에게 재정적 후원을 해줄 유지를 물색토록 하였는데 그가 박흥식朴興植 씨에게 후원을 요청하여 쾌락快諾을 얻어 박씨 사업의 간부 격인 이규재李奎載 씨를 추천받아 본회 재정부 차장으로 취임하면서 본회 운영상 재정을 책임지도록 3월 초순에 해결되어 본 운동에 서광이 비취게 되었다. 그리고 이 부회장이 사임한 뒤에 그 후임으로 오화영 선생을 취임 교섭하는 일도 원 동지가 돈암동에 있는 오 선생 숙소에 수차 심방하여 부회장의 취임승낙을 받아서 3월 10일부터 매일 본회 회무를 시무케 되었다. 또한 선전부장 이을규 씨가 3월 초에 사임하였는데 그 후임은 오 부회장에게 그 적임자를 인선토록 전 간부들이 요청했으며, 오 부회장은 즉시 김창준金昌俊 씨를 선전부장으로 임명해서 3월 중순부터 본회에 시무케 하였다. 이리하여 오 부회장이 회무를 전담해서 시무케 되니 방 부회장은 자기 신문사 공무관계로 매일 본회에 출석치 못함으로 인한 회무 진행상의 지장이 없어져서 비로소 중앙본부의 다사다단多事多端한 백반百般 회무가 일사천리 격으로 착착 진행되어가서 국민운동이 문자 그대로 궤도에 오르게 되었다.

Ⅲ. 민주적 조직체계

1. 조직의 원칙

각설. 당시에 제일 주력을 경도傾倒한 것은 국민운동에 있어서의 민주적 조직체계, 즉 상향적 조직체계를 완성하려는 것이었다. 당면과업으로 이 조직 완성을 위해서 전 간부가 노력하기로 하여 우선 전국 지방국민회 세포조직에 분담책임을 지게 되어 각 지방에 파견되었다. 조직요강 기타 인쇄물을 한짐씩 가지고 각 지방에 기설된 중협과 반탁조직 중 한 단체라도 있으면 그 단체 내의 동지들을 우선 찾아서 본회의 취지, 선언문, 회칙, 조직요강을 설명 인식시켜서 그들의 협조 하에 조직선형組織扇形을 펴나갔던 것이다. 늦어도 3월 말까지는 남한 각 도내의 부군府郡 지부 조직을 완료하여 4월 초에는 전국 대의원(부·군 지부)대회를 개최하자는 계획 하에 이 조직업무가 활발히 전개되었다.

각 도에 파견된 임원 명단

경 기 도	이관운, 원창식	강 원 도	유재기
충청북도	채규항	충청남도	김성환金晟煥, 조동근
전라북도	김경진金景鎭	전라남도	김영학, 최성환
경상북도	이중근	경상남도	최성환

제1차 전국대의원대회에서 다시 읍·면·리·동 조직까지 전개할 것을 의결하여 약 3개월간에 이 조직을 체계적으로 완성한 후에 6, 7월경에 읍면 대의원까지를 내포한 전국대회를 개최하여 그 뒤에 본회의 운동을 민주적 상향조직체계로 재개편해가지고 국민운동을 민주주의적 궤도에 올려놓는 것을 목표로 하였다. 그래서 약 6개월간이란 조직완성과정이 지난 후에는 비로소 본 국민운동의 사명 달성을 위해서 일로 매진하자

는 것이 본회 초창기에 있어서 불문율로 되어 모든 동지들이 이 목표 아래 주야를 가리지 않고 발분망식發奮忘食 꾸준한 노력을 하였다. 이 국민운동을 한 동지들만이 느낄 수 있는 민족적 긍지와 자기만족감에 싸여서 마치 도통한 수도사가 법열法悅에 취하듯이 그 무엇에 도취되어서 혼신渾身 정혼精魂을 다 바치는 것이었다.

본회 사무실도 3월 초순 조선일보사옥에서 종로네거리에 있는 구 동일은행빌딩으로 이전하였다. 이 건물은 전국적으로 활발히 전개되어가는 대국민회의 면모를 여실히 표현하는 위치에 놓인 건물이었다. 넓은 실내에 각기 부서를 차리고 앉으니 한결 더 운동열이 올랐다.

2. 서울에서의 조직상황 – 한성漢城 지부

국민회가 창립되자 1946년 1월 19일에 기독청년회관에서 개최한 서울시내 반탁동회장대회에 참석했던 애국적인 반탁 동회장들이 한성지부 조직을 기도하였다. 그리하여 4월 8일에 국민회본부 회의실에 서울시 각 구·동 연합회장들과 산하 각 동회장 100여명이 회동하여 강창희(서대문구 동연합회장) 씨의 사회로 회의를 개최하였다. 안재정安載珽 씨의 경과보고와 강창희 씨의 개회사에 이어서 각구대표가 나와 임원선출을 위한 전형을 한 결과 다음과 같은 진용을 전형하였다.

대한독립촉성국민회 한성지부

위원장	김완규	부위원장	강창희, 오성환吳誠煥
총무부장	안재정	조직부장	이태영
선전부장	이관운	문교부장	정태희鄭泰熙
재정부장	김병태金丙台	조사부장	장경성張庚星
경제산업부장	유재기	근로부장	김태원金泰源

동원부장 김춘복金春福 후생부장 박응면朴應冕

청년부장 박재영朴栽英 부인부장 황기성

감찰위원장 윤창식尹昶植

한성지부 산하 각 구 조직상황

(가) 종로구지부

1946년 10월 6일에 민족통일총본부 회의실에서 종로구 내 각 동회장과 기타 동지들이 회동하여 다음과 같이 조직하였다.

지부장 김상덕 부지부장 임승설林承說

익년인 1947년 10월에 다음과 같이 조직을 개편하였다.

지부장 임승설 부지부장 이 활

각 동에는 국민회 동분회가 거개 조직되었으며, 그 분회장은 동회장이 겸임하였다.

(나) 중구지부

1946년 10월 20일에 중구 내 각 동회장들이 중구청 회의실에 회동하여 구지부를 조직하였으며, 그 임원은 다음과 같다.

지부장 박정근 부지부장 박재영

총무부장 김기연金器練 재정부장 김병윤金丙允

조직부장 이세주李世周 청년부장 김춘식金春植

후생부장 김기곤金基坤

그 후 6·25사변 시까지 하부임원은 대소 개편되었으나 지부장과 부지부장은 위의 두 사람이 유임되어서 중구지부 내의 국민운동을 전개하였다.

(다) 동대문구지부

1946년 5월 21일에 신설동 동회사무실에서 구내 각 동회장이 회동하여 구지부를 결성하고, 지부장에 유홍종劉洪鍾, 부지부장에 김호엽金浩燁 씨와 김일金一 씨를 선출하였다.

다음 해인 1947년 5월 연차대회에서 지부장에 김호엽, 부지부장에 김성규金聖圭 씨와 유화청柳和靑 씨를 선임하여 6·25사변 시까지 수년 계속하였다.

(라) 성동구지부

1946년 5월 22일에 성동구청 회의실에서 구 내 각 동회장이 회동하여 구지부를 결성하고, 지부장에 진영하陳永遐, 부지부장에 이봉상李鳳相 씨를 선출하였다.

다음 해 5월 연차대회에서 개편하여 지부장에 진영하, 부지부장에 김구현金九鉉 씨를 선임하여 6·25사변 시까지 수년 구 내 국민운동을 추진하였다. 특기할 것은 구지부 총무부장 김일권金一權 씨는 1948년 11월 24일에 자택에서 공산당원에게 피습 서거하였는데, 성동구 국민회장으로 고故 김 동지를 영결하였다.

(마) 서대문구시부

1946년 5월 1일에 구청 회의실에서 구 내 각 동회장이 회동하여 강창희 씨 주재 하에 구지부를 결성하고, 구지부장에 강창희, 부지부장에 정태희 씨를 선출하여 6·25사변 시까지 구 내 국민운동을 추진하였다.

(바) 마포구지부

1946년 7월 15일에 도화극장에서 구 내 각 동회장이 회동하여 구지부를 결성하고, 지부장에 오성환, 부지부장에 이운섭李雲燮 씨를 선임하여 6·25사변 시까지 유임하면서 구 내 국민운동을 추진하였다.

(사) 용산구지부

1946년 6월 18일에 상명여고 강당에서 구 내 각 동회장이 참석한 중에 남송학南松鶴 씨 주재로 구지부를 결성하고, 지부장에 남송학, 부지부장에 이상은李相殷 씨를 선임하여 6·25사변시까지 구 내 국민운동을 추진하였다.

(아) 영등포지부

1946년 6월 25일에 중앙동 사무실에서 구 내 각 동회장이 회동하여 구지부를 결성하고, 지부장에 민영희閔泳熙, 부지부장에 박해병朴海秉 씨를 선임하였다. 같은 해 10월 29일에 구지부 강화대회를 개최하고 개편한 결과 지부장에 유홍柳鴻, 부지부장에 박해병 씨를 선임하여 6·25사변시까지 구 내 국민운동을 추진하였다.

한성지부 강화대회

1946년 10월 10일에 천도교기념강당에서 한성지부 강화대회를 개최하고, 부서 개편을 다음과 같이 하였다.

위 원 장	신익희	부위원장	윤창식, 박재영
총무부장	진헌식陳憲植	조직부장	안재정
재정부장	김병태	선전부장	이관운
조사부장	장경성	경제산업부장	유재기
문교부장	정태희	후생부장	박응면
청년부장	박 문朴文	동원부장	김양복金養福
부인부장	오성환	근로부장	김태원
감찰위원장	진영하		

3. 각 도지부 조직상황

(가) 경기도지부

독립촉성국민회의 결성을 지상기사로 보고 알게 된 부천군 소사읍에

사는 이유선李裕善 씨는 1946년 2월 중순에 서울에 뛰어올라와서 국민회 본부 간부들을 찾아보고 국민운동에 관한 취지, 선언 등을 듣고 곧 돌아가 부천군 내 각 면을 순회하면서 국민운동을 할 동지 규합에 힘썼다. 그리하여 4월 5일 소사에서 군내 각 면 대표 참석 하에 부천지부를 결성하고, 동 지부장에 이유선 씨가 피선되었다. 4월 8일에 개최한 제1차 국민회전국대의원대회에 부천군 대표로 참석했다가 돌아온 이유선 씨는 도내 각 군을 순회하기로 하여 제1차 순회에서 평택, 안성, 여주, 이천, 광주, 양평, 가평, 포천, 양주 등 각지를 돌면서 국민운동에 헌신할 수 있는 동지를 규합하였다. 다시 제2차 순회에 나서서 수원, 인천, 김포, 강화, 고양, 문산, 장단, 개성 등 각지를 순방하면서 동지 규합에 힘쓴 결과 5월 17일에는 본부 회의실에서 양주대표 정동호鄭東浩, 수원대표 정등운鄭登雲, 이천대표 김병철金炳哲, 가평대표 김명기金明基, 여주대표 원용한元容漢, 평택대표 김준식金俊植, 안성대표 김영기金英基, 개성대표 이종근李琮根, 개풍대표 안광모安光謨 씨 등이 참석하여 경기도지부를 결성하였다.

위원장에 이종근, 부위원장에 이유선, 오성환 두 사람을 선임하고, 당분간은 본부 내에 도지부 연락처를 두기로 하였다. 이리하여 도지부가 발족한 후 점차 조직운동이 활발하게 전개되어 몇 달 후에는 시흥군을 제외한 각 군지부가 결성되었고, 각 군지부 내 각 읍면에도 동 분회가 조직되어서 반탁국민운동을 전개하였다.

(나) 강원도지부

1945년 12월 30일 반탁전국대회에 참가코자 춘천에서 상경한 이범래李範來 씨는 당일의 감격을 가슴깊이 간직한 채 춘천에 돌아가서 김우종金宇鍾, 이종규李鍾奎 동지들과 협의하여 춘천시내 각 동 유지들을 망라하여가지고 반탁대회를 개최할 준비를 하였다. 그리하여 1946년 1월 10일에는 단양에서 반탁대회를 개최하여 애국시민들을 반탁운동에 총궐기시킨 일이 있었는데, 신문보도로 독립촉성국민회의 발족을 알게 된 이범래 씨는 동지 남궁태南宮珆, 이종규 제씨와 합석하여 국민운동의 필요성을 피차 강조하고, 도지부 조직을 주비籌備하기로 하였다. 그리하여 이범래 씨는 곧 상경하여 본부에 찾아와서 조직요강 등을 받아가지고 강원도 조직파견원인 유재기 씨와 같이 춘천에 돌아왔다. 유씨를 중심으로 앞의 3동지들이 협의한 결과 도지부를 결성하려면 먼저 도내 각 군대표를 규합하여야 하겠다는 결론을 내렸고, 이범래 씨가 도내를 순회하기로 하였다.

이범래 씨가 강원도지방 고문직에 있으므로 자동차여행의 편이 있는지라 그 동료인 고문 김수근金壽根 씨를 권유하여 두 사람이 도내 민정을 시찰하기 위해서 각 군을 순회하는 한편, 국민운동에 헌신할 동지를 규합하기에 힘썼다. 당시는 신탁통치문제로 도내 각처에서 좌우의 대립투쟁이 치열하여 도처에서 유혈참극이 벌어지는 가운데 삼척, 강릉 등지에서는 좌익폭력배들의 습격을 받아가면서 미군용 찦차로 순회하였다.

그런데 제1차 순회에서 예정대로 각군 동지 규합이 되지 못하여 수개월 후에 이범래 단신으로 제2차 도내 순회에 나서서 동지 규합에 힘썼는데, 특히 정선은 벽지인고로 박하영朴夏永 군수의 협조를 얻어 유지 정연식鄭然式 씨를 포섭하는 데에 성공하였다. 그래서 3월 7일에 춘천금융조합 3층 회의실에서 울진에서 김수근, 강릉에서 최돈제崔燉濟, 정선에서 정연식, 전상은全相殷, 평창에서 엄정일嚴正一, 황한현黃韓鉉, 횡성에서 양덕인梁德仁, 원주에서 이정호李定浩 씨 등 각 군대표가 내참來參하였고(영월, 홍천, 삼척 기타 지방의 대표가 당일은 참석지 않았으나 후일에 연락되었음), 춘천에서는 이범래 씨 외에 남궁태, 이종규 씨 등이 참석하여 강원도지부를 결성하고, 위원장에 서상준徐商俊, 부위원장에 최규옥崔圭鈺, 총무에 이범래 씨를 선임하여 그 발족을 보게 되었다. 동일에 내참한 각 군대표들은 다음날 각자 지방에 돌아가 군내 각 읍면 동지들을 규합하여 국민운동을 전개하였다.

(다) 충청북도지부

중앙에서 독립촉성국민회가 결성되자 중협 충북대표로 동 결성대회에 참가했던 구연직具然直 씨를 중심으로 청주 시내 애국동지들이 수차 회동한 나머지 2월 15일에 청주공회당에서 청원군 대표 홍순옥洪淳玉, 보은군 대표 조용국趙鏞國, 영동군 대표 김장환金璋煥, 음성군 대표 이의상李宜相, 충주군 대표 조대연趙大衍, 제천군 대표 황철승黃哲承, 괴산군 대표 정승화鄭勝和, 청주시 대표 구연직, 장응두, 박기운朴己云 씨 등이 참석한 가운데 임시의장에 구연직 씨를 선출하여 도지부 결성대회를 개최하였다.

중앙에서 제정한 선언문을 낭독한 다음 국민회규약은 중앙에서 지시하는 대로 금후 제정하되 우선 임시부서로서 도지부 위원장에 구연직, 부위원장에 조대연, 송종옥宋鍾玉, 총무부장에 장응두, 선전부장에 홍순복洪淳福, 조직부장에 박종원朴鍾元, 청년부장에 박기운 씨 등이 선출되었다. 그리고 당일 참석한 각 군대표들은 각자 군에 돌아가서 군내 각 읍면 동지들을 규합하여 군지부를 조직하여 반탁운동을 전개하여 군민으로 하여금 반탁 자주독립정신을 고취하여 공산도배들의 찬탁 반민족적인 운동을 분쇄하는 일대 국민운동을 활발히 전개하였다.

(라) 충청남도지부

독립촉성중앙협의회의 결성이 신문지상에 보도되자 대전에서 성락서 씨는 수심數三 동지와 의논한 끝에 그해(1945년) 11월 초순에 상경하여 중협 선전국에 찾아가 중협의 취지와 결성된 경위와 조직방침을 들은 다음 대전에 돌아와서 도내 각 군에 긴급 연락을 취하여 동지 규합에 힘썼다. 11월 11일, 즉 만국평화기념일을 기하여 각 군에서 참집參集한 애국적인 동지는 다음과 같다.

대전시 남천우, 성락서

대덕군 송진백宋鎭百 연기군 조동근

천안군 이병국李炳國 아산군 홍순철洪淳澈

서산군 나창헌羅昌憲 당진군 김용재金用在

홍성군 손재학孫在學 청양군 이종근李鍾根

부여군 남궁현南宮炫 서천군 나희집羅熙集

논산군 박창래朴昌來 공주군 김명동

역전 동쪽 본원사本願寺에 모인 각군 동지들은 임시의장 남천우 씨 사회 하에 성락서 씨로부터 중앙에서 결성된 독립촉성중앙협의회의 취지와 결성경위를 듣고 이 박사의 독립노선에 전 도민을 규합시키기로 만장일치 결의한 모든 동지들은 즉시 독립촉성 충남협의회를 결성하고 그 위원장에 남천우, 부위원장에 이병국, 성락서 두 사람을 선임한 다음 그 이하 부서는 정부위원장에게 일임하고, 각기 군에 돌아가서 중협 각 군 지부를 조직하는 도중에 반탁운동이 일어났다.

중앙에서 1946년 2월 8일에 중협과 반탁이 통합하여 대한독립촉성국민회가 결성되자 이에 참석하였던 남천우 씨와 성락서 씨는 2월 26일에 대전시내 중협지부사무실에서 전기한 각군 대표들을 소집하여놓고 독립촉성국민회 결성의 경과를 보고하였다. 그러자 각 군대표들은 이구동성으로 중협충남지부를 발전적으로 해체하고 국민회 충남지부를 결성하자고 주장하여 즉석에서 독립촉성국민회 충남지부를 결성하고, 도지부 위원장에 남천우, 부위원장에 이병국, 성락서 씨를 선임한 다음 그 이하 부서는 전기 정·부위원장에게 일임하고, 각자 군에 돌아가 국민회 군지부를 조직하여 반탁 국민운동을 활발히 전개하였다.

(마) 전라북도지부

중앙에서 독립촉성중앙협의회가 결성되자 전주에서는 배은희 씨를 중심으로 하여 여러 동지들이 중협전북도지부를 결성하고, 각 군에 연락하여 동지 규합으로 중협 군지부를 조직하여가지고 이승만 박사의 독립노선에 도민을 규합하도록 힘써오던 중 2월 8일에 중협과 반탁이 합동하여 독립촉성국민회를 결성하자 당시 의장이었던 배씨는 수일 후 전주에 돌아와서 중협 군지부장을 소집하였다.

1946년 2월 13일 오후 2시에 시내 청석동에 있는 중협 도지부사무실에서 전주시 대표 유직양柳直養, 장병선張炳善, 완주군 대표 김영진金永珍, 익산군 대표 김병수金炳洙, 군산시 대표 윤석구尹錫龜, 옥구군 대표 이요한李要漢, 김제군 대표 이기호李基浩, 정읍군 대표 차경삼車敬三, 고창군 대표 오의균吳毅均, 순창군 대표 임병호林秉浩, 남원군 대표 양경수梁慶洙, 진안군 대표 오기열吳基烈, 무주군 대표 신현돈申鉉墩, 임실군 대표 진직현晋直絃 씨 등 여러 사람이 내참한 가운데 배은희 씨가 등단하여 금반今般 서울에서 독립촉성국민회가 발족된 경과와 그 취지를 보고한 다음 중협 도지부를 발전적으로 해체하고 독립촉성국민회 도지부를 결성할 것을 만장일치로 가결하였다.

도지부 위원장에 배은희, 부위원장에 김병수, 유직양, 총무부장에 조동민趙東敏, 조직부장에 장병선, 재정부장에 인창섭印昌燮(후에 박계조朴季祚), 선전부장에 임택룡林澤龍 등 부서장을 선임해서 도지부가 구성되고, 당일 참석한 각 군 대표들은 즉일로 각자 군으로 돌아가 해당 군 중협지부 동지들과 협의하여 중협을 해체하고 독립촉성국민회 군지부를 결성하여 반탁 국민운동의 대열에 참가하였다.

(바) 전라남도지부

중앙에서 중협이 발족하자 광주에서는 해방 전 수십년간 항일투쟁하던 동지 중에서 김용환金容煥, 최영규崔煐圭 두 사람이 상경하여 돈암장으로 이승만 박사를 예방하였다. 이 박사의 간곡한 지도이념의 말씀을 들은 두 사람은 광주에 돌아와서 인근 각 군에서 동지를 규합하여 1945년 12월 7일에 광주시내 요정 만길萬吉에서 독립촉성 전남협의회를 결성하고, 위원장에 최종섭崔鍾涉, 부위원장에 김용환, 김시중金時中, 고광표高光表 세 사람을 선임한 다음 각자 군에 돌아가서 중협 지부조직을 전개하려 할 즈음에 반탁운동이 경향각지에서 폭발하였다.

그런데 1946년 2월 8일에 중앙에서 독립촉성국민회가 창설되자 광주에서도 전기 제씨諸氏가 협의한 끝에 중앙과 호응해가지고 3월 1일 오후에 중협 전남지부 사무실에서 각 군 중협대표가 참석한 가운데 중협지부를 발전적으로 해체하고 독립촉성국민회 전남도지부를 결성하였다. 도지부 위원장에 최종섭, 부위원장에 김용환, 서우석徐禹錫, 고광표 세 사람을 선임한 다음 기타 부서를 선임하였다. 당일 참석한 각 군 대표들은 그 후 각자 군에 돌아가서 독립촉성국민회 군지부를 조직하여 도내 국민을 반탁 국민운동에 총궐기시켰다.

(사) 경상북도지부

해방 직후에 중앙에서 각 정당이 난립하여 혼란을 이루고 있는 영향을 경상북도만이 받지 않을 도리가 없었다. 대구를 필두로 각 군부에까지도 정치적 혼란을 이루고 있다가 이승만 박사가 환국하여 독립촉성중앙협의회를 구성하니까 도내 유지들이 대구에 모여서 조선독립 경북촉진회를 결성하였다. 그래서 중앙에서 이 박사 영도 하에 각 정당 사회단체가 집결되듯이 경북에서는 이 경북촉진회로 집결하여 대구를 선두로 각 군에서도 중앙과 호응하여 반탁운동을 전개하였다.

1946년 2월 8일에 중앙에서 독립촉성국민회가 탄생되자 그 산파역을 한 동지 중의 하나인 최성환崔成煥 씨가 대구에 내려와서 여러 선배 동지들과 제휴하여 3월 9일에 구세군 대구영사를 빌려서 도내 각 군 대표들이 참석한 가운데 독립촉성국민회 경상북도지부를 결성하였다. 즉 대구에서는 김하승金夏昇, 조경규趙瓊奎, 엄성문嚴成文, 유일광柳一光 씨가 대표로 참석하고, 각 군에서는 고령군에서 정춘택鄭春澤, 선산군에서 육홍균陸洪均, 달성에서 박길경朴吉慶, 청송에서 윤주학尹周鶴, 성주에서 서팔봉徐八鳳, 봉화에서 심동국沈東國, 김천에서 이병관李秉灌, 영덕에서 윤영하尹永厦, 경주에서 김철金喆, 문경에서 김은석金恩錫, 칠곡에서 장병만張炳晩, 영천에서 정도영鄭島榮, 상주에서 박인옥朴寅玉, 예천에서 이만령李萬寧, 영일에서 이일우李一雨, 의성에서 김규만金圭晩, 군위에서 김택수金宅洙 등이 대표로 참석하여 김하승 씨를 임시의장으로 선출하고 회의를 개최하여 도지부를 결성하고, 위원장에 김하승, 부위원장에 정도영 씨를 선임한 다음 총무에 최성환, 재정에 엄성문, 조직에 김성환金晟煥, 선전에 이일광 씨를 선임하여 도내 국민운동에 거보巨步를 내디디었다. 이 도지부 결성에 참석했던 각 군대표는 각자 군에 돌아가서 군내 동지들을 규합하여 국민회 군지부를 조직한 다음 반탁 반공을 당면과업으로 하는 국민운동을 전개하였다.

(아) 경상남도지부

1946년 2월 8일 중앙에서 독립촉성국민회가 창설되자 중협 경남대표로 참가했던 김철수 씨는 수일 후 부산에 돌아와 도내 각 군에 있는 중협 군지부에 대표 1명씩 부산에 오도록 초청했다. 이에 도내 각 군지부에서 그 대표가 2월 22일에 부산역전 공회당에서 회동하여 중협을 발전적으로 해체하고 독립촉성국민회를 창립한 중앙의 방침대로 경남에서도 호응할 것을 김철수 씨가 역설하자 전원이 이에 만장일치 찬동하여 국민회 경남지부를 결성하였다. 당일 참석한 각지 대표는 다음과 같다.

부산부 김철수, 강길수姜吉秀

마산부 최철룡崔喆龍, 손문기孫汶基

진주부	허만채許萬埰	대 리	김석주金錫柱
사천군	황순주黃順柱	하동군	황학성黃學成
양산군	박동주朴東柱	김해군	배진환裴鎭煥
의령군	이시목李時穆	동래군	엄진영嚴進泳
거제군	진홍기陳洪基	합천군	최창섭崔昌燮
고성군	김재익金在翼	남해군	최용근崔鎔根

도지부 위원장에 김철수, 부위원장에 허만채, 손문기 두 사람, 총무에 강길수 이하 각 부서를 선임하고, 도내 각 군 대표들이 각자 군에 돌아가서 군내 각 읍면에서 국민운동을 할 만한 동지들을 규합하여 국민회 군지부를 결성한 다음 반탁 반공을 당면과업으로 하는 국민운동을 강력히 전개하였다.

(자) 제주도 국민회지부의 결성경위

해방 직후 제주도내의 지배적 세력은 인근隣近의 구주九州지방, 대판大阪, 신호新戶 등지에서 유학하고 귀국한 지식층 인사들인데, 이들은 거개가 조총련계와 접선되어서 중앙에 인공계나 조공계朝共系 이상으로 극렬분자들로서 도내島內의 좌익조직망과 그 맹활동猛活動은 도저히 육지 내 공산계열에 비할 수 없을 만큼 한국의 「모스크바」라고 위칭僞稱케 되었다. 그 결과는 수년 후에 소위 43사건이란 공산계열 반란사건이 일어나서 제주도 유사 이래 최고의 비참한 애사哀史를 엮게 되었다. 육지에서 반탁운동이 요원의 화세火勢처럼 맹렬히 일어날제 중앙에서 이 공기에 접한 김시학金時學 씨가 1946년 4월 초에 입도入島하여 과거 일제시절 민족운동하던 구 동지들을 규합하기 시작하였다. 그래서 박우상朴雨相 씨를 필두로 김충희金忠熙, 박치순朴致順, 강지수康志洙, 남제주의 강영술姜榮述 등과 반탁 국민운동을 전개할 방략方略을 협의한 후 김시학 씨는 중앙으로 회정回程했다. 그 후 김충희 씨가 중심이 되어 강필생姜必生, 고원찬高元燦, 현주선玄周善 씨 등 여러 동지들의 협조 하에 각 면에 연락하여 각 면 대표와 전기 여러 인사가 참석한 중에 7월 8일 관덕정에서 독립촉성국민회 제주도지부를 결성하였다. 위원장에 박우상, 부위원장에 박치순, 감찰위원장에 강창수康昌洙 씨 이하 각 부서 책임자를 선임하여 국민회 각 군읍면 조직에 착수하는 한편 반탁국민운동을 전개하였다. 다음해인 1947년 7월에 다시 조직을 개편하여 위원장에 김충희, 부위원장에 강지수, 현주선, 감찰위원장에 강창수 씨 이하 각 부서 책임자가 선임되어 국민운동이 활발히 전개되었다.

이에 특기할 만한 것은 해방 후 공산일색으로 도저히 반탁 국민운동을 전개할 수 없을 정도임을 간파한 전기 여러 동지들은 중앙에서 서북청년회 열혈청년들을 수삼십명 초청하여 각면 각리를 수개월 간 순회하면서 공산주의타도계몽운동을 강력히 전개한 것이다. 38이북에서 공산당에게 갖은 학대를 받다가 사선을 넘어서 남하한 열렬한 애국청년동지들이 각지에 뿌리박힌 공산세력을 뿌리뽑기에 온갖 고초와 혈투를 연출하면서 전기 여러 사람과 그 지도하에 일어나는 지방청년동지들의 협조를 받아서 육지 이상으로 활발한 국민운동이 전개되었다.

제3절 제1차 전국대의원대회

1946년 4월 10일 오전 10시 반에 종로2가에 있는 기독교청년회관에서 오화영 씨의 사회 하에 제1차 전국대의원대회가 각도부군 대표 88명과 내빈 300여명이 참석한 가운데 개회되었다. 회순에 따라 김창준金昌俊 씨의 개회사와 최성환崔成煥 씨의 경과보고가 있은 다음 임시집행부 선출에 들어가 의장에 오화영, 기록에 장대희張大熙를 공선公選한 후 조직부장 채규항蔡奎恒 씨의 중앙보고와 각도 대표들로부터의 지방정세보고로 들어가 각자 도내의 국민회 조직상황과 국민운동 전개의 활발상을 상세히 보고하였다. 당일 보고에 나왔던 각도 대표는 다음과 같다.

강 원 도 대표 강릉군지부장 심상준沈相俊
충청북도 대표 도지부장 구연직具然直
충청남도 대표 도지부장 남천우南天佑
전라북도 대표 도지부장 배은희裴恩希
전라남도 대표 목포지부장 이남규李南珪
경상북도 대표 도지부장 김하승金夏昇
경상남도 대표 도지부장 김철수金喆壽

특히 오후에는 최근에 38도 사선을 넘어 함남 함흥에서 탈출해온 방치규方致規 씨(노동부 차장)가 북한실정을 보고하였다. 북한동포들이 8·15 해방 후에 공산당이 그들의 상전인 소련군과 야합해서 우리 애국적인 민족진영동포들을 얼마나 억압하는지, 특히 모스크바 3상결정 이래 그네들이 찬탁을 강요하면서 애국적인 반탁진영을 무자비하게 탄압, 투옥, 학살하는 야수적인 만행에 대하여 여실히 보고하자 전 회중이 흥분과 강개慷慨를 마지않았다.

본 대회를 빛나게 한 특기할 만한 사실은 김구 부총재가 대회에 임석하여 축사를 하였고, 국노國老이신 이시영 선생이 본회 회장에 취임한 점이다. 그리고 본회 운동상 중요 결의사항은 이번은 각 도내 부군지부의 대표로서 본 대회 대의원으로 국한했으나 금후 3개월간의 조직강화운동으로 군내 각 읍면, 부府내 각 동분회조직까지를 완료하여 차기 대회에는 전국 각 도·부의 동, 군의 읍면분회대표까지를 총망라한 전국대의원대회를 개최할 것을 다짐한 것이다. 이 각 도내의 부의 동, 군내 읍면분회조직까지 전개함에 관련된 제반문제를 토의하고 의의 깊은 본 대회를 오화영 씨의 선창 하에 만세3창으로 폐회하였다. 각도지부장과 중앙간부 중 선출된 전형위원이 다음과 같이 임원을 개편하였다.

제1차 국민회 전국대의원대회에서 개편된 임원 명단

총　　재 이승만

부 총 재 김　구, 김규식

회　　장 이시영

부 회 장 오화영, 이규채李圭彩

총무부장	이종욱李鍾郁	차장	우갑린禹甲麟
재정부장	김완규	차장	이규재李奎載
조직부장	채규항	차장	장대희
선전부장	김창준	차장	최성환
연락부장	이중근李重根	차장	원창식元昌植
조사부장	이성주李成周	차장	정진용鄭珍容
농민부장	김공우金公雨	차장	조동근趙東根
노동부장	박문희朴文憙	차장	방치규
산업부장	유재기劉載奇	차장	김성환金晟煥

청년부장 유진산 차장 백석기白碩基
후생부장 최성장 차장 박용준朴容駿
문교부장 성락서 차장 김남주金南柱
부인부장 황기성黃基成

제4절 제1차 행동통일운동

Ⅰ. 독립전취국민대회

당시는 1946년 3월 20일부터 덕수궁에서 제1차 미소공동위원회가 개막된 뒤이다. 모스크바 3상회의에서 한국문제에 관한 결정사항을 실천하려고 미소공동위원들이 매일매일 회담하는 광경이 혹은 라디오로 혹은 신문지상으로 발표되므로 피끓는 애국동포들이 혹은 정당에 혹은 청년단체에 혹은 종교단체에 혹은 사회단체에, 특히 독립촉성국민회 각급 지부에 들어와서 이구동성으로 말하기를 "어떻게 하면 이 미소공동위원회를 우리 한국 내에서 말살 제거하고 반탁 일관으로 독립을 촉성하여 볼까?" 하여 온갖 계략을 다하면서 애국운동에 열중했다. 개중에는 각 애국단체 연합으로 구성된 미소공동위원회 대책총연맹이란 단체가 혹은 가두방송으로 혹은 강연회로 혹은 좌담회로 혹은 벽보 전단으로써 미소공동위원회 불참가와 그 해소운동을 전개하였다.

수개월간 양국 대표가 모여서 옥신각신하다가 5월 8일에 미소공동위원회가 결렬되고, 그 결렬진상이 5월 9일 *하지* 중장 성명으로 폭로되었다. 이에 의하면 미국대표는 공동위원회에 참가할 협의대상인 한국 내 정당, 사회단체 대표를 의사발표의 자유 원칙하에 참가케 하자는 주장임에 반하여 소련대표는 3상결정을 전적으로 지지하는 정당, 사회단체 대표들만을 참가케 하자는 것이니 결국에는 좌익공산계열만을 협의대상으로 하려는 음모라는 것이다. 이 성명은 소련 측의 비민주적인 주장을 전적으로 비난하는 내용이었다. 동시에 미국 측으로서는 본국국시인 언론자유, 의사발표자유 원칙하에, 즉 반탁운동을 한 우리 민족진영을 당연히 협의대상으로 하여야 한다는 것이다. 모스크바 3상결정을 고수한다는 미명하에 협의대상으로 공동위원회 참가원칙을 제시한 소위 미소공동위원회 제5호 성명이 나오자 국내 여론이 비등하여 공동위원회 참가자격 문제가 논의되다가 이 *하지* 성명이 발표된 순간에 전 애국단체는 총궐기하였다.

5월 9일 오후에 국민회가 중심이 되어 본부 회의실에 전 애국단체대표자회의가 긴급 소집·개최되었다. 이 자리에서 각 대표들은 열렬한 반탁결의를 표명하면서 민족자결로써 독립전취운동을 일층 강화해야 한다는 중론 끝에 결론으로서

1. 우선 중앙에서 5월 12일에 독립전취국민대회를 개최할 것,

2. 전국 각 지방도 불일간 일제히 봉기하여 거족적 운동을 전개할 것

을 결의했다.

그리하여 즉석에서 전국애국단체연합회 주최 하에 독립전취국민대회 준비위원회가 구성되고, 그 준비사무를 국민회 사무실에서 진행하기로 결정했다.

종로네거리, 광화문네거리, 서울역전 기타 대중 왕래가 많은 장소에는 각 애국단체에서 확성기나 메가폰을 가지고 가두연설을 하든지, 벽보나 전단 등으로 대회 성격을 민중에게 계몽 선전하여 전 국민을 이 독립전취에 총궐기하도록 갖은 방법과 온갖 노력을 다 경주하였다. 동시에 조선공산당과 그 계열이 소련대표와 야합하여 5개년 신탁통치를 이 미소공동위원회를 통하여 음모하였다는 점을 들어서 그들이 반민족적이며

반독립적인 반역집단인 점을 이 실례를 가지고 좌익공산계열에 대한 바른 인식을 가지도록 거듭거듭 계몽 선전을 하였다.

예정한 5월 12일은 왔다. 오전 11시가 되자 서울운동장은 입추의 여지 없이 초만원이었다. 장내는 각 단체기와 독립전취구호를 표현한 각종 플래카드가 임립林立한 가운데 오화영 선생의 열렬한 개회사에 이어서 함상훈咸尙勳 씨의 제1차 미소공동위원회 2개월간의 경과보고가 있은 다음, 본 대회 선언문을 신균申均 씨가 낭독하고, 결의문을 박영창朴永昌 씨가 낭독한 후에 대회에서 무수정 통과하였다. 격려사로 들어가서는 각 애국단체 대표들이 나와서 피를 내뿜는듯한 열변을 토하여 수십만 회중으로 하여금 문자 그대로 총궐기하게 하였다. 즉 한국기독교청년연합회 대표 강원룡姜元龍, 독립촉성부인단 대표 황기성, 대한노총 대표 김구金龜, 독립촉성청년연맹 대표 한민홍韓旻洪, 미소공동위원회대책연맹 대표 김일金一, 독립촉성국민회 대표 이중근의 순서로 진행되었다.

본 대회에 특기할 만한 사실은 이 대회에 늦게 도착한 김규식 박사가 연단에 올라와서 말하기를 "우리는 이 이상 더 참을 수 없으니 서울에서고 대구에서고 제주도 한 구석에서라도 정부를 세우면 우리는 그 정부를 따라가야겠다. 그래서 이 정부를 받들어서 싸우다가 우리가 다 한 무더기에 들어가서 죽자!"는 열렬한 발언을 했고, 십 수만의 대중은 열렬한 박수와 환호로써 이에 응하였던 사실이다.

대회는 김 박사의 선창으로 만세3창 후 폐회하자 각 단체별로 장엄한 악대소리 밑에 씩씩하고도 대오정연한 시가행진이 시작되어 한 무리는 종로로, 다른 한 무리는 을지로로 향했다. 그런데 종로로 향하던 데모대원 중 반탁학생연맹 대표 이철승李哲承 씨를 선도로 한 청년학도들은 이 데모를 제지하려던 경찰대원들과 대소 충돌까지 하면서도 기어이 데모를 감행했다. 뿐만 아니라 그들의 고조된 애국열혈은 다시 군정청(전 조선총독부 청사)을 포위하고 반탁시위와 미소공동위원회 철거 구호를 절규하였다. 또한 다른 한 무리는 소련영사관과 미군사령관 숙소인 반도호텔 앞에 와서 연좌하여 장시간 농성시위를 감행하였다. 그뿐 아니라 을지로 방면으로 향했던 데모군중 중에는 좌익계열에 동조신문인 인민보, 서울신문, 독립신보, 자유신문 등을 습격하여 반민족적 기사 보도와 공산선전을 능사로 하는 적색주구들에게 민족정기의 발로로서 내리는 철권鐵拳 세례를 가하였다. 물론 민청, 조선공산당 등 사무실에도.

이 과감한 열혈청년들의 시위운동은 효과 백퍼센트를 발휘하였다. 당시 미군정장관 *러취* 소장은 허가치 않은 데모행동은 군정명령 위반이라는 율律로써 주최자인 국민회 오화영 이하 4명에게 벌금형으로 일금 십만 원을 선고한 군정재판까지의 소동이 벌어졌다. 이는 얼마나 독립전취를 갈망하는 애국동포들이 수화를 불사하고 총궐기했던가를 짐작할 수 있다.

대회선언문

단군 건국 사천이백칠십구년 오월 십이일 유구悠久 사천년 역사를 통하여 흐르는 선대의 긍지를 받들어 길이 자손만대의 번영을 염원하는 우리는 이에 독립전취국민대회를 개최하고 삼천만 중衆의 이름으로써 밖으로는 사린제방四隣諸邦의 숙고를 구하고, 안으로는 혈족동기血族同氣의 궐기를 촉促하여 엄숙히 선언하는 바이다. 국제공약에 의하여 보장된 우리 임시정부의 수립을 위하여 개최되었던 미소공공위원회는 소련의 번복에 의하여 시일을 도비徒費한 채 무기로 정회되었으니 세계의 공안公眼은 이를 어떻게 보려고 하는가? 국토와 국민을 양단하고 나아가 국시와 국권을 양분케 할 38의 교수선絞首線 문제도 소련의 거부에 의하여 장벽이 상존한 채 철폐가 무망無望이니 세계의 공안은 이를 어떻게 논하려는가? 자주독립의 이념과 배치되는 신탁관리를 우리에게 강요하려는 소련의 권모權謀와 인류적 특권이오 국제적 공리인 의사발표의 자유까지도 부정한 소련의 독단을 어떻게 문책하며, 어떻게 규정할 것인가?

외력의 제압에 혈과 육이 제물이 되었던 40년 통한을 회상하고 다시금 외력의 방촌方寸에 형形과 체體가 좌우되려는 현하의 고경苦境을 직시할 때 우리는 타를 책하여 허물을 삼자에게서 찾기보다는 원유源由를 자신에게서 살피어 내성의 필요를 느끼나니 구기본원究其本源의 길이 여기에 있다고 믿는 까닭이다. 보라! 외구外寇보다도 적은 우리 장내墻內에 있고, 외상보다도 균菌은 우리 체내에 있으니 시공時空이 자별自別한 민족적 독자성을 무시하는 반역도당의 존재가 그것이며, 타력에 추미追尾하여 외모外侮를 유치한 악질공산계열의 언동이 그것이다. 민족적 자아의 존엄을 모독하여 수탁受託의 망론妄論을 공언하고, 민족적 거역巨役인 광복의 전야에 처하여 분쟁을 일으키니 이를 가히 참을 수 있다할진대 무엇인들 못 참을 것이랴?

실리만을 탐하여 와전瓦全에 구안苟安함이 본디 우리의 의義 아니오, 명분만을 취하여 옥쇄로 나감도 반드시 우리의 책策이 아니다. 그러나 민족정기의 주축은 부동不動이다. 행좌진퇴行坐進退에 한계가 자재하여 자율정체의 주권과 독립국가의 면목을 고수할 배수진두의 일선이 있으니 이는 곧 우리의 생명선이다. 이를 세계에 명시하여 중론을 수긍케 할 자가 누구이며, 이를 영겁永劫에 호지護持하여 만대를 일관케 할 힘이 무엇인가? 오직 자아요, 오직 자력이다. 자존자긍의 기초가 바로 여기에 있고, 자주자행의 진로가 바로 이기에 있으며, 자조자면自助自勉의 방책이 바로 여기에 있나니 써 전지전능을 이 일점에 응결시키고, 총의총력을 이 일선에 집결시켜서 해방조선을 거룩하게 하고, 광복조선을 빛나게 하자. 이에 5개조의 결의를 들어 삼천만 겨레의 심장心臟에 격檄한다.

결의 5개조

1. 미소공동위원회 정회의 책임을 규명하여 국제여론의 심판을 구함.
2. 자주정부의 자율적 수립을 촉진하여 민의의 귀일을 기함.

3. 38장벽의 철폐를 목표로 국민운동의 실적을 거擧함.

4. 악질공산계의 반역언동을 일소하여 민족 강기綱紀의 숙청을 도圖함.

5. 우방선린의 협력 하에 경제건설의 매진을 서誓함.

단기 4279년 5월 12일

독립전취국민대회

Ⅱ. 전국애국단체연합회(애련)

1. 전국애국단체연합회의 결성

제1차 미소공동위원회가 결렬되어 무기 정회되니 거족적 분격을 샀다. 역사적인 5월 12일 독립전취국민대회가 성동원두城東原頭에서 열리고, 이 거족적 분격이 폭발되자 전국 방방곡곡에까지 이 봉화는 불붙어서 5월 15일은 각 도 단위로 일제히 도청소재지에서, 다시 수일 후에는 각 시군에서 중앙과 대동소이한 내용으로 독립전취국민대회가 개최되어서 전 국민의 함성으로 화했다.

그런데 수일이 지난 5월 14일은 국민회사무실에 본 대회에 참가했던 애국단체 대표들이 모여서 본 국민대회 청산회의를 하였다. 동시에 다음 사항을 결의하고 산회했다.

1. 금반今般 개최한 독립전취국민대회를 계기로 하여 본 대회에 참가한 단체로서 연합하여 「전국애국단체연합회」를 구성한다.

2. 본 연합회에 상임기관을 다음의 단체대표로써 구성하여 설치한다.

ㄱ. 국민회본부 대표 노동부장 박문희

ㄴ. 한국민주당 대표 연락부장 조헌영趙憲泳

ㄷ. 한국독립당 대표 연락부장 유동붕柳東鵬

ㄹ. 신한민족당 대표 선전부장 손공린孫公麟

ㅁ. 독립촉성청년연맹 대표 부위원장 한민홍

ㅂ. 대한부인회 대표 총무부장 이경채李瓊蒞

ㅅ. 미소공동위원회대책연맹 대표 총무부장 서재권徐載權

ㅇ. 문화단체총연합회 대표 김의준金儀俊

3. 본 연합회는 본 대회 결의사항 실천을 추진하기 위하여 수시로 각 단체에 연락하며, 중요정보 교환과 대외적인 선전사업을 행한다.

4. 본 연합회 임시사무소는 국민회 내에 치置한다.

5. 본 연합회 경비는 국민대회 청산잔금 일체로써 충당하되, 차후 부족할 시는 참가단체 공동부담으로 한다.

6. 본 연합회에 다음의 부서를 치하여 사무를 집행한다.

ㄱ. 기획부 책임위원 박문희

ㄴ. 선전부 〃 서재권

ㄷ. 섭외부 〃 조헌영

ㄹ. 연락부 〃 한민홍

7. 매월 초에 1회씩 참가단체대표자총회를 개최하고, 상임위원의 사업보고를 받고 기타 사업추진방책을 토의한다.

그런데 독립전취국민대회는 독립촉성국민회의 발전상 대내적으로 대외적으로 일대 수확을 가져왔다. 즉 대내적으로는

1. 본회가 주동체가 되어서 전국 애국단체를 총동원한만큼 본회 간부들이 국민운동을 전개함에 자신이 서게 되는 동시에 일대 긍지를 느꼈고,

2. 중앙인 서울을 비롯한 남한 각 지방에까지도 본회 세포조직이 일층 활발해지고, 각급 조직체 간에 종으로 횡으로, 즉 본부와 각 지부 간, 각 지부 상호간 일층 긴밀한 연락이 닿게 되어 운동이 활발하게 되고,

대외적으로는

1. 독립촉성국민회에 대한 각 애국단체의 이해가 깊어져서 각 애국단체로부터의 적극적인 협조를 얻게 되고,

2. 애국단체연합회라는 연락기관을 통하여 각 애국단체와 긴밀한 연락과 제휴를 함에 있어서 본회가 그 중심이 되고, 그리하여

3. 반탁 독립촉성을 지상과업으로 하는 본회의 국민운동은 커다란 우익羽翼을 얻어서 그 사명완수에 일대 신국면을 개척하였다.

한편 국민운동사상으로 볼 때 전국애국단체연합회의 발족은 다음과 같은 중대한 의의가 있다.

1. 본 애련에 참가한 각 단체가 각기 성격이 다른 유서와 전통을 가지고 있어서 각자 활동이 각이各異하나 독립쟁취라는 국민운동부문에 한해서는 행동통일을 취하게 된 것,

2. 애련의 행동통일을 가져왔다는 것은 공산좌익을 타도하고 전국민 총단결태세를 일보 전진케 됨이니, 이래서 지리멸렬에 빠지려던 민족진영은 공고한 결속을 이루었다.

3. 지난 2월 15일에 발족하여 준동 부절한 민전(민주주의민족전선) 지휘 하에 있는 각종 좌익과 대결 투쟁함에 있어서 강력하고도 승리적인 운동성과를 거두게 되었다.

2. 애국단체연합회의 과업

1) 조선공산당 타도운동

반탁 독립전위에 총궐기하여 그 행동통일을 기하려고 구성한 애련은 전 애국단체의 공동의사에 의하여 파견받은 상임간부들이 그 직책 완수에 노력하지 않으면 안 되게 되었다. 그러면 애련 구성 당시의 전 애국단체의 공동의사란 무엇인가?

1. 미소공동위원회는 결렬되었으나 영구히 해소된 것이 아니니까 하월 하일에 또 재개하여 공정을 기한다는 미명하에 미군정은 좌익 반역

도배들을 옹호할 것이고, 그네들 좌익계열은 3상결정을 실천하려고 망동하는 미소공동위원회 측과 합작할 것이니 이를 봉색封塞하는 운동을 전개할 것.

2. 민전 산하 각 공산계열에 대한 타도를 일층 강화할 것을 당면과업으로 하여 그 모략 분쇄, 음모 폭로, 파괴 방지, 선동선전에 대한 정확한 비판과 인식, 공갈협박을 말살함으로써 표면화되는 반역도당의 행동에 대한 대책도 수립하여 추진 실천하려니와 그 반역도당의 조직과 그 발전을 탄압하고 방어하며, 그 침투를 구축驅逐하는 민중계몽과 애국청년학도들을 통한 실력행동을 지도 성원할 임무를 수행할 것.

3. 민주우방에 대하여 우리 투쟁의 정당성을 이해하도록 노력함으로써 그들의 협조를 받을 수 있는 우호친선을 일층 촉진하는 국민외교운동을 전개할 것.

이를 요약하면 자주독립을 위한 반탁 멸공과 국민외교운동이다. 어떻게 하면 전 애련의 공동투쟁목표요 피임被任 대표들에게 부하負荷된 사명을 완수할까 하여 주사야탁晝思夜度으로 백계천모百計千謀를 안출하느라고 전기 8인 위원들이 15일도 밤늦도록 구수회의로 각자 지낭智囊을 짜다가 각기 헤어졌는데, 다음날 아침 5월 16일에 신문지상을 보니 「정판사精版社 위조지폐사건」이 폭로되었다. 내용인즉 조선공산당 선전부장 이관술李觀述과 동 재정부장 권오직權五稷이 음모해가지고 「① 남한의 지폐 남발로써 재정경제계의 교란과 파괴를 조장할 것. ② 공산당 재정을 조달하는 유일한 방법으로 할 것」을 목적으로 그 프락치로서 이미 침투해 있는 조선공산당 정판사 조직책인 박낙종朴洛鍾에게 지령하여 그 행동을 개시하여 저지른 천인공노할 죄악을 범행한 것이라는 것이다.

그리하여 이른 아침에 상임간부들은 다음 사항을 결의하였다.

① 위조지폐사건을 계기로 하여 조선공산당 타도운동을 각 단체별로

그 단체 독자적 방법으로 실천하되, 표준은 벽보, 전단, 강연, 좌담회, 가두선전, 방송 등으로 할 것을 가맹 각 단체에 통보할 것.

② 본 애련 주최로 「정판사 위폐사건 성토강연회」를 5월 20일에 기독교청년회관에서 개최할 것.

③ 조선공산당 타도운동을 각 지방에서 중앙과 동일보조로 하도록 각 도 국민회지부에 지시할 것.

④ 양 영수 중상사건을 조속 처리할 것. 이 문제의 처리경과는 다음과 같다.

5월 16일부로 농민조합전국총연합회 명의로 서울시내 각처에 전단을 뿌렸는데, 그 내용인즉 「이승만 박사는 미국에 광산권을 예매해먹고, 김구 씨는 중국에 외교권을 양도했다」는 것이다. 삼척동자라도 믿지 못할 터무니없는 허위중상으로서 양 영수를 모략중상하여 위폐사건에 복수를 해보려는 음흉한 짓이다.

위조지폐사건과 양 영수 중상사건을 음모 지휘한 조선공산당을 철저히 타도할 계책을 토의한 애련 상임위원들은 미군정당국에게 조선공산당 해체명령을 발하도록 요청하기로 결의하였다. 그래서 5월 24일자로 다음과 같은 건의서를 제출하는 동시에 동일 오전 11시에 군정장관 ***러취*** 소장을 면회하게 되었다.

2) 군정장관에 대한 건의

<건의서>

전국애국단체연합회는 금반今般 발생한 지폐위조사건에 대하여 다음과 같이 건의함.

① 지폐위조는 그 실무에 종사한 개인의 사리를 위함이 아니오 조선공산당의 당시黨是 실현 상 절대불가결한 공작방법에서 나온 것이니, 즉

경제교란공작으로서 기성사회의 파괴작용을 촉진하여 계급혁명이란 그 당시를 실현함에 있음.

② 이 사유로서 본 사건은 조선공산당 총무부장 겸 재정부장인 이관술과 동당 기관지 해방일보 사장 권오직 양인이 총지휘한 것이니 동당에 전책임이 있음을 강경히 주장하는 동시에 동당 책임자 박헌영을 즉시 체포함을 주장함.

③ 지난 5월 22일 제1관구경찰청장 장택상에게 박헌영은 "만약 고문을 가하지 않는다면 이관술과 권오직을 출두시키겠다"고 제의한 것은 이로써 범인은닉죄가 구성되니 위 양인 체포상으로도 박헌영의 즉시 체포를 주장함.

④ 조선공산당 당원 전부가 위조지폐를 사용하며 그 당 운동을 해왔으므로 이 사건에 연대책임이 있으니 전 당원의 가택, 신변 수사를 하는 동시에 동당과 당원의 재산까지 동결하여 전 위조액 몰수에 보전함을 요구함.

⑤ 민주주의 민족전선 산하 각 단체는 그 전부가 조선공산당의 기밀비를 사용한 것이니 차등此等 각 단체를 엄밀 조사하여 전기 사항과 동일한 처리를 약約하기를 요구함.

⑥ 좌익언론기관이 총동원하여 위조지폐는 조선공산당과 관계가 없다고 역선전하며 그 죄과를 민족진영지도자에게 전가하려는 극악한 모략을 엄중 취체取締하여주기를 요구함.

서기 1946년 5월 24일

서울 중구 남대문로1가 전국애국단체연합회

애련을 대표한 박문희, 이경채, 서재권 3인이 ***러취*** 장관에게 전기 건의서를 제출하는 한편 약 1시간 면담하였는데, 그 개략 내용은

① 질의사항

Ⓠ "미군정은 금반 발생한 위조지폐사건을 이유로 해서 조선공산당 해체명령을 내릴 용의는 없는가?"

Ⓐ "금반 사건으로 조선공산당 해체명령을 내릴지 여부에 대하여 고려해보지 못했다. 나 개인의견으로서는 해체명령을 발함으로 공산당이 남한에서 그 자취를 감추리라고는 생각되지 않는다."

Ⓠ "이승만 박사와 김구 선생은 우리 한민족의 영도자로서 가장 존경받는 애국자인데 이번에 공산계열에 별지 전단내용으로서 허위 중상을 일삼고 있으니 이 단체 대표 이하 관계자들을 체포할 의사는 없는가?"

Ⓐ "그러한 허위중상은 개인상대로 한 것이니 피해 개인인 이승만 박사와 김구 선생이 고소를 제기해온다면 그 때에 고려해보겠다."

Ⓠ "제2차대전 후 소련은 적색제국주의 침략을 서구에서는 이미 감행하였고, 극동에서도 우리 한반도 내에서 이미 침략 음모하는 것이 명백한데 미국은 이와 같이 세계적으로 침략의 마수를 펴고 있는 소련을 타도할 정책을 세우지 않는가?"

Ⓐ "미국은 건국 이래로 국민이 평화를 애호한다. 이번 대전에도 우리는 막대한 인적 물적 희생을 바치면서 싸운 것은 세계평화를 위한 부득이한 행동이지만 현재 미국민은 전쟁을 싫어한다"고 말하면서 자기가 2차대전 중에 독일에 출전했을 당시 독일 전사자를 화장하여 그 두개골만 수천 개 누적된 것을 자신이 촬영했다는 사진 1매를 테이블 안에서 꺼내어 우리 일행에게 회람시켰다.

② 요망사항

"중앙과 각 지방에서 반민족적 악질행위를 자행하는 공산계열에 대한 응징과 타도행위는 애국심에서 나오는 부득이한 민족진영의 행동인바 공산계열은 교묘한 선전과 허위날조로 혹은 침소봉대하여서 미군정 당국에 고발하기를 일삼으니 이러할 때에는 철저한 근거조사로써 정확한 사건 파악과 판단으로 처리하여줌과 동시에 우익 민주주의진영에 대한 깊은 이해와 협력을 기대합니다."

"거반去般 5월 12일 서울운동장에서 개최한 독립전취국민대회는 집회는 허가했으되 데모는 허가치 않은바 이 데모는 미군정을 상대로 하여 싸우려는 것이 아니오 반독립 반민족적인 공산당을 상대로 싸우는 것이니 우리의 애국성렬愛國誠烈과 미군정에 협조하는 우리의 성의를 인정하고 집회에는 데모까지 허가하여주기를 바랍니다."

최후로 인사말을 겸하여 "우리 한인 전체는 연합국을 대표하여 만리 이역에 와서 한국민주주의 육성과 그 독립을 도와주려고 귀관 이하 귀국 군인들이 막대한 수고를 하므로 평소 우리는 감사를 느끼며, 가능한 한 미군정에 협력하고 있다는 것과 금후 우리 애국적인 운동에 대해서 깊은 이해와 협조를 바란다"는 말을 하고서 화기애애한 중에 회담을 마치고 오정이 지났을 때에 나왔다.

전기 3인은 애련사무실로 돌아와서 미군정장관과의 회담내용을 상임위원들에게 보고하는 동시에 양 영수 허위중상사건만은 양 영수께 보고드려서 그 재결을 기다리기로 작정했다. 다음날인 5월 25일 먼저 김구 선생에게 품稟해보려고 원효로4가 가토릭병원에서 정양 중인 김 주석을 방문하고 전기 사건을 문의한즉 김 주석이 말하기를 "나는 아무 생각한 바가 없다. 먼저 이 박사에게 물어보라. 공산당이 아무리 거짓말을 잘하기로 나라가 독립도 되기 전에 무슨 놈의 외교권이 있으며, 광산권이 있단 말이냐?"고 하면서 문제도 삼지 않는다. 다시 돈암장으로 이 박사를 방문하여 전기 군정장관과 회담한 내용과 **러취** 장관의 의견을 말한즉 이 박사는 즉시로 말하기를 "지금 우리의 할 일이 많은데 그런 사소한 일로 시비를 가릴 때가 아니다. 더 난동한다면 그때는 그 난동분자들을 조사해서 징치하도록 해보자" 하면서 역시 김 주석과 같이 문제삼지도 않는다. 돌아온 동지들은 이 양 영수의 의견을 보고한 뒤 금후 다시 이러한 허위중상이 재연된다면 그때는 단호한 조처措處를 취하기로 결의하여 일단락을 지었다.

3) 3열사 봉장奉葬행사

일본제국주의에 항쟁하던 우리 애국열사 중의 순의자殉義者인 윤봉길尹奉吉 의사, 이봉창李奉昌 의사, 백정기白貞基 의사의 유해를 일도日都 동경東京 교외에서 수습하여 해방된 조국에 이장함에 있어서 애련에서 총동원하여 그 주최 하에 봉장하였다. 세인이 다 아는 바와 같이 3열사는 상해임시정부 주석이었던 김구 선생이 지도하는 애국단원들이 단기 4265년 소위 상해사변 당시 4월 29일에 홍구虹口공원에서 일황日皇 생일 축하에 모인 일본군관 수뇌들 앞에 폭탄을 던져서 백천白川 육군대장 이하 수인이 즉사, 그 밖에 수십 명에게 중경상을 입혀서 일본군관헌뿐 아니라 국제도시 상해천지가 진동하고 세계정객들이 대경실색한 대폭탄사건으로서 항일하는 한민족의 기염을 만장萬丈이나 올리고, 종용從容히 사형장에 나아간 윤 의사의 천추에 빛나는 충혼열지忠魂烈志를 받들어서 우리 삼천만 겨레가 그 유골을 봉영奉迎했다. 또한 일황 유인裕仁을 동경 궁성 앵전문櫻田門 밖에서 일황이 통과하는 기회를 노려 암살하려고 준비하다가 거사 직전에 탄로되어 체포 사형당한 이봉창, 백정기 두 의사의 유골도 윤 의사의 유골과 같이 봉영하여 6월 25일에 서울시내 용산구에 있는 효창공원에 봉장하게 된 것이다.

「전국애국단체연합회 주최 3열사 봉장회」를 구성하여 전 민족의 정성어린 국민장으로서 서울시민과 지방 애국단체 대표들이 참석한 가운데 종로구 견지동에 있는 태고사에 제주 김구 선생 주재 하에 국민장의 식을 마친 다음 효창공원까지 연도 수십 리에 백여 만의 남녀노유가 나와서 추도하는 가운데 봉장하였다.

이 3열사 유해를 일도 동경에서 모셔온 이강훈李康勳 씨가 전기 장의를 마치고 다시 동경으로 회정回程하려 할 때에 그의 요청으로 재일교포에게 메시지를 보내게 되었다. 본 애련상임위원회에서 작성한 문안 요지는,

① 국내동포는 이승만 박사와 김구 선생 영도 하에 단결되었으니 전 재일동포도 모국동포들과 동일보조로 양 영수 영도 하에 단결하여줄 것.

② 우리가 국내에서 반탁운동을 전개하고 있으니 국외에서 이에 호응해줄 것.

③ 재일조선인동맹 등 좌익단체의 모든 준동을 분쇄하며 포괄하는 운동을 전개하여 그곳에서도 민족진영을 강화해줄 것.

4) 선전계몽운동 전개

조선공산당의 음모를 지휘한 미소공동위원회 결렬공작과 위조지폐사건, 양 영수 허위중상사건 등등 그네들이 반탁운동 이래로 가일층 반민족적으로 발악하는 모든 사실을 들어서 대중에게 계몽과 선전을 하기 위한 강연회, 벽보 이용, 언론기관 동원 등으로 본 운동을 전개하는 한편 각 애국단체로 하여금 자단체 산하 전 조직망을 동원해서 본 운동을 전개케 하였다.

5) 미국과 필리핀의 독립기념 축하행사

7월 4일은 미합중국과 필리핀이 독립한 기념일이다. 한국의 자주독립을 촉진하는 우리 애련으로서 양 우방국에 대하여 축의祝意를 표시하자는 것이다. 그래서 본 애련 섭외위원인 조헌영 씨가 중심이 되어

① 양국 원수에게 보내는 메시지를 주한외교사절단을 통하여 발송하고,

② 독립축하 화속花束을 2개 만들어 주한 미국사절과 필리핀사절에게 증정하고,

③ 기독청년회관에서 축하기념강연회를 개최하였다.

미국과 필리핀 양국의 독립이 우연히 이루어진 것이 아니오, 오랜 세월과 고귀한 국민의 노력과 희생으로써, 즉 독립에 상당한 대가를 지불함으로써 독립국가가 되었으니 우리 민족도 양국의 독립투쟁을 은감殷鑑 삼아 독립전취에 총진군할 것을 고취하는 취지로서 선전위원이 주동되어서 7월 4일 오후 2시에 강연회를 개최했다.

Ⅲ. 민족통일총본부(민통) 창설

이상과 같이 미소공동위원회를 보이콧하고 반탁반공으로 독립전취운동을 전개함에 행동통일을 기도 실천해온 진국애국단체연합회가 발족한 지 3개월이 가까워오는 1946년 7월 1일에 신문지상을 통하여 이승만 박사가 민족통일총본부를 창설한다는 것이 보도되었다. 당일 발표된 민족통일총본부 부서는 다음과 같다.

민족통일총본부

총　　재 이승만

부 총 재 김　구

협 의 원 이시영, 조성환, 오화영, 김성수, 이범석, 윤보선, 허　정, 김동원金東元, 방응모, 이묘묵李卯默, 김순애金淳愛, 노마리아盧嗎唎亞

정경부장 김병로

노동부장 고창일高昌一

선전부장 홍성하洪性夏

청년부장 김효석金孝錫

부녀부장 박현숙朴賢淑

재정부장 김양수金良洙

사무국장 김상덕金尙德

민족통일총본부의 구성이 돈암장에서 6월 29일에 완료되었으나 기실其實은 이승만 박사가 오래 전부터 구상한 끝에 최후로 내놓은 구국방안이었던 것이다. 이승만 박사가 전년 가을에 환국하여 최초로 만든 독립촉성중앙협의회를 가지고 민족통일을 기도해보았으나 여의치 못하니까 그 후 수개월간 구상하였다. 그래서 6월 12일 정동예배당에서 열렸던 제2차 국민회 전국대의원대회에서 총재취임인사를 하던 중에 그 편린片鱗을 비쳤다. 즉 동 대회석상에서 이 박사는 “내가 민족총사령부를 만들어놓을 텐데 여러분은 이에 따를 터인가?”고 발언을 하였다.

물론 전 회중은 이 노 박사의 질문에 응낙應諾하겠다는 표시로 쌍수를 들었던 것이다. 그러나 이와 같이 어두운 밤에 홍두깨 내밀듯이 불쑥 나올 줄이야 몰랐다. 중협이 각 정당 사회단체 대표들과 10여 일 동안 회동 협의한 끝에 그 각 단체 협의통일체로서 나왔으니 이번에도 그와 비슷하게 각 애국단체와 협의한 후에 생겨나오겠지 하는 전년 경로로 본 추상追想 하에 애련간부들은 일종의 호기심과 기대 중에서 이 박사의 동정을 주시하고 있었다. 그러던 차에 이같이 발표되니 의외의 감이 들었고, 그 구성인물이 애련간부들의 의표意表 외 인사들이라 해서 놀랐으며, 동시에 냉담해졌다.

그래서 제일 먼저 말썽을 일으킨 것은 독립촉성국민회이다. 또한 부총재인 김 주석도 찬의를 표시하지 않는다. 독립촉성국민회가 있고, 각 애국단체 간에 연락과 협의로써 행동통일을 도모해오는 전국애국단체연합회가 있는데 옥상가옥屋上架屋으로 무슨 필요가 있어서 민족통일총본부를 만드느냐는 것이다. 당시의 각 애국단체 중에서 이 민족통일총본부를 지지하는 단체가 있다면 한국민주당뿐일 것이다. 그 이유는 민통 각 부장이나 기타 간부들이 거개 한국민주당 간부들이므로 심지어는 「민통은 한민당의 별동대이다, 그 특별지부이다」라는 소리가 들리게 되어 이를 지지하기보다도 비난하는 소리가 들리기 시작하였다. 7월 10일경부터는 각 애국단체 대표나 그 간부들이 애련사무실에 와서 애련으로서는 태도를 분명히 취하라고 촉구하였다. 그래서 애련 상임위원 8명이 매일같이 회동하여 민통에 대한 애련으로서의 태도 여하를 장시간 논의하였다. 논의에서 각 위원들은 각자 단체의 공기를 반영하여 거개 냉담하였다. 그 중에도 국민회 대표 박문희 씨는 강경한 반대를 주장하였다. 그래서 박씨는 애련은 애련으로서 독자적으로 나아가야 하며, 민통을 지지한다든가 민통의 지령에 복종한다든가 하는 일은 천부당만부당한 일이라 하였다. 국민회와 한국독립당 기타 임시정부 요인들이 관련 있는 각 애국단체는 거개가 민통 창설을 반대하였다.

그런데 돈암장 비서실을 통해서 들리는 바에 의하면 이승만 박사는 국민회를 비롯하여 각 청년단체, 노동단체, 부인단체 기타 사회단체가 이 민통을 지지해서 금후 민통의 하는 일에 협조해주어야 하겠다는 것이요, 특히 애련에 대해서는 이 박사의 관심이 크다는 것이다. 애련의 문서와 인장 등을 맡아가지고 있던 필자는 수일 숙고했다.

이승만 박사가 이 민족을 통일하여 불원간 자율정부를 세워보려는 구국독립노선에 일보를 내디디어서 작년에 중협을 만들어보았으나 신통치 못하고, 그 뒤에 반탁운동이 일어나고 국민회 기타 여러 단체가 창설되었으나 이 단체들이 전 민족을 통일하여 민족의 지상과업을 수행할 것 같이 보이지 않으니까 부득이 이 박사가 이 민통을 창설하였다. 그러나 당시의 각 애국단체의 공기는 민통에 협력할 것 같지 않았다. 아무리 민족의 최고영도자인 이 박사가 만들었지만 국내실정에 어두운 노박사가 기개인幾個人의 진언만 듣고서 만들었으니 이를 지지하고 이 기관의 지령에 복종할 수 없다는 것이 애련 산하 각 단체의 여론으로 화한 이 판국判局에 무슨 방법으로 이 민통을 지지하고, 그 지도에 협조토록 만들어볼 것이냐 하는 점이었다.

수일 사려 끝에 7월 13일에 필자는 애련동지들에게 하등 상의 없이 단독으로 돈암장으로 이승만 박사를 방문해서 의문점을 물어보기로 했다. 비서들의 안내로 이 박사를 뵙고 "금반에 민통을 창설하셨으나 전 애국단체가 전폭적으로 지지해나가지 않고 왈가왈부함은 각 애국단체 대표들과 협의 없이 만드셨다는 점입니다"고 말씀드린즉, "작년에 내가 입국해서 독립촉성중앙협의회라는 것을 만들어보았다. 이는 한 사람이 만든 것이 아니라 여러 정당 지도자들과 단체대표들과 협의해서 이들 대표들로써 만들어놓으니 서로 의견들이 달라서 협의가 잘 진행되지 않더라. 원래 일이란 뜻 맞는 사람들끼리 모여서 합심되어야 하는 법이다. 그래서 중협과 같이 각 단체대표들과 협의치 않은 것이다."

이념의 통일이 없는 잡동산이雜同散異를 주워모아보았자 분쟁만 일삼고 공론반박만 서로 할 터이니 중협의 전철을 밟지 않기 위해서 이념이 통하고 단합될 수 있는 동지들끼리 합심단결해서 사무능률을 올릴 본위本位로 해보겠다는 박사의 고충을 직각하였다.

다시 제2문으로 "민통 구성인물이 각계각층의 지지를 받는 분들이 아니라 한민당 측 인사들이 많다고 말들합니다. 이 점이 또한 각 애국단체에서 민통을 지지하지 않겠다는 제2의 이유입니다"고 솔직히 말씀드렸더니 이에 대해서는

"내가 미주에 있을 때에 알던 분들이 입국해서도 자주 만나고 또한

정치상 문제도 의론하게 되므로 그 분들과 협의해서 몇몇 일할 수 있는 분들을 규합한 것이지 민주당 편으로 만들자는 의도는 아니다"고 대답했다.

이리하여 각 단체에서 말하기를 민통은 한민당 치중으로 인물구성되었다는 비난을 해명할 만한 이유를 깨닫게 되고, 민통 구성인물을 전형한 노 박사의 심정도 헤아려볼 수 있었다. 그래서 필자는 심중에 애련산하 각 단체대표들을 한자리에 합석케 하여 이 노 박사의 고충과 실정을 듣게 함으로써 그들의 오해를 풀고 겸하여 그들의 협조를 얻도록 해야겠다는 직감이 들어서

"지금 선생님을 뵙고 민통 창설에 관한 경위를 들으니 그간 품었던 의문점이 다 풀려서 속이 시원합니다. 아마도 각 단체대표나 간부들도 선생님의 이 말씀을 들으면 오해가 다 풀리고 의문점이 없어질 것입니다. 그러니 한차례 전 애국단체 대표들을 한자리에 모아놓고 말씀하실 수 없겠습니까?"고 문의했더니 이 박사는 반가워하면서

"지금 우리가 할 일이 이것이다. 이 민족 통일을 해놓지 않고서는 정부도 세울 수 없고 국권도 회복치 못한다. 각 대표들을 모아놓으면 내가 어느 때고 나아가서 말해주겠다 운운."

"제가 오늘 돌아가서 각 단체 대표회의를 열도록 그 절차를 밟아서 불일내로 알려드리겠으니 그 회석에 왕림하셔서 민통 창설에 관한 실정을 말씀해주시기 바랍니다"고 진언한 후 돈암장을 나온 필자는 자신을 가지고 애련본부에 나와서 상임위원들에게 이 박사를 만나뵈온 경과를 보고한 다음 각 애국단체 대표자회의를 개최할 것을 제의하였다. 얼마동안 토의한 끝에 7월 15일 오후 2시에 인사동 중앙교회에서 애련대표자회를 개최할 것을 결의하였다. 즉시로 미군정당국에 집회계(영문 3면)를 제출하고, 각 애국단체에게는 회의개최통지서를 보냈다.

예정한 7월 15일 오후 2시 이전에 중앙교회에는 애련상임위원 외에 몇몇 단체대표만 참석했는데 정각이 되니 이승만 박사가 임석하였다. 약속시간이 지나니 초청한 전 애국단체 중 과반수의 대표들이 참석했기에 필자가 사회하여 회의를 개회하고, 경과보고에 들어가서 본회를 개최케 된 상임위원 회의결과를 보고하여 각 단체대표들의 양해를 구하였다. 다시 임시집행부 선출에 들어가서 의장에 이종현李宗鉉, 기록에 서재권을 선정한 후에 의장의 안내로 이 박사가 등단하여 간곡한 말씀으로 해방이후 입국하여 우금于今 1년 동안 민족을 통일해보려고 갖은 수고를 다한 경험을 말씀한 후에, 금반 민통을 창설하게 된 취지와 경위를 설명한 후에 민족통일에 대한 굳은 신념을 말씀함으로써 전 회중－각 단체대표들은 감격하였다.

의장의 발언으로서 "지금 박사님의 말씀을 듣고 혹 의문점이 있어서 물으실 분은 박사님께 직접 물어보시오"라고 한즉 전 회중이 질의는 없고 소감을 발언하겠다는 단체대표 수삼 인이 있었다. 그 소감이란 거개가 "지금까지 품고 있던 의아점이 풀렸다"는 것이다. 이 기회를 틈타서 의장으로부터 이 박사 임석하심에 대한 감사인사와 아울러 민통을 지지하여 협조할 절대성을 강조한 다음, 이에 관한 토의사항에 들어가기로 한 후에 이 박사의 환헌還軒하심을 요청하여 전 대표가 기립하여 박수환송리에 이석한 후에 본론으로 들어갔다. 다시 말하면 민통을 지지 협조하느냐는 문제에 들어가서 별 이의 없이 만장일치하여 절대지지하고 협조하기를 결의한 후, 제2단계로 들어가서 그 지지와 협조방법론으로는 두 안이 제시되었다.

제1안 : 전국 애국단체연합회를 해체하고 그 민통 산하에 각 애국단체가 들어가서 이 박사 영도 하에 명실상부한 민족통일전선을 펴보자는 것,

재2안 : 민통과 대등한 입장에서 병행하면서 애련을 존속시켜가지고 민통을 지지할 것은 지지하고, 협력할 것은 하자는 것.

Ⅳ. 전국애국단체연합회의 해체

이 2개 안건으로 장시간 토의한 끝에 결론으로 이승만 박사의 애국일념에서 무한한 고충 끝에 창설한 민통이니 이를 지지 협조하는 길은 오로지 제1안, 즉 애련을 해체하고 무조건 이 박사의 영도 하에 복종함이 현 단계의 우리 애련대표들이 마땅히 걸어나아갈 길이라는 것을 강조하여 이 주장에 각 단체들이 납득되고, 일보 나아가서 찬동케 되었다.

이러던 중에 한 대표의 제안으로 "우리 애련에서 현 민통을 개편할 것을 결의하고 만약 그 건의를 이 박사께서 승낙하신다면 그 개편에 참여하여 우리 애련을 해체하고 적극적으로 민통을 지지하여 협조하기를 결의하고, 그 민통 개편에 참여할 애련 측 대표를 선출하기로 하여 즉석에서 다음 대표를 선출하였다.

독촉국민회 대표 박문희

독촉청년연맹 대표 김종회金從會

조선민주당 대표 이종현

대한노총 대표 홍윤옥洪允玉

미소공동위원회대책연맹 대표 서재권

이상 애련대표 5명을 선출한 다음 이 대표들이 민통을 개편 강화함에 참여함을 계기로 전국 애국단체연합회는 발전적으로 해체할 것을 결의하고 폐회하였다.

다음날인 7월 16일에 전기 5인 대표들이 임시민통회의장소인 안국동 윤보선 씨 댁으로 가서 이승만 박사에게 전일 회의경과와 결의된 사항을 보고하였더니 즉석에서 이 박사는 애련결의를 수락하여 민통을 개편할 것과 그 개편에 애련 측에서 참가하여줄 것을 요청하였다. 그래서 애련대표들은 민통 강화에 관한 의견을 진술하였다. 이에 이 박사가 찬동하여 민통 강화에 인물을 전형해보라고 말씀하므로 전기 5인 대표와 현 민통 측 간부 수명과 합석하여 장시간 숙의 끝에 전형한 내용을 이 박사께 제출한바 수일 후에 다음과 같이 개편 발표되었다.

민족통일총본부

총　　재 이승만

부 총 재 김　구

협 의 원 이시영, 조성환, 오화영, 김성수, 이범석, 김동원, 방응모, 이묘묵, 김순애, 노마리아, 허　정(상임), 윤보선(상임), 조소앙, 신익희

정경부장 이윤영　부원 문봉제文鳳濟

노동부장 전진한　부원 김　헌金憲

선전부장 홍성하　부원 이정규李丁奎(후에 양우정梁又正)

청년부장 김효석　부원 김종회金從會

부녀부장 박현숙　부원 김임덕金姙德

재정부장 김양수　부원 김창만金昌萬

사무국장 김상덕　국원 강인택姜仁澤, 정해준鄭海駿, 서재권, 안재정安載珽, 박재삼朴在三

그 뒤에 전국 애국단체 명부는 민통사무국에 비치되고, 수개월간 행하던 애련과업도 민통이 인계 대행하게 되어 이 박사가 민통 총재로서 지휘하였고, 이에 전국 애국단체는 전폭적으로 지지 협조하게 되었다.

제5절 국민회 제2차 전국대의원대회

Ⅰ. 총재 취임문제

독립촉성국민회 총재에 이승만 박사가 취임하느냐 않느냐 하는 문제는 독립촉성국민회가 최초에 기도한 바와 같이 대국민회로서 거족적 국민운동을 전개하느냐, 그리 못하느냐에 관건이 되어 있다. 그러기에 1946년 2월 8일에 본회를 창설한 직후 동 회 의장이었던 배은희 씨 이하 각 도 대표가 돈암장으로 이 박사를 방문하여 본회를 창립한 경과를 보고드린 후 그 총재 취임을 요청했으나 쾌히 수락치 않고 보류하는 상태이었다. 당시에 이 공기를 통찰한 중협 선전국의 송필만宋泌滿, 김명동金明東, 구연걸具然杰, 권태복權泰福 제씨의 중협을 고수하자는 의견이 대두케 되었다. 만약 중협을 존속시킨다면 독립촉성국민회의 발전에 막대한 지장을 초래하는지라 양측이 약간 대립된 미묘한 분위기가 한 달 넘게 계속되었다. 그러다가 4월에 제1차 대의원대회가 개최되게 되어 국민회본부 측으로부터 이 박사에게 대회에 임석해주기를 요청했으나 끝내 그 실현을 보지 못하므로 본부 간부일동의 실망도 컸지만, 각 지방 대표들의 실망은 한층 더 컸었다. 그래서 4월 10일 대회에는 부총재 김구 선생과 회장 이시영 선생만 임석하였다.

이 대회가 끝나자 본부 간부와 각 도지부장이 회동하여 이 총재 취임을 토의한 결과 이 박사께 총재 취임을 권고할만한 분은 부총재이신 김구 선생밖에 없다는 결론을 내리게 되어 김 부총재께 그 총재 취임권고의 수고를 해주시기를 요청하러 갈 인사로 배은희 씨 이하 수삼 도지부장이 피선되었다. 그래서 이분들이 경교장으로 김 부총재를 방문하고 배 씨가 말하기를

"우리 국민회의 발전 상 이 박사께서 총재에 취임하여야겠는데 우금于今 그 취임을 쾌락치 않으시고, 이번 대회에도 임석치 않으시니 저희 지방대표들이 실망했습니다. 어떻게 하면 좋겠습니까?"라고 하면서 김 부총재로 하여금 자진하여 이 박사에게 취임권고를 한번 수고해주시도록 유도전술을 썼더니 김 부총재 말씀이

"배 목사, 좋은 수가 있소. 이 박사가 이번에 남한 각지를 한번 순회해보시겠다고 해서 불원간 지방 순회차 서울을 출발할 터이니 각 지방에서는 국민회 명의로 이 박사 환영절차를 마련하시오. 그러면 이 박사가 국민회에 대한 인식이 좋게 되어서 서울에 돌아온 뒤에는 총재에 취임하게 될 것이오."

이에 용기를 얻은 각 도지부장은 경교장을 나와서 국민회본부로 돌아온 뒤에 불원간 실현될 이 박사의 남한 순방 시에 그 환영절차를 구수협의하였다. 그 뒤 각 도로 돌아간 도지부장들은 각 시군지부장회의를 소집하여 이 환영절차를 실천하도록 의논하였다. 과연 4월 중순부터 이 박사는 돈암장을 발정發程하여 충남 천안에서 1박한 이래로 남한 각지 동포를 방문하였다. 물론 독립촉성국민회가 주동이 되어서 제1일 방문지인 천안에서는 천안국민회군지부장 이병국李炳國 씨가 주장主掌하여 모든 환영절차를 마련하였다.

그리고 5월 12일 독립전취국민대회를 계기로 하여 중앙과 지방에서 국민회 조직운동이 일층 활발해져서 남한일대의 각 시에 동분회, 각 군에 읍면분회를 조직하는 일이 성행盛行되었다. 그러자 각 지방에 조직망이 뻗쳐 있는 정치공작대(임정 내무부장 자격으로 신익희 씨가 지휘해서 조직한 정치단체, 정공대)와 접선케 되었다. 처음에는 국민회 지방조직운동과 대소 마찰되는 지방이 있었으므로 같은 정치노선에서 상호 분쟁한다면 공산계열에 어부지리를 주는 우거愚擧라 하여 이 정공대를 국민회에서

포괄함이 상책이라는 고위층간의 의견으로 소위 합작운동이 전개되어 국민회 발전에는 금상첨화격이 되었다.

이 정치공작대와의 합작으로 인한 국민운동의 혁신적 발전을 기도하기 위한 전국대회를 개최하여야 할 긴급성을 느낀 국민회본부는 6월 12일에 제2차 전국대의원대회를 개최하기로 하였다. 그런데 이 대회까지는 현안인 총재 취임을 실현하여 대회참석 차 전국에서 운집하는 읍면대표까지 무려 수천 명 동지들 앞에서 이 박사로 하여금 취임사를 하게 하여 본부의 위신을 세우고, 물론 국민운동의 일대비약을 획책하여야겠다는 것이다. 그러나 이 박사는 국민회의 이러한 내부적 공기를 알 바 없으니 5월 상순 미소공동위원회 결렬 전후에 지방순회도중에서 서울에 잠간 회정回程하였다가 다시 남한 각지를 계속 순유巡遊하려고 서울을 발정한 때이었다. 당시는 이 박사가 호남지방에 순유 중인데 이러한 국민회의 실정을 진언해서 이번에 개최되는 대회에 임석하도록 할 계책이 서지 않으니 국민회본부에서는 이 문제로 연일 회의 끝에 오화영 부회장의 제안으로 특사를 파견해서 이 박사로 하여금 전국대회에 임석하도록 교섭하기로 의결하였다

이 중책을 감당할 만한 지용智勇 겸비한 외교수완 있는 인사가 누구냐? 서로들 그 적임자를 선출하려고 물색하였으나 즉시 선정되지 못하고 있을 때에 자신만만하게 자원하고 나선 동지가 있었다. 고석古昔 초한楚漢 시 초 홍문연鴻門宴에 번쾌樊快의 용과 담膽을 가진 방치규 동지이다. 단신으로는 좀 고적하다 하여 6척 거구의 호남아인 김창만 동지를 동반케 하여 군산까지 비각飛脚 직행하였으나 이 박사는 군산 동포들의 환송 리에 다시 충남 공주방면으로 발정하는 도중이라 직접 면회할 기회를 얻지 못하고 일행의 뒤를 따라 공주까지 왔다. 그러나 공주에 와서도 공주와 인근 각 군에서 운집한 환영인사들의 열광적인 환영과 번잡

으로 인해서 역시 목적을 달하지 못한 채 6월 10일이 되었다. 당일은 조치원에서 환영대회가 열리기로 되어서 공주를 조조 발정하였다.

초조가 극도에 달한 두 동지가 이 박사 일행의 뒤를 따라왔다. 당일 환영회장인 조치원초등학교 교정에는 연기군과 인근 동포들이 만정滿庭하게 운집한 가운데 때는 이미 오정이 되어서 이 박사가 탄 차가 바야흐로 교문에 들어서는 순간 차창 앞으로 달려와서 경호하는 인사들의 제지를 물리치고 직접 이 박사께 오화영 부회장의 서한을 드렸던바 이 박사는 그 전달하는 인사가 비록 초면부지나 그 성의와 용기를 관찰한 바 있어 차중에서 즉시 개봉 일견하였다. 환영회장에 유유히 운행하던 차는 일단 정차된 채 다 독료讀了키를 기다렸다. 서한을 다 보고 머리를 드는 찰나 방 동지는 이 천재일우의 기회를 놓지지 않고, “박사님께서 모레 열리는 전국대회에 임석하시고 아니 하심에 따라서 국민회 발전에는 지대한 영향이 있습니다. 이 국민회마저 잘못 된다면 저희 삼천만은 다 죽습니다. 어떻게 하시렵니까?”라고 말씀드렸다. 이 홍조된 얼굴에 낙루落淚하면서 반 호소 반 애원하는 정성어린 요청에 이 박사는 즉각 결단을 내렸다. 그래서 “암 참석하지. 오 회장에게 가서 내가 모레 그 대회에 나가겠다고 전하오”라고 답하였다.

방금 들어선 교정 내에는 수만 명 인근 동포들이 인산인해를 이루고 이 박사의 모습을 뵙겠다고 고대중이다. 그러나 만약 이 환영회장에 나오면 같은 시각에 청주에서 거도적으로 개최되는 환영회에는 나갈 수 없고, 내일 아침 서울로 돌아가야 12일 약속한 국민회전국대회에 참석할 수 있다. 1개 군단위로 개최된 이 조치원보다도 거도적으로 개최된 청주 환영회가 비중이 더하다는 것은 영명한 이 박사가 총찰치 못하랴? 이 중요한 판단에 일각을 주저치 않고 즉시로 단안을 내렸다. “차를 돌려서 즉시 청주로 가자!”

당황한 것은 조치원 유지들이다. 환영회장 내에까지 들어오던 찰나인지라 간곡히 만류하였으나 노 박사의 이 단행斷行한 명령을 굽힐 수는 없었다. 그날 저녁에 이 박사가 중앙방송국을 통하여 동포에게 말씀하는 중에도 재명일再明日로 박도한 독립촉성국민회 전국대회에 참석하기 위하여 여정을 변경하여 그 다음날인 6월 11일에 서울로 회정한다는 것이다.

Ⅱ. 전국대회의 경과

국민운동의 획기적 대회인 1946년 6월 12일이 왔다. 정동예배당에는 전국 방방곡곡에서 각급 국민회 대표(도대표 21명, 부대표 16명, 군대표 114명, 읍면대표 712명, 서울시 구대표 6명, 정町대표 294명, 도島대표 1명, 계 1,164명), 방청인 800여명 도합 2,000명가량이 운집하였다. 오전 10시 정각이 되자 돈암장으로부터 이승만 박사가 만장滿場 박수리에 임석하고, 뒤이어 김구 선생과 김규식 박사가 역시 만장 환영리에 임석하였고, 그 뒤에 본회 회장 이시영 선생이 임석하였다. 본회가 창립된 이래 수개월간 내려오던 일대현안인 총재 취임이 실현된 기쁨은 어찌 본부 간부뿐이랴? 본 대회에 대표로 나온 전국 대의원 일동은 물론 전 국민회원도 독립을 갈망하는 전 국민도 다같이 경하하였다.

이리하여 이 대회장은 온 겨레의 환호와 주시 속에 정·부총재와 회장을 모시고 정각보다 좀 늦게 총무부차장 우갑린 씨의 사회로 엄숙한 가운데 개회하였다. 부회장 오화영 선생의 개회사에 이어서 임시집행부 선정에 들어가 대회 의장에 오화영, 배은희, 김철수, 정해준 4인과 기록에 장대희를 선출하였다. 회순에 따라 총재훈화에 이르니 이 박사는 만장의 박수리에 등단하여 다음과 같은 요지의 말씀을 하여 전 회중을 감명케 하였다.

"내가 이번에 두 차례 남한 각 고을을 두루 돌아다니면서 여러 동포들이 왜정 40년간에 그 많은 고생살이하던 설움을 위로도 해주고, 해방된 기쁜 말이라도 같이 하게 되었다. 모든 동포들이 나를 반가이 맞아주었고, 어떤 지방에 가니 80노인이 수십리 길을 걸어와서 나를 붙들고서 반가운 눈물을 흘리면서 묻는 말이 '언제나 독립이 되느냐?'고 물었다. 나는 그 노인에게 '언제고 우리가 합심해서 뭉쳐야 독립이 된다'고 말했다. 오늘 이 자리에서도 내가 말하고자 하는 것은 이것이다. 우리 삼천만이 국권을 찾기 위해서 뭉치면 그 국권을 찾아서 독립이 되고, 이 독립이 된 뒤에는 우리끼리 앉아서 나라살림살이를 의논해서 공의公議대로 해나가면 잘 살 수 있다. 여러분이 독립을 하루 속히 해보겠다고 신탁을 반대하고 이 국민회를 만들어서 얼마 전부터 나를 그 총재로 취임해달라 하니 내가 이름만 가진 총재는 수락치 않겠다. 여러분들이 내 지휘를 받아서 죽자 하면 다같이 한자리에 들어가서 같이 죽을 각오가 있는가?(이 물음에 전 회중은 열광적인 박수로써 응답할 뿐 아니라 예! 예! 소리를 쳤다.) 그런 각오가 있는 사람은 어디 손을 들어보라!(이때에 전 회중이 거수함.) 한 손만 드는 것을 보니 한 반절쯤 각오가 드는 모양이야!(이 유머에 전 회중이 쌍수를 드니까) 옳지! 전심전력으로써 독립운동에 나서겠다는 말이지!" 하면서 대만족을 느끼신다.

전 회중은 우레 같은 박수와 환호소리로써 잠간 동안은 장내가 최고도의 흥분과 감격의 도가니 속에 들어갔다. 애국애족의 불덩이로 화한 이 가장 성스러운 분위기 속에 독립의 희망이 환하게 비춰는 이 역사적 순간을 작년 이맘때는 우리가 꿈엔들 상상조차 하지 못했던 희망과 환희의 극치에 잠겨서 모두가 감격의 낙루落淚를 하고 있는 극적 장면이었다. 여기저기서 손수건이 눈으로 오르락내리락하는 광경이다. 다시 이 박사는 계속해서

"내가 이번에 민족총사령부를 만들어보려고 하는데 여러분은 내 지

휘를 받겠는가?"라고 질문하였다. 이에 전 회중은 또다시 박수와 환호의 응답으로 절대지지와 협조의 결의를 표시하였다. 그리고 본 대회를 개최한 본부임원 일동의 노고에 대한 치하와 전국에서 본 대회 참석 차 상경한 대표들에 대한 인사를 한 다음 총재 취임의 역사적 사자후를 끝맺었다.

바로 뒤이어서 부총재이신 김구 선생이 등단하여 대략 다음과 같은 말씀으로 대회원들을 감명케 하였다.

"여러분이 독립을 찾아보겠다고 교통도 불편한 이때에 불원천리하고서 참석하니 우리나라는 여러분들의 그 열렬한 애국심의 결정結晶으로 독립되겠다. 그런데 우리가 이때에 결심하여야 할 것은 해방은 연합국의 덕으로 되었으나 독립은 우리의 힘과 노력으로 이뤄져야 한다. 독립이란 거저 헐값으로 되는 것이 아니다. 그 독립을 하려면 먼저 우리 민족이 뭉쳐야 한다. 어떻게 뭉쳐야 하느냐 하면 이 박사를 중심으로 해서 뭉치자. 그래서 뭉치면 이승만 하나요, 나누어놓으면 삼천만 인이 되도록 하자."(이 위대한 발언에 전 회중은 만장 우레 같은 박수로써 환영함.) 다시 이어서 말씀하시기를

"이 박사와 김 박사와 나 세 사람은 단결되어 있다. 삼각산이 무너졌으면 무너졌지 우리 세 사람의 단결은 무너지지 않을 것이니 여러분은 그리 알고서 우리 3인과 같이 단결하여 삼천만이 한덩어리가 되어 독립을 찾아가지고 우리도 남과 같이 한번 살아보자. 해방 후 수십여 정당이 난립하여 우리 민족이 단결되지 못한다는 남의 비평을 받게 되었으나 이제는 이 국민회로써 우리 민족이 단결되었다. 나는 이 박사를 본회 총재로 모셔서 광복대업을 이뤄볼까 한다. 그러니 여러 동지들도 나와 뜻을 같이 할 줄 믿는다. 운운"으로 역사적인 위대한 발언을 하였다.

다시 회장 이시영 선생은 그 치사에서

"우리가 국부 이승만 박사와 임시정부 주석 김구 선생, 김규식 박사

이 세 영수領袖를 모시어가지고 이 회합, 즉 국민회 전국대회를 열었다는 것은 우리 민족의 영광이 되는 동시에 우리가 바라는 독립의 서광이 보이는 전제가 되는 줄 안다. 지금 두 영수가 말씀하신 바와 같이 급속히 독립국가로 완성하자는 우리 민족의 총의로써 이 운동을 전개하지 않으면 안 된다고 생각한다. 그러한 의미에서 두 영수의 지도로 우리 일천만 회원이 움직인다는 굳은 각오와 맹서가 이 대회회합의 근본의의라고 본다. 이때에 우리는 오직 삼천만이 뭉쳐서 한덩어리가 되어 같이 죽고 같이 산다는 굳은 맹서가 이 대회회합에서 되어서 독립을 촉진할 것을 두 영수 앞에서 맹서한다. 운운"하였다.

세칭世稱 3영수를 한자리에 모시고 전국대표 2,000여명이 모여서 탁치 외세를 물리치고 자주독립을 전취하기로 강철 같은 단결을 하자는 다음의 결의가 있었다.

대회결의문

1. 본회는 순수한 국민운동단체로서 완전 자주독립을 전취할 것을 결의함.
2. 우리는 국민의 총의로 우리의 정권을 급속히 수립할 것을 원하며, 최단기간 내에 미소공동위원회의 속개를 요구함.
3. 미소공동위원회가 초단기간 내에 속개되지 않고 이대로 지연될 시에는 삼천만의 총의로 통일정권 수립을 촉진할 것을 결의함.

연합국에 보내는 메시지

미소공동위원회는 세계평화헌장의 정당한 임무를 부하負荷하고 우리를 원조하기 위하여 많은 노력이 있음을 감사한다. 포츠담선언으로 공약된 우리의 자주독립을 급속히 실현시켜 인류의 역사에 찬연한 공적을 받기를 원하며, 따라서 우리 삼천만이 희망을 진술함.

1. 한국의 자주독립은 대서양헌장에 의하여 결정되었고, 그 실현을 촉진시킴은 미소공동위원회가 부하한 것으로 확신하므로 동 위원회를 속개하여 급속한 실현이 있기를 원함.
2. 한국의 모든 정세는 38선을 이 이상 계속하면 우리 민족의 협위脅威가 지대할 것이므로 즉시 철폐하기를 요청함.
3. 우리는 미소공동위원회가 속개될 것을 신뢰하므로 극도의 흥분을 강인強忍하고 당분간 자율적 행동을 보류함.

1946년 6월 12일

대한독립촉성국민회 전국대의원대회

이상으로 독립촉진에 획기적인 역사적 대회는 그 오전부를 마치자 주식시간이 되어서 빵 두 개씩으로 전 회중이 요기를 하고 오후부에 들어가서 순서에 따라

1. 본회 회칙수정안 통과와

2. 세의사항(① 협동조합운동의 건, ② 국산품 장려 건, ③ 각 애국단체 연락의 건, ④ 본회 기관지 발간 건)에 대한 토의를 하는 중에 그에 수반되는 부서개편으로 들어가서 중앙본부의 진용개편을 위한 전형위원이 각 도에서 1명씩 선출되어 본부 측과 협의하여 오후 늦게야 그 발표가 있었다. 전기한 바와 같이 현 국민회진용에다가 정치공작대진용을 적당히 안배 편성한 것이니 그 개편된 부서는 다음과 같다.

총　　재 이승만

부 총 재 김　구, 김규식

회　　장 이시영

부 회 장 오화영, 신익희

총무부장 김상덕　　　　차장 채규항

재정부장 김용순金用淳 차장 유기동柳基東
조직부장 이홍준李弘俊 차장 조중서曺仲瑞
선전부장 이종형李鍾滎 차장 최성환
조사부장 진헌식陳憲植 차장 박 문朴文
노동부장 전진한 차장 방치규
문교부장 정해준 차장 김남주
농민부장 전공우全公雨 차장 장대희
산업부장 유재기 차장 김성환
연락부장 이중근 차장 원창식
후생부장 최성장 차장 박용준
부인부장 황기성
고 문 오세창, 권동진, 홍 진, 조소앙, 김창숙, 김완규, 조만식, 함태영
참 여 권규동權奎東, 안재홍, 심성수, 원세훈元世勳, 박용희朴容羲, 김창준, 송필만, 백상규白象圭, 김관식金觀植, 김려식金麗植, 남상철南相喆, 김법린, 이극노李克魯, 방응모, 김도연, 이충복李忠馥, 유림柳林, 김영모金寧謨
감찰위원장 이규채 부위원장 이종욱
위 원 이종현, 강익하康益夏, 노수일盧壽一, 백창섭白昌燮, 이을식李乙植, 김규복金圭福, 조동근, 권태복, 김창만

특기할 것은 이날 아침 10시경에 반탁학련 대표 이철승 동지가 이 대회장에 달려와서 "만담가 신불출申不出이가 시공관에서 공산당 주최 하에 무슨 만담을 한다 하니 우리 진영에서 무슨 대책을 세워서 만일의 경우에 대비하자"는 건의가 왔기로 동석했던 여러 간부동지의 찬의를

얻어서 장대희 동지가 대회용 식권 50매를 즉시 발급하므로 이 식권으로 학련에서 열렬한 동지들을 긴급 동원해서 50여명이 그곳에 갔던바 과연 신불출이 등단해서 태극기를 모독하면서 불온한 발언을 하므로 이들을 타도하고 회중에게 공산당의 악질적인 선전을 분쇄한 일대쾌거가 연출되었던 사실도 차일此日, 즉 6월 12일 오후의 일이었다.

Ⅲ. 대회 후의 운동실적

1946년 2월 8일에 본회가 창설된 이래 불과 4개월간이란 짧은 시일에 남한 각 도에 지부, 그 도지부 산하에 시군지부가 거의 다 조직되고, 그 시군지부 산하에 읍면분회가 거의 다 조직되어서 해방 후 최대의 조직망을 완성한 대중단체로서 명실상부한 거족적 국민운동을 전개할 태세를 완비하게 되었다. 반탁반공으로써 자수녹립을 촉성하기에 성낭·성파를 초월한 순수한 애국운동단체로서의 성격을 띤 본회인지라 이 운동에 참여하는 간부진이 일심동체가 된 공고한 단결로써 헌신적 노력을 하는 바에야 혁혁한 대성과를 거둘 것은 필연적 사실이다.

그런데 본 대회를 치루고 난 국민회는 정치공작대라는 임정계통의 단체와 합작하여 진용을 개편한 결과 전일까지 동고동락하던 동지 중에 더러는 개편에서 제외되니 대소의 불평과 불만이 있어서 잔류동지들에게 그 고충을 호소하는 일이 있었다. 이로 인하여 내부공기가 동요될 뿐 아니라 새로 참가한 동지들과는 초면부지인 사이라 자연 발생할 수 있는 인식부족으로 인한 의아, 억측, 시기 등으로 신구 동지 간에 원만한 협조가 일조일석에 이루어질 수 없었다. 그러나 약간의 시간이 경과되면 협조가 가기可期될 것이다. 그 시간적 여유를 가짐에 수주일이 필요하였다. 마치 대연회 후에 어수선한 장면과도 같이 역사적 대회를 마친 본회의 뒷모양은 어수선하여 피차에 정신적 안정과 혁신적 기획으로 새 출발을 하려 함에 또한 시간적 여유를 가져야 할 단계에 있었다.

또한 본회가 창립된 이래 현재까지는 하향조직을 미면未免하는 형편이었으나, 금후는 민주주의적 조직원칙에 따른 조직, 즉 최말단에서부터 상향조직으로 체계를 밟아서 올라와야 할 단계에 들어갔다. 이렇게 하려면 우선 읍면분회(서울에서는 동분회)를 각 이동대표(서울은 통반대표)가 민주적 선거방식대로 선출되어서 그 대표들로 하여금 읍면분회(서울은 동분회)를 강화하여야 하고, 다시 강화된 읍면분회 대표가 시군을 강화한 후에 그 강화된 시군지부의 대표가 도지부를 강화하도록 하여 그 각 도지부대표가 중앙에 회동하여 중앙본부를 강화해야 할 단계에 들어갔다. 본회의 조직에 있어서 민주적 상향원칙에 의한 강화와 그 개편이 없이는 국민운동의 활발한 전개를 기도하지 못하는 것이다.

제2차 전국대회에서 각급 국민회의 조직문제를 토의한 끝에 전기한 민주적 상향원칙에 의한 강화를 결의하여 전국적으로 이 조직강화운동을 전개하였다. 개편된 새 진용으로써 이 조직강화운동이 활발히 진전되려 할 즈음에 민족통일총본부가 이 박사 직속기관으로서 창설되었다. 이로 인하여 국민운동의 추진에는 영향이 없을 수 없었다. 물론 민통의 성격과 국민회의 성격과는 그 발족의 유서와 구성의 요소가 상위하지만 두 기관의 총재는 다 이 박사요, 두 기관의 기능과 운동실태도 공통되는 점이 있고 해서 은연중에 상호 마찰되는 점이 복재覆在한 것이다.

그런데 7월 20일 좌익계열인 민전에서 인민당 당수 여운형이 수일 전에 테러로 인해 부상당한 것을 독립촉성국민회에서 조종한 것이라 오인하고 미군정당국에 국민회해체명령을 발하도록 요청하였다는 보도가 있었다. 이 보도에 접한 본회 선전부는 즉각 다음과 같은 성명서를 발표하는 동시에 미군정당국자에게 일대 경고를 하였다.

성 명 서

소위 민전에서 본회를 테러의 책원지策源地라고 지칭하고 *하지* 중장에게 해산청구함에 대하야 이런 종류의 모략은 반동계열의 상투수단이라 일고의 가치도 없는 것이나, 미묘한 시국에 당면하여 난포간휼亂暴奸譎도 정도 문제이므로 본회는 법적 제재를 당국에 요청하는 동시에 이 점을 성명함.

1. 국민운동의 애국단체인 본회를 아무 확증 없이 테러의 책원지라 모욕적 언사를 농함은 몰락과정에 있는 반동계열이 단말마적 비명의 최후발악 이외에 아모 것도 아니다.
2. 위폐사건의 발표로서 국민의 공분이 단연 국적을 용서치 않을 것을 예감한 극렬분자 궁여의 일책으로 경찰책임자의 인책퇴직을 요구하며 본회의 해산을 요구하는 등 일종 교수극絞首劇을 연출하여 국민의 시선을 다른 방향으로 주시시키는 모략임에 불과함을 규정한다.

Ⅳ. 좌우합작 배격운동

반동계열의 음모와 선동을 미연에 방지하기에 일야日夜 분투하는 국민회로서는 제2차의 수난을 받게 되었다. 이는 다름이 아니라 소위 좌우합작의 선풍이다. 더구나 그 중심인물이 본회 부총재인 김규식 박사이니 반탁반공의 뚜렷한 기치를 들고 나아가는 본회로서는 그네들이 용공타협으로 좌우합작의 망상을 하여 민족 진로에 일대혼란을 초래하게 되었다.

즉 5월 8일에 제1차 미소공동위원회가 결렬되자 미군정에서는 남한에 있는 좌우익이 합작타협해서 미소공동위원회 재개를 추진시켜볼까, 그래서 이 미소공동위원회가 산파역을 하여 수립하는 임시정부로 하여금 최고 5개년 간 한국을 신탁통치한 후에 자주정치능력이 육성된다면 독립을 부여하여볼까 하는 것이다. 이는 실로 위험천만하고도 한국민의

의사를 무시하고, 한국 실정을 묵살하고 양국의 국제적 체면만을 세우려는 일시적 고식지계에 불과한 것이다. 세계제패를 음모하는 국제공산주의자들의 정략, 그 간계를 상금 이해치 못하는 미국무성관리들이 근시안으로 오류된 판단을 내려서 미군정에다가 그릇된 지령을 내리니 현 실정에 어두운 미군정은 그 지시에 맹종하여 역사적 과오를 범하고 있었다. 이 과오극을 연출함에 등장한 중심인물이 소위 민족의 영수라고 추앙받는 김규식 박사이다. 5월 12일에 서울운동장에서 열린 독립전취국민대회 석상에서 김 박사는 무엇이라고 강조했던가?

"우리가 대구든지 제주 한구석에서라도 자주정부를 세우면 다같이 이 정부를 받들고 나가다가 우리가 한 무더기로 죽는다손치더라도 이 정부를 받들다가 다같이 죽자!"고 그 천식의 숨가쁜 목소리로 외치던 김 박사의 입술에 침이 마르기도 전에 군정의 사주를 받아서 그들의 앞잡이가 되어 40년간 항일투쟁한 긍지도 그 지조도 폐리廢履같이 내던지고 용공적인 좌우합작에 중심인물이 되어서 등장했다는 것은 당자는 물론이려니와 민족적으로도 일대비극이 아닐 수 없다.

7월 25일에 발표된 좌우합작 멤버를 보면 다음과 같다.

우측대표 김규식, 원세훈, 최동오崔東旿, 안재홍, 김붕준金朋濬

좌측대표 여운형, 성주식成周湜, 정노식鄭魯湜, 이강국, 백남운白南雲

남한의 통치자로서 절대권력을 장악하고 있는 미군정당국자가 이 좌우합작을 추진하니 자주독립함의 항해상에는 순풍 아닌 역풍과 격랑을 만났다. 남한 각도 내 시군읍면에까지 조직망을 펴가지고 반탁반공의 열렬한 국민운동을 전개하던 민족진영의 투사들도 이 권력기관의 찬탁용공을 내포한 좌우합작풍에 사기가 저상되어 국가의 전도가 암담하고, 민족의 진운이 혼돈케 된듯하였다.

더구나 승기작간乘機作奸에 능한 좌익공산계열에서는 이 절호의 기회를 놓칠세라 그 독특한 수법으로 중앙과 지방에서 그 세력 확장에, 그 적색세포 침투공작에 갖은 노력과 암약으로 망매魍魅의 준동을 일익 자심하게 하는 데는 눈꼴이 사나워서 볼 수가 없는 형편이었다. 그들은 교묘한 기만적 선전과 허위적 모략으로써 순진한 국민을 현혹케 하며 선동하여 그들로 하여금 민족의 갈 바를 정확히 판단하여 걸어가지 못하도록 하는 것이다. 우국의 충정에서 계몽에 힘쓰고 애족의 정열에서 국민운동에 뛰어든 본회에 소속된 동지들의 전국적인 운동에는 국민대중이 경이傾耳하지 못하도록 하여, 이 전열에서 이탈되도록 음해 모략 예방행동을 군정이란 외세를 차용해서 공공연히 벌이게 되었으니 국민운동사상 일대수난기라 아니할 수 없었다. 이는 민족의 운명이 일대암운에 싸여서 번롱飜弄당하는 비참한 현실에 봉착한 것이다.

1946년 1월 3일에 서울운동장에서 서울시민을 기만하여 반탁을 찬탁으로 강제한 이래 경향각지에서 국민대중에게 인기를 잃고 매국반역도당의 낙인이 찍혀서 기사회생의 길을 찾던 좌익공산계열이었다. 도처에서 민족정기의 발로로써 내리는 철퇴를 맞아서 혼비백산되어 쥐구멍을 찾던 이 적귀赤鬼들이 지하로 들어가서 암야에만 망동하다가 이제는 백주에 공공연히 그 반역적 망동을 확대강화하게 되었으니 뜻있는 자 어찌 개탄치 않으랴?

미소공동위원회 결렬음모와 정판사 위폐사건 등으로 저지른 민족적 죄과를 범하여 그네들은 활계무책活計無策인데다가 5월 12일 독립전취국민대회 이래 가일층 치열해진 민족진영의 탄압에 밀리고 눌려서 기식엄엄氣息奄奄해져 가므로 비로소 해방 이래 남한 전역에 덮였던 적운赤雲이 걷혀서 서광에 욕浴하려 할 즈음에 또다시 좌우합작이란 이명동체의 요운妖雲에 싸이게 되었으니 이 얼마나 가석하고도 가탄할 노릇이랴?

이 좌우 합작풍合作風이란 생기풍生氣風을 맞은 좌익계열이 남한 전역에서 다시 생기를 회복하고 일어나서 각 지방에서 없어졌던 민전 산하 각 조직체가 부활되고, 그 간판이 다시 붙기 시작하며, 그들의 활동이 점차 활기를 띠어서 확대하여가기 시작하였다. 더구나 해방 1주년 기념식을 서울운동장에서 거시적擧市的으로 거행하는데 하고何故인지 미군정 당국은 좌익계열의 요청에 맹종하여 별도로 남산공원에서 개최케 해준다는 것이다. 이 해방기념식에 편승한 좌익계열은 합작풍을 쏘여서 소생된 이래 놈들의 선전과 조직의 강화 시위를 할 수 있게 된 셈이니, 환언하면 이 기념식은 문자 그대로 공산계열의 사기앙양대회가 되었던 것이다. 이리하여 남산공원은 적구赤狗 반역집단의 발악대發惡臺가 되었다.

무릇 위정자란 그 지역의 정치적 현실을 정확히 파악하고 그 현실을 토대로 하여 수립한 이상, 정치적 최고목표를 향해서 국민을 이끌고 나아가야 할 것임에도 불구하고, 미군정은 그 시책에 있어서 조령모개를 일삼으며, 정치적 지도이념이 확립되지 못해서 우왕좌왕 갈피를 잡지 못하는 것이 마치 키 없는 배와도 같으니 한국의 장래를 우려하는 자 어찌 안연晏然할 수 있으랴? 반탁반공으로만 자주독립을 획득할 수 있다는 확고부동한 신념을 가진 민족진영의 각 애국단체, 특히 독립촉성국민회 간부들은 땅을 치면서 이 찬탁용공을 내포한 좌우합작마술에 반대하였던 것이다. 이 마술에 걸린 지 3개월이 불과하여 남한 각 철도국에서 야기된 소위 철도파업사건을 필두로 하여 대구 폭동이 파급된 영남일대의 일대 폭동사건을 빚어냈던 것이다.

이러저러한 제1, 제2, 제3의 원인이 빚어낸 파동으로 말미암아 국민운동이 전과 같이 활발히 전개되지 못할 때에 8월 하순에는 중대한 모략이 국민회를 싸고 일어났다. 아마도 6월 대회 때 개편에 대한 불평불만을 품은 인사 중에서 이시영 회장에게 가서 말하기를 "국민회 본부 간부들은 부하된 임무인 국민운동은 내던지고 두 파로 나뉘어서(오, 신

양 부회장) 서로 매일 싸움질만 합니다. 그러니 조속히 어떠한 조치를 하지 않으면 안 되게 되었습니다"고 하였다.

매일 본부 사무실에 나가지 않는 회장은 신빙할 만한 인사들이 와서 이같이 전하는 말을 사실로 오인하고 즉시로 경교장으로 김 부총재를 방문하여 이 사실을 보고했더니 김 부총재는 깜짝 놀라서 이 회장을 동반하여가지고 돈암장으로 이 총재를 방문하여 본회 간부 간에 알륵軋勒과 분쟁으로 매일을 허송하고 임무는 수행치 않는 것처럼 보고하였다. 황혼이 짙은 돈암장에서 국민회 최고 간부 세 분이 협의한 결과 단호한 긴급조치를 내리기로 결의하였다.

그리하여 8월 29일(한민족이 영원히 잊지 못할 소위 경술 국치일) 이승만 총재의 특별지시로써 본부 간부 전원을 소집시킨 후 그날 오전 11시에 이 박사께서도 운현궁에 있는 국민회 본부 사무실에 나와서 전 임원들을 향하여 "앞으로 국민회를 혁신해볼까 하니 지금까지 일하던 분들은 물러가기를 바라오. 이 일을 처리하기 위하여 민통에서 대회를 소집할 것이니 지금까지 일보던 분들은 이 대회를 소집하는 일에 협력하시오"라고 하였다. 거두절미하고 이같이 내리는 이 총재의 단안에 전원은 즉석에서 총사직을 결의하고 불원간 소집되는 전국대회를 맞이하게 되었다.

제6절 제2차 행동통일운동(민족통일총본부의 과업)

Ⅰ. 서설

1946년 7월 1일에 발표된 민족통일총본부의 부서는 애련과의 절충으로 7월 16일에 다시 개편되어서 7월 20일부터 그 과업을 수행하기 위하여 운니동에 있는 구 왕궁아악부(현 국립국악원)의 일부를 사무처로 정하였다. 매일 오전 10시 정각에는 돈암장으로부터 총재가 친히 나와서 총재실에서 간부회의를 주재하였다. 오정이 되면 돈암장으로 갔다가 오후 2시가 되면 다시 나와서 오후 4시 내지 5시까지 총재실에서 시무하였다. 때로는 각 부실을 순회하면서 친히 사무독려를 하였다.

8월에 들어서자 각 도에 민통지부를 설치키로 하여 각 도에 김산金山 외 수인을 파견하였다 그리하여 국민회 도지부를 중심으로 하여 민족통일총본부 도지부를 설치하였다. 중앙에서 민통이 전 애국단체를 통솔 연락하듯이 각 도에서도 이 민통 도지부가 도내 애국단체를 총망라하여 그 연락과 통솔의 임무를 수행하라는 것이다. 그런데 각 도에는 도지부까지만 조직하고 그 이하에는 미치지 않았다. 8월 말까지 각 도지부가 다음과 같이 구성되었으며, 독립촉성국민회 도지부장이 겸무하도록 하였다.

민족통일총본부	경기도지부장	오성환吳誠煥
동	강원도지부장	서상준徐商俊
동	충청북도지부장	구연직
동	충청남도지부장	남천우
동	전라북도지부장	배은희
동	전라남도지부장	최종섭崔鍾涉
동	경상북도지부장	김하승
동	경상남도지부장	김철수

민족통일총본부 발족에 관한 이승만 총재의 담화 (6월 29일 밤)

작년 10월 8일 입국 후 최초로 시작한 것이 민족통일을 위하여 72개 단체가 모여서 독립촉성중앙협의회를 형성하였으나 그 후 분열상태에 빠져있던 바 이번 남한 시찰의 결과 시기가 도래한 것을 알고 방법을 연구 중 대한독립촉성국민회에서 총재로 책임을 부담해달라는 요청이 있어 민족통일총본부를 설립한 것은 좌우익을 막론하고 자원하여 우리의 목적을 협찬協贊하는 자는 다 참가할 것이다. 그러므로 이것은 정치단체도 아니오, 다만 민족통일을 완수하려는 총괄적 기관이니 본부를 전 민족 통일의 중심기관으로 인정하여 본부의 목적을 도달함으로써 광복과 건설에 다소간 공헌되기를 바라는 바이다.

무릇 민통 창설의 정치적 의의를 논하자면 상당한 지면이 소요될 것이므로 약하고 일언으로 결結한다면 「한국민족이 이승만 박사 영도 하에 통일되었다는 사실을 국제적으로 국내적으로 인식케 함에 있다.」 동시에 당면한 최대 민족과업인 국권회복을 위한 모든 정치적 활동은 이 박사 영도 하에 전개하여 전 민족이 통일적 공동보조를 취하도록 함에 중대 의의가 있다. 이에는 총재 자신이 한 비유를 들어서 설파한 일이 있다. 즉 8월 29일(경술국치일) 오전 11시에 총재께서 회의벽두에 말씀하기를

"오늘은 경술년에 국권을 왜적에게 강탈당한 국치일이다. 우리가 이 경술국치를 통분히 여긴다면 국권을 회복하기에 전 민족이 뭉쳐서 통일보조로 나아가야 할 것이다. 이 통일보조란 마치 대관현악단의 통일적인 연주에 비유할 수가 있다. 맨 앞에 서서 지휘하는 컨덕터의 일동일정一動一靜에 맞추어서 수십 명 악사들이 제각기 다른 악기를 가지고 그 지휘에 따라 곡조를 맞추어나감으로 악단전원의 주악奏樂이 통일된 음률을 울려서 그 유량嚠喨한 음악이 연주되는 것이다."

우리의 지상과업을 완수하려 함에 개인이든 단체이든 이 박사의 구국노선에 귀일하여 그 영도 하에 행동통일을 기함이 민족활로요 당면 타개의 정경대도正徑大道이다. 이 일을 위하여 민족통일총본부가 창설되어

서 이 총재의 직접지휘 하에 그 과업, 즉 통일대업을 수행하려는 것이다. 이 민족통일총본부가 수행한 과업의 전모는 영명한 이 박사만이 알 일이로되 그 사무처의 말석을 욕辱하였던 필자로서 표면에 나타난 몇 가지 과업을 들면 다음과 같다.

Ⅱ. 임시정부 봉대奉戴운동의 저지

1946년 5월 초순에 제1차 미소공동위원회가 결렬되자 반탁진영 중에는 임시정부를 봉대하자고 획책하는 운동이 비밀리에 추진되었다. 그리하여 8·15해방기념일을 계기로 하여 임정을 봉대한다는 것이다. 8월 초순에 이러한 정보를 듣자 곧 총재께 보고했다. 물론 총재는 이러한 운동에 하등 관심도 두지 않고 부정적인 태도이다. 그래서 지금까지 반탁반공운동에 동고동락하던 동지 한 사람이라도 아끼는 의미에서 그 운동의 부당성을 주장했다. 그 당시의 실정으로서는 반탁자율정부의 수립을 갈망하는 국민심리에 영합해서 이 운동을 전개했던 것이다. 각 애국단체 간부들 중에는 이 운동에 가담하는 동지들이 상당히 많았다. 그리하여 이 운동에 관심 있는 자나 공명하는 동지들은 먼저 민통의 태도를 탐문하였다.

민통 간부들은 누구든지 총재의 확고한 견해를 전하여 그들로 하여금 신중을 기하도록 경고하여 자각을 촉구했다. 이 운동을 분쇄하기란 반탁이나 반공운동같이 공개적으로 노골적으로 할 수 없는 일인 만큼 동일 노선의 동지로 하여금 이런 운동상 과오를 범치 못하도록 하기 위하여 비공개적으로 좌담회, 토론회, 개인면담 등으로 이런 운동을 미연에 방지해보려고 힘썼다.

8월 15일을 앞둔 수일 전에는 별별 데마가 돌고, 각처에서 쑥덕공론이 성행했다. 서울을 중심으로 하여 근교까지도 정치에 관심을 가진 인사들은 긴장과 초조한 가운데 해방기념일을 맞이했다. 물론 미군정의 치안책임자들도 이로 인하여 어떠한 불상사라도 일어나지 않을까 하는 불안감에서 만반의 경비태세를 다했다.

8월 15일에 서울운동장에서 수만 시민이 모여서 제1회 해방기념식을 엄숙히 마쳤다. 식전式典이 끝나자 애국단체별로 종로와 을지로로 나눠서 시가행진을 하려고 하는 찰나에 돌연히 남송학南松鶴(국민회 용산구지부장 겸 한독당 용산구당위원장)이 나와서 단상에 오르더니 발언을 요구하였다. 주최 측도 심상히 여기고 발언을 허락했던바 그가 무슨 문안을 가지고 마이크 앞에서 낭독하였다. 수분이 지났다. 무엇을 낭독하나 하는 호기심이 장내에서 일어났다. 듣고 보니 그 낭독문의 내용은 자율정부로서 중경重慶에서 돌아온 임시정부를 받들고 나가자는 선언문이다. 제지할 것도 없어서 경청하였다. 민족적 양심 있는 자라면 누구든지 이 선언문 내용을 반대할 자가 있으리오만 현실이 단순치 않음만 한탄하고서 시로 말하기를 "이니 그래 준비 없이 모인 대중 앞에서 선언문 따위나 읽고 결의하고 시위나 한다고 이 민족의 지상과업인 국권회복을 간단히 해결할 만한 용이한 문제란 말인가?" 등등 이구동성이다.

낭독이 끝났지만 전 청중이 별로 흥미를 느끼지 않았으며, 예정한 시가행진으로 들어갔다. 이때에 남송학 외에 이태영李泰榮(국민회 한성지부 조직부장), 전수조全壽曺 동지 등 수삼 동지들이 분주하게 내왕하더니 여의하게 계획대로 임정봉대식이 결말되지 못함인지 비분을 못 참아서 낙루 통분히 여기는 인사들도 있었다. 또한 그 앞에서 약간의 전단을 뿌리기도 하였다. 그러나 전 회장 내 공기의 대세가 너무나 무관심하므로 그 봉대식도 유종하게 마치지 못한 채 이 시도는 용두사미가 되고 말았다. 수일 전부터 들리는 데마에 의하면 이 봉대운동의 후진後陣에는 어떠한 강력단체가 있어서 이 임정봉대를 뒷받침하여 당일에 무슨 행동개시가 있을 듯이 전하더니 실상은 별다른 풍파 없이 선언문 낭독으로 끝나고 말아서 전 회중은 다행으로 여겼다.

Ⅲ. 독립촉성국민회 제3차 전국대의원대회

1. 대회 소집

9월 3일도 평소와 같이 오전 10시에 총재 임석을 기다려서 간부회의를 시작하였다. 거무하에 총재께서 발언하기를 "국민회대회를 9월 7일에 소집할까하니 민통의 여러분들이 이 일을 각각 분담하되 미스터 윤(상임위원 윤보선)은 대회에 소용되는 재정을 맡아보고, 미스터 홍(선전부장 홍성하)은 지금부터 한 시간 내에 대회소집통지서를 한 5,000장 만들어서 오정 안으로 각 지방에 발송하도록 해봐!"라고 하였다. 이에 일각을 다투어서 사무국 전원과 각부 부원을 총동원하여 수삼인이 원지原紙를 쓰고, 수삼인이 두 개의 등사판을 밀어서 오정 때 돈암장으로 돌아가려고 사무실을 나오는 총재께 통지서를 바쳤더니 파안일소破顔一笑하면서 즉시 발송하라고 지시하였다. 이리해서 당일 중으로 대회소집사무가 일사천리로 진행되어 각 언론보도기관을 통해서도 주지시키는 일방 일부 지방에 즉일로 인원을 파견하여 대회소집의 준비를 진행하였다.

예정한 9월 7일은 정동예배당에 남한전역에서 각 도시군읍면 대표까지 근 2,000명이 참집하였다. 대회에 관한 기록은 별항으로 기록하거니와 국민회 본부에서 소집사무를 여의 진척시키지 않으므로 총재께서 이와 같이 서둘러서 화급히 단행한 것이다.

2. 대회 경과

9월 7일 오전 11시에 정동예배당에서 제3회 국민회전국대의원대회가 각 도시군읍면 대표 2,000여명이 참석한 가운데 총무부 차장 채규항 씨의 사회로 개회되었다. 회순에 따라서 국민의례와 신익희 부회장의 개회사가 있은 후 임시집행부 선정에 들어가서 대회 의장에 배은희, 오화영, 신익희 씨를, 기록에 장대희 씨를 공선한 후 본회 총재 이승만 박사와 부총재 김구 선생의 치사가 있었다.

이어서 토의사항에 들어가 본회 회장 이시영 선생의 사임서를 오화영 부회장이 대독한 다음 오 부회장 자신을 비롯한 본부 임원 전원이 총사직한다는 발언이 있었다. 이어서 지방대표로부터 본회 창설 이래 반년간이라는 단시일 내에 이만큼 대국민회의 조직과 거족적인 국민운동을 전개한 공로자들에게 표창은 못할지언정 총퇴진한다는 것은 그 이유 여하를 막론하고 지방대표들은 이해하기 곤란한 노릇이니 이 총사직을 보류해달라는 요지의 발언이 있었다

그러자 본부를 대표하여 신 부회장이 나와서 정중히고도 약간 침울한 어조로 "지난 6월 대회 때에 여러 국민회 지방동지들이 이시영 선생을 회장으로 오화영 동지와 불초 이 사람을 부회장으로 뽑고, 그 외 여러 동지들을 각 부서에 뽑아주셨으나 국민운동을 담당하여 이 중대시국을 헤쳐 나아갈 만한 역량이 부족하고 또한 국민회를 싸고도는 안팎의 여러 가지 형편이 여의치 못하므로 본부의 책임을 지는 한 사람으로서 그 책임을 느낀 바 있어서 총사직하고, 우리보다 더 유능한 인사들에게 이 국민운동의 중책을 맡기도록 함이 합당하다는 점을 여러 동지들은 양해하시고 이 사임을 접수하여주시기 바랍니다"고 하였다.

이상의 퇴임사가 있자 각처에서 수군수군 일시 소란한 중에 배 의장

이 나와서 장내를 정리한 후에 이 총사임서를 접수하느냐 반려하느냐에 관한 가부결정을 짓기를 종용하였다. 얼마동안 옥신각신 의견이 백출하다가 이 중요안건을 이 총재께 일임하여 그 재결을 기다리자는 것으로 가결하고, 오후는 창경원 비원에서 개최하는 지방대의원 환영야유회로 자리를 옮겼다. 민통의 예산으로 윤보선 협의원과 최성장 후생부장이 준비한 주식을 가지고 비원녹음을 찾아서 삼삼오오 원좌圓座한 후에 단란團欒한 친목과 주식을 마친 뒤에는 이 총재와 김 부총재를 모시고 혹은 환담 혹은 기념촬영을 하면서 반일을 청유淸遊하였다.

다음날인 8일은 민통 회의실에서 중앙위원회(각 도시군지부장과 본부 부차장 이상으로 구성)가 개최된 가운데 전일 의장 배은희 씨가 사회 겸 의장이 되어서 의사진행하기로 결정하고 이 총재 임석을 기다려서 개회하였다. 개회벽두에 전일 의결사항, 즉 본부임원 총사임원의 접수 여부는 총재와 부총재께 일임하기로 한 것을 재확인 한 다음 배 의장이 정중한 어조로 발언하기를 "작일 본 대회에 제출된 본부임원 총사임원은 총재와 부총재 두 분께 보고드렸더니 결국 총사임서는 접수하시기로 재결하셨습니다"고 하자 장내는 물을 끼얹은 듯 숙연하였다. 수분 간 침묵이 계속되다가 이 총재께서 나와 금반 총사임하는 전 임원에 대한 위무慰撫의 말씀이 있은 후에 채규항 차장의 성루聲淚 겸한 석별의 발언이 있었고, 다음에 이어서 박문희, 최성장 부장 등의 분개어조와 기타 손홍린孫洪麟 동지 등의 감상적인 퇴임사가 있었다.

이때에 의장의 발언으로 신임간부 선출방안을 묻자 지방대표로부터 각도지부장에게 일임하여 신임간부 전형을 한 후에 그 결과를 정·부총재께 품해서 그 재가를 얻은 후 발표하면 지방대표들은 이를 승인하자는 결의를 하고 폐회하였다. 그리하여 후에 각 도지부장이 남아서 전형위원이 되어가지고 신임간부를 전형하여 일동이 돈암장과 경교장으로 가서 양 총재의 결재를 받았다.

국민회 창립 이래로 지금까지 모든 악조건을 극복하면서 불과 반년 만에 해방 후 최대의 대중조직체로서의 큰 성과를 올리고 섭섭히 물러가는 구 임원 일동을 총재께서는 9월 15일에 돈암장으로 불렀다. 그래서 그들의 과거의 노고를 치하하고 앞으로도 계속해서 국민운동을 해줄 것을 당부하면서 다과회를 베풀었다. 총재의 인자하신 후의를 심중으로 고맙게 생각하였으나 본부를 떠나는 섭섭한 심정은 형언할 수 없었다.

제3차 국민회전국대의원대회에서 개편된 중앙본부 임원명단

총 재	이승만		
부 총 재	김 구, 김규식		
회 장	조성환		
부 회 장	정인보		
총무부장	방응모	차장	이을규李乙奎
재정부장	김석황金錫璜	차장	신일준申一俊
조직부장	서세충徐世忠	차장	이태영
선전부장	김 일	차장	곽행서郭行瑞
경제부장	이종현	차장	장연송張連松
농민부장	이 운李雲	차장	김 엽金燁
문교부장	김득서金得黍	차장	장자일張子一
조사부장	전호엽全浩燁	차장	장대희
청년부장	변성옥邊成玉	차장	백종덕白鍾德
후생부장	김시학金時學	차장	황갑영黃甲永
부인부장	황기성	차장	노盧마리아
감찰위원장	이봉구李鳳九	부위원장	이규봉李圭鳳

위　　원 이태선李泰善, 이광세李光世, 오한영吳漢泳, 이 헌李憲, 이영선李英善

3. 개편 후의 실적

본부에 신임간부가 선정되었으나 종전과 같은 활발한 움직임이 보이지 않았다. 물론 취임해서 1주일 혹은 반 달 쯤은 모든 준비관계로 그렇다손 치더라도 한 달이 지나도 별무성과로 허명만 띄웠다 한다면 그것은 회장 이하 전 임원들의 역량과 성의문제로서 결국은 애국심을 의심케 되어 도저히 용인치 못할 과오라고 하지 않을 수 없다. 독립전야에 있어서 격동하는 국내외정세에 대처하여 국민운동을 전개하는 중앙본부의 중책－지도적 위치－민족선봉으로서의 신임간부들이 아닌가? 혹은 지방 순회 혹은 중앙에서의 모든 정비와 기획 수립을 하기에 오히려 해가 짧고 달이 부족할 것인데 각 부장 이하 임원들의 탁자 위에는 먼지만 뿌옇게 앉아 있다. 매일같이 연달아 올라오는 지방동지들을 상대로 그들과 협의대상이 되어 지시, 원조, 보고청취 등 본부로서의 무슨 임무를 수행하는 바가 없다. 그런데 국내정세는 일익 악화하여 좌익공산계열이 그 준동을 자심히 하다가 결국은 철도파업사건을 일으키고, 1주일 후에는 대구를 중심으로 한 영남일대에서 폭동을 일으켰다. 그러나 국민회 본부로서는 속수무책으로 방관만 하고 말았다.

어시호於是乎 각도지부장이 11월 하순에 중앙에 올라와 원남동 여사旅舍에서 수일 체재하며 배은희 씨를 중심으로 하여 연일 협의한 결과 중앙본부의 현 진용을 가지고는 도저히 이 난국難局에 대처하여 거족적 국민운동을 지도할 적임자가 아니라는 결론을 내리고, 그 선후책을 토의한 결과 다음과 같은 안을 제시하였다.

제1안 : 종전과 같이 전국대회를 소집하고 본부진용을 개편할 것.

제2안 : 각 도지부장이 정·부총재를 모시고 회장 이하 전 임원을 개편하여 유능한 인물들로 시무케 한 다음 명춘 정기대회에서 이 임원개편에 관한 사후승인을 받을 것.

이상 두 안건을 가지고 11월 28일에 돈암장으로 이 총재를 방문하여 전기 2안건으로 재결을 품하였던바 이 총재는 "내가 수일 내로 미주에 가게 되니 내가 부재중에는 범사凡事를 김 주석의 지도하에 일하기 바라며, 본부 개편은 내가 귀국할 때까지 보류하기 바라오"라고 답하였다.

이때에 일행을 대표하여 배은희 씨가 말하기를 "선생님 이번에 미국 가시면 어느 때쯤 환국하실 예정이십니까?"라고 물으니,

이에 이 총재는 "아마도 명춘 2, 3월께 돌아오겠지요"라고 대답하니

배은희 씨는 다시 "선생님이 우리 민족을 대표하사 국제외교무대에 나가셔서 외교투쟁을 하시자면 상당한 경비가 필요하실 줄 짐작하는데 얼마나 가지시면 넉넉하시겠습니까?"고 물으니,

이 총재는 만족한 표정으로 "미주에 가서 활동을 하여보아야 알겠지만 한 1억원 있으면 그런대로 외교활동을 할 수 있을 것이요"라고 대답하므로,

다시 배은희 씨는 각도지부장과 미리 협의해서 합의된지라 "선생님, 그러시면 저희들이 한 도에서 1,000만원씩 8개도에서 8,000만원을 분담하겠으니 외교후원회에서는 서울시내에서 2,000만원만 부담한다면 도합 1억원이 되지 않습니까? 그렇게 해보기로 각도지부장이 다시 긴밀한 협의를 해보겠습니다만 이런 방법으로 꼭 실행하겠으니 염려 마시옵기 바랍니다."

대략 이와 같은 요지로써 총재와 각도지부장 간에 회담을 하여 외교성금을 갹출醵出하는 안건에 대한 결정을 지었다. 각도지부장들은 중책

을 느낀지라 즉시 외교후원회사무처로 달려와서 동 간부들과 다시 긴급 협의를 하여 각도지부장이 각기 1,000만원씩 도합 8,000만원을 부담하겠으니 중앙에서 2,000만원을 부담하겠느냐는 각도지부장들의 질문에 외교후원회본부 측을 대표한 재정부장 김양수 씨는 중앙은 염려 말고 각 지방에서만 꼭 책임을 이행해달라고 하였다. 이리하여 이 대금大金을 외교성금으로서 거족적으로 거두자는 방침이 결정되고, 그 방법론에 들어가서 국민회가 중심이 되어가지고 외교후원회 도·시·군지부를 국민회 도·시·군지부 내에 병설하고, 그 후원회지부가 중심이 되어서 애국동포들이 갹출하는 외교성금을 모아서 각도지부장이 중앙에 직접 지참하기로 결정하였다. 당시 출석했던 국민회 각도지부장은 다음과 같다.

서울한성지부 부위원장	박재영朴載英
경기도 지부장	오성환
강원도 지부장	서상준
충청북도지부 부지부장	장응두張應斗
충청남도 지부장	남천우
전라북도 지부장	배은희
전라남도 지부장	최종섭
경상북도 지부장	김하승金河昇
경상남도 지부장	김철수
황 해 도 지부장	박창빈朴昌彬

4. 좌우합작 분쇄운동

찬탁용공을 내포한 좌우합작운동을 분쇄하는 일이란 일조일석에 용이하게 되는 일이 아니다. 모스크바 3상결정이란 탁치안은 한국 외에서

타 국가대표가 결의로 결정한 것이로되 그 항쟁에 있어서 거족적 태세를 기하기 어렵거늘 이 좌우합작이란 국내에서 동족 간, 특히 어제까지도 민족영수의 한 사람으로 추앙받던 인사와 정계지도자들이 중심이 되어 괴뢰傀儡의 춤을 추게 된 것인 만큼 그 분쇄운동도 반탁운동 이상의 지난한 과업이다. 그러나 아무리 난중난사라 할지라도 국권회복이란 민족의 지상활로至上活路를 가로막는 장애암障碍岩이니 이를 분쇄하지 않을 수 없었다.

먼저 이승만 박사께서 우측 주석대표인 김규식 박사를 직접 만나서 그 부당성, 즉 국제공산주의노선이 우리 독립노선과 절대로 합작되지 못할 것임을 지적하고 설파하였으나 하등 효과를 얻지 못하였다. 그리하여 다시 미군정의 최고책임자인 ***하지*** 중장을 만나 이 좌우합작운동을 추진 영도하고 있음을 지적하여 이를 중지하도록 종용하였다. 그러나 한국 실정을 정확히 파악하지 못할 뿐 아니라 공상당의 세계정책을 이해하지 못하는 외국군인인지라 이 노 박사의 권고를 마이동풍으로 여겨 귀를 기울이지 않았다. 더구나 남한에서 절대권력자인 이들에게 아부하는 사대근성배들은 일증월가日增月加하는 형세로 각 애국단체간부들이 매일같이 민통사무국 내에서 애국단체 연락을 맡고 있는 필자에게 물었다. 좌우합작의 전망은 어떠한가, 민통의 대처방안은, 이 총재의 자세는 어떠한가 등등.

연달아 찾아오는 동지들의 이 안타까운 심정을 수일을 두고 관망한 끝에 9월 중순 국민회 개편문제도 일단락되어서 다소 안정된지라 필자는 총재실에 가서 "방금 미군정에서 추진 중인 좌우합작문제로 인하여 각 애국단체 동지들은 큰 두통꺼리가 되고 있습니다. 그래서 그 동지들이 고민 끝에 민통에 와서 선생님의 말씀을 들어보려고 매일 찾아오는 분들이 점점 그 수가 늘고 있습니다. 이 동지들을 만나주시고, 그들의 답답증을 풀어주실 수 없겠습니까?"하고 여쭈었더니 이 총재는 "내가 개인 개인 만나서 일일이 말할 것이 아니라 날을 정해놓고 희망하는 분들을 만나서 공개적으로 이야기해보자"고 대답하였다.

이리하여 매주 목요일, 즉 9월 17일, 24일, 10월 1일, 8일, 15일, 22일, 29일 오후 2시부터 5시까지 3시간씩 애국단체간부들을 민통 회의실에 참석케 하여 민통 정경부장 이윤영 씨의 사회로 시국좌담회를 개최하게 되었다. 처음에는 각 단체 대표나 간부들과 이 총재와 질의응답식으로 좌담회가 진행되다가 나중에는 총재 강화講話로 들어가서 참석한 일동에게 감명을 주었다. 9월 12일 아침 불상사로 인해서 매일같이 민통에 나오지 않는 총재께서는 이 목요일만큼은 꼭 나오다가 11월 상순부터는 실내 난방설비가 없어서 부득이 이 모임을 중단하였다.

이 좌담회에서 총재께서는 격동하는 국제정세를 정확한 관찰과 그 명철한 판단으로 설명해주고, 국내정세에 들어가서는 각 참석자들의 의견을 들어가면서 총재 자신의 견해를 피력하므로 누구나 이 박사의 놀라운 판단력에 감탄하였다. 특히 합작선풍이 한창 불고 있는 당시에 국제공산주의의 세계정책이나 방금 진행 중인 국공합작에 있어서 장 총통이 실패를 거듭하고 있는 현 실정을 설명하면서 우리나라에서의 좌우합작이 도저히 불가능하며, 우리에게 미칠 악영향을 예언하므로 각 참석자들은 정신적으로 안도를 얻어서 그들이 돌아갈 때에는 명랑한 모습을 보였다.

그러나 미군정은 마이동풍으로 이 총재의 권고를 묵살하고 그 망동을 확대강화하려는 셈인지 좌우합작노선 하에 입법의원을 창설하기로 결정하고, 미군정을 남조선과도정부라는 이면단체의 행정체제로 시작하게 되므로 영명한 이 박사는 부득이 그 전략을 변경하게 되었다. 즉 이 좌우합작을 추진하는 책원지는 워싱턴 미국국무성 내 몇몇 친소관리들에 의한 미국국무성 정책의 과오임을 통찰한 이 총재는 오랜 구상과 침묵

끝에 11월 하순에 도미외교투쟁을 할 것을 결의決意한 것이다.

만산홍엽이 떨어지고 가을이 저물어가는 11월 21일 민통 회의실에서 이 총재가 "아무래도 내가 미주에 건너가 국무성당국자나 상하 양원의 지명知名인사들을 만나서 이 사람들이 이 땅에 와서 하는 일을 공개해놓고 토의해보아야겠어. 이대로 가다가는 우리나라는 불원간 공산분자들에게 쑥밭이 되고야 말겠어!"라고 말하며 비장한 결의 하에 도미하여 외교공작을 할 것을 피력하매 일동은 감격과 송구스런 흥분 중에 싸였다. 그래서 총재께서는 미국 국무성으로 하여금 대한군정방침을 시정하여 우리 민족진영의 총의를 들어서 반탁반공으로 일관한 자율정부 수립을 원조하고, 친공찬탁의 좌우합작노선을 배격함에 적극적인 성의를 기울이도록 하기 위하여 미국 국무성당국자는 물론 미국 조야의 정계, 언론계인사들을 상대하여 한국의 참담한 사정을 알리고, 그 구제방안을 호소해서 대한정책을 혁신토록 하는 외교공작을 전개하려는 것이다. 고희를 넘은 노 박사의 조국과 민족을 염려하는 이 일편단심에 감격되지 않을 자 있으랴?

이 계획이 즉일 지상을 통하여 중외에 보도되자 각 애국단체대표들이 연일 민통에 운집하여 이 도미 장행壯行을 축하하며 말하기를 "노 박사님이 나라를 위하사 이같이 만리 이국에 떠나시려는데 우리가 가만히 보고만 있을 수 있나? 우리가 거족적으로 후원해서 꼭 성공하고 돌아오시도록 하여야지!" 이 말이 각 애국단체 간에 여론화되어가고 있으므로 민통 사무국에서는 11월 25일 오후에 전국애국단체대표자들을 민통 회의실에 초청하여 각 단체의 의견을 듣기로 했다. 그랬더니 각 단체대표들은 열렬한 발언으로 총재 도미 장행을 후원해야 한다는 취지이다. 그리하여 즉석에서 「민족대표외교후원회」가 결성되고 그 회장에 조소앙(한국외교협회장), 부회장에 신익희(독촉국민회 한성지부장), 이윤영(조선민주당 대표), 그 이하 각 부서를 선임하였다. 동시에 이 모임에서 이 박사를 한국민족대표외교사절로 만장일치로 추대하여 도미 장행을 환송하고, 그 외교활동을 적극적으로 후원할 물심양면의 방안을 토의하였다.

11월 30일 오후 3시 창덕궁에는 민족대표외교후원회 주최로 국내 정당, 사회단체 대표와 내외귀빈 500여명이 참석한 가운데 총재의 도미장행환송회가 개최되었다. 동 후원회를 대표하여 김구, 조소앙, 이윤영 제씨와 여성계를 대표한 박은성朴恩聲 여사 등의 정성어린 환송사에 이어서 이 총재의 간곡하고도 굳은 결의를 내포한 답사를 듣고 회중은 일층 감명 깊었다. 간단한 다과회가 있은 후에 장행을 축복하는 만세삼창으로 폐회하였다.

다음날인 12월 1일에 이슬비 내리는 돈암장에 운집한 다수의 국내외 인사의 환송리에 이 박사께서 자동차에 올라 일로 김포공항으로 향발하였다. 연도 양측에는 돈암장 문전에서부터 김포비행장까지 60리 길을 애국청년단체별, 즉 대한독립청년단원은 단장 서상천徐相天 씨의 지휘로, 독립촉성청년연맹원은 위원장 백석기 씨의 지휘로, 대한민주청년동맹은 위원장 유진산 씨의 지휘로, 광복청년회는 회장 오광선吳光鮮 씨의 지휘로 5미터 거리를 두고 경비하였다. 태극기를 들고 나와서 환송하는 전 서울시민 남녀노유의 도열한 가운데를 만세함성을 받으면서 이 박사는 거수답례 중에 유유히 진행하고, 그 뒤에는 500여대의 환송인사의 자동차가 뒤따라서 이 거족적인 장행환송을 장식하였다. 이리하여 이 총재께서 비행장에 도착하였으나 악천후와 기타사정으로 당일은 출발하지 못하고, 12월 4일에야 붕정만리鵬程萬里 장도에 올랐다.

미군정당국에서는 처음에는 이 박사의 도미외교 장행을 환영치 않고 냉담하였다. 그러나 이와 같은 거족적인 외교사절 환송상황을 보고서 깜짝 놀라서 부득이 그 여정의 편의를 제공하였다고 한다.

Ⅳ. 애국단체 육성

독립촉성국민회 서울시내 각 구지부와 그 산하 각 동분회 결성은 물론이려니와 청년단체, 노동단체, 부인단체, 학생단체의 운동을 전개함에 있어서 혹은 산하 신 지부, 분회 등 세포조직에 혹은 개편 강화운동에서 전국성을 띤 조직체일수록 한층 더 민통의 관계 부를 통해서 직접 총재의 지도와 각 관계 부장의 지도, 민통의 재정보조 등으로 그 단체 육성을 받았다. 그리하여 전기 각 단체의 전국대회는 총재께서 임석하여 그 발전을 격려해주었지만, 그 단체의 산하 세포조직에는 의례히 민통 관계 부의 책임자들이 나가서 그 발전을 지도 성원해주었다. 그리고 그 운동 전개과정에서 생기는 각종 문제에 관하여 협의대상이 되어줄 뿐만 아니라, 직접 그 육성과 강화에는 유형무형의 성원을 아끼지 않았다. 민통에서 이러한 일로 입무를 수행한 기록이 6·25동란으로 없어져서 이 방면 기사를 쓰기에 곤란하나 민통 말석에 있던 필자 1인만으로도 자신이 나아가서 혹은 민통을 대표해서, 혹은 개인자격으로 그 협의에 응수應酬하고 성원해준 것이 국민회 각 구나 구내 동분회 결성에 30여회 나갔고, 대한노총직장분회 결성에 6개소, 청년단체 구단부 동단부 결성 등에 10수개소 나아간 실례이니 이로써 능히 그 업무를 추측할 수 있다.

이에 특필할 만한 사실은 9월 12일도 의례 오전 9시에 민통에 출근하였는데 10시 조금 지나서 부근에서 총성이 5, 6발 들렸으나 무상심상無常尋常하게 들었다. 거무하에 총재가 들어왔으며, 총재실에 잠간 들렀다가 예일例日과 같이 각 부실을 순회하면서 "별일들 없나?"하고 문안하였다. 일동이 황송하여 "예! 별고 없습니다"라고 대답하였다. 그런데 이날은 총재실로 돌아가지 않고 현관을 지나 외출하려고 나가므로 전원이 배웅하려고 나가면서 보니 수행하는 비서와 경호원의 안색이 이

상하게 긴장했기에 그 연고를 물은즉 "방금 돈화문 못미처서 창경원에서 넘어오는 구름다리를 지났을 때에 괴한 1명의 총격을 받아서 권총 4발 중 1발은 지상에, 2발은 총재 승용차 뒤창 변두리의 상하 철판에 맞았을 뿐 일분一分 아래나 반분半分 위의 유리창을 뚫고 차중에는 들어오지 못하였으므로 그곳에 앉은 총재께서는 천행으로 무사하였으나 우리 수행원들은 등골에 식은땀이 흐르고 있습니다. 속히 장택상 수도경찰청장에게 연락해주시오"라고 하였다.

이 말을 들은 전 직원은 망지소조罔知所措 당황이 극해서 어찌할 바를 몰라 하나 총재 자신은 안색 하나 변하지 않으면서 화기 만면한 중에 "나는 별일 없었으니 염려들 말아!"라고 말씀하면서 탄흔이 생생한 그 차에 다시 올라 종로 기독청년회관에서 개최되는 대한독립청년단 결단식에 임석 차 향발하려 하였다. 민통간부들이 황급히 차에 달려가서 돈암장으로 환차還次하도록 만류하였으나 불청不聽하고 태연자약한 태도로 예정한 기독청년회관에 행차하여 동 결단식장에 모인 1,000여명 청년들의 사기를 고무시켜 주었다. 더구나 사회하는 동지가 "이 박사께서 본 대회에 나오시는 도중에 괴한의 습격을 받았으나 무사히 그 위험을 무릅쓰고 나오셨다"고 소개하자 만당한 일동은 황송한 중에 감격의 눈물을 흘리면서 청년의 순혈을 조국에 바치겠다는 굳은 맹서를 하는 역사적 광경이 벌어졌다. 동 결단식에는 김 주석과 이범석 장군도 나와서 축사를 하였는데, 김 주석은 그 축사 중에서 "우리가 조국을 찾자고 수십년간 국내외에서 모든 위험을 무릅쓰고 싸워왔지만 오늘 이 시각에도 우리 민족의 영도자이신 이 박사께서는 사선을 넘어서 동지들의 대회에 나오신 이 당신 목숨을 내놓고 싸우시는 박사의 정신을 받들어서 우리 지상과업에 제 생명을 희생하여야 한다"는 열렬한 치사致辭가 있었다.

국민회, 청년단체, 노동단체, 부인단체 등이 애국운동을 전개함에 지대한 관심과 열의를 가진 이 총재의 의도를 받들어서 매일 무보수로 헌신활동을 하는 각 단체 간부들의 사기앙양과 위로를 해주기 위하여 당시 희귀한 운동화, 고무신 등을 염가인 공정가로 민통에서 배급받아서 부인단체에는 여자용 고무신, 다른 단체에는 남자용 운동화를 무상으로 분배해주었다. 이는 경성고무공업사 권 사장의 특별호의에 의해서 이루어졌다.

V. 철도파업사건 수습

전기한 바와 같이 찬탁용공을 내포한 좌우합작을 미군정이 추진하는 바람에 남한 전역 내 좌익공산계열이 지하에서 지상으로 나타나 공공연히 그 운동을 전개하여 그들의 세력 확장에 눈부신 활동을 한 지 3개월이 지난 1946년 9월 24일에는 남한 전역에서 철도파업을 일으켰다. 특히 전평全評철도노조의 본거지인 용산철도기관고의 800명 종업원들이 장시일간 치밀한 음모 끝에 악랄한 투쟁방법으로 파업에 돌입한 데는 아연할 정도이었다. 24일 오전 0시를 기하여 남한 전역 철도가 일제히 파업에 돌입하여 기차가 총 스톱되니 마치 인체 내 혈관의 동·정맥이 정지된 것과 방불하게 국가기능이 마비상태에 빠졌다.

국가파괴를 음모한 흉악무도한 역적도당인 조선공산당은 전년 봄에는 위폐 감행으로 국가경제 파괴를 음모했다가 실패하니까 이번에는 그보다 더 악랄한 파괴방법으로 철도파업을 음모한 것이다. 먼저 국가기관의 대동맥인 철도를 파괴 마비시켜놓고 그 다음에 소위 인민봉기를 연속 음모했으니, 즉 10월 1일을 기하여 대구폭동을 필두로 영남일대(주로 경북) 각 시군에서 일제히 공산계열이 일어나서 살인, 방화, 파괴, 파업 등 방법을 써서 국가 초토화의 음모를 실천에 옮겼던 것이다.

민통에서는 9월 24일 오전 10시에 총재를 모시고 전원이 긴급회의를 한 후에 총재의 총지휘하에 우선 철도파업의 수습에 앞장섰다. 그래서 소관부인 노동부의 전진한 부장이 일선 진두에서 주무하여 활약하였으며, 다른 직원들은 방조傍助하는 순서로 분담해서 나섰다. 민통 사무처 일부는 이 임무를 담당한 직원들의 철야 시무처視務處로 정해서 매일매야 철야하면서 사태수습, 진압, 설득공작에 맹활동을 계속했다. 대한노총 본부와 산하 각 직장분회 간부 동지들이 이 수습공작에 나섰고, 각 애국청년단체, 특히 대한민주청년동맹의 씩씩한 청년동지들이 유진산 씨의 지휘하에 결사공작대에서 활동하였다. 이들 수습공작에 출동한 동지들을 위하여 철야하면서 급식, 연락, 보급 등을 계속했다. 그들이 자동차, 트럭 등에 분승하여 씩씩하게 출동하는 광경은 마치 전시에 출동하는 병사와도 같았다.

이 철도파업을 수습하기 위하여 대한노총본부의 간부인 홍윤옥, 김구金龜 두 동지와 산하 철도노조 간부인 오차진吳次鎭, 김용학 두 동지가 중심이 되어 애국적인 철도노조원 중에서 결사대를 모집하여 9월 26일에는 벌써 철도복구대책위원회가 결성되었다. 우선 파괴된 기관차 수리에 동원하여야 할 기술진을 확보하기 위해서 전기 결사대원들이 맹활동을 해서 2일 후에는 그 기술진을 확보하였다. 그러나 복구 수리할 기관차가 들어 있는 용산공작창 내는 무장한 공산폭도들이 철통성鐵桶城을 만들어 얼씬도 못하게 되어 있었다. 부득이 수도경찰청의 응원을 요청했더니 장택상 청장의 지휘 하에 결사대가 이 용산공작창, 즉 철통성을 포위하고 공산폭도들을 일망타진하였다. 그리하여 철도노조의 기술진이 기관차 내에 돌입하게 되고, 애국청년단원들의 철야 경비 하에 철야작업으로 복구수리를 착수한 지 수일이 지난 10월 1일에 기관차 1대를 용산역에서 서울역까지 시운전함에 성공하였다 민통에서는 이 복구수리작업을 철야하고 있는 철도종업원들을 위로해주고 그 사기를 앙양시켜주기 위해서 급식, 침구, 피복被服, 시약施藥 등 편의를 제공하면서 뒷받침해주었다. 승리의 날인 10월 1일 오후 5시에 시운전이 성공되자 민통에서는 총재 이하 전 직원이 합심협력하여 공산계열의 파괴를 물리치고 승리의 건설 제1보를 발족함에 오직 감격의 눈물을 흘리면서 승리한 만족감에 벅차 있었다. 이리하여 그 익일은 복구수리가 확대되고 차차 지방철도파업도 탈환 회복되어서 10월 중순부터는 완전히 철도시설이 복구되어 그 기능이 다시 발휘되었다.

한편, 10월 1일 대구폭동을 계기로 하여 경북 각 군내에 잠복한 공산계열이 이에 호응하여 대폭동을 야기해가지고 각 군내 국민회, 청년단 간부 등 반공투사들과 민족진영 지도자들을 학살하고 그 가옥, 관공서를 소각 파괴했으며, 반공관리들을 참살하는 등 신인공노할만한 반민족적 야수행위를 자행하였다. 이에 이 총재께서는 매일 사무처에 나와서 이 영남폭동사건에 대한 대책을 강구하려고 연일 회의를 개최하였다. 그러나 유감스럽게 철도유행이 정상화되지 못한지라 각 지방에 민통 직원을 파견하여 사태를 수습하려고 수차 시도하다가 중지되었으나 통신 언론기관을 통하여 각 군내 국민회지부에 사태수습을 위한 격려서한을 발송하였다. 물론 각 군에서 사태수습에 헌신 노력하는 국민회 간부를 필두로 각 애국단체 간부들이 이에 호응하여 용기를 얻고 희망을 품게 되어 배전의 노력을 하였다.

Ⅵ. 반탁좌익 포섭

해방 1주년 기념식을 마친 1946년 8월 16일 아침에 수일 전 인천에서 발간되는 신문지상에 탁치를 반대하는 좌익공산계열 조봉암 씨의 반탁성명서를 본 필자는 그 신문지를 총재께 보여드리면서 "선생님 신탁통치를 반대하는 공산주의자가 있습니다. 이 신문기사를 보십시오"하고 그 기사내용을 말씀드렸더니 총재는 "그것 참 반가운 소식이다"하면서 희한稀罕히 여긴다. 그래서 필자는 용기를 내어 "이 조봉암을 한번 만나보시지 않으시렵니까?" 했더니 그런 사람을 만나보고 싶으니 연락해보라는 분부이다.

그리하여 필자가 하숙하고 있는 집주인 윤병희尹炳喜(연희대학교 교수) 씨를 통해서 그의 집에서 조봉암 씨의 동지인 김찬金燦 씨를 만났고, 수일 후에는 김찬의 소개로 그 집에서 조봉암 씨를 초대면하였다. 그 자리에서 조봉암 씨에게 이승만 박사의 의도를 전했더니 그도 이 박사 예방은 평소에 희망하던 바라고 하면서 면회할 수 있도록 수고를 해달라고 요청하였다. 9월 초순 민통 총재실에서 조·김 두 사람을 총재께 소개하였다. 간단한 인사가 오간 뒤에 이 총재께서 말씀하시기를

"내가 미주에서 입국한 이래 과거에 공산당 했다는 사람들도 만나보았는데 이 사람들도 한국인이야. 자기네가 공산주의하기 전에 한국 사람이었다는 각오가 없는 모양이여. 우리가 우선 나라나 찾아놓고서 공산당을 하든 민주당을 하든 할 것이 아니여? 거반去般에 미스터 조가 발표한 성명서를 보고서 한번 만나보고 싶었소. 앞으로 시간 있으면 더러 찾아오시오. 그래서 우리가 합심해서 먼저 나라를 찾아놓고 봅시다."

이에 조·김 두 사람은 이 박사의 뜻을 존중한다는 의사표시를 한 후 다시 다음 기회를 약속하고 작별인사를 마치고 나오다가 이 두 사람은 홍성하(선전부장) 씨를 만났다. 홍씨는 이 두 사람과 지면이 있는지라 다시 홍씨가 있는 선전부실에 가서 십 수 년만에 만났다는 회고담을 나눈 다음 헤어졌다. 그 뒤 십 수 일이 지난 9월 중순에 조봉암 씨의 요청으로 다시 총재를 만나게 되었다. 백색 헬멧모자를 쓴 조씨만이 전일과 같

은 차림새로 민통에 찾아왔기에 필자는 미리 연락한지라 대번 총재실로 그를 안내하였다.

그는 "해방 전에 저희들이 사회주의노선에서 일본식민지정책에 항거하여 투쟁해왔었는데 그때부터 같이 일하던 동지들이 다시 한 번 일해보자고 합니다. 그러니 앞으로 저희들이 하는 일을 지도도 해주시고 또한 후원도 해주셨으면 감사하겠습니다"고 하였다. 이에 이 박사께서는 한층 명랑한 어조로 "좋은 일 한다는 데 막을 사람 있나! 그러나 내가 무슨 힘이 있어야 도와주지. 앞으로 잘 해보시오"라고 대답하였다. 이러한 대화로 조봉암의 정치적 활동을 이해하고 후원해주겠다는 암시를 받은 조봉암은 득의만면해서 퇴출하였다. 제1차 회견은 오전 11시경이었으나 제2차는 오후 4시경이라 총재께서 특별히 필자에게 "두 차례나 찾아온 손님이니 무슨 대접을 하여서 보내라"라는 말씀이 있어서 즉각 김양수 재정부장에게 말해서 접대비를 얻어가지고 조씨를 낙원동에 있는 조용한 음식점에 안내해서 석반을 대접했다.

그 후 조씨는 김찬, 원정용元貞鎔, 신백우申伯雨 등 여러 사람과 한 정치단체를 구성하기로 하여 그 사무실을 물색해보았으나 여의치 못하므로 필자에게 의뢰해왔기에 총재께 문의했더니 총재께서 쾌락하고 그날 오후 돈암장으로 오라고 하였다. 민통에서 무슨 지시를 하지 않고 돈암장으로 오라 하는 총재의 의도를 알아차린 필자는 비밀리에 돈암장에 갔더니 미군정장관 고문인 미국인 ***윔쓰***에게 보내는 영문서한을 써주면서 가보라는 것이다. 이리해서 ***윔쓰*** 고문을 수차 만났고, 그 고문과 동승해서 시내 수개 처로 건물을 물색하러 다니다가 서울시 관재국 미국인 국장의 특별주선으로 안국동네거리 남쪽에 있는 구 중천광업소건물을 발견하였다. 그 후 이 건물은 조봉암 씨 명의로 임대차가 되고, 조씨 중심으로 민주주의독립전선이라는 반탁노선을 지향하는 좌익계열인사들로 구성된 정치단체가 결성되었다. 세칭 '민독民獨'이 발족하여 소위 박헌영 노선에 반기를 든 좌익공산계열의 많은 인사들을 규합함에 성공하였다. 이 단체는 표면으로 나서서 우익애국단체와 같이 민통 산하에서 활동하지 않았으나 민통의 과업－이 박사의 정치상 활동을 이면에서 지지해주고 여론호전을 획책하였다.

Ⅶ. 민족대표 외교사절 후원운동

1. 개설

민통이 개편되어 7월 20일부터 사무를 개시한지 수일 지난 후 아침인사를 드리러 총재실에 간 필자를 보고 총재께서 말씀하시기를 "우리가 일을 하려면 재정이 필요한데 어떻게 만들 방도가 없나?"고 하였다. 이에 필자가 다시 총재께 묻기를 "제가 알기로는 이번에 여수의 김영준金英俊 씨가 많은 재정을 바쳐서 우리 민통 사무를 시작한 줄로 아는데 다시 더 재정이 필요합니까? 얼마쯤 있으면 넉넉하시겠습니까?"라고 물었다. 이에 총재는 "거반에 김영준이가 한 100만원을 가지고 와서 일해보라고 하기에 이 민통을 시작했지만 앞으로 일을 더 벌려야 하겠으니 또 더 마련해야겠는데 한 1억원쯤 있으면 될까한다"고 대답하였다. 필자는 "그러한 대금은 일조일석에 만들어지지 못할 것입니다. 제가 며칠 연구해보겠습니다"고 하였다.

이 중대과업을 맡아서 십여 일 궁리 끝에 8월 1일 아침에 총재께 진언하기를 "거반에 분부하신 재정 만드는 방안을 제가 연구해보았는데 지금 서울시내에 사는 재산가들의 사정을 가장 잘 아는 사람으로 우리 운동에 협조하고 선생님 말씀이라면 절대 복종할 만한 인사로는 서울시 각 구동연합회장들이 있습니다. 각 동 내 사정은 동장이 잘 알고, 그 동장들이 모여서 연합회를 구성하였으니 그 구내 동연합회장이 가장 소상히 알 것입니다. 이 사람들을 선생님이 한차례 부르셔서 재정이 필요한 이유를 말씀하시고 그들의 협력을 요청하심이 적절한 방책일까 합니다." 총재께서 필자의 이 졸견을 경이傾耳하시더니 "그래 그 말이 좋으니 각 구연합회장들을 나를 만나게 해보라. 그러면 내가 그분들에게 말하겠다"고 하였다.

이에 필자는 구체안으로서 "이러한 민통 사무실에서 그분들을 불러놓고 이러이러하라고 말씀하신다면 신문기자들이 냄새 맡고서 박사님이 재정을 거둔다고 좌익계열신문이 대번 모략중상을 합니다. 그러니 하룻날 비밀히 그 사람들을 돈암장으로 청하셔서 오찬이라도 같이 나누시면서 간곡히 부탁하십시오. 그러면 그들이 선생님의 후대를 받고서 가만히 있겠습니까? 그런데 이 구동연합회장회의가 오는 8월 5일에 있습니다. 그러니 그날쯤 선생님이 누구 비서 한 사람을 보내셔서 돈암장으로 청하셔서 일을 도모하심이 좋을까 합니다"라고 건의하였다. 이리하여 당일 시청 회의실에 모인 서울시 동연합회장들을 이기붕 씨가 방문하고서 돈암장으로 초청하여왔다. 오정 때 이기붕 씨와 필자도 돈암장에 갔다.

당일에 돈암장에 참석한 각 구동연합회장은

종로구 이중화李重和, 중구 박정근朴定根, 서대문구 강창희姜昌熙,
마포구 강용표康容杓, 용산구 이상은李相殷, 영등포구 김중근金重根,
성동구 김구현金九鉉, 동대문구 전호엽全浩燁

필자는 위의 동연합회회장들을 이 총재께 소개하고서 "반탁운동 이래로 여러분들의 노고를 박사님이 잘 아시므로 여러분들을 만나보시겠다고 하셔서 오늘 이와 같이 자리를 만든 것입니다"고 말하였다.

이리하여 한 30분간 이 박사와 연합회회장들 사이에 환담이 진행되다가 1시에 양식으로 오찬이 나왔다. 이 박사를 모시고 일동이 식사를 끝내자 필자가 연합회회장들을 향해서 “박사님이 앞으로 우리 민족을 이끄시고 독립운동을 전개하시려 하는데 그에는 상당한 액수의 재정이 필요합니다. 그러나 박사님께서는 환국하신지 일천하여 국내사정을 잘 모르셔서 누가 재정이 있어서 이런 일에 협조를 하여줄지도 모르시고 하니 여러분은 구내區內 사정에 밝아서 그 동 내 재산가도 잘 아실 것이고, 누구에게 이런 일을 의논하면 얼마쯤은 되리라 하는 예정도 할 수 있을 것이니 오늘 기탄없는 고견들을 피력해주시기 바랍니다”고 개구開口했다.

다시 총재께서 간곡하신 말씀이 있어서 일동은 감격하여 재정을 만드는 일을 협력하기로 합의되고, 그 액수로 들어가니 1억원이 소요된다고 박사께서 말씀하니까 일동은 놀랜다. 그래서 필자가 우선 1억원만 조달하도록 그 방안을 세워볼 것을 요청했더니 “이러한 중대한 안건을 즉석에서 응락해드릴 수 없으니 시간의 여유를 주시면 저희들이 각 동 내 유지들과도 의논하여 박사님의 기대에 어긋나지 않도록 힘써보겠다”는 요지로 강창희 씨가 발언하자 일동은 동감임을 표명했다. 일동이 돈암장에서 나온 후 시청 회의실에서 혹은 민통 회의실에서 수차 회합을 가지고 모금운동을 시작하려다가 이 박사께서 도미외교사절로 떠나가게 되므로 이 연합회 회장들은 외교후원회 구지부를 결성하여 그들이 앞장서서 외교성금 모금운동에 활약하였다.

그런데 남한에서 미군정이 저지른 최대과오는 좌우합작정책을 추진한 것인데, 그 결과는 무엇을 가져왔던가? 민전 산하 각색 공산계열이 상상 이상으로 그 세력을 확대 강화하였으니 그 증좌로서는 9월 하순의 철도파업, 10월 1일 이후 영남일대에서 일어난 공산폭동이다. 그러나 미군정당국은 *하지* 중장을 필두로 누구도 이 사건 발생의 원인을 정확히 파악해서 그 시책의 일대혁신을 한다거나 폭동의 발본색원책을 강구할 만한 하등의 양상도 보이지 않고 있으니 영명하고 우국애족에 불타는 이 박사께서 이 이상 더 참을 수 없어서 이 참담한 한국실정을 미국 조야와 UN총회, 즉 국제여론에 호소하고자 그 7순 노구를 불고하고 붕정만리 장도에 오르게 되니 삼천만겨레의 감격을 어찌 다 필설로 표현하랴!

11월도 저물어가는 19일 오후에 잠간 외출했다가 사무국에 돌아오니 동료 안재정 동지가 전언하기를 돈암장에서 기별이 있으니 가보라는 것이다. 그래서 안 동지와 같이 돈암장에 가니 때는 이미 황혼이라 거무하에 총재께서 나오셔서 "내가 아무래도 미주에 건너가서 한국에서 하는 이 군인들의 실책을 밝혀야겠다. 그런데 벌써부터 일러온 재정은 마련되느냐?"고 물었다. 느닷없는 이 질문에 당황한 필자는 "거반에도 시내 각 구동연합회장 이하 유지 100여명이 모여서 의론만 했지 누구가 얼마씩 마련하다는 것은 미결 중입니다. 차차 되겠습지요. 그런데 언제 떠나시려고 하십니까?" 했더니 "한 주일 안으로 가야겠다"고 하였다. 이 말씀에 두 사람은 일층 당황하여가지고 총총히 나와서 명륜동까지 반시산을 무언한 중에 밤거리를 걸어와서 헤어지고, 필자는 다시 걸어서 민통 앞, 즉 돈화문까지 와가지고 다시 계동골목을 올라가서 김성수 씨 댁에 들렀다. 밤 9시가 지났는데 부재중이시다. 동아일보 사옥에 있는 한국민주당에 갔다는 것이다. 다시 걸음을 최촉催促하여 그곳에 간즉 밤 10시인데 상금 회의 중이다.

옥색 명주두루마기를 입은 인촌[1]선생을 별실에서 만났다. 인사 후 긴급한 표정으로 "제가 돈암장에서 이 박사를 뵙고 나오다가 댁에 들러서 곧 이리로 왔습니다. 이 박사는 한 주일 안으로 미국에 가신다 합니다. *하지* 중장과의 싸움이 무의미하고 소득 없는 일이라 깨닫고 미 본국에 가서 외교공작전을 벌여보아야겠다는 취지인데 선생님이 여비를 염려해

1 김성수 씨의 아호.

주셨으면 해서 이렇게 야심한데 왔습니다. 상세한 것은 내일 아침에 민통에 나오셔서 박사님께 들어보십시오"라고 말씀드렸다. 이에 인촌선생은 "이 박사가 미국 가시는 것은 나도 찬성이나 창졸간에 무슨 돈이 있나? 얼마나 있어야 하는가?"하고 물었다. 인촌이 돈 있다고 말할 리 없음은 필자도 잘 아는지라 계속해서 "한 1억원이 소요된다고 하시는데 출발하실 때 우선 한 1,000만원쯤 가지고 가셔야 할 것입니다. 그러니 선생님이 한 100만원만 마련해주십시오"라고 말씀드렸더니 "좌우간 내일 내가 이 박사를 만나보지"라고 대답하였다.

이러한 회담 후에 숙소에 돌아오니 자정이다. 다음날 미명에 일어나서 돈암동 이만수李晩秀 씨를 왕방往訪하여 대략 인촌선생과의 교섭과 비슷한 내용으로 불일간 100만원을 마련해줄 것을 요청했다. 같은 고무공업계의 한 사람인 여수의 김영준 씨가 수개월 전에 100만원을 헌금했으니 군산의 제일실업가인 이씨도 독립자금을 김씨와 동률로 내라는 뜻이다.

2. 민족대표외교사절후원회의 결성

다음날인 11월 21일에 총재로부터 도미계획이 발표되자 즉일로 국내외에 보도되었고, 민통에서는 수일 후에 애국단체대표회의를 소집하였다. 즉 25일 오후에 각 단체대표들이 열렬하게 외교사절을 후원할 것을 강조하여 즉석에서 민족대표외교사절후원회가 결성되었다. 그리고 각도에서는 독립촉성국민회 도지부와 민통 도지부가 중심이 되어 외교후원회 도지부를 12월 6일까지 결성 완료하고, 12월 7일은 중앙과 지방 각도에서 일제히 민족대표 외교사절 환송국민대회를 개최하였다.

도미에 제際하여 이승만 박사 담화 발표 (11월 22일 밤)

"우리 문제를 연합국이 결정하기 전에는 한국에 주재한 미소 양 사령부에서 자유로 해결할 수 없는 형편인데, 지금 유엔총회에 제출된 이때에 사실을 밝혀 설명할 필요가 있는 고로 내가 즉시 도미할 준비를 차리는 중이니 그 동안에는 모든 문제는 나의 정책대로 굳게 지켜서 파괴분자의 모략이나 선동에 흔들리지 말고, 민족진영이 싸우며 지켜오던 주의와 정신을 잃지 말며, 통일적·조직적으로 동일한 보조를 취하기를 간절히 부탁하는 바이다."

이 담화가 발표되자 미군정당국은 *하지* 중장을 비롯한 거개 인사가 냉담하였다. 그래서 12월 1일 김포공항에서 등정登程하려 했으나 비행기 좌석이 마련되지 않았다. 그러나 그날 벌어진 굉장한 환송을 보고서 놀란 미군정당국과 동경 *맥아더*사령부 고급 부관의 주선으로 12월 4일에야 발정하였다.

전기한 바와 같이 12월 7일은 각 도에서 일제히 국민회도지부장이 중심이 되어서 당지當地 각 애국단체연합회 주최로 민족대표 외교사절 환송국민대회를 개최하였다. 각 도 상황은 생략하고, 중앙에서는 당일 오후 1시 지나서 서울운동장(제2운동장인 훈련원 자리)에 수만의 애국동포가 초설이 내리고 삭풍이 몹시 휘몰아치는 혹한 중에도 운집하였다. 내빈 중에는 김구, 조성환, 오세창, 프란체스카 여사 등이 참석하였다.

홍성하 씨의 사회로 개회하여 국민의례가 끝난 다음 신익희 씨의 개회사에 이어서 외교사절후원회장 조소앙 씨의 외교사절후원취지 설명이 있었다. 이어서 이윤영 씨의 선언문 낭독과 박종화 씨의 성명서 낭독 후에 오종식 씨가 나와서 대회결의문 낭독과 그 통과가 있었다. 다시 민주우방 각국 원수에게 보내는 메시지를 양우정 씨가, UN총회에 보내는 메시지를 함대훈 씨가, *하지* 중장에게 보내는 메시지를 김광섭 씨가, ***맥아더*** 장군에게 보내는 메시지를 임원규林元圭 씨가 각각 낭독하였다. 다음은 김구, 조성환 두 선생이 나와서 열렬한 격려사를 하였는데, 특히 김구 선생은

"우리는 이제부터 짚신감발을 하고서 다시 독립운동을 시작해야겠다. 보라! 이 박사는 7순 노령으로서 우리의 억울한 사정과 독립을 호소하려고 만리이역萬里異域까지 가셨다. 우리들은 이 박사의 애국정신을 받들어서 자기의 몸을 바칠 사람은 몸을 바치고, 재정 있는 사람은 재정을 바쳐서 이때에 한번 애국심을 발휘해보자! 나도 오늘 이 일에 새로운 각오를 한 바 있어서 나의 정성의 일단을 표하는 의미에서 내가 입고 있는 이 외투를 내놓겠다. 이것을 팔아서 외교성금으로 보태어 써주기 바란다"고 말하면서 입었던 외투(중경에 계실 때 장개석 총통이 기증한 고귀품)를 즉석에서 벗어서 대회 주최 측에 내맡기자 주최 측은 물론 전 회중이 감격하여 이 외교성금각출운동에 총궐기할 것을 결심하였다.

외교사절후원회 본부에서 12월 상순에 각 도에 다음의 인원을 파견했는데, 이들 파견원이 각 도에 나아가 그 도내 각 시군을 역방하면서 외교사절후원회 시군지부를 구성하여 그 시군지부가 활동하여 각 지방에서 외교성금각출운동을 전개하였다.

경 기 도 서정희徐廷禧(민족대표외교사절후원회 임원)

강 원 도 박원식朴源植(민족대표외교사절후원회 임원)

충청북도 김종회(민족대표외교사절후원회 임원)

충청남도 정해준, 황현숙黃賢淑(민족대표외교사절후원회 임원)

전라북도 서재권(민족대표외교사절후원회 임원)

전라남도 이관운李觀運(민족대표외교사절후원회 임원)

경상북도 김상덕, 장대희(민족대표외교사절후원회 임원)

경상남도 김효석(민족대표외교사절후원회 임원)

결의문

1. 우리의 독립은 오직 우리 민족의 총역량과 이의 자주적 발동에 의해서만 획득할 수 있다는 것을 재인식하자. 각각 이념이 다르고 목적이 상치相馳한 두 세력의 대립적 간섭은 결국 독립의 천연遷延과 민족의 분열만을 초래할 뿐이다. 우리는 민족자결의 원칙에 입각하고 세계에 호소하여 국제의 여론을 환기함으로써 조국의 완전독립을 무조건으로 회복하기를 결의한다.
1. 우리는 약소민족 해방으로써만 세계평화를 누릴 수 있다고 확신하고 연합국헌장을 수행할 의무를 가진 UN총회에 한국의 완전해방과 즉시독립을 제소하기로 결의한다.
1. 우리는 해방된 민족으로서 모든 국제회의와 기구에 대한 발언권을 가지는 자격을 먼저 획득하여 남북이 통일한 완전한 독립을 쟁취하기를 결의한다.
1. 우리는 이상의 목적을 관철키 위하여 관계 각국에 우리 민족대표, 즉 국민사절단을 파견하기로 하되, 위선爲先 미국에서 개최 중인 UN총회에 이승만 박사를 수반으로 한 사절단 파견을 삼천만 총의로써 결의한다.

UN총회에 보내는 메시지

인류의 정의를 위하여 싸운 연합국 장병의 열렬한 투쟁과 고귀한 유혈로써 이제 한국이 일본제국의 독아毒牙로부터 해방되었음에 대하여서는 우리는 경건한 마음으로 감사를 드리는 바입니다. 그러나 해방된 우리 한국은 미소 양군이 분할점령한 채로 민생은 도탄에 빠지고, 국정은 혼란의 극을 이루게 되었습니다. 한국을 분단한 얄타비밀협정의 한국에 관한 조항은 카이로·포츠담 두 선언에 의하여 마땅히 실효되어야 할 것이며, 모스크바 3상회의의 한국에 관한 협정 역시 신탁통치에 대한 협정이오 조약이 아님에도 불구하고 1년 반이라는 상당한 시기가 경과한 오늘 아직도 독립은 실현치 못하여 우리 한국 삼천만민족은 해방으로부터 다시 해방되어야 함을 부르짖게 되었습니다.

더욱 삼천만의 기대 속에 열린 미소공동위원회는 동일한 용어 '민주주의'에 대한 해석의 상위로 말미암아 무기휴회를 선언하게 되어 그 속개조차 요원하게 되었습니다. 이렇게 근본이념이 상극되는 양대 세력의 한국독립에의 관여는 결국 천연과 무위 그리고 민족의 분열과 도탄만을 초래하게 되어 민족적으로 우려할 사태에 이르렀습니다. 이것이 한국의 정신적 비극이며 육체적 고통입니다. 이 양대 세력이 평행되는 이데올로기의 투쟁을 앞에 놓고 오로지 독립을 염원하는 한국민족은 자기의 운명을 개척하고 자기의 문제를 해결하기 위하여 언제까지나 무언히 인내를 하여야겠습니까? 이 점에서 정의와 인도, 자유와 평화를 애호하는 각국 대표와 그 국민의 동정적인 원조를 요망하는 동시에 획세적劃世的인 UN총회에 한국의 실정을 제기하여 한국의 독립을 하루 빨리 완수코자 하는 바입니다. 이러한 신성한 목적을 달성키 위하여 우리는 우리의 영도자 이승만 박사를 한국민족 외교사절로서 UN총회에 파견하는 바이오니 정의에 입각한 각국 대표와 귀국민의 적극적인 동정과 원조를 앙망하는 바입니다.

하지 중장에게 보내는 메시지

경애하는 ***하지*** 중장 각하, 각하께서는 한국에 진주한 이래 한국의 독립을 위하여 직접간접으로 관심을 가지고 꾸준히 노력해주신 데 대하여 충심으로 감사를 드리는 바입니다. 각하께서는 이미 아시는 바와 같이 한국은 해방된 지 1년 반이 경과하도록 38선이 엄존한 채로 민생은 도탄에 빠져 혼란과 비애에서 신음하고 있습니다. 이것을 수습하는 길은 다만 한국에 독립정부를 조속히 수립하는 곳에 있을 것입니다. 각하께서도 누차 언명한 바와 같이 신탁은 한인이 반대한다면 안 받을 수도 있다고 하였습니다. 제2차 세계대전이 종결된 오늘 정의와 인도에 입각한 진정한 민주주의 세계를 건설하려면 정당한 약속을 이행하고 양심적인 요구가 용인되는 데서만 볼 수 있을 것입니다. 이것을 부정하는 개인이나 국가가 있다면 세계는 불의의 화를 면치 못할 것입니다. 더구나 미소공동위원회가 휴회된 지 이미 오래인 금일 우리는 무한정하고 미소공동위원회만을 좌대坐待할 수는 없습니다. 이것은 백년하청을 기다리는 것과 마찬가지입니다. 한국의 독립이 하루가 천연되면 될수록 민족적 비극이 극단에 빠질 것은 엄연한 사실입니다. 그러므로 이 비극의 선을 넘어 자유와 평화와 행복을 위한 독립을 전취하려는 한국민족 삼천만의 열의는 불타고 있습니다. 그리하여 우리는 세계만방에 한국의 실정을 호소하여 우리의 갈망하는 독립을 찾으려는 염원에서 우리의 영도자 이승만 박사를 민족대표외교사절로서 UN 총회에 파견하기로 결의하였사오니 귀하와 귀하의 막료 제 장병의 적극적 후원을 바라는 바입니다.

1946년 12월 7일

한국민족대표외교사절 환송 국민대회

3. 외교후원금 모금운동

지방에 파견되었던 전기 인사들이 연말까지 돌아와서 그 파견되었던 도내 각 시군에도 외교사절후원회 지부가 결성 완료될 뿐 아니라 그 지방에서 책임 맡은 애국동지들이 김구 선생의 지도정신을 체득하여서 그 외교성금 모집에 적극 활동 중이라고 보고하므로 본부에서는 본 사업의 전도를 낙관하였다. 그런데 중앙인 서울시내에서는 여하하였던가? 서울시 각 구에 있는 독립촉성국민회 구지부가 중심이 되어 12월 말까지는 거개 외교사절후원회 구지부가 결성되고, 그 일에 책임 맡은 간부들이 헌신 노력하여서 외교성금 모금운동이 활발히 전개되었다. 뿐만 아니라 지난 12월 7일 성동원두에서 김구 선생이 사자후한 말씀과 또한 외교성금 각출에 솔선수범한 것을 직접 목도하고 깊은 감명을 받았다. 그리하여 애국특지가들이 자발적으로 중앙본부인 민통사무처로 내방하여 이 외교성금을 헌납하여 애국국민으로서의 면목을 세워보겠다는 인사들이 연일 답지함에는 실로 감격할 바이었다. 특히 가상할 만한 것은 각 직장(주로 공장)에서 일하는 근로자들이 그 영세한 주머니 속에서 자기 정성을 다한 외교성금을 걷어 모아가지고 본부에 혹은 지부에 대표를 파송하여 헌금하는 애국실천이었다.

미군정청에 근무하는 동포 중에서도 전라남도청은 서민호徐珉濠 지사, 충청남도청은 박종만朴鍾萬 지사의 진두지휘 하에 직원일동이 그 박봉 중에서 외교성금 각출에 애국심을 발휘했고, 애국단체 중에서도 기미독립선언기념사업회(회장 윤보선, 부회장 유홍)에서는 대금 180만원을 만들어서 외교성금으로 바쳤고, 개인으로는 여러 애국적인 실업가들이 많은 금품을 외교성금으로 바쳐서 김구 선생의 말씀 그대로 유전자출전有錢者出錢해서 그들의 애국심을 발휘하였다. 이 중앙과 지방에서 각출된 단체나 개인 명단은 본부재정부에서 후일 신문지상에 발표하였다.

그러나 반면에 외교성금 모금운동에 일대 암적 존재가 생겨났으니 그것은 당시 독립촉성국민회 회장 조성환씨 영도 하에 동회 중앙본부의 간부와 한국독립당 간부로써 조직한 소위 임정추진회이다. 그들은 국민회 중앙본부 요직에 있음을 기화로 하여 산하 국민회 도·시·군지부에 혹은 공함公函으로 혹은 인원파견으로 외교성금은 국민회 본부를 경유하여 외교사절후원회로 납금한다고 기별하고 그 실행을 공작하였다. 그래서 충청남북도와 경상남북도 국민회지부 간부 중에는 한국독립당원으로 전기 임정추진회와 일맥상통하는 인사들이 있어서 이들의 암약으로 인하여 각 지방에서 모금되는 외교성금을 국민회본부로 납금하고서 외교사절후원회 본부에서 각 도지부(외교사절후원회 지부)에 수차 공함으로 또는 인원파견으로 독촉해도 직접 납금納金을 불응했으며, 심지어는 경북 대구에 파견한 중앙본부(외교사절후원회) 임원은 도지부 사무실에서 괴한들에게 피습당하여 중상까지 받고 공수로 귀임한 사실이 있다. 어시호於是乎 외교후원금 본부로서는 이에 대한 대책을 세우지 않을 수 없게 되었다. 3월 10일 외교사절후원회 본부에서 긴급간부회의를 열고 토의한 결과 회장 조소앙, 상임간부 서정희, 서재권 3인이 3월 11일에 운현궁에 있는 국민회 본부로 파견되었다.

3월 11일 오전 11시 국민회 회장실에서 조성환 회장과 본회 조소앙 회장과의 대담 내용은 다음과 같다.

"외교후원회 도지부에서 올라온 보고에 의하면 국민회 본부에서 외교성금을 받았다고 하는데 그 총금액이 얼마나 되오?"

이 말에 조성환 회장은 직시 재정부장 김석황씨를 불러서 장부를 가져다가 조사하더니 대답하기를 "어제 현재로 국민회 본부로 각 지방에서 가져온 돈이 230만원 됩니다."

이 거액에 조소앙 회장은 놀래서 좋지 못한 안색으로 "외교성금을 거둘 때에 그 취지와 목적이 분명한데 어째서 국민회에서 그 많은 돈을 받아서 직시 외교후원회로 넘기지 아니하였소? 참으로 유감된 일이요."

이에 조성환 회장은 대소 무안한 낯빛을 보이면서 변명조로 말하기를 "국민회에서는 별도로 재정을 만드는 중인데 상금 현금은 안 들어오고 할 일은 긴급하고 하여서 부득이 외교후원회로 가는 돈을 임시 차용한 셈이지요."

이 답변에 조소앙 회장은 불만스러운 어조로 말하기를 "그래 차용했다고 한다면 외교후원회에다가 사전에 양해를 구하여야 할 것이 아니겠소?"

그 옆에서 듣고 있던 서정희 씨가 못 참겠다는 듯이 말을 이어서 "국민회도 독립하려는 것이오, 외교후원회도 독립하자고 애국자들이 모여서 불피풍우不避風雨하고 중앙과 지방을 돌아다니면서 성금을 만들었는데 이와 같이 서로들 의논 없이 거액의 돈을 독립운동의 미명 하에 횡령한단 말이오, 어디 이런 법이 있소?"

강직하고 열의 넘치는 그가 언성을 높이었으나 조성환 회장은 하등 대꾸가 없이 묵묵부답이다. 난처하게 된 이 분위기 속에 할 수 없이 조소앙 회장이 다시 말을 이어서 "여보! 청사晴蓑[2] 그렇다면 이 문제를 어떻게 처리하려 하오?"하고 묻자

"아! 그거야 국민회에서 갚지요. 곧 갚게 될 것이오."

이 말에 조소앙 회장은 계속해서 "그러면 어느 때쯤 갚게 되겠오?"하고 물으니

"한 달만 기한해주시오. 그러면 4월 말까지는 다 갚게 될 것이오"라고 언약하자 조소앙 회장은 매우 섭섭한 태도로 "기왕지사는 할 수 없으니 틀림없이 4월 말까지 전액을 후원회로 갚아주시오"라고 다짐하였다.

이때에 기회를 놓지지 않고 서정희씨가 "과거지사는 그렇다 하고 금후나 다시 국민회에서 외교성금을 받지 않기로 본부에서 각 지방에다가 '금후는 외교성금을 국민회로 가져오지 말고 직접 외교후원회로 가져가라'는 공함을 띄워주시오"라고 말하자 조성환 회장이 이를 쾌락하여 즉시 실행할 것을 확약하였다.

회담을 마치고 2층에서 아래층으로 두 노인을 앞에 모시고 내려가는데 국민회 본부 간부인 듯한 청년 한 사람이 필자를 붙들고 "잠간 할 말이 있으니 이리 오시오" 하면서 계단 옆에 있는 별실로 안내하므로 별 의심 없이 입실했더니 청년 5, 6명이 대기하고 있다가 다짜고짜로 덤벼들면서 한 청년이 "네가 얼마나 잘났기에 영감들을 앞세우고 다니면

2 조성환의 아호.

서 우리 회장님을 모욕 주는 것이냐?"고 하면서 여러 놈의 주먹과 발길이 집중해온다. 이 불의의 봉변에 당황해서 우선 실외로 나가려 하나 출입하는 문을 막고서 집중으로 가하는 폭력이라 일변 막으면서 "여보! 신사적으로 합시다. 사리를 똑똑히 밝혀서 알아가지고 할 말이 있으면 하고, 칠 일이 있으면 치시오"라고 말한즉

그 중에 한 놈이 반박하기를 "흥, 사리를 똑똑히 알아보자고? 우리는 다 연락해주는 사람이 있단다. 어제 외교후원회에서 어떤 놈이 발언하여 꾸며낸 오늘의 연극인지 모를 줄 알고서 시치미를 떼고 무슨 잔소리냐? 너희들만 애국운동하는 줄 아냐? 우리도 애국운동(임정추진회운동)하느라고 쓴 돈이다. 건방지게 갚아라 마라 해!"라고 하면서 다시 집중폭력이 들어오기 시작할 때에 외부에서 기골이 장대한 청년 하나가 들어왔다. 지나가다가 소란하여서 뛰어들어온 듯한데 보니까 대소 지면이 있는 인사이다. 다행히도 그 분의 제지로 그 방에서 탈출하게 되었다.

임정추진회에 내통하는 자가 외교후원회에 매일 나와서 이곳의 정보를 그곳에 제공하므로 전기와 같은 불의의 습격을 받았으나 그 기관 내에도 동정자가 있어서 피화避禍케 되니, 우리 독립운동선상에도 적이 동가同家에도 있고 이웃이 적중에서도 발견되는 기현상이 있다는 것을 그날따라 절실히 느꼈다.

4. 입법의원의 창설

거족적인 외교사절후원운동이 활발하게 전개될 때에 미군정당국은 종래 추진하던 좌우합작의 결실체로서 이 합작원칙 하에 입법의원을 창설하였다. 관선으로 좌우익에서 절반씩 45명, 민선으로 간접선거를 통해서 남한전역에서 45명, 도합 90명으로 구성하고, 그 의장에는 김규식 박

사를 관선하였다. 그래서 12월 12일 중앙청 제1회의실에서 개원식을 거행하였다. 불과 10삭朔 전에 이 장소에서는 소위 남조선국민대표민주의원이라는 것이 국내외 각광을 받으면서 개원했던 그 자리에서 정치적 성격을 180도로 전환한 입법의원이 발족하였다.

미군정의 괴뢰로서 일시 득세한 김 박사는 민족적 참담을 호소하며 그 비원을 성취해보려고 노구를 이끌어 도미 투쟁하려는 이 박사를 몇몇 추종자들과 동석한 자리에서 평하기를 "아~니, 이 박사가 이불 속에서 활개치는 셈이지. 그래 미국을 간다면 남한의 미군정 협조 없이 가서 무슨 성과를 낸다고 그러는 것이야!"라고 야유 겸 비난을 퍼부었다는 것이다. 사대근성이란 망국잔재가 아직도 남아있는 김 박사는 미군정이 뒷받침하는 정치적 활동만이 합법적이요 합리적이어서 성공할 것이라 독단하고, 민족독립성을 발휘하여 자율정부를 건립하려는 것은 그들의 견해와 판단으로서는 이론理論이 서지 못하는 천부당만부당한 짓이라고까지 그 사고방식이 달라진 것은 그들 자신을 위해서나 민족을 위해서나 통탄치 아니치 못할 일이다.

불과 반년 전에 정동예배당에서 개최되었던 독립촉성국민회 전국대표자 2,000여명 앞에서 김구 선생은 무엇이라 장담하였던가? "삼각산이 무너지면 무너졌지 우리 세 사람의 결속은 무너지지 않는다"고 했었다. 이 자리에 동석하여 같이 합의하고 같이 다짐하던 소위 민족의 영수가 영명한 노 박사가 민족을 대표해서 그 참담상을 호소하려고 도미渡美 장행함에는 환송은커녕 야유와 비협조이었다는 것이다.

5. 외교사절 활동 방해

한편 미군정 관리들 중에는 이 공기에 공명하는 추세배追勢輩들이 있어서 우리의 이 외교사절후원운동에 협조는 고사하고 방해까지 하는 인사들이 우리 민족진영이나 미군정당국자 중에도 개재하였다는 사실을 알아야 한다. 그 중에서도 특히 미군정 최고책임자인 *하지* 중장은 여하하였던가? 그는 이 박사의 권고를 물리치고 좌우합작을 추진하였고, 일보 나아가서 합작원칙으로 입법의원을 만들어서 김규식 박사에게 맡긴 사람이니 김 박사보다 한술 더 뜨는 정도로서 우리의 거족적인 외교사절후원운동을 달갑지 않게 생각할 뿐 아니라, 한 걸음 나아가서 방해공작까지 하였던 것이다.

무슨 방법으로? 가장 간편하고도 효과적인 방법으로 마치 사람의 생명을 끊는 방법으로는 호흡을 못하게 하는 방법이 있듯이 전략가 *하지* 중장은 이 방법을, 이 가공할 전략을 썼다. 그 구체적 사실은 이 박사가 이한한 이래 2월 중순까지 3개월간인데 매일같이 있어야 할, 아니 있기로 약속되어 있는 통신이 끊어져 있었다. 외지를 통해서 이 박사의 도미활동의 편모가 멀리 바라보일 뿐이지 직접 통신연락이 두절되어 있었다. 다시 말하면 본국에서 뒷받침하는 우리와 해외에서 성투聖鬪하는 이 박사 간에 통해야 할 절대적인 조건, 이 호흡이 통하지 못하고 말았다. 그래서 우리의 외교사절후원운동, 다른 말로 한다면 좌우합작 타도로써 독립촉성을 이룩하자는 민족운동을 반신불수 내지 전신불수상태로 차차 함입陷入케 하는 과정이었다. 더구나 돈암장에서 외로이 남아서 일각이 삼추三秋같이 박사로부터 매일 시시각각으로 통신이 오기만 고대하는 이 부인의 초조와 불안감이란 여하하였으랴? 이를 목도目睹하는 비서진의 안타까운 심정도 무엇이라 형언할 수 없었다.

때는 2월 중순이다. 필자가 2월 중순부터 제2차로 전북지방을 순회하고 한 달 만에 귀임하여 사무당국에 전북도내 각 시군에 있는 외교후원회지부의 활동상황과 순방한 전망을 보고하고 있었다. 그때 돈암장으로부터 이기붕 씨가 내도來到하여 12월 4일 이 박사가 떠날 때 보내기로 약속한 서신, 인쇄물 기타 연락 일체가 두절되었다는 사실을 말하자 동석해 있던 간부일동은 아연히 대경실색하였다.

즉시 재석했던 간부들이 김양수 재정부장을 중심으로 긴급 토의하였다. 두절된 통신, 이는 미군정에서 고의적으로 우리 외교사절과 국내 우리들과 호흡을 통하지 못하게 두절 질식케 해놓았다는 이 엄연한 사실을 타개할 대책을 수립하자는 회의에서 몇몇 동지들의 의분과 혈조血潮가 고조되고, 각양 명안이 족출한 가운데 중론은 결정되었다. 즉 본 외교후원회 대표로서 서정희, 박원식, 필자 3인이 선정되어 이들이 반도호텔로 *하지* 중장을 방문하여 절충하기로 하였다.

3인이 종로 뒷골목 설렁탕집에 들어가서 점심요기를 하면서 구수협의하여 작전계획을 세웠다. *하지* 중장과의 대결에서 총사령관은 백전노장인 서정희 씨로 추대하고, 다른 두 사람은 그 보좌관으로 편성하였다. 이 싸움의 비결은 상대방의 허실이 무엇이냐 하는 탐색과 이편의 내밀만한 주력과 휘두를만한 무기가 무엇이냐 하는 자성自省이다. 그리고 일기대전一騎對戰에서 반드시 호지護持해야 할 것은 왕성한 사기, 충천하는 기상을 보여서 옥쇄불사할지언정 약소민족의 비굴을 노출하여 구구한 와전지책瓦全之策을 쓰지 말자는 것으로 대전법인 질문요지와 강조할 주안점을 3인의 총지낭을 짜내어 안출하였다.

오후 3시 반이다. 통역 이묘묵 씨를 통해서 내의를 알리자 10분쯤 후에 회견하였다. 먼저 서정희 씨로부터 개구하여 말하기를 "*하지* 중장이 우리나라에 오셔서 민주주의국가를 만들기 위하여 많은 수고를 해주심을 우리 국민은 감사합니다. 그 국민의 한 사람으로서 오늘 이 자리에서 감사인사를 드립니다." 이 씨의 통역에 *하지* 중장이 만족한 표정으로 답례함을 마치자 단도직입 돌격전이다. "우리 한인들이 절대 신뢰하는 미군정의 지도를 받아서 우리도 당신네 나라 미국과 같은 민주주의국가가 되고자 합니다"고 전제하고 나서 "그런데 민주주의국가의 국민이 되려면 여러 가지 자유가 보장되어야 하지만 그중에서도 통신의 자유가 절대 보장되어야 하겠습니다. 그러나 우리 남한에서는 지금 이 통신자유가 보장되기는커녕 유린당하고 있는 사실이 있어서 이를 호소하며 규명하려 왔소이다."

이 말에 *하지* 중장은 약간 놀래는 안색을 하면서 의아스런 표정이다. 그는 이씨를 통해서 그 구체적 실례를 들어서 말하라는 것이다. 이때에 다음으로 제2차의 맹타를 가할 만한 유리한 경우에 서게 되자 "이 통신자유가 유린당한 사람은 나 개인도 아니오, 우리 전 민족이오. 그 유린한 상대방은 개인도 아니고 바로 미군정당국이오." 이 말에 깜짝 놀란 *하지* 중장은 어서 구체적 사실을 토설하라는 독촉이다.

그래서 각설하고 본론으로 들어갔다. 서씨는 장중한 어조로 "우리 한인들이 거족적으로 환송하여 대표로 보낸 이 박사가 떠난 이래 우금 3개월인데 통신이 두절되었으니 이게 무슨 연고이오? 이 박사가 본국을 떠날 때 매일 발송하여주기로 한 서신, 전신, 인쇄물 등이 그 동안에 한 장도 없으니, 지금이 전쟁 중이라도 그렇지 않겠는데 하물며 평화시에 개인 아닌 민족대표 자격으로 이 박사가 발송하는 통신이 일절 두절되다니 이는 필시 미군정에서 압수하고 있는 것이 아니오?" 하고 최대 용기를 내어 과감히 맹타했다.

이때에 *하지* 중장은 대소 당황한 표정이다. 그러나 오불관언한 태도로서 이씨를 통하여 말하기를 "귀하의 말씀은 금시초문인데 사실 그렇게 되었다면 대단히 유감된 일이올시다. 그러나 우리 군정에서 그러한 통신두절을 목적으로써 서신 등을 압수할 리는 만무하다고 생각하오. 즉시 부하들을 통해서 조사해보겠오."

상대방이 수세로 나올 때에 최후일격을 가할 호기회를 놓치지 않았다. 서씨는 자신만만한 태도로 말하기를 "미군정에서 이 이상 더 통신 압수를 계속한다면 우리 외교후원회로서는 부득이 이 통신자유가 유린되고 있는 사실을 언론기관을 통하여 공개할 뿐 아니라 수삼일 후에는 서울운동장에서 민중대회를 열고 이 사실에 대한 성토를 해서 최후까지 싸울 것이니 그리 아시오."

이 최후일격을 가하는 선언에 ***하지*** 중장은 미소를 띠면서 말하기를 "이 박사로부터 보내온 통신관계를 곧 조사하여 만일 발송되지 않은 것이 있다면 선처하도록 지시하겠으니 그리 알고서 과히 염려 마시오"라고 하였다. 이에 일행은 상대방을 함락시킨 자신을 얻어가지고 의기양양하게 본진으로 개선하여왔다.

그런데 익일 오후에 돈암장으로부터 소식이 왔다. 그날 아침 일찍 미군MP 수명이 포낭布囊 2개에다가 가득 넣은 서류를 가져왔다는 것이다. 이것은 이 박사로부터 3삭 동안 발송해온 서신 일체가 한꺼번에 터져나온 것이라 한다. 이 희소식에 일동은 쾌재를 연발하였다.

6. 이승만 박사의 귀국

이승만 박사의 도미외교활동에 관한 것은 별도로 기록하거니와 이 박사는 전년(1946년) 12월 중순에 미국에 도착한 이래 다음해 4월 상순까지 5개월간에 하루도 쉬지 않고 동치서구東馳西驅하면서 미국 조야 각계 각층을 역방하고, 뉴욕에 있는 UN사무총국과 각국 대표들과도 회담하며 청사에 빛나는 대외교성과를 거두었다. 그리고 4월 상순에 회정하는 도중 중국 남경에 가서 장개석 총통을 예방하여 그가 태평양전쟁 중 한국 독립을 위하여 노력해준 후의와 우리 임시정부의 망명동지들을 오랫

동안 후대해준 호의에 심심한 사의를 표하고서 4월 21일 오후 2시 10분에 삼천만의 감격과 환영리에 김포공항에 개선 환국하였다. 문자 그대로 화란춘성의 장안은 각양각색의 장식으로 환영일색으로 화한데다가 일기마저 쾌청이었다. 물론 김포공항에 환영나간 인사의 수효나 그 열의는 5개월 전 환송시에 비할 바 아니요, 김포에서 돈암장까지의 연도에 태극기를 들고 환영나온 애국동포들이 인산인해를 이루어 도열하였다.

이 박사가 환국하기 수일 전인 4월 7일 오후는 외교후원회 사무처에서 환영절차를 협의하기 위하여 동 회 임원전체회의, 즉 애국단체대표자회의를 개최했는데, 각 단체 대표 외 수백 명의 지명인사가 내참한 중에도 가장 이채를 띤 것은 입법의원 의장 김규식 박사가 참석하여 거족적인 환영대회를 해야 한다고 강조하였으며, 특히 당일에 김구 선생이 발언하기를 "우리나라 풍속에 집안어른이 며칠 동안 여행하였다가 돌아와도 가족이 다 문 앞에 나와서 환영하고 인사드리거는 하물며 우리의 영도자이시오, 우리가 민족대표로서 파견했던 외교사절께서 큰 성과를 거두시고 근 반년 만에 돌아오는데 어찌 가만히 앉아 있겠느냐? 동리 영감이 이웃집에 갔다가 오는 것을 바라보듯 해서는 안 될 것이다"라고 간곡한 지시를 하였다.

이에 전 회중이 일층 긴장하여 열렬한 토의 끝에 그 환영절차를 준비함에 있어서 당일 참석한 전원으로 별도 이승만 박사 환국환영준비위원회를 즉석에서 구성하고, 이 회 이름으로 김포공항 출영절차도 마련하였다. 또한 3일 후인 4월 24일 오후 3시부터는 창덕궁 인정전에서 동 회 주최로 정계인사, 미군정 고관, 외국귀빈 등 500여명이 참석한 가운데 이 박사 환국환영회를 개최하였다.

동 환영준비위원회 부위원장이며 외교후원회 부회장인 이윤영 씨는 그 환영사에서 "집안에 부모가 멀리 여행하셨다가 돌아오시면 슬하자손들은 무조건 반가워하는 것이 우리네 인정인데, 하물며 그 부모가 좋은 선물을 가지고 오셨다면 자손들은 얼마나 반가워하겠습니까? 그와 마찬가지로 우리의 국부 이 박사께서 만리타국에 가셨다가 무사히 돌아오시기만 해도 우리 민족은 다함께 반가워할 것인데, 우리 삼천만이 꿈에도 잊지 못하면서 염원하여마지않는 독립이란 제일 귀중한 이 선물을 가지고 오셨으니 우리 민족이 아니 기꺼워하겠습니까? 그 얼마나 반가운가 하는 것은 말과 붓으로 다 표현치 못할 것입니다"고 가장 적절한 비유로써 말했다.

이에 대한 답사 중에서 이 박사는 "내가 미주에 나가서 무슨 이루어진 일이 있다면 이는 국내에서 밀어준 여러분들의 힘의 덕택이오, 무슨 성공한 것이 있다면 이는 애국동포들이 합심해서 성원해준 때문이라"고 겸양한 말로써 도미외교활동의 일단을 피력하여 만당한 회중에게 깊은 감명을 주었다.

7. 이승만 박사 귀국 환영대회

4월 27일 오후 2시에 서울운동장에서 십 수만 애국동포가 운집한 가운데 이승만 박사 환국환영국민대회를 개최하였다. 「이승만 박사 외교성공 만세」 등 플래카드를 앞세운 각 단체의 기치가 임립林立한 중에 단상에는 오세창 옹을 비롯한 조병옥, 지청천 장군 등 다수 지명인사가 참석하였다. 2시 30분이 되자 만장 우레같은 박수리에 이 박사가 임석하였다. 본 대회가 서정희 씨의 사회로 개회선언이 있자 주악에 맞추어 국기 게양, 애국가 봉창, 순국선열에 대한 묵념이 끝난 다음 구왕국아악의 환영주악이 연주되었다. 명제세 씨의 개회사가 있은 다음 풍문여자중학교 학생들의 「환영의 노래」가 합창되고, 다음에 김양수씨의 별항과 같은 결의문이 낭독된 후에 대회에서 통과하였다. 그 다음 본 외교후원회장 조소앙 씨의 환영사에 이어서 만장의 환호성과 우레같은 박수리에 이 박사께서 등단하여 도미한 지 반년간의 외교활동 보고 겸 답사가 별항과 같이 있었다.

그 후 메시지 낭독에 들어가서 ***트루만*** 미국대통령에게 보내는 메시지를 강인택 씨가 나와서 낭독하여 대회에서 무수정 통과시킨 다음, ***마샬*** 미국무장관에게 보내는 메시지를 이종현 씨가, ***맥아더*** 원수에게 보내는 메시지를 박원식 씨가, 중국 장개석 총통에게 보내는 메시지를 박현숙 씨가, ***하지*** 중장에게 보내는 메시지를 진헌식 씨가 각각 낭독해서 대회에서 전부 통과되었다. 그리고 전국학생총연맹 대표 이철승 씨와 전 광복군 총사령관 지청천 장군과 노총 부위원장 채규항 씨 등이 나와서 열렬한 환영사를 한 다음 오세창 선생이 나와서 대한독립과 이 박사 외교성공 만세를 선창하여서 천지를 진동하는 고함소리로 만세를 6창한 다음 건국도상 일대 획기적인 이 국민대회를 마쳤다. 본 대회가 끝나자 예에 따라 일군은 종로로, 일군은 을지로로 향해서 각 단체별로 시가행진을 하였다.

본 대회에 기억이 생생한 특기할 만한 인상적인 것은 반년 만에 접하는 백발이 성성한 노 박사의 자부慈父와 같은 온후한 모습과 그 성음을 듣자 감격의 눈물을 흘리는 것은 비단 애국부인회원들뿐만이 아니었다. 노 박사께서 도미할 당시와 반년이 지난 현재 미국 조야의 대한對韓 여론을 비교할 진대 실로 격세의 감이 있음은 웬일이며, ***하지*** 중장 이하 미군정당국자들이 최근에 발표하는 성명과 담화가 수삭 전과 딴판인 것은 어찌된 일인가? 이러한 국내외정세가 우리에게 점차 호전되어가게 됨이 오로지 노 박사의 반년간의 성투聖鬪하신 결과라는 것을 이 대회장에 만장한 애국동포들이 인식하고, 그 이면에 숨은 노 박사의 노고에 대한 거족적 감격이 넘치는 역사적 순간이 흐르고 있는 것이다. 이 박사께서는 자부가 그 애자녀들에게 훈화하는 듯한 분위기 중에 금후 우리 민족이 나아갈 길에 대해서는 작년 이래 두통거리인 좌우합작문제, 임정봉대문제 등에 대하여 가장 명쾌한 판단과 지시로써 앞으로의 민족활로는 오직 총선거로써 국민의 대표를 선출하여 합법적으로 자율정부를 조직하여 국제적 승인을 획득하는 길이라는 것을 간명하게 약 40분간 설파하였으며, 전 회중은 환희와 희망에 넘쳐서 어찌할 바를 몰랐다. 다음에 이 총재 답변의 요지를 명기한다.

"사랑하는 동포 자매 여러분이 이같이 열정적이고 성대하게 환영하여주시니 감사합니다. 내가 외교에 성공하였다는 것은 무슨 권세나 내 개인의 힘으로써가 아니라 국내동포 여러분이 일심으로 협조하여주신 결과인 것입니다. 그리고 내가 재미 시에 김구 선생에게 세 가지 언명한 바 있는데 이것이 금반 외교활동에 가장 좋은 결과를 준 것입니다. 하여간 내가 떠날 그때에는 우리의 앞길이 오직 암담할 뿐이었는데 지금에 와서 서광이 보이게 된 것은 여러분과 더불어 기뻐하는 바입니다.

이것을 좀더 구체적으로 말하자면 이때까지 대소관계에 있어서 완화緩和정책을 쓰던 미국이 그 정책을 변경하여 국내외를 물론하고 공산주의를 적극 제지하려는 것입니다(이때 장내는 우레雨雷같은 박수소리). 이 정책이 선포되자 혼탁 중에서 신음하던 세계 약소국가군들은 새로운 희망과 용기를 가지게 된 것인데, 그 중에도 가장 악조건에 처해있는 우리 한인들에게는 일대광명일 것입니다(이때 장내에 또 박수소리). 나는 이것을 세 가지로 나누어 생각합니다.

그 하나는 우리 민족의 꾸준한 노력에 하늘이 감동하여서 도와준 것이오(장내에 박수소리), 둘째는 과거 50년 동안을 통하여 민족운동과 독립운동에 일심합력하여온 것이오(이때 장내에 박수소리), 셋째는 내가 작년에 이곳을 떠날 때에는 몸이 좀 쇠약했는데 미국에 가서 머무르는 동안에도 병이 재발하여 미국친구들이 염려해주어 성심껏 치료해주어서 별로 이상 없이 활동하고서 동경과 중국을 거쳐 귀국하게 된 것입니다(이때 또한 장내에 박수소리). 더욱이 중국을 방문하였을 때에는 장개석 주석 부부를 위시해서 정부요인들에게 국빈과 같이 환영을 받으면서 무사히 귀국하게 된 것을 생각하니 내 일생을 통하여 바라던 소원을 성취한 것 같습니다.

나는 아무 욕망도 없고 다만 조국의 완전독립과 동포들이 자유민이 된 것을 보고 죽는다면 만족하다고 생각합니다. 내가 미국에 가서 워싱턴에서 *하지* 씨를 만나 그에게 남조선에 대한 금후의 정책을 질문한즉 그의 대답이 "총선거를 실시하고자 입법의원을 설치하였으니 귀임하면 이 보선법普選法을 입법의원에서 속히 통과케 하여 총선거를 단행하도록 할 방침이라"고 하면서 우리의 계획을 지지해주겠나고 언명했습니다(이때 장내는 또한번 박수소리로 진동하였음). 그러나 내가 귀국하여 본즉 입법의원에서 보선법안을 통과시키지 않고서 다른 문제만을 토의한다고 해서 *러취* 군정장관도 수차나 보선법을 토의하라고 독촉하였다고 말하였습니다.

사랑하는 동포 여러분! 내가 이번에 미국에 가서 여러 지도자들을 만나본즉 그들이 한결같이 말하기를 '우리가 한번 기회를 줄 터이니 당신네들의 능력과 수단껏 하여보라'고 하는 것입니다. 미국정부에서나 일반 여론은 한인들에게 길을 열어줄 것이니 앞으로의 성불성成不成의 모든 책임은 한인들에게 있다는 것입니다. 그러니 이 점을 명심하고 지금부터 우리가 합심합력하여 일을 해야겠다는 것을 특히 부탁합니다."(장내는 엄숙하고도 긴장한 중에 숙연 부동하여 한 사람의 기침소리조차 없다)

이때에 노 박사의 정성어린 간곡한 어조는 "우리가 이번 기회에 성공

못한다면 또한번 기회가 있을 리가 없고, 타국사람들이 우리를 어떻게 평가하겠는가 생각해봅시다. 이 하늘이 주는 기회에 잃었던 국권을 회복하도록 전 민족이 통일보조로 합심육력合心戮力할 것을 재삼 부탁합니다. 미국의 어떤 친구들은 이번에 나를 만나서 묻기를 '38선은 무슨 방법으로 해결하겠느냐?'고 질문하기에 나는 대답하기를 '남북통일을 전제로 한 우리 과도정부가 수립되면 UN에 가입해서 우리 정부와 소련정부와 직접 교섭을 개시할 것이다. 그러면 소련으로서는 우리가 인접국인만큼 동등한 입장에서 우호적으로 해결할 수 있을 것이다. 그러나 미소 양국은 상호 견제하고 의심을 가진 까닭에 양국에만 일임해서는 우리의 통일은 불가능할 것이다'라고 대답하였으며, '만일 소련이 최후까지 한국의 통일은 거부한다면 그때에는 당당히 세계공론에 의거해서 해결할 수 있다'는 것을 부언하였습니다.

그리고 어떤 사람들은 말하기를 미소전쟁을 운운하나 우리는 이를 반대하는 바입니다. 만약에 미소전쟁이 일어난다면 제일 먼저 우리가 불행한 운명에 빠지게 되는 까닭입니다. 그러므로 우리는 어디까지나 평화적이고 우호적으로 해결하자는 것입니다. 그리고 미국사람들은 북조선에서 60만 명이나 조선군인이 양성되고 있다는 것을 의문시하고 있으나 '명칭은 공산군이라고 했다 하더라도 극소수의 불순분자를 제외하고는 우리의 진정한 민주주의정부가 수립되어 내치와 외교를 잘 해나가게 되면 전부가 다 일치한 보조를 취해줄 것으로 믿는다'고 나는 말하였습니다.

내가 국내에 돌아와 보니 임시정부 봉대문제가 있는데 임정의 법통을 계승한다는 것은 나와 여러분이나 다 같은 심경으로 지지할 것입니다. 그러나 아직은 세계각국이 우리를 호의로 협력해주려고 하는 것이니 임정봉대문제는 당분간 보류하고 우방 제국과 협동하여 일을 하여가는 것이 순서라고 생각하는 바입니다. 우리가 자유민이라는 것을 세계에 표명하고, 민주정책을 세워 평등한 독립국가인 대한민국이 되어보자는 것이니 우리가 제일 먼저 실천해야 될 것은 근로대중의 권리확대와 생활향상인 것입니다. 그리고 우리가 수립하려는 정부는 결코 남조선단독정부가 아니라 통일을 전제로 하는 정부를 세우자는 것입니다. 나는 정부 안에 들어가려는 뜻은 없고 정부 밖에서 일하기를 원하는 바이니 여러분들도 그것을 이해해주시기를 바랍니다."

대회 결의문

1. 총선거를 속히 시행하여 남북통일을 전제로 한 남한과도정부를 우선 수립할 것.
1. 국내 극렬분자는 자주독립전선으로 자성 귀정歸正할 것.
1. 기회주의자를 배격할 것.
1. 38선을 직시 철폐할 것.

단기 4280년 12월 27일

이승만 박사 한국환영국민대회

외교성금 헌납자 명단

80만원 독립촉성국민회 본부 수집금

459,029원50전 김천군외교후원회장 심문沈文

20만원 광주외교후원회

15만원 서산군외교후원회 이종철李鍾喆

10만원 윤홍섭尹弘燮

10만원 김승식金丞植

10만원 춘천협한회

157,873원41전 동아일보 수집금

9만원 영주군 영주읍외교후원회

5만원 김양수

5만원 서선하徐善夏

5만원 김순흥金淳興

64,855원 전남도청 직원 일동
65,060원 용산구 연병동회
4만원 원효로2가 동회
67,606원 보성외교후원회
3만원 장직상張稷相
23,229원50전 소사리 북부청년회
23,000원 효창동회
2만원 조선곡자회사
20,110원 동빙고동회
2만원 남성산업회사
25,900원 영등포 동양식량회사
15,000원 문배동회
11,405원 이태원북부동회
1만원 삼척군 국민회
1만원 고성지高城址
1만원 이향진李鄕珍
1만원 조선한약회사
1만원 조선주조조합 중앙분회
1만원 한인하韓仁河
1만원 홍정구洪正求
1만원 대창산업회사
1만원 중앙주조회사
9,550원 마포구연합회
6,650원 만리동 2가 서부동회
6,400원 원효로 3가동회
5,000원 함북회
5,000원 원효로 2가동회

76,178원 마산부외교후원회
4만원 대도동회
40,288원 연기군 국민회지부
32,650원 남영동회
3만원 조선약업회사
22,495원 원효로1가 동회
21,654원 강화외교후원회 홍재승洪在承
2만원 청파동3가 동회
2만원 서빙고동회
2만원 김제외교후원회
17,837원 여주읍민 일동
16,450원 천안군 목천면민 일동
1만원 독립촉성 후암동청년대
1만원 연건산업회사
1만원 고려의약품회사
1만원 신한공사 본부직원 일동
1만원 의성읍 김규만金圭晩
1만원 보광동회
1만원 대도정 동회
1만원 남원애국부인회
1만원 한강목재회사
1만원 고려약품회사
9,636원 전국학생총연합
6,190원 민주의원 직원 일동
5,755원 영일군 청해면 용매리감리교회
5,000원 박창일朴昌溢
5,000원 용인군 용인면민 일동

5,000원 마포구 용정동회 일동
3,000원 이 혁李革
3,000원 유홍종劉洪鐘
3,000원 원제원元濟員
3,000원 정이식鄭履植
2,700원 청수동회
2,865원 청단감리교회
2,470원 강화읍 교회 신자일동
2,350원 명륜동3가 국민회분회
2,160원 상동감리교회
2,000원 박봉진朴鳳珍
2,000원 방인종方仁鍾
2,000원 김효직金孝直
2,000원 영창목재점
1,919원 춘천중앙감리교회
1,720원 공덕동감리교회
1,700원 이안숙李安淑
1,660원 부평읍감리교회
1,570원 청엽정감리교회
1,272원 마산중앙교회
1,200원 서홍석徐洪錫
1,045원 천안감리교회
1,000원 구국단체본부
1,000원 장덕수
1,000원 한효식韓孝植
1,000원 신용순申容純
1,000원 박형준朴亨俊

3,884원 예산군 오가면 양채구역교회
3,000원 김 선金善
3,000원 허 정
3,000원 신한공사 경성지점 직원일동
3,000원 최영재崔英載
2,850원 등야죽재공업회사 직원일동
2,725원 돈암동감리교회
2,400원 문교부 유억겸 외 57명
2,355원 광화문감리교회
2,033원 동방광업 오류동공장 회원일동
2,000원 서대문 18반 배급소직원일동
2,000원 개성부 청년연맹
2,000원 이용하李龍夏
2,000원 장기섭張基燮
1,800원 삼청동감리교회
1,700원 조선주물회사 오류동분회
1,650원 북아현농감리교회
1,600원 중앙감리교회
1,300원 서울기계회사 오류동공장
1,210원 속교감리교회
1,155원50전 의정부중학교회
1,168원 한국학생동맹 가두모금
1,000원 상왕십리 국민회분회
1,000원 김병수金炳壽
1,000원 이화동 국민회분회
1,000원 성임석成壬石
1,000원 신효녀申孝女

1,000원 손진실孫眞實
1,000원 원달호元達鎬
1,000원 김효석金孝錫
1,000원 강화군 내가면 고천교회
1,000원 김희선金熙善
1,000원 삼성약품회사
1,000원 태평무역회사
1,000원 유정길柳正吉
1,000원 성향당의원
1,000원 임성복林聖福
1,000원 조희춘趙熙春
1,000원 동양방직회사 직원일동
964원 수표교감리교회
800원 서교동장로교회
700원70전 순천군 국민강습소
621원 흑석동감리교회
560원 포천읍감리교회
595원 강화군 내가면 외포리교회
500원 유원상柳源祥
500원 최은영崔殷永
500원 최윤동崔允東
500원 이윤영
500원 소사감리교회
300원 박기준朴基俊
300원 송필만宋泌滿
300원 육진형陸鎭衡
300원 추용순秋鏞順

1,000원 홍종관洪鍾寬
1,000원 윤창순尹昌淳
1,000원 도화동감리교회
1,000원 경성세무서 직원일동
1,000원 유중구柳重久
1,000원 민춘식閔春植
1,000원 김순환金順煥
1,000원 지순성池順成
1,000원 김성섭金聖燮
1,000원 박용준朴容駿
1,000원 춘사의원
1,000원 박씨부인
813원 춘천 우두리감리교회
750원 아현동 이정흥李廷興 외 13명
670원 성동구청 직원일동
600원 김 산金山
50원 서강교회
500원 이윤상李胤相
500원 임승열林承說
500원 홍란유洪蘭裕
500원 서재권
500원 소화성邵和成
477원 천안성성학교
390원 전주제2의무감부 직원일동
300원 양찬제梁贊濟
300원 홍성하
280원 극동정공 사원일동

250원 대동주물공장 공원일동
200원 초동교회 유년주일교생 일동
200원 김광의원
100원 양명복梁命福
100원 신전양申典兩
100원 이선구李善九
100원 방순례方順禮
100원 박문희朴文禧
100원 황춘수黃春秀
50원 조상렬趙相烈
1,805원 인천중앙감리교회
500원 강화조산감리교회
1,000원 김봉식金鳳植
12,700원 김천외교후원회
1만원 이상근李相瑾
2만원 이우형李喁衡
2만원 김태석金泰錫
2만원 한성섬유공업회사
5,000원 최봉국崔奉國
5,000원 한택수韓澤洙
20만원 정운용鄭雲用
20만원 충북 제천군 국민회지부
20만원 충남 홍성국민회지부
10만원 이활李活
108,440원 경북도내 전매국 직원 및 연초소매 및 경작조합원일동
10만원 전남 광주부외교후원회
10만원 연안국민회지부
10만원 연백청년회
10만원 전남 보성군외교후원회
8만원 충남 예산국민회지부
7만원 개풍군외교후원회
5만40원 춘천외교후원회
5만원 영등포구 협찬회
5만원 옥천국민회지부
5만원 정읍군 신태인읍외교후원회
5만원 부천군외교후원회
48,300원 국민회 인현지부 청년회
4만원 전남 강진외교후원회
37,860원 경남 함안외교후원회
35,000원 충남 서산군외교후원회
34,924원 강원도 영월 국민회지부
32,613원 운수부(교통부) 직원일동
3만원 영등포 협찬금
3만원 뚝도국민회지부
3만원 이양구李陽九
21,130원 중구 동자동회
3만원 보성군 벌교읍외교후원회
21,000원 이천군 설성면국민회지부
25,000원 영주군외교후원회
21,000원 시흥군외교후원회
21,000원 강화읍외교후원회
2만원 순천군외교후원회
2만원 영락교회

2만원 김화섭金和燮　　2만원 대덕군 유성면민일동
16,680원 중구 초동국민회지부　　15,000원 완주군 우전면외교후원회
15,000원 완주군 화산면외교후원회　　14,208원 이태원중부동회
14,550원 중구 태평로2가 호두환扈斗煥 외55명
13,052원 중구 남창동회　　12,810원 마포구 서강동회
12,265원 백천국민회지부　　12,130원 개성북부교회
13,238원50전 문경군청 직원일동　　11,204원 연기군외교후원회
10,350원 이태원남부동회　　10,170원 아현 2구동회
1만원 광주廣州국민회지부　　1만원 송팔성宋八星
1만원 이두령李斗寧　　1만원 신상휴申常休
1만원 영락교회 특지 3인　　1만원 김익균金益均
1만원 오봉환吳鳳煥　　1만원 김제군 금구면외교후원회
1만원 진안군외교후원회　　1만원 영월군 북면 마차리국민회분회
1만원 경남 산청군애국부인회　　1만원 옥천부인회 김좌칭金佐秤
1만원 세브란스약품상회 박용균朴容均　　8,500원 명륜동3가동회 일동
8,500원 아산군 도고면 이만종李萬鍾 외 7명
8,050원 한강로2가 남부동회　　6,855원 감리교 종교예배당
6,050원 권용무權用武　　6,000원 시흥 권중석權重錫
5,350원 연안감리교회우 일동　　5,000원 김봉운金奉云
5,000원 당진군 송산면국민회원 일동　　4,750원 조치원상동구연맹
3,536원55전 대덕군 탄동국민학교　　3,000원 황태문黃泰汶
3,000원 시흥군 군자면 거모리감리교회　　2,600원 명륜동3가 동회
2,079원 도동2가 동회　　2,040원 명륜동3가 2통 통장
2,000원 김구봉金九鳳　　2,000원 박덕기朴德基
1,746원50전 상공부공업국 직원일동　　1,600원 충남 대덕군 직원일동
1,500원 김춘식金春植　　1,500원 특지 부부
1,430원 이태원국민회분회　　1,050원 미아리천주교청년회

1,000원 조기윤趙淇允
1,000원 이규찬李奎贊
1,000원 박국진朴國鎭
1,000원 윤종우尹鍾佑
1,000원 현영익玄永翊
1,000원 서병렬徐丙烈
1,000원 김창건金昌建
1,000원 유원상柳源祥
1,000원 이윤상李胤祥
1,000원 김이배金二培
1,000원 김상만金相萬
1,000원 김민경金民景
1,000원 정기종鄭基鍾
1,000원 신창근申昌根
1,000원 이태원李泰元
1,000원 이규현李圭顯
1,000원 신한공사 연백농장 유완식柳完植
1,000원 명륜동국민회분회
1,000원 박춘영朴春榮
1,000원 반도양행
818원27전 거제도 장목국민학교
762원30전 안락리교회 유년주일학교 학생일동
696원 대덕군 구즉국민학교
600원 신탄진국민학교
500원 김주영金周榮
500원 김덕치金德治
500원 황여규黃汝奎
500원 심구목沈具木
500원 박남수朴南洙
500원 최을선崔乙善
500원 김종성金鍾聲
500원 윤한상尹漢相
500원 이병호李丙浩
500원 윤운재尹雲在
300원 윤시중尹時重
285원 감리교 청단교회 소년부
200원 황수현黃壽鉉
200원 박효열朴孝熱
200원 정임익鄭任翌
200원 이덕구李德九
200원 유시갑柳時甲
200원 이규택李圭澤
200원 김정희金正熙
200원 강학붕康鶴鵬
200원 백용현白龍鉉
200원 김승태金昇泰
150원 박래원朴來遠
100원 박직수朴直樹
100원 백수천白壽千, 임동오林東五, 정원식鄭元植, 박환형朴煥亨, 최오복崔五福, 김재승金在升, 김시학金時學

24,220원 국민회 아현동5구분회 10,045원 전라남조 농림국장
18,353원50전 전남 여수군 관공서 직원일동
4,530원 함평군 관공서 직원일동 6,150원 광양군 관공서 직원일동
2,550원 목포부 관공서 직원일동 7,790원 장성군 관공서 직원일동
10,990원 순천군 관공서 직원일동 21,900원 강진군 관공서 직원일동
7,580원 장흥군 관공서 직원일동 10,120원 서울시 재산관리처
7,000원 전남 나주군외교후원회 1,613원 서대문구 행촌북부동회

※ 위의 명단은 외교후원회에 송치된 것만 동아일보에 발표한 것이고, 이밖에 국민회본부와 돈암장에 직접 송치한 것은 제외되었음.

Ⅷ. 임정추진회 분쇄

독촉국민회 제3차 전국대회 후 개편된 본부임원 중에 주요직인 회장, 총무, 재정, 조직 등 3부장을 한국독립당(한독당) 간부들이 맡았다는 것은 정치적으로 무관심할 수 없게 되었다. 정당 당파를 초월하고 순수한 국민운동을 전개하려 할진대 그 운동 추진을 책임진 인사들도 또한 초당파적 인물이라야 가장 적임일 것이다. 그래서 종래는 그런 점에 유의하여 인사전형을 해왔었는데, 9월대회는 그리 되지 못하고 한 정당간부들이 요직을 잡았다는 사실은 종래에 보지 못하던 예로서 본 국민운동을 일개정당의 당세확장도구로 이용하지 않으리라고 누가 보장하랴? 더구나 12월 초에 이 총재께서 외교사절로 도미한 후는 국민회에 대한 영도권은 완전히 부총재 김구 선생에게 넘어가게 되었으니, 일면으로 볼 때 한국독립당수 김구 선생으로서의 직능을 발휘할 수 있는 기회가 왔다고 볼 때에 국민운동에 적신호가 켜지게 된 것이다.

도대체 한국독립당의 당 이념의 핵심은 무엇이냐? 당명 그대로 한국의 독립이다. 그렇다면 해방 후 족출簇出한 각 정당과 다른 것이 무엇이

냐? 그 최후목적은 같으나 그 목적 달성을 위한 방법론에 있어서 다른 것이다. 다시 말하면 한국의 독립을 달성하는 방법론, 즉 독립노선에 있어서 다른 정당과 다르다는 것이다. 그러면 한독당 노선의 핵 중 핵은 무엇이냐? 일언이폐지하면 임시정부 법통, 세칭 「법통신주法統神柱」이다. 이 법통이란 신주단지를 신성 불가침한 존재로서 광신적으로 신봉하는 것이 한독당의 충실한 당원, 요새말로 당 노선을 걷고 있는 열성당원이다. 이 한독당 노선에 충실치 못하면 피선되지 못하는 중앙간부 중에서 국민회장 이하 요직을 차지하였다는 것은 중대한 문제가 아닐 수 없다.

좀더 구체적으로 말하면 개인자격으로 입국한 임정이 국내동포들의 열광적 환영리에 환국하자 그 환영받은 임정요인들 중에는 국내동포가 이와 같이 존경하고 추대하여 줄 바에야 법통을 한번 밀어볼까 하는 망상정객들이 생겨났다. 더구나 해방 후 독립운동의 초출발인 12월 30일 탁치반대 전국대회에서 채택 결의한 「우리 삼천만은 임시정부를 진정한 우리 정부로서 추대한다」는 내용은 연합국에 대하여 민족긍지를 과시하기 위한 일종의 정치적 제스처이었다. 그런데 한독당당원들은 이 사리를 해득치 못하고 문자 그대로 과신 오인한 나머지 기회만 있으면 임정법통을 내세워서 국권회복을 하여볼까 하는 망상에 빠졌다. 다른 말로 말하면 임정추진파 집단이 한독당원인데, 이들 당원 중에서도 간부당원이 독촉국민회의 요직을 점령했다는 사실은 국민운동사상 일대 비극이 아니 될 수가 없었다.

9월대회에 의하여 국민회 요직에 이들 열성당원이 들어오자 종래와 같이 국민운동이 활발히 전개되지 못했다는 일은 종래의 국민운동이념을 토대로 하여 관조할 때에 그렇게 판단할지 모르나, 한독당 노선에서 본다면 국민회를 바로잡아서 자당 노선에 부합되도록 운동면에 일대 개혁을 가져오려고 그 구상과 준비공작에 필요한 시간적 여유를 가진 것에 불과한 것이다. 그러다가 호기회는 왔다.

이승만 총재가 도미하고 부총재인 김구 선생이 국민회의 영도권을 단독 장악하였다는 사실은 다른 말로 말하면 한독당수 김구 씨가 당 노선 구현상 독촉국민회를 종횡무진으로 구사할 수 있는 절호의 기회를 잡았다는 것이다. 더구나 금상첨화는 이런 중대한 정치적 활동에 필요불가결인 재정이 또한 이 국민회를 통하여 입수될 가능성이 확실하게 된 바에야!

민족대표 외교사절을 거족적으로 후원하기로 하여 그 외교성금을 전국적으로 수집케 된바 그 실무에 당한 인사는 국민회 각급 지부간부이다. 그들 중에는 한독당 간부 내지 열성당원이 그 지방 국민회의 주도권을 잡고 있었으므로 그들을 통해서 외교성금을 횡취橫取 유용할 수 있게 된 것이다. 이리하여 인물이 확보되고, 호기회를 잡았고, 재정이 입수되었으니 무슨 일인들 영위치 못하랴? 이와 같이 이 3요소의 조건이 구비되자 그들 한독당 열성당원들은 당의 최고방침, 당 이념을 실현화할 단계에 들어갔다.

단기 4280년이란 한민족 정치적 시련의 신년은 왔다. 이 신년이야말로 한독당이 입국한 이래로 기도하던 최고목적을 향하여 매진할 천여시기라고 단정한 그들은 용감하게 그 제1보를 내디디었다. 즉 신년을 계기로 하여 한독당 당사 내에 있는 국민회 본부에서 이명동체인 임시정부 추진회를 그들이 조직하였다.

국민회 본부에서는 지방 각급지부에 공함을 보내어 「지방에서 수집하는 외교성금은 본부에서 일괄하여 외교후원회로 전달할 것이니 직접 외교후원회로 송치하지 말고 본부로 납금하라」고 지시하는 한편 인원을 파견하였다. 그러나 이는 2월 상순 이래 외교후원회에서 각 지방에 파견된 인원이 외교성금을 민통 내에 있는 외교후원회로 송치하라는 방침과는 배치된다. 그런데 한독당 당원들이 주장主掌하는 지방 각급 국민회지부에서 수집된 외교성금이 국민회 본부로 들어가 외교성금이라는 원래 헌금자의 애국정신을 떠난, 그 근본취지를 저버린 임정추진공작비, 즉 한독당의 당 이념 구현 군자금으로 횡류되고 말았다.

특히 한독당 당원들이 도지부를 장악하고 있는 충청남북도와 경상남북도 지부에서 수집 송치되어온 거액의 외교성금은 임정추진회의 조직, 선전과 연락비, 특히 임정추진회 별동대라는 일종의 폭력단을 청년 300여명으로 비밀히 조직하여 이들에게 행동훈련, 무장정비 등등 막대한 경비를 낭비함에 충당되었다. 그리하여 남한 각지 국민회 세포에 이들이 침투하여 임정추진회원 모집에 광분하였다. 환언하면 임시정부 봉대자를 획득하여 3월 1일(후에 삼일경축절)을 기하여 각 도시군지부에서 가입한 회원까지 국민회 본부에 집합케 한 후 소위 임시정부 봉대식을 거행한 것이다.

이 식장에는 김구 주석 이하 임정요인은 물론이려니와 한독당 간부들과 임정추진회원들, 특히 청년별동대원들이 참석한 중에 임정추진회장 조성환 씨는 감격의 낙루를 하면서 선언문을 낭독하고, 동회 총무부장 김석황 씨는 결의문을 통과시켰다. 그 문서의 내용은 일일이 소개하지 않거니와 요약하면 '한민족은 삼일독립운동의 결정체인 임정을 절대 지지하여야 할 것과 이를 봉대함을 반대하는 자는 반역자로 규정한다'는 극단적인 문구를 써서 은연 중 위협을 암시하니 그만큼 이들은 국내정세와 민심동향에 암매한 것이다.

법통신주의 광신도들을 규합해가지고 이 임정봉대식을 거행했으나 정치적 양식 있는 인사라면 누구나 냉소하여 이를 상대하지 않았다. 물론 미군정당국은 입법의원을 설치하고 1947년을 기하여 「남조선과도정부」라는 간판으로 미군정을 개칭한 이상은 이 과도정부 외에 다른 정부를 용인할 리 만무할 뿐 아니라, 그런 비현실적인 정객들은 상대하지도 아니하였다. 그뿐 아니라 국내 언론기관이나 각 애국단체 지도자들의 거개가 이 임정 봉대에 무관심하거나 반대하는 경향이었다. 그래서 처음에는 지방에서 큰 기대와 꿈을 가지고 중앙에 올라와서 이 봉대식에 참석하였던 천진난만한 시골인사들도 수일간 체경滯京하는 중에 민감한 자는 기만당한 줄을 알고서 분개하여 즉시 귀향하고, 그보다 둔감한 자는 어리둥절하여 십수일씩 체경하다가 최초기대가 어긋나매 낙망하여 무면無面귀향하는 것이었다.

국내정계의 냉정한 분위기와 미군정당국의 묵살적 태도에다가 가일단의 중대한 영향을 준 것은 봉대식이 끝나고 임시정부각료 발표가 있었는데 그 정부 주석에는 이승만 박사이다. 그래서 당시 미국 수도 워싱턴에서 외교활동에 동분서주하고 있는 이 박사에게 미국신문기자들이 와서 이 임정 주석 취임 여부를 질문하였을 때에 이 박사는 "이는 한민족이 독립을 갈망하는 하나의 표현이다"라고 하고 그 태도 표명을 피하였고, 당시 국내의 임정추진회로부터 이 박사에게 '주석 취임에 승낙해 달라'는 요청에 답전答電치 아니하였다. 물론 이런 사실이 국내에 보도되자 일반 정계는 당연시하여 냉정했으나, 당황한 것은 한독당 당원, 개중에도 임정추진회원들이다.

그리하여 3월 중순부터는 임정봉대운동이 일종의 유치한 정치졸극인 줄을 전 국민, 특히 임정추진회원들이 인식하자 그 과오에 대한 반성보다는 단말마적 최후발악으로 돌변하였다. 이리하여 임정봉대에 반대하는 인사들을 모조리 숙청한다는 흉계 하에 그들과 가장 접근해 있는 국민회나 외교후원회나 청년단체 간부 중에서 자파의 지령에 반대자들을 골라서 징치한다는 구실 밑에 폭력행위를 시작한 것이다. 그 한 실예로 배은희 전북도지부장이 4월 16일 오전 중에 외교후원회 사무처에 사무타합打合차 나왔다는 것을 탐지한 임정추진회 열성자인 국민회 경남도지부 부지부장 엄진영嚴進永 씨는 동 추진회 별동대원 수명을 인솔하여 배씨를 운현궁으로 납치한 후 임정추진회 지령을 배씨가 반대하고 불복종한 사실을 힐난하고, 금후는 절대복종하겠다는 시말서를 강요하다가 그가 불청하니까 전기 별동대원에게 지령하여 무수히 구타하여 빈사상태에 빠졌다. 필자가 외교후원회에 출근하여 이 급보를 듣고 청년연맹 감찰대(화원시장 내 소재)에 전화연락했던바 동대에서 김윤근金潤根, 서형석徐亨錫 동지 등이 달려가서 운현궁 지하실에 돌입하여 배씨를 구출하여 외교후원회로 왔다. 이에 필자는 이 급보를 전해준 정해준 동지와 인사불성이 된 배씨를 즉시 동지인 최성장(전 본부 후생부장) 외과병원에 안내하여 입원 치료케 하였다. 이 백주테러사건이 신문지상에 보도되자 임정추진회는 정계인뿐 아니라 일반 사회인사들에게까지도 빈축을 사게 되었다.

지난 3월 이래 수차 외교후원회 노시군시부에 공함을 보내어 「외교성금은 국민회 본부를 경유치 말고 직접 외교후원회 본부나 돈암장으로 송치하라」는 점을 명시했다. 그리하여 3월 이후는 외교성금이 국민회 본부로는 횡입橫入되지 않으므로 임정추진회에서는 재정난에 빠졌다. 4월 하순에 이르러서는 국민회 본부는 주인 없는 공석만이 계속되다가, 4월 21일에 이 총재가 환국한 후 4월 27일 서울운동장에서 십수만 대중 앞에 향후 국민의 진로를 명시한 후로는 임정추진회 간부들이 의기소침되어서 국민회 본부는 공가화空家化하였다. 4월 20일 제4차 국민회 전국대회 종료 후는 부득이 민통에서 전년 9월대회 때와 같이 그 잔무를 처리하였다. 말하자면 임정추진회 간부인 국민회 본부 간부들은 자기들이 저지른 민족적 과오를 자책 자괴한 나머지 뿔뿔이 그 종적을 감추고 말았다.

국민회 중앙본부가 임정추진회 일색이 되어 임정봉대 성공으로 정권을 장악하려던 백일몽에 자취自醉하여 온갖 망동을 다하고 있을 때 그 이웃 사무실에 있는 서울시지부(한성시지부 개칭)는 어떠하였던가? 신익희 위원장 이하 전 간부가 결속되어 중앙본부 지령을 마이동풍시하였다. 뿐만 아니라 시내 각 지부와 동분회까지도 시지부 간부들과 이념이 상통하여 순수한 국민운동 전개만을 위주하고 본부지령에는 불복종하였다. 물론 각 도시군지부에서도 이 총재의 독립노선에 충실한 간부들은 전부가 임정추진회의 임정봉대운동을 반대했지만 유독히 한국독립당원들이 간부로 있는 지방에서는 국민회 내부분열로 인하여 그 분쟁이 야기되고 운동에 혼란을 가져왔다. 그러나 도지부 간부들이 한독당 당원으로 구성되어 있는 충남북과 경남북 지부와 산하 시군지부 중에는 국민회 본부 지령에 맹종하여 외교성금을 국민회 본부로 납입할 뿐 아니라 임정봉대운동에 앞장섰던 과오를 범하였던 것이다.

충북 영동군 국민회지부에서 삼일절을 기념하기 위하여 강연회를 개최하고자 하니 와달라는 초청을 받은 필자는 3월 1일 기념식을 영동초등학교 교정에서 마치자 동교 강당에서 즉시 강연회를 시작하였다. 「국내외정세와 한민족의 진로」라는 연제 하에 수시간 장광설을 토하였는데, 끝나자 청중으로부터 "지금 연사가 장시간 내외정세를 설파하였으나 임정추진회에 대해서는 왜 언급치 않느냐?"고 질문하기에 즉시 답변하기를 "제가 지금 3시간 반이나 말씀드린 것은 한민족의 당면한 살길은 이승만 박사의 독립노선에 충실하여야 한다는 말입니다. 이 박사께서 영도하는 방침에 따라서 곁눈을 팔지 않고 일로매진하여야 살지 만일 좌우합작노선이나 한독당이나 임정추진회노선을 따라가서는 독립도 되지 못하고 민족도 못 살게 됩니다. 미군정, 즉 연합국측에 개인자격으로 입국하기로 서약한 임정요인들이 입국해서는 정부행세를 하려 하면 그들이 용인해주겠습니까? 한독당에서는 임정법통을 말하지만 30년 전에 독립운동 망명객들이 만든 정부라는 것은 민족긍지를 과시하기 위한 한 개의 독립운동자집단이지 합법적으로 선출된 민족의 대표가 모여서 조직한 정부는 못되지 않습니까? 우리가 세우려는 정부는 오늘에 이 나라 이 백성의 대표로서 합법적인 선거를 통해서만 뽑히어야 할 것이오, 그 대표가 모여서 자율적으로 조직한 정부라야 할 것이 아닙니까? 그래야만 우리 민족이 받들 수 있고, 따라서 우방들도 인정해줄 것은 명약관화입니다. 그러니 우리는 임정추진회라는 한독당 별동대에서 추진하는 이 운동은 도저히 논의할 만한 가치가 없습니다. 물론 이 박사는 이 운동을 지지하지 않으실 것입니다." 운운으로 질의하는 인사뿐 아니라 일반 청중에게도 속시원하게 깨우쳐주었던 사실이 있다.

3월 1일에 워싱턴에서 외교활동 중인 이승만 박사에게 임시정부 주석 취임을 전문으로 요청하였으나 하등 회전回電이 없어서 초조히 여기던 동 추진회 간부들은 이 박사의 환국을 기다려서 그 주석 취임공작을 벌이기로 계획을 세웠다. 그래서 4월 24일 창덕궁 인정전에서의 환국환영대회가 끝나자 동 추진회 간부들은 이 박사를 초청하여가지고 동회 총의로써 주석 취임을 강력히 요청하기로 하였다. 이 임정추진회에서도 인정전 환영회가 끝난 후 계속해서 그곳에서 다시 동 회를 개최하기로 하여 그 초청장을 가지고 동 회 경북대표인 정도영鄭島榮 씨가 24일 조조에 돈암장에 갔더니 이 박사는 동 회의 경과를 묻고서 앞으로 신중을 기하여야 할 것을 정씨에게 지시하였다.

그날 회의에는 오세창, 조소앙, 조완구趙琬九, 김창숙 씨 등 국무위원 13명과 조성환, 엄항섭, 김석황 씨 등 추진회 상원위원 16명과 정도영, 남천우, 최석봉崔錫鳳 씨 등 동 회 각도대표 12명이 참석한 가운데 조소앙 씨 사회로 개회하였다. 사회자의 안내로 등단한 이 박사는 장중한 어조로

"내가 연전에 귀국하여서 중협을 만들어 혼란한 정계를 안돈安頓하여 볼까 하였더니 일부 분자들이 '이승만이가 한국정계를 통째 삼켰다'고 모략하므로 중경에 있던 임시정부 제공諸公은 깜짝 놀래서 무슨 방도로 든지 빨리 귀국해야겠다고 서둘러서 내가 미군정에다가 임정의 입국절차를 마련하려고 절충 중이니 잠시 기다려달라고 권고하여도 듣지 않고 귀국을 최촉催促하는 바람에 미군정에서는 개인자격으로라도 입국하려느냐고 물으니 그도 좋다고 승낙하고서 귀국했으니 그때 벌써 임시정부의 행세를 포기한 것은 여러분 자신들이 아시오. 그러나 부득이 개인자격으로 돌아왔지만 임정을 밀고나가보라고 내가 김 주석에게 권고했지만 김 주석이나 제공들은 아무런 적극성을 보이지 않았지요. 그런데 거반에 내가 워싱턴에서 전문을 받고서 주석 취임을 승낙하기 전에 내외정세와 금후 진로를 고찰할 필요가 있어서 당분간 시간여유를 갖고자 하고 있었는데, 본국에서 임정추진운동이 벌어졌다고 외지에 보도되더니 불과 2, 3일이 지난 후에는 마치 물거품 꺼지듯 사라져버리더군요. 그래서 이게 웬일이냐고 그 원인을 알아보았더니"

이때에 마침 김구 주석이 입장하므로 이 박사는 김 주석과 인사를 나누고 나서 직시 김 주석을 향하여 "김 주석! 지난 3월 1일에 임정추대를 선포해놓고서 그 다음날에 미군정에서 김 주석을 만나 임정추대 여부를 질문하니까 김 주석은 '나는 모르는 일이라'고 부인하는 답변을 하였다지요? 우리가 해내외에서 일본놈과 총칼을 두려워하지 않고 투쟁한 동지들이 아니오. 그래 외국놈의 총칼이 두려워서 나는 임정추대문제는 모른다고 부인해놓고서 이제 와서 나보고 임시정부를 어떻게 하라는 것이오?"라고 하였다.

이 질문에 대해서 김 주석은 실색한 얼굴을 수그린 채 일언반사一言半辭 대꾸를 하지 못하였다. 장내는 침통한 분위기 속에 흐르기 거무하에 이 정적을 깨뜨리고 김창숙 씨가 일어나 "이 박사! 그러니 어떻게 하였으면 좋겠소. 과거사는 과거사로 돌리고, 무슨 방도로써든지 이 운동을 다시 전개하여야 하지 않겠습니까?"라고 하였고, 다시 조성환 씨가 일어나서 현재까지의 임정추진운동을 전개한 전말을 보고삼아서 말하면서 다시 임정추진운동을 전개할 것을 주장함과 동시에 적극 지도해줄 것을 간청하였다.

그러나 이 박사는 금반 미국조야인사들과 회담한 전말과 미국무성의 대한정책이 호전된 사실과 또한 *하지* 중장과 워싱턴에서 협의된 사실 등을 들어서 국권회복할 유일한 방략은 총선거로써 자주정부를 수립하는 길만이 있다고 간곡하게 설파하였다. 임시정부가 회생하려는 것을 묵살해버린 것이 바로 그 주석인 김구 선생이었음은 당일 참석한 인사는 공인共認하였다.

제7절 이승만 총재의 외교투쟁

Ⅰ. 외교투쟁의 필요성

1946년 2월 14일 미군정 지도하에 남조선대표민주의원이 창설되어 장차 미점령군으로부터 정권이양을 받을 준비업무를 단행하기 위한 정치적 기구로서 국내외의 각광을 받았다. 그런데 제1차 미소공동위원회가 5월 8일에 결렬되자 미군정당국은 공동위원회 결렬원인이 탁치를 감수하겠다는 공산계열만을 협의대상으로 하자는 소련측대표의 고집에서 온 것임을 잘 알고 있었다. 그럼에도 불구하고 좌우합작을 시도하여 행여 합작이 성공되면 이 합작기구가 공동위원회 재개를 추진시켜보자는 정략인바, 그 결과는 미소공동위원회가 산출하려는 탁치정부를 강제하려는 음모가 내포된 것이었다.

이 정치적 시도에 영합해서 등장한 인물이 민주의원 부의장의 1인인 김규식 박사와 의원 안재홍, 원세훈 씨 등으로 6월에 이 좌우합작위원회가 발족하게 되니 자연히 민주의원의 권위가 상실된 것이다. 당시 이 의원議院의 의장인 이승만 박사는 독립전선에 야기될 혼란과 장애를 제거하려는 심모원계 하에서 7월 초에 민족통일총본부를 창설해가지고 이 좌우합작운동을 분쇄하기 위한 대중운동을 전개하는 일방, 미국을 비롯한 UN우방 각국대표들에게 우리 민족의 총의이자 이 박사의 독립노선인 반공 반탁 자주독립노선을 이해하게 하고, 그곳 국민들에게 선전하기 위한 특별한 운동이 절대 요청되었던 것이다.

이 중책을 감당할 만한 인재, 즉 이승만 총재의 독립노선을 절대 지지하고 국제무대에서의 외교공작에 능숙한 적임자로 선임된 분이 동 의원의 유일한 여성의원인 여자국민당수 임영신 여사이다. 그래서 임 여사는 이 총재의 지도하에 민주의원 대표자격으로 9월 6일 용약 도미하게 되었다.

10월 초에 뉴욕에서 제1회 UN총회가 개회되는데, 당시 한국은 독립되지 못하고 연합국 점령 하에 있으므로 이 총회에 참석조차도 못하는 실정이었다. 이 암담한 현실 하에서 임 여사는 미국에 도착한 이래 여러 날을 불면불휴 고군분투하면서 기지를 짜냈다. 그것은 고 루즈벨트 대통령 미망인을 면회하게 되어 한국사정을 동 미망인에게 호소한바 다행히도 그 분의 깊은 이해와 협조를 얻기에 성공한 것이다. 그리하여 그분의 소개로 ***트리코 리*** 사무총장을 면접하게 되고, ***리*** 총장의 이해와 권고를 얻어서 우선 정치위원회에 참석할 수 있는 입장권을 획득한 것이다. 이리하여 상시 정치위원회에 출석하는 각국대표들과 자주 접촉할 수 있는 기회를 얻게 되므로 그들과 공사석상에서 한국사정을 호소할 수 있게 되었다. 이 놀라운 외교활동을 전개하고 있는 동안 고국에서는 영남일대의 폭동과 전국적인 대 철도파업이 일어나서 국가의 동맥이 마비되고 치안이 극도로 교란된 무정부상태에 빠졌던 것이다. 이 유사 이래 초유의 대참담한 사태가 발생한 원인이 무엇인가?

그것은 해방 후 이 나라에 발호한 공산당이 반탁운동 이래로 지하에 들어갔다가 미군정의 그릇된 시책, 즉 좌우합작운동이 일어나자 투옥된 매국도배들은 정치범이란 미명 하에 석방되고, 공산당은 합법적으로 그 조직을 재정비하고 그 준동을 강화하여 수개월간 이 폭동을 음모한 탓이다. 그러나 미군정은 추호의 반성이나 시정책은 고려하지 아니할 뿐 아니라, 설상가상격으로 이 좌우합작위원회를 확충하여 소위 남조선과도입법의원을 창설하게 된 것이다.

이 미군정당국의 그릇된 시책과 그에 아부하여 독립전선을 혼란케 하는 사이비 지도자를 볼 때 이 총재는 이 이상 참고 국내에서 안연히 있을 수 없게 되었다. 이 독립 전야의 조국 국보國步의 간난艱難함과 민족이 겪고 있는 참담상이 7순 노구를 불고하고 붕정만리 도미하여 민주우방에 호소치 아니치 못하게 된 것이다. 이 총재는 미국에 체류한 4개월이란 단시일에 외교적 활동을 전개하여 놀라운 큰 성과를 거두었는데, 이는 그가 정치적 토대와 외교적 역량을 구비하였기 때문이다.

이를 구체적으로 말하면 33년간이란 인생의 과반을 미국에 망명 중 하루같이 항일독립운동을 꾸준히 계속하면서 영문태평양, 원동지遠東誌 등과 일본내막이란 저서를 통해서, 혹은 미국조야의 초청으로 전국을 순회강연하면서, 혹은 언론방송기관을 통해서 다년간 정계와 언론계는 물론 종교, 교육, 일반사회 등 각계각층에까지 이승만 박사의 언론과 주장이 적중되고 공정하여 그 글을 보는 자는 감명을 받고, 그의 말을 듣는 자는 설파되어 소위 지성인이면 누구든지 'hats off'(이 박사 앞에는 탈모脫

帽한다, 즉 머리 숙인다, 그 의견에 항복한다)라는 말이 통칭어(관용어)가 되었을 정도이었다. 이 박사와 오랜 세월을 두고 사귄 미국조야인사라면 거개가 노 박사의 철인적哲人的인 선견지명과 공정무사하고 예리한 비판, 그리고 꺼질 줄 모르게 불타고 있는 조국애에 혼신 그 정력을 기울이는 구국제민방략과 투쟁력을 보고 감동치 않을 자가 없다는 것이다. 외국인이라도 이렇거든 하물며 국내 동지들이랴!

소위 좌우합작이란 음풍이 수개월간 불더니 철도파업, 영남폭동 등 폭풍우가 쏟아져서 동족 살육과 파괴, 혼란으로 참상이 극도에 이름을 목도한 노 박사가 민족대표외교사절로서 동경에 건너가서 *맥아더* 원수를 방문하고 그 지도하에 있는 일본의 실정을 관찰할 때에 한탄의 한숨이 나온 것이다. 같은 미점령군 하에 있으면서도 일본은 전화戰禍를 차차 회복하여 민생안도가 이루어져가고 있어서 전패국이었다는 감이 사라져가는 반면에, 소위 해방된 한국은 파괴와 혼란으로 해방 전보다 더 민생이 도탄 중에 신음하고 있음을 비교할 때에 한번 더 노 박사의 가슴은 미어지고 아팠던 것이다. 그래서 *맥아더* 원수에게 한국의 실정을 일일이 호소하는 한편 국내에 있는 민족통일총본부에 전문電文으로 다음과 같이 지시하였다.

「국내 모든 언론기관과 단체들은 *맥아더* 원수로 하여금 한국 시찰을 요청해서 그가 일본에서 행함과 같은 시정을 한국에도 행하게 하라.」 그리하여 민통에서는 애국단채대표자회의를 소집하여 협의한 결과 다음과 같은 서한을 동경에 있는 *맥아더* 원수에게 발송하였다.

맥아더 장군 귀하

각하께서 한국에 일차 내임來臨하시와 한국 현실과 실정을 시찰하신 후

해방국인 한국이 전패국인 일본에서 행하는 정치에 비하여 얼마나 참담하다는 것을 보시고 한인으로 조직된 책임내각제도를 일속日速 실시하도록 하여주시기를 우리 민족 총의의 대표로서 각 단체가 서명 청원하오니 청허하여 주심을 경요敬要하나이다.

1947년 1월

민족통일총본부, 대한독립촉성국민회, 대한노총, 독립촉성청년연맹, 학생총연맹, 부인회, 한민당, 조민당, 여자국민당, 한독당 외 25개 정당, 사회단체

대미외교공작에 나선 총재가 제일 먼저 미군정의 실정을 중외에 폭로하여 먼저는 미군정당국의 반성을 촉구하고, 다음은 미국조야정계에 주의를 환기케 하려고 민통에 이와 같이 지시한 것이다.

Ⅱ. 이승만 총재의 외교활동

1. 워싱턴 정계·언론계와의 접촉

이승만 총재는 1946년 12월 8일 워싱턴공항에 착륙하자 막바로 백악관 앞에 있는 칼튼호텔로 향하였다. 그는 그날부터 다음 해 4월 5일까지 4개월간 이 여사旅舍에 체재하면서 외교투쟁을 전개하였다. 9일에 미국도착 제1성을 발표하기를

"나는 미국에 1개월간 체재할 예정인데 나의 미국방문목적은 첫째로 긴급한 한국의 통일문제가 UN에서 토의되도록 하며, 둘째로는 미국당국에 대하여 한국정부를 수립하도록 그 원조를 요청하는 데 있다"고 제일 먼저 신문기자회견을 가지고서 방미목적을 공개 선언하였다(AP통신 발).

이 총재는 다음날 다시 신문통신기자회견을 가지고 전일보다 더 구체

적으로 한민족을 대표한 호소를 하였다(INS통신 발).

"한국인의 독립 처리는 즉시 청취되어야 하되 만약 그렇지 않으면 전쟁이 일어날 것이다. 한인들의 인내는 최후단계에 달하고 있으므로 한인의 정당한 요구는 즉시 용허容許되어야 할 것이다. 즉 자유롭고도 민주주의적인 한국의 탄생이야말로 극동의 평화를 의미하는 것이며, 그렇지 않을 경우에는 전세계에서 회피코자 하는 신전쟁이 야기될 것이다. 나는 한국의 즉시 자주독립이야말로 미소 양군의 철퇴撤退에 관한 교섭을 가능케 하는 점을 지적하는 바이다. 또 4,000년의 역사를 가진 한국은 그들의 운명을 홀로 자결自決할만한 자격이 있는 동시에 이 자결주의를 위하여 흔연히 생명을 바칠 것이다. 좌우간 한국인은 적국인의 대우를 받고 있는데, 한인에 대한 기만이 계속된다면 절망상태에 빠진 한국인이 여하한 행동을 취할는지 추측조차 할 수 없는 것이다."

이승만 박사가 해방 전 수십 년간 미국에서 망명생활을 할 당시에 미국정계에 친교 있는 인사가 비일비재하다. 그중에서 가장 친밀한 교분이 있고 이 박사의 독립운동에 깊은 이해와 성원을 아끼지 않은 인사들 중에서도 미국 정계에 중진으로 상원 외교위원장 ***밴든벅*** 씨(공화당)와 민주당원으로 상원 외교위원장이었던 ***바클레이*** 씨와 ***카네리*** 씨이다. 또한 당시에 미국 하원 의장인 민주당원 ***샘 웨이블*** 씨와 공화당원으로 하원의장이었던 ***조셉 마틴*** 씨이다. 그리고 상하 양 의원 목사직에 있는 ***해리스*** 박사와도 친밀한 교분이 있는 사이이다. 또한 언론계로는 워싱턴언론계의 최고권위자인 인디펜덴스통신사 사장 ***존 윌리암*** 씨와 워싱턴뉴스신문사 주간 ***심스*** 씨, 그 밖에도 워싱턴포스트지와 이브닝스타지와 워싱턴 헤랄드지 주필들과 친교가 있는 사이이다. 이들 미국정계지도자들과 언론계지도자들과 수십 년간 사귀어오다가 해방 후 고국에 돌아왔다가 1년 2개월 만에 다시 미국 땅에 건너가니 그 동안 서로 적조되었던 회포를 풀기 위해서 체류하는 호텔에 예방 오는 인사들이 연속되었다.

이 박사는 여독을 풀 사이도 없이 10일부터 가장 친교가 있는 ***해리스*** 박사와 회담하고 한국국내사정을 호소하면서 앞으로 체미기간 동안 미국 조야인사, 특히 상하양원 중진들과의 접촉할 일정과 순서 등을 협의하였다. 그리하여 ***해리스*** 박사의 협조 하에 제일 먼저 하원 의장이었던 ***마틴*** 씨와 회담했고, 그 다음은 현 하원의장인 ***샘 웨이블*** 씨와 회담하여 하원 내에서의 민주·공화 양당 의원들에게 한국문제에 대한 진지한 검토를 하도록 여론을 환기할 것을 의뢰하였다. 수일 후에는 다시 미국 상원 내 지도자인 민주당 외교위원장 ***카네리*** 씨와 ***바크레이*** 씨, 공화당원인 ***밴든벅*** 씨들과 회담하여 상원 내에서도 하원과 동일보조로 한국문제를 검토하도록 요청하였다.

미국은 여론정치의 나라인지라 이 박사는 그 여론 환기에 중요역할을 하는 언론계의 권위자인 ***윌리암*** 씨(인디펜덴스통신 사장)와 회견하고 그의 성원을 요청하였다. 그 결과 각 통신사와 신문사의 지도적 위치에 있는 인디펜덴스통신이 이 박사의 담화나 성명내용을 친절하게 보도해주므로 미국 수도인 워싱턴뿐 아니라 전국 내 각 통신과 신문지상에 이 박사의 주장과 호소내용, 즉 한민족의 주장과 하고자 하는 호소내용이 그대로 반영되게 되었다. 이리하여 미국 전 국내통신과 신문들은 12월 중순부터 한국문제를 신문 제1면에 기재하여줄 뿐 아니라, 워싱턴과 뉴욕에 있는 저명한 신문지 등에서는 사설로 다루기까지 하게 되었다. 특히 미군정이 한국에서 1년 반 동안 행정을 담당한바 그 실정失政의 중요한 것이 공산파괴분자들에 대한 유화정책을 써왔다는 점으로 이를 신랄하게 논평하기를 주저치 않았다.

이 박사는 12월 하순에는 뉴욕시를 방문하였는데, 그것은 지난 9월에 민주의원대표로 임영신 여사를 뉴욕에 파견하여 UN총회에 한국문제를 제소하도록 외교절충을 시키고 있었는데, 그간의 경과도 보고받고 앞으로의 외교활동에 대한 지시도 하려는 것이었다. 그리고 12월 25일에는 뉴욕시내 신문기자들과 회견을 가지고, 다음과 같은 담화를 발표하였다.

"한국에는 소수의 공산주의자가 있어서 독립을 방해하고 있어 1,800만 명의 다수 한국인들은 공산주의자들을 싫어한다. 내가 1945년 10월에 귀국했을 때는 공산주의자는 2,000명밖에 되지 않았으나 1년이 지난 오늘에는 그 10배인 20,000명으로 늘었다."

다시 수일이 지난 28일에는 기자단과 회견한 자리에서 이 박사가 말하기를 "우리는 민주주의적 민족으로서 이때까지 민주주의원칙을 보전하려고 노력하고 있는 것이며, 공산당에 대하여 투쟁하고 있는 것은 아니다. 공산당 측이나 친일파분자에게라도 정부부서를 가지게 하려고 노력하는 것이며, 우리는 오직 한국을 매도賣渡하려는 매국노들에게만 투쟁하고 있는 것이다. 우리는 공산 측에 대하여 공산당이 정부 수립에 참가할 것을 4, 5차나 권고하였다. 그들은 그들이 주도권을 장악하느냐 그렇지 않으면 민족통일을 전적으로 파괴시킨다는 원칙을 표시하고 이에 불응하였던 것이다. 이들 공산당의 궁극의 목적은 모국의 힘을 빌리려는 것이다. 그들의 말에 의하면 조선민족은 자치능력이 없으므로 조선문제의 유일한 해결책은 신탁통치를 실시하는 데 있다고 하는 것이다. 그러나 조선의 애국자들은 자주독립에 대한 일체의 방해를 용납지 않을 각오를 하고 있는 것이다"고 하여 공산주의자들이 해방 후 한국에서 어떻게 준동하고 있는가 하는 점을 간명하게 폭로하였다.

2. 미군정의 실정失政 폭로

이승만 박사는 미군정이 공산주의자들을 어떻게 다루고 있느냐 하는 것을 논평하기를 "한국에 있어서 공산주의자는 그리 문제가 아니다. 그러나 미군정은 한국통일의 파괴를 목적으로 하는 소수 공산분자들을 과대시하는 정책으로 인하여 조해阻害되고 있는 것으로 안다."

이보다 더 한층 미군정의 실정을 폭로한 것으로는 "*하지* 장군 지도하에 있는 남한 미군정은 좌우합작위원회를 조직하여 좌익, 즉 공산주의자들을 포섭하려고 시도하여 반년 이상 추진하는 동안에 숨었던 공산주의자들이 다시 머리를 들고 그 활동을 개시하였다. 그리하여 지난 가을에 남한 전역에 걸쳐서 철도를 파괴하고 총파업을 감행하여 국가기능을 마비상태에 빠뜨렸고, 대구를 중심으로 한 영남지방 일대에서 공산분자들이 작당해서 살인·방화·파괴 등으로 공포·암흑천지를 만들었다.

그러나 미군정은 이들의 최고지휘자가 좌우합작위원회의 좌익분자임을 추측하면서도 그들을 체포하기는커녕 이들 즉 좌우합작위원회를 토대로 하여 소위 입법의원이라는 것을 조직하게 하고, 그 반수는 관선으로 하고 반수는 민선으로 하였는데 그 관선의원 중에 상당수를 공산주의자로 임명하였다. 그러나 민선에 있어서는 단 2명밖에는 공산주의자가 당선되지 못하고, 그 나머지는 전부 우익 즉 민주주의자들이 당선되었다"고 실예를 들어 밝혔다. 또한 우익을 탄압하고 좌익을 두둔한 실예로서는 1월 21일에 반탁학생총연맹이라는 우익학생단체가 탁치 반대를 목적으로 한 학생대회를 개최하려는 것을 허가하지 않고 탄압한 반면, 그 2일 후인 1월 23일에 좌익 측이 주최하는 군중대회는 집회를 허가하였다"고 말했다.

3. 미국 정계의 호응

노 박사가 워싱턴과 뉴욕에서 수주일 동안 체재하면서 미국정계지도자들과 접촉을 가지고 남한 미군정의 그릇된 시책을 비난 논평하매 그

시정을 촉구하는 주장을 옳게 여겨 이에 호응하는 미국정계의 움직임을 보건대,

1. 신년도 미국하원 개원식일 연설에서 ***조셉 마틴*** 씨(당시 하원 의장)는 "정부로부터 공산분자들을 가려내어 축출하라"고 강조하였다.

2. 미국 국무장관 ***번즈*** 씨 후임으로 ***마샬*** 원수가 장관이 되었는데 장차 미국극동정책에 일대변동이 있으리라는 여론이고, 중국공산당들이 이로 인해서 크게 부심 중이라는 외신까지 전해왔다.

3. 고 ***루즈벨트*** 대통령 부인을 중심으로 한 미정계지도자들이 「항구적 자유주의기구」라는 단체를 결성하여 공산주의자들의 자의적 신계획을 제지하려는 운동을 개시하였다.

미국언론계의 중진인 ***존 윌리암*** 씨와 그 외 인사들의 주선으로 1월 14일에는 미국방송협회장 ***이튼*** 씨와 한국문제에 관하여 일문일답을 하여 전국에 방송하였으며, 여기에서도 이 총재의 외교활동의 내용 일부를 추찰推察할 수 있다.

이튼 씨 : "우리가 1919년 임정 대통령이었고, 1946년 민주의원 의장인 귀한 손님 이승만 박사를 맞이한 것은 대단히 영광입니다. 박사, 귀국민은 한국에 있어서 현재 미국정책에 대하여 만족하고 있습니까?"

이 박사 : "만족하고 있지 않습니다. 우리는 남한정부를 한국민에게 이양하는 것이 지연됨을 이해할 수가 없습니다."

이튼 씨 : 귀하는 무슨 이유로 한국이 38선으로 양단되어 북방에 소련지대가 출현하였는가를 아십니까?"

이 박사 : "군사적 이유라고 말하는 사람도 있고 얄타밀약에서 작정되었다는 사람도 있습니다. 그러나 나는 진상을 알지 못합니다."

이튼 씨 : "소련이 한국에 주둔하려는 무슨 이유가 있습니까?"

이 박사 : "한국의 전략상 위치로 인접국에 크게 관심을 주고 있습니

다. 그러나 우리 인접국들은 관계 각 방면의 이익을 위하여 이러한 호기심을 버리는 것이 제일 좋습니다."

이튼 씨 : "남한 미군 주둔 하 즉 38선 이남에 있는 한국민은 현재 북한의 풍부한 공업자원을 이용할 수가 있습니까?"

이 박사 : "양 지대 간에는 아무런 통로도 없습니다. 남한 국민은 북한에서 석탄을 못받고 있으며, 우리 북한 국민은 남한에서 농산물이 오지 않는고로 굶주리고 있습니다."

이튼 씨 : "귀하는 이 두 지대 간에 여하한 물품도 교환되지 않는다는 말씀입니까?"

이 박사 : "그렇습니다. 뿐만 아니라 국토의 분할로 인하여 이산된 가족이 많으며, 부부는 갈리어 살고, 학생들에게는 학문을 계속할 학자금이 오지 못하여도 고향으로 돌아갈 수도 없습니다. 적어도 10여만의 이재민이 북한에서 와서 남한 가노에 방황하고 있습니다."

이튼 씨 : "아니 한국의 자유와 독립이 약속되었던 것이 아닙니까?"

이 박사 : "그렇습니다. 카이로회담에서 약속되었고, 그 후 포츠담회담에서 재확인되었습니다."

이튼 씨 : "군사문제에 있어서는 어떻습니까?"

이 박사 : "우리는 미국정부가 남한정권을 한국민에게 이양함을 지연하고 있음은 큰 실책이라고 생각합니다. 미국인들은 한인들의 심리를 알지 못합니다. 우리 국민들은 과거에 일본의 통치를 헌병정권이라고 불러왔으며, 지금에는 미국의 통치를 통역정치라고 말합니다. 미국군인들은 친절하고 원조하려 하나 군정청은 한국민을 위하는 것보다 그 자신을 위합니다. 또 한국민에게 하등의 이익이 없음에도 불구하고 귀국 납세자에게 한국으로 인하여 매년 3억2천만 달러를 지불케 하여서는 안됩니다."

다음 날인 1월 15일 밤에는 워싱턴방송국을 통하여 전 미국 방방곡곡에까지, 아니 전 세계인류에게 한국민족의 억울한 사정을 이 총재가 방송에서 호소하였다. 그 방송내용은 방미 이래 지금까지 발표한 주장과 호소이다. 다시 말하면 한국민 삼천만이 부르짖는 호소요, 참을 수 없는 억울한 심정에 끓어오르는 민족의 절규를 대변한 것이다.

이 총재의 이와 같은 외교활동을 적극 성원하기 위해서 본회 조성환 회장은 ***맥아더*** 장군, ***마샬*** 국무장관, ***마틴*** 미국하원의장, ***존 윌리암*** 통신사사장에게 각각 전문電文으로 다음과 같은 대지大旨로 요청을 하였다 :

맥아더 장군에게.

"방금 한국민의 민생은 극단적으로 도탄에 빠지고 있어 이 이상 인내할 수 없습니다. 각하께서 하루 속히 내임하여 급속한 해결을 강구하여주시기를 바랍니다."

마샬 국무장관에게.

"금반에 한국민족대표 외교사절로 이승만 박사가 귀국을 방문하여 각하께 제언하는 바는 우리 민족의 대변이오니 청허하사 적극 지원하여주심을 바랍니다."

마틴 하원의장에게.

"우리 민족을 대표한 이승만 박사의 호소에 성원하여주심을 감사합니다. 한국문제는 결국 UN에 상정시킬 수밖에 없으니 우리 한국의 안정을 위하여 일층 노력하여주심을 바랍니다."

윌리암 통신사사장에게.

"우리 한민족은 애국심에서 탁치를 절대 반대합니다. 금후에도 좀더 한국인의 현실을 정확히 파악하여 한국의 안정이 하루 바삐 실현되도록 성원하여주시기를 바랍니다."

1월 17일에 이 총재는 다시 내외기자단과 회견을 가지고 다음과 같이 담화를 발표하였다 :

"한국인은 오랫동안 미소공동위원회를 통하여 한국이 독립되기를 희망하여왔다. 그러나 우리는 이 이상 더 인내할 수 없다. 따라서 우리는 미국 측이 한국을 반분케 한 얄타비밀협정과 모스크바 3상결정 중의 신탁조항을 파기하여 한국인의 노예화를 구출할 수 있는 한국의 임시정부를 수립하여주기 바란다. 그렇다고 해서 우리가 한국의 남북을 통일하기 위한 미소공동위원회의 노력에 반대하는 것은 아니다. 그러나 우리는 동위원회의 토의가 얼마간의 기간을 요할는지 또는 그 결과 여하는 예측할 수 없다. 따라서 우리는 만약 미소공동위원회의 성과가 만족할 수 있는 정도일 때에는 우리도 미소공동위원회에 협력할 것이다."

미국 조야인사들과 매일같이 회견하면서 한민족의 하고자 하는 의사표시를 가장 적절하게 대변하는 이 총재는 1월 25일에는 미국 대외정책 수립에 권위자이고 외교계 중진인 미국 상원외교위원장 ***밴든벅*** 씨와 회견하고 한국문제 처리방안으로서 이 총재의 주장을 그에게 재강조하였다. 즉 종전 후 공산주의자들의 세계정책의 일환으로서 한국침략도 기도하고 있으니 미소공동위원회에서 양편이 타협하여 통일한국정부가 수립되리라는 몽상을 일소하고, 우선 가능한 지역인 남한에서만이라도 민주방식대로 총선거로써 국민의 대변자를 선출하여 그들이 남한정부를 수립하도록 해가지고 그 정부로 하여금 소련과 외교적 절충으로써 통일을 추진한다는 것이다.

당일 또 기자단과 만난 이 총재는 말하기를 "과반過般 미국무성에서 '일부 의견을 달리하는 한국의 정치단체가 연합국의 회의로써 약속된 한국의 독립달성을 방해하고 있다'고 발표한 것을 우려하고 있다. 나는 이 언명에 대하여 다음과 같이 응수하였다.”

“미국무성 내 일부분자는 한국에 독립을 부여한다는 미국 측 언명의 실천을 방해하고 있는 것 같다. 미국의 대한정책 실천을 방해하고 있는 여사한 국무성 내 일부 관리가 누구인지는 지적하고 싶지 않으나, 이들은 공산주의에 기울어지고 있는 것 같다. 그러나 ***마샬*** 씨가 국무장관 취임을 계기로 이들 좌익분자는 국무성으로부터 일소될 가능성이 있음을 듣고 있다. 현재 미국무성 내에 고지固持되고 있는 대한정책은 ***맥아더*** 장군이 기구冀求하는 바와는 상반하는 것이다. ***맥아더*** 장군은 이미 일본에 있어서 동 장군에게 부하된 부담이 가중되는 것을 원치 않고 있다. 나는 ***맥아더*** 장군이 남한의 우익 측에 대하여 좌익 측보다 많은 호의를 가지고 있다고 생각한다. 한편 남한주둔 미군사령관 ***하지*** 중장은 좌익 측에 호의를 가지고 있으며, 남한 미군당국은 한국에 공산당 건설과 이에 대한 후원노력을 계속하고 있다. 한국의 우익진영은 한국에 신탁통치를 수락치 않을 것이다. 그러나 이 우익진영은 여사한 미군정당국 및 기타 미국 측의 공산당 조장책助長策에 관하여 미군정당국과 견해의 차이를 보이고 있다. 남한 미군정당국이 공산당에 대하여 활발한 후원을 했음에도 불구하고 남한에는 극소수의 공산주의자가 있을 뿐이다. 그리고 소위 좌우합작위원회가 조직되어 ***하지*** 중장은 남조선입법의원 관선의원에 상당수를 공산주의자에 배정 임명하였으나 민선의원의 선출에 있어서는 우익진영이 45의석 중 43석을 점유하였던 것이다”고 신랄하게 남한 미군정당국의 그릇된 정책을 지적할 뿐 아니라 미국무성 내에 잠입해 있는 공산분자들을 숙청하라는 암시를 한 것이다.

4. 한국의 부흥을 위한 최저조건 제시

1월 29일 이승만 총재는 워싱턴신문통신기자들에게 「한국 부흥을 기할 수 있는 절대필수의 최저조건」이라는 것을 지적한 일안을 배부했는데, 이 총재는 이 안에서 '우리는 이것을 남한 미군정당국에 제시하여 즉시 실시를 요망할 터이다'라고 말하였는데, 그 제안내용은 다음과 같다.

1. 미소 양국과 한국문제에 관하여 직접 교섭할 수 있는 한국임시정부를 수립할 것.

2. 한국의 부흥을 협조協調하기 위하여 한국의 대일배상요구를 즉시 심의할 것.

3. 한국에 충분한 상업상의 권리를 부여하고, 여하한 국가에도 일방적 은전恩典을 수여치 말 것.

4. 한국의 통화를 안정시키고 국제 위체爲替에 입각하여 환산율을 결정할 것.

5. 미소 양군은 동시에 철퇴하여야 할 것.

수일이 지난 2월 7일에는 미국무성에 다음 6개 항목을 제출하였다.

1. 총선거에 의하여 남북통일정부가 수립될 때까지 남한에 과도정부를 수립할 것.

2. 이 과도정부는 미소 양국 간의 교섭을 방해하는 바 없이 점령국과 기타 중요문제에 관하여 미소 양국과 교섭할 것.

3. 한국의 경제재건을 위하여 일본에 대하여 한국에 대한 배상요구를 속히 고려할 것.

4. 평등한 지위에서 한국에 통상권을 행할 것.

5. 국제적 위체제도를 설치하고 통화를 안정시킬 것.

6. 미국의 보위군은 미소 양국이 동시 철퇴할 때까지 주둔할 것.

5. 이승만 총재의 구체적 외교활동

1월 31일 외신보도에 의하면 이 총재는 다음과 같은 담화를 발표하였다.

"***러취*** 장군이 자기와 ***하지*** 중장을 소환 운운한 것은 무슨 오해가 있는 것 같다. 그러나 우리는 ***하지*** 중장은 신탁문제에 관한 그의 정책을 변경해야 할 줄로 알고, 또 민족주의자와 공산주의자와의 합작을 강요하는 계획에 관한 정책을 변경하여야 한다고 생각한다. 그러한 노력은 만족할 만한 해결을 가져오지 못할 것이다. 남한과도정부를 수립한다는 것은 남북통일에 나아가는 정당한 단계이다. 미 관변 수뇌자들도 이 안건에 찬동하며, 또 이것은 ***하지*** 중장이 소련을 상대하여 해결하려는 노력을 방해하는 것은 아닌 것이다. 그러나 우리는 미소 양국 간에 개재해 있는 의혹을 일소함으로써 해결을 지으려는데 역할도 하여야 할 것이다. 이 과도정부는 미 당국이 소련과 협동하는 것을 도울 수도 있는 것이며, 또 모든 민생문제의 해결에도 노력할 수 있을 것이다. 우리는 우리 민족의 모든 문제를 미국친구들과 협의하여 해결하기를 바란다. 우리의 공동목표인 즉시완전독립을 달성하려는 데 무슨 오해가 있을 수 없다."

2월 1일은 미국 육해군협회에서 이 박사에게 훈장을 수여해서 그가 태평양전쟁 이래로 미국국방정책 수행에 많은 공적을 세움에 대한 감사를 표하였는데, 당일 훈장수여식에 참석한 ***아이젠하워*** 미 육군참모총장 이하 육해군 장성들이 모인 가운데에서도 전기 전문내용과 동일한 소감을 그 답사 중에 포함 발표하였다.

2월 5일은 뉴욕에 주재하면서 UN총회와 UN안전보장이사회 등에 외교절충을 하도록 위촉하고 있는 임영신 여사로 하여금 미국무장관, ***도미코프*** 소련주미대사, ***하지*** 장군 및 ***치스치야코프*** 중장(평양주둔 소련군

사령관)에게 서한을 발송케 하였는데, 그 내용은 다음과 같다.

“본인은 타스통신에서 *치스치야코프* 중장이 남한 주둔 미군사령관에 대하여 한국통일을 위한 미소공동위원회 속개의 전제조건으로 모스크바 결정 탁치조항을 지지하는 정당과 협의하는 데 동의한다는 요청을 하였다는 기사를 보았습니다. 이것은 금차대전에서 표명된 목적과 정면으로 모순되는 것이며, 또 40년간 대일투쟁을 한 한국민을 직접 모욕하는 것이며, 4대자유를 부정하는 것입니다. 제위諸位는 한국이 미소 양국과 우호를 희망하고 있음을 알게 될 것입니다. 이 친의親誼는 만국평등이라는 확고한 기초 위에 수립될 수 있습니다. 우리는 어느 나라의 정략기지로도 사용되지 않을 것과 고도의 민족주의라는 것을 귀 미소 양국에게 보증합니다.”

이때에 일부보도에 의하면 미국정계에도 상금 대소 유화정책론자가 있어서 대소 유화정책 실천의 일환으로서 한국에 모스크바결정을 강행하기 위한 어떠한 한인 교육 등을 구상한다는 말을 듣고 2월 11일 미소 양국에 다음과 같은 경고문을 발표하였다.

“미국이 한인을 신탁통치를 존중하도록 교육하려고 계획하고 있다는 것은 한국민족에 대한 모욕이다. 5개년 또는 이러한 기간의 여하한 신탁통치도 전 한국을 완전히 퇴폐頹廢시키는 결과를 내일 것이다. 미국과 소련의 한국에 있어서의 계획은 거익去益 중대한 저항을 받을 것이다.”

이승만 총재는 2월 10일 오전 중에 다시 미국방송협회장과 동 협회장실에서 대담을 하였는데 이 대담이 그대로 전국에 중계방송되어서 이 총재의 외교활동을 한층 빛나게 하였다. 그 대담한 요지는 대략 다음과 같다.

이튼 씨 : "귀하는 한국의 통일을 희망하는 것이 아닙니까?"

이 총재 : "물론 희망합니다. 그러나 타국의 힘으로 미국을 통일시킬 수 있습니까? 타국이 미국 공산주의나 노동조합이나 종교단체나 정당을 통일시킬 수 있습니까? 외국정부로서는 이런 일을 할 수 없는 것입니다. 그럼에도 불구하고 과거 15개월 간 국무성 영도 하에 있는 귀 군정청은 이러한 노력을 해왔습니다. 군정당국이 기어코 공산주의자들을 정부에 가입케 하려고 고집하는 고로 모든 계획이 실패로 돌아간 것입니다. 공산주의자들은 자기들이 영도권을 잡지 못하는 한 합작하지 않을 것이며, 이와 반면에 우리 한국민은 그 정부를 공산주의자들의 통어統御에 일임치 않을 것입니다. 이것이 과도정부를 수립하려는 군정청노력이 실패한 이유입니다."

이튼 씨 : "한국은 자치할 준비가 되었다고 생각하십니까?"

이 총재 : "그렇습니다. 한국은 여하한 다른 국민이 하는 통치보다 우리 자신이 더 잘 통치할 수 있습니다. 군정장관 ***러취*** 장군도 한국민은 자치할 준비가 되었다고 수차 말했습니다. 재작년 10월에 내가 귀국 도중에 동경에 들렀는데 ***맥아더*** 장군은 '한국이 자치할 수 없다는 말은 선전에 불과하다. 나는 한국민이 자치할 수 있음을 안다'라고 나에게 말했습니다. 우리 한국경찰은 남한의 질서와 평화를 충분히 통어하고 있습니다. 최근 공산주의자들이 전국적으로 데모행동을 전개하여 각처에서 파업과 폭동이 야기되었음에도 한국경찰은 군정당국의 원조를 받지 않고 사태를 처리했습니다."

이튼 씨 : "박사! 여하한 정책을 쓰면 모스크바결정에 의하여 미소가 타협하고 한국을 한국민에게 이양할 수 있으리라고 귀하는 생각하십니까? 간단히 종합적으로 말씀하여주십시오."

이 총재 : "한국에 어떠한 정부를 수립해야 한다는 것은 한국민의 대

표들이 결정할 문제임을 미소 양국은 알아야 합니다. 그리고 한국민으로 하여금 외부의 간섭 없이 그 대표를 선출케 할 것입니다. 미소 양국은 각기 주둔지대에 있어서 서로 동기를 의심하고 있습니다. 그러므로 만일 한국정부를 수립하여 양국 세력과 직접 교섭할 수 있는 처지에 둔다면 우리는 능히 여사한 의혹의 구름을 일소하고 문제를 호의 하에 해결하여 양 주둔군을 한국에서 철수할 수 있도록 할 수 있습니다."

수일이 지난 2월 15일에는 서울에서 들어온 외신보도에 접하고 다음과 같이 담화를 발표하여 주한미군정당국뿐 아니라 미국무성당국자의 반성을 촉구하였다.

"서울에서의 보도에 의하면 남한 미군정당국은 금후 신탁통치안을 한국인에게 천명하고 지도하고 있다는데 연합국의 대한對韓 신탁통치안이야말로 무모한 것이다. 그리고 여사한 제안은 한인에 대한 모욕인 동시에 자유를 위하여 희생이 된 미국인의 신임을 모독하는 것이다. 한인은 모두「데모크라시」자유해방을 위하여 최고의 희생을 바친 허다한 미국인이 과거 40년간 자치를 위하여 투쟁해온 한인에게 탁치라는 모욕을 강요하리라고는 믿을 수 없다. 남한 주둔군 사령관 ***하지*** 중장 및 미군정당국은 과거에도 한인에게 탁치를 수락하도록 설명하고자 노력한 바 있으나, 그들이 노력하면 할수록 한인의 반감은 더 심할 것이다. 또 미국은 대 한국, 대 일본의 정책에 있어서 기본적 모순을 범하고 있다. 즉 ***맥아더*** 장군은 금반 일본인민의 민주주의적 의사발표의 기회를 주기 위하여 신 선거를 실시하리라고 언명하고 있다. 타면 한국의 현상은 한국의 민주주의적 독립 확보에 있어서 계속 남한 미군정은 실패하고 있다. 또 일본은 금후 선거가 실시될 것이므로 우호국인 한국보다도 적국이었던 일본은 더욱 이득을 얻을 것이 명백하다. 일본은 패배하였으므로 징벌될 것으로 기대되었던 반면에 한국은 해방되어 독립이 약속되었던 것인데, 현재까지로 보아서 일본은 보수를 받고 있는 반면 한국은 벌을 받고 있는 형편이다."

해방 후 미군정 법제고문관이었던 ***에머리 제이 우돌*** 박사가 작성한 장문의 서류를 증거자료로 한 정식해명서를 총재는 2월 20일에 발표하고, 한국문제 해결의 방식에 관하여 다음과 같이 주장하였다:

1. 남한임시정부 수립을 위하여 즉시 총선거를 실시하라.
2. 한국에 완전한 통상권을 부여하라.
3. 국제위체제도에 기하여 한국통화를 안정시키라.
4. 남조선과도정부에 대하여는 점령 기타 중요문제에 관하여 소련 및 미국과 교섭할 권리를 부여하라.
5. 미국군은 소련군이 북한에 있는 동안 남한에 주둔하기를 희망한다.

한편 ***우돌*** 박사는 그 보고서에서 다음과 같이 말하였다 :

「현재 미소간의 교섭이 정돈된 상태가 오래 계속된다면 소련은 더욱 이미 철의 장막 속에 들어간 북한에 대한 세력을 강화할 것이므로 이 박사의 요구를 승인할 때가 왔다. 한국인은 이미 그들 자신이 선출한 지도자를 통하여 자치의 능력이 있다는 증거를 보였다. 한국을 계속하여 2지대로 분할하고 있는 것은 본질적으로 북한에 의지하고 있는 남한의 농업 및 산업경제를 퇴폐시키고 있다. 남한의 한인임시정부는 미군당국보다 더욱 유리하게 공산주의의 선동을 진압할 수 있을 것이다. 남한에 민주주의적 정부를 선출하면 이는 국민이 공산주의정부를 불원한다는 것과 한국의 재통일을 지연시키고 있는 것은 미국이 아니라 소련인 것을 표시하게 될 것이다.」

이 미군정 법제고문관 ***우돌*** 박사의 보고서를 증거로 한 이 총재의 전기 5항목의 주장은 미국무성당국에서는 이를 수락하지 않을 수 없는 강한 발언인 것이다(이상은 워싱턴 UP통신).

그런데 2월 21일 이 총재는 신문기자에게 다음과 같이 말하였다:

"최근 당지에 도착한 *하지* 중장이 신문에 하등의 성명도 발표하지 않고 있다. 나도 그를 회견하였다. 나는 장개석 총통과 한중문제를 토의하기 위하여 중국을 방문할 예정이다. 중국은 모스크바결정에 의하여 미·소·영과 더불어 한국에 대한 결정권을 보유하고 있는 만큼 나는 장 총통과 한국탁치문제를 검토할 터이다. 그리고 당지 주재 임병직 씨는 영경英京(런던)에 가서 영국외무성과 접촉하여 한국신탁통치안 및 기타 한국문제에 대한 영국 당국의 태도를 알고자 한다."

이 총재가 근일 중으로 중국 장 총통을 방문한다는 담화발표를 보고 김구 부총재는 즉시 장 총통에 에게 다음과 같은 전문을 발송하였다.

「이승만 박사가 민족대표외교사절로서 한국의 독립문제를 각하와 협의하고자 각하를 방문하오니 특별히 진력하여주심을 요망합니다.」

2월 25일 이 총재는 신문통신기자회견을 가지고 북한주둔 소련군사령관이 북한동포에게 군사훈련을 강제한다는 소련 측 군사활동에 대하여 다음과 같은 담화를 발표하였다.

"현재 북한의 소련군은 50만 명의 한인군대를 훈련하여 소련군대에 편입시키고자 하고 있는데, 여사한 결과로 말미암아 미군 점령 하에 있는 남한의 국가주의자들은 취약脆弱한 입장에 있다. 또 북한인들은 강제군사훈련을 거부하기 위하여 남한으로 도피하고 있는 중이다. 한편 모스크바협정에 의하여 남한의 미군은 여사한 군사훈련을 남한에서 실시하지 않고 있으므로 남한은 북한의 공산주의자에게 좌우될 상태에 있다. 그리고 여사한 북한 주둔 소련군의 행동은 남한에서도 다 알려지고 있는 사실인데, 하여간 *맥아더* 사령관도 이에 대하여 약간의 관심을 가지리라고 믿는다." 이상은 AP통신의 보도인데 UP통신은 그날의 이 총재 회견의 기사를 다음과 같이 보도하였다.

「나는 미국에 남한 점령지대 내의 한인을 무장시키고 그들에 대한 군사훈련을 허가할 것을 요청하는 바이다. 소련은 북한에서 방대한 한인군대를 훈련하고 있는데, 남한 점령지대 내의 한인은 무기를 소지하여 군사훈련을 받는 권리를 가지지 못하고 있다. 한국인이 그들 자신의 정부를 가지지 않음으로써 우리는 민주주의를 신봉하고 있음에도 불구하고 한국민이 파괴적인 공산주의자의 내침을 기다리고 있는 비극적 광경을 보고 있다.」

일본제국주의 침략자들이 진주만 공격 가능성을 그 실연實演되기 10년 전에 예언하였던 이 박사는 또한 북한공산주의자들의 6·25남침을 그 실연 4년 전에 예고하였다. 그러나 족상의 화밖에 보지 못하는 집권자들은 이 여신적중如神適中하는 경고를 마이동풍시하여 세기적 비극은 부절不絕하였다.

6. 미국 국무성의 한국문제에 관한 정책 재검토

2월 25일에 *마샬* 국무장관이 기자회견석상에서 말하기를 "한국문제는 국무성 내에 있는 한국문제전문가에게 미국의 정책을 재검토할 것을 지시하였다"고 하였다.

이 보도에 접하자 이 총재는 다음과 같이 말하였다 :

"한국인은 한인 자신을 독립국민으로 간주하고 있다. 그리고 한국의 운명을 자신이 해결할 결의를 가지고 있다. 따라서 만약 4국 외상이 모스크바에서 한국문제를 결정하고자 한다하더라도 한국이 이에 협력한다는 보장은 없다. 그리고 소련의 한 신문은 '내가 북한의 공산주의자에 대항하기 위하여 무기를 미국으로부터 획득하고자 하고 있다'고 전하고 있으나, 이것은 소련이 북한에서 취하고 있는 행동을 카무플라주하기 위한 것이다. 여하튼 내가 현재 여사한 원조를 미국에 요구할 이유는 없다."

미국무성은 한국문제가 미국정계의 일대관심사로서 현재까지 현지점령군당국의 그릇된 시책에 대한 검토와 그 시정책을 논평하는 여론이 비등하였다. 그리하여 미국정부로서는 ***마샬*** 장관의 언명과 같이 국무성내 한국담당전문가들을 동원하여 대한정책을 재검토하게 하는 한편 현지최고책임자인 ***하지*** 중장을 극비리에 소환하였다. 그래서 2월 하순에 ***하지*** 중장은 워싱턴에 귀착歸着하였다. 이 총재와 ***하지*** 중장이 펜디 까운(미군인회관)에서 회견하고 국무성당국으로부터의 대한정책혁신에 관한 쌍방의 의견교환이 있었다.

미점령군 사령관으로서 1년 이상 장시일에 걸쳐서 좌우합작을 추진해온 장본인으로 지금까지 자신이 저지른 실수라 할지라도 그로 인해서 해방된 한국사회와 현지민중에게 제아무리 막대한 피해와 참혹한 사태가 벌어졌다하여도 일조일석에 그 답습해온 시책을 변혁한다는 것은 그리 용이한 일이 아니오, 더군다나 현지인 한국에서 1년 이상 현지 민족대표격인 노 혁명가와 정책의 대결을 함으로써 피차간에 장벽을 쌓고 있는 사이인데 쉽사리 풀어져서 애애靄靄한 화기 중에 설왕설래할 이치가 만무하다. 일제로부터 해방시킨 점령군 사령관이란 지위에 엄연 군림하는 무변武辨의 자존심이 이를 허락지 않을 것이다. 그러나 국무장관이 교체됨을 계기로 해서 국무성당국자의 대한정책이 변혁되지 아니치 못할 단계에 이르렀으니 국무성당국의 지휘 하에 있는 현지사령관으로서 그 지도를 거부하고 현재까지 답습해온 시책을 고집할 수도 없는 난처한 상황에 빠져 있으니 그 자신으로서는 최대의 고민과 무상의 번뇌가 아닐 수 없었다. 이같이 *하지* 중장을 심연에 빠뜨리게 한 원천이 자기 자신이지만 그것을 깨달아 반성하기 전에 먼저 그 함정으로 몰아넣은 자, 그 주도역을 연출한 세력을 탐색하려는 것이 범인의 상투적인 사고방식이니 이 범중凡衆의 범주를 벗어나지 못하는 것이 철인이나 종교가와 같이 수양을 쌓지 못한 일반군인이요, 평범한 무변인 것이다.

아무리 태평양전쟁 이래로 철인적哲人的 예언자로, 노 혁명가로 그 명성을 들었고 직속상사인 *맥아더* 원수가 극구 추앙하며 한국유일의 애국자로 소개받았다 하여도 그와 1년 이상이나 전략 아닌 정략상 대결을 하고나니 공산당 타도 옹고집 노인 앞에 백기를 들고 항복하기에는 3성장군으로서의 상승영웅인 그 기백이 허락지 않았을 것이다. 그러니 그 용모가 자연히 어색하게 굳어지고, 그 언변이 스스로 옹색해질 수밖에 없었을 것이다.

Ⅲ. 라피엣공원의 철야 정담鼎談

이 총재가 도미하여 UN총회에 우리 민족의 억울한 사정을 호소하려 하였으나 그 총회의 예정된 일정에 없는 일이라 여의치 못하게 되자 다시 정치분과위원회에서라도 참석 발언을 하도록 임영신 여사를 통해서 UN사무총국에 교섭하였다. 그런데 그것마저 소련 측의 맹렬한 반대로 인하여 거부당한 실정을 보고하려고 임 여사가 워싱턴에 와서 총재 숙소를 예방하였다. 때마침 임병직 씨도 총재의 명을 받아서 미국무성당국과 외교절충을 하고 있었는데, 그 절충 역시 여의하게 진척되지 않는 것을 보고하기 위하여 예방 중이어서 3인이 동석하게 되었다.

때는 1947년 3월 2일, 총재가 체미한지도 어언간 4삭이 되었다. 고국에서는 애국동포들이 총재의 외교투쟁을 물심양면으로 정성껏 성원하고 일각을 삼추 같이 고대하면서 그 호소식, 즉 독립실현을 갈망하고 있는 줄을 반시도 잊어본 일이 없는 이 총재의 심경이 초조하고 안타까운 심회는 비할 바 없을 것이다. 그 전일은 3월 1일 기미년 독립운동기념일인데 이날 고국으로부터 전문이 왔다. 즉 임시정부봉대식을 거행하고 조각을 발표한바 그 주석에 이 총재를 추대하였으니 그 취임 승낙을 회전하여달라는 것이다. 이 사실이 미국조야에 알려지자 워싱턴의 신문통신기자들은 재빠르게 총재에게 몰려와서 그의 주석 취임 여부를 물었다. 그래서 총재는 그 질문의 핵심을 회피하면서 "이것은 한민족이 독립을 갈망하는 하나의 상징이다"라고 응수했다. 그러나 그 대답을 한 총재의 심회는 무한히 답답하고 초조하였다.

이 광경을 본 임 여사는 상심된 노 박사를 위로하여드릴 셈 소풍 차 앞장서서 숙소에서 멀지 않은 '라피엣 파크'라는 공원으로 산책을 안내하였다. 초춘의 부드러운 해풍이 불어오는 밤하늘에는 신비로운 별들만 반짝이는데 임병직 씨까지 3인은 공원을 두루 산책하다가 한 모퉁이에 있는 벤치에 정좌鼎坐하였다. 불야성을 이룬 워싱턴시가는 원근각처의 네온사인이 반짝여서 창공의 무수한 성좌에 응하는 듯 밤은 깊어가는데, 민족의 해방과 조국의 독립을 위하여 그 일생을 바쳐서 이미 고희를 넘은 백발노인이 침울한 표정으로 양인을 번갈아 바라볼 때에 두 분은 무엇이라고 위로의 말을 해드려야 할 지 송구스런 심정 또한 말할 수 없었다. 그래서 피차에 말없이 그 얼마의 시간이 흘러갔다. 한참 만에 이 무거운 침묵을 깨뜨리고 노 박사는 말하였다.

"도대체 미국사람들 하는 짓이란 알 수 없단 말이야. 거금 40여 년 전에는 노일전쟁을 화해시킨답시고 양국 대표를 포쓰마쓰에 불러 놓고 소위 거중조정을 하더니 그실 자국영토인 필리핀에 대한 선린우호를 대가로 한국에 대한 일본의 지배권을 용인하여줌으로 인해서 우리는 40년간 왜놈들에게 국치민욕을 당했던 것인데, 2차대전을 속히 끝내려는 전략에서 소련을 태평양전에 가담케 하기 위한 대가로 한국을 갈라서 38 이북의 지배권을 용인하는 비밀협정을 얄타에서 맺어놓았으니, 그로 인하여 민족은 분열되고 공산주의는 물밀듯 침투되어 해방이라기보다 또 다시 적색제국주의 붉은 오랑캐에게 먹히려고 하니 이런 놈의 짓이 있나! 저희들이 일시적 소리小利를 탐하기 위하여 남의 나라, 남의 민족을 미끼로 이용함으로 인하여 약소민족이 희생되고, 그 희생은 자기네의 발등에도 불똥이 떨어져서 저희들도 쓴잔을 마시게 되는 줄을 모르니 소위 정치가라는 자들이 제나라와 인류에 대한 영구적 평화와 안전지책은 강구하지 못하고 한때의 고식지계에만 급급하니 참 한심스러운 일이다."

대전 후 인류의 항구적 평화를 기도企圖해서 UN기구를 창설하였으나 벌써 소련은 각처에서 침략의 마수를 뻗쳐서 이로 인하여 소련과 서구진영과는 냉전이 싹트고 있는 현실을 통찰할 때 인류평화가 요원함을 염려하는 철인인 노 박사가 자연히 그 고충을 피력하였다. 다시 얼마 동안의 침묵이 흘러간 뒤에 다시 말을 이어서

"내가 미주에 온 지도 벌써 넉달이야. 그 동안 미국의 여러 친구들을 만나서 한국의 답답한 사정을 말해보았더니 다들 내 말을 옳게 여겨서 혹은 신문으로 혹은 라디오 혹은 정치평론을 통해서 많이 논의되고 있지만 어디 뚜렷한 결실을 본 것이 있어야지. UN총회에 나가서 내가 발언권을 얻어보려는 것은 애당초 계획조차 못한 일이지만 정치위원회에서까지 발언할 기회를 주지 않으니 내가 울화증이 터질 것만 같아요! 그 동안 미스터 임이 매일같이 국무성관계당국과 접촉하여 내가 제안한 한국문제처리방안은 저희들이 접수해서 그 동안 충분히 검토했을 터인데

상금 하등의 회답이 없으니 이것 또한 갑갑해서 견디겠나!

그러니 이제 와서는 내가 해볼 대로 다 해보아도 우리의 의도하는 대로 일이 되어나가지 않으니 지금에 와서 UN기구에다가 우리 문제 해결을 의뢰하는 것도 하나의 몽상이요, 미국무성을 통해서 미국 친구들에게 후원을 요청한다는 것도 하나의 어리석은 짓이다. 그래서 나는 결심했어. 앞으로 우리 문제 해결에 관해서 UN이나 미국에 기대하지 않고 오직 우리 자신의 힘만을 발휘하여 해결해야 되겠다는 것이야."

이 자력 위주로 한국문제 해결에 나가겠다는 의견에 깜짝 놀란 임영신 씨는 대번 의아스럽다는 듯이 물었다.

"선생님, 자력으로 해결한다니, 지금 우리가 자력으로써 남북한의 미소 양 점령군을 철퇴시키고서 독립을 선포할 수 있습니까?"

"내가 말하는 자력이란 그런 군사력을 말하는 것이 아니고, 민족의 자주역량을 발하는 것이야! 우리가 일본통치하에서 석수赤手로써 독립을 선포하지 않았나? 그래서 임시정부를 수립해서 20여 년간 이 임정깃발 밑에서 운동을 해오지 않았나? 그러니 이제 와서는 다시 임시정부를 떠메고 독립을 선포하고 미소 양군은 물러가라고 주장할밖에 없어!"

"선생님, 어제 고국에서 온 소식에 의하면 임정봉대식을 거행하고, 조각을 발표하고, 그 주석에 선생님을 추대하였다더니 그 임시정부를 밀고 나가시겠다는 말씀입니까?"

"이 막다른 골목에 와서는 별도리 없지. 그것이라도 떠메고서 우선 미국정부에 향해서 그 승인을 요청하고, 다음은 중국정부에다가 또 승인을 요청하고, 이리해서 몇몇 나라만 승인해준다면 일은 차차 풀려나가게 되는 것이거든! 아무리 백방으로 생각해보아도 이제 와서는 이 길밖에는 우리 문제를 해결할 방도가 없는 것 같애."

본국에서 1년 이상 독립전선을 파괴하려드는 공산계열과 싸웠고, 그

보다도 점령군사령관이란 최고집권자와 맞붙어서 정책대결을 하다가 성과 없는 투쟁을 더 이상 계속할 수 없어서 세계평화기구와 미국지도자에게 이 고충–민족의 비원悲願–을 호소하려고 와서 동분서주한 지 4개월, 세웠던 목적이 여의하게 달성될 가망이 없을 바에야 차라리 항일독립운동의 전통 있는 임정을 업고 대 군정투쟁을 전개하여보겠다는 노애국자의 최후결의가 이루어지기까지의 경로를 헤아릴 때에 감읍치 않을 자 있으랴? 그러나 이 비현실적인 독립운동방안을 지지하여 그에 추종하여나가기에는 지난 9월 이래 8개월간의 대 UN 외교공작을 전개한 노력이 가석하고 절통한지라. 이에 임 여사가 용기를 내어

"선생님! 임정이 재작년에 개인자격으로 들어오지 않았습니까? 그 뒤에 여러 차례 임정계 인사들이 이 임정을 떠메어보려고 백방으로 미군정에 절충하였지만 수포로 돌아간 사실을 누구보다도 선생님이 제일 잘 아시지 않습니까? 그런데 이제 와서 다 없어진 임정을 찾아내서 떠메고 독립운동을 하시겠다니 당치않은 말씀입니다. 제가 작년 9월에 뉴욕에 와서 지금까지 UN당국, 주로 정치위원회에 출석하여 각국대표들과 공사석에서 한국문제를 호소했고, 금반에 선생님이 이곳에 오신 후로는 일층 각국대표들과 활발하게 의견교환을 하여보았습니다만 우리 한국문제를 그들이 소홀히 여겨서 그런 것이 아닙니다. UN기구가 발족한 지 불과 1년 남짓한 이때에 벌써부터 소련과 대립되어서는 아니 되겠으니 신중을 기하는 처지라서 그리 된 정세상 부득이한 일이지, 그네들이 우리를 소홀히 생각한다거나 약소민족의 미독립국가라고 무시해서 그리 된 것이 아닙니다. 사무총장 ***트리고프 리*** 씨나 미국대표 ***오스틴*** 씨 같은 인사를 필두로 여러 각국대표들이 우리의 참담한 사정에 대하여 깊은 동정을 가지고서 앞으로 적당한 기회만 온다면 잘 처리해서 후원해주겠다고 저를 만날 때마다 그들이 약속합니다. 그러니 UN을 상대한 우리의

외교공작은 낙망할 정도가 아니라 앞으로 전도가 희망적입니다. 안심하시고 좀더 기다려주시고, 임정을 추진해서 한국문제를 해결하시겠다는 문제는 더 신중히 재고하시기 바랍니다."

이 임 여사의 조리정연한 권고발언에 힘을 얻은 임 씨 또한 지금까지 자기가 맡은 임무수행을 가지고서 발언하였다.

"박사님이 금반에 미국에 오셔서 단시일 내에 외교적 성과를 거두지 못하셨다고 낙망하시고 우리 독립운동에 임정 추진을 구상하려 하시니 제가 박사님 지도를 충분히 받들어서 그 책무를 이행치 못한 탓으로서 황송할 따름입니다. 그러나 국무성 관계당국자들이 우리에게 무성의해서 상금 회답을 하지 않는 것이 아니리라고 생각합니다. 불원간 무슨 방법으로든지 박사님이 제안하신 것에 대한 회답이 있을 것을 확신합니다. 제가 수일 전에도 관계당국자들과 만나서 그들의 의사도 타진해보았습니다. 좌우간 신중을 기하시고, 참으시면서 국무성의 동향을 지켜봄이 좋을 듯합니다."

이리해서 이 총재는 임정이라도 떠메고 독립전선을 재정비하여 돌진하겠다고 주장함에 대하여, 지금까지 대 UN공작이나 대 국무성 절충이 헛된 노력이 아니니 좀더 두고 참으면서 계속 노력을 해보기로 하고, 미국이나 연합국 우방들이 다 해소된 것으로 공인하는 임정 추진문제는 보류하는 것이 현명한 대책이라고 양인이 번갈아가면서 권고 겸 간곡히 진언하기를 수 시간 설왕설래하는 중에 깊었던 밤이 새고 먼동이 트는 것도 모르고 있었다.

만리이역에서 노 박사를 중심으로 하여 3인 정좌하여 고국을 위한 당면문제 – 독립노선의 검토와 대 UN 외교공작과 대 국무성 절충에 관한 지금까지의 경험을 토대로 한 보다 효과적인 외교공작의 신 발족을 하려고 기도함에 즈음한 총재로부터의 지시와 상호 의견교환 – 협의로써 한밤을 철야한 역사적 회담이었다.

이 역사적인 라피엣공원회담 이래 임영신 여사는 다시 뉴욕으로 돌아가서 대 UN외교공작을 일층 활발히 전개했으며, 임병직 씨는 총재의 명을 받들어서 영국에 건너가서 영국정부 외무성당국자들을 만나 우리의 처지를 이해시키고, 모스크바결정인 탁치문제에 관해서 우리의 정당한 반탁운동의 이해와 독립문제에 대한 영국정부의 지원을 요청하였다.

Ⅳ. 미국의 대한 정책 변경

이승만 총재는 '임정주석 취임을 승낙하여 회신해달라'는 본국으로부터의 요청을 묵살하고, ***해리스*** 박사를 필두로 상하양원 중진의원들과 회담을 가지고 우리의 문제해결을 위한 외교적 절충을 계속하며, ***윌리암*** 씨를 필두로 언론통신 방면 권위자들과 늘 접촉을 가지면서 대한정책의 시정을 위한 여론을 환기함에 노력을 경주하였다.

한편 ***하지*** 중장이 본국정부에 와서 놀란 것은 국무성과 육군의 당국자들이 한국문제에 대한 관심이 대단할 뿐 아니라, 현지 한국에서 좌우합작을 추진한 것이 국무성의 지시에 의해서 한 일인데, 이제 와서는 전자의 지시를 묵살할 뿐 아니라 이 박사의 주장대로 대공강경책을 강행하라는 것이다. 그뿐 아니라 미소공동위원회를 경유해서만 한국정부를 수립하기로 한 국제협정인 모스크바결정을 무시하고 30일 내지 60일 이내에 총선거를 단행해서 한인들로 민주방식의 절차를 밟아서 정부를 수립하게 하고, 그 정부에 정권을 이양하고 점령군은 철수하라는 것이다. 이 여론이 정계나 군부나 다 같아서 이 국무성 새 방침에 복종하지 않을 수 없는 처지에 놓였다. 그뿐 아니라 이 박사를 만나서 그 주장을 듣고 기왕 답습하였던 군정시책을 시정하라는 강력한 지시를 받은 것이다. 그래서 3월 초순에 펜디까운으로 이 박사를 초청하여 제1차 회견 때와는 딴판인 친절한 태도로 이 박사를 다시 맞아서 *하지* 중장은 과거의 모든 시책을 시정하여 이 박사의 의견을 존중해서 조속한 시일 내에 한국정부를 수립하도록 그 협조를 아끼지 않겠다는 것을 자진 제언하여 비로소 양자간 원만한 회의에 도달하였다.

이때에 이 박사를 위로해주고 만족케 한 것은 체미 4개월간 공사석상에서 공산주의자들의 세계침략상을 폭로해서 대소 경계에서 대소 강경책을 실천하도록 주장해왔던바, 신년도 미국예산교서 중에 그리스와 터키 군사원조비로 4억불을 계정한 사실과 동 예산안 설명 중에 대소 강경책을 비로소 발표한 것이다. 이 *트루만* 대통령의 미국정책 변동 선언이 3월 12일 발표되자 3월 14일 이 총재는 다음과 같이 담화를 발표하였다.

"*트루만* 대통령이 그리스와 터키 양국에 대하여 원조를 부여한다는 의사를 표시한 것은 미국이 적극적으로 자유주의국가가 공산주의에 의하여 지배되는 것에 대항하는 것임을 정식으로 천명한 것인 만큼 환영하는 바이다. 좌우간 우리는 강경화해가는 미국의 정책을 환영하는 바이며, 남한 단독정부를 직시 수립한다는 것은 한국에 있어서의 공산주의 타도의 최선방안인 동시에 남북통일을 하는 데 있어서도 최선의 조치라고 생각한다. 나는 *트루만* 대통령 연설에 관련하여 다음의 사항을 *트루만* 대통령에게 전달하였다. 즉 우리는 과거 18개월간 한국에 있어서의 공산주의와 투쟁하여 왔던 것이나, 미국 측은 항상 중립적 입장과 좌우합작을 주장하여왔다는 것이다."

그 뒤 1주일이 지나서 미국무장관 대리 *애치슨* 씨가 발표하기를 "한국에서 미군정을 철폐하고 한국임시정부를 수립한다. 미군정장관을 미 고등판무관으로 대치시킨다."

이 발표에 대하여 이 총재는 다음과 같이 언명하였다. "30일 내지 60일 이내에 남한 임시독립정부는 수립될 것이다. 그리고 미국 문관 고등판무관이 군정장관에 대치될 것이다."

그런데 수일이 지난 3월 27일 ***러취*** 군정장관이 남한 단독정부 수립 가능성을 발표함으로써 국무성당국이 한국에 관한 시책을 적극적으로 시정하여나가게 됨을 인식하게 되었다.

Ⅴ. 이승만 총재의 외교성과와 귀국

1947년 3월 28일은 총재 숙소인 칼튼 호텔에서 당지 재류동포들 주최로 이승만 박사 환송회를 개최하였는데, 미국 저명인사와 외국사절 등이 다수 참석하였다. 그 석상에서 이 총재는 고별인사 끝에 "나는 4월 1일에 워싱턴을 출발하여 동경에 들러서 ***맥아더*** 장군을 방문하고, 다시 중국에 가서 장개석 총통을 방문할 예정이다. 특히 장 총통과는 한중의 공통된 문제에 관해서 협의할 생각이다"라고 말하였다.

미 육군성 당국이 알선하여 4월 1일 오전 중 미군용비행기로 워싱턴을 출발하여 귀국할 예정인데 이 총재는 출발에 앞서 UP통신기자에게 다음과 같이 말하였다.

"나는 한국이 조속히 독립할 가능성을 느끼고 서울로 돌아간다. 나는 도처에서 공산주의와 대항하려는 미국의 의도를 천명한 ***트루만*** 대통령의 연설이 남한에 그들 자신의 정부를 조직하려는 한국인의 기망企望에 호영향을 끼칠 것이며, 여차한 정부는 소련군이 최종적으로 철퇴할 때에 북한에 확장할 것이다. 나는 한인에 대한 자치권을 확대하는 조치가 즉시로 취하여지리라는 것을 국무성으로부터 알게 되었다. ***하지*** 중장도 한인자치권 확대조치를 위한 조치를 즉시 취할 것을 약속하였다. ***하지*** 중장은 만약 현재의 과도입법기관 또는 의원이 선거규칙 또는 법을 채택하는 데 성공한다면 한국인은 정식으로 선거를 행하여 그들이 원하는 정부기구와 인원을 선택할 충분한 권리를 가질 것이라고 약속하였다.

한국의 애국자들은 과거에 국무성이 우리가 정부를 조직하는 데 있어서 공산주의자와 협력할 것을 주장한 까닭으로 불여의한 지경에 있었는데, 이는 공산주의자의 요구가 남한의 누구를 대표하는 것도 아닌 까닭으로 실현 불가능한 것이다. 국무성의 공산주의자 유화는 남한인을 통합시키려는 ***하지*** 중장의 노력에 지장이 되었다. 만약 국무성이 여차한 유화를 중지한다면 ***하지*** 중장은 일을 처리할 수 있을 것이다. 한편 점령지대국무차관보 ***힐드링*** 씨는 한국정부 수립에 관한 우리의 계획에 충심으로 협력하겠다고 말하였다."

미국 육군의 호의로 군용기를 제공받아서 4월 1일에 워싱턴을 출발할 예정이었는데 그날 아침이 되자 천만 뜻밖에 육군에서 소식이 오기를 '동 군부의 사정으로 군용기를 내놓을 수 없게 되었다'는 것이다. 그래서 부득이 이 총재는 출발을 중지하고 다른 여객기편을 마련하는 중이었는데 미국 북서항공회사에서 극동지구항로를 새로 개척하여 그 처녀비행을 4월 5일에 하게 되니 무료로 제공하겠다고 동 회사 사장이 특별호의를 제의해왔다. 그리하여 그 호의를 받아들여 4월 5일에 비서역을 맡아주던 장기영張基永 씨를 대동하고 워싱턴을 발정하여 일로 귀국도상에 올랐다.

동 여객기는 워싱턴을 출항하여 도중에 태평양 상 중간정류장인 웨이크도에서 일박하고 다음날에 동경에 기착하자 이 총재는 ***맥아더*** 장군을 예방하였다. 예방 후 즉시 동경을 떠나 중국 상해공항에 도착하였다. 상해에서는 장개석 총통 이하 정부각료가 성의껏 환영해주었다. 즉 국빈대우로 이 총재를 환영하여 수일간 체재하는 동안에 양자강 연안 명승지와 남경 등지를 유람 안내하였다. 그 사이에 장 총통과 한중 간에 공동과제 – 대공방어에 관한 공동보조를 취할 문제에 관해서 격의 없는 협의를 마치면서 수 주간 휴식을 할 기회를 가졌다. 다시 장 총통의 특별호의로 총통전용기를 제공해주어 상금 귀국하지 못하고 있던 이청천 장군까지 동행할 수 있게 되어 4월 21일 조조에 상해공항을 떠나 그날 오후 2시에는 서울교외 김포공항에 환국하였다.

한편 임병직 씨는 이 총재 지휘 하에 워싱턴에서 외교활동을 하고 있다가 미국무성 극동담당관 ***혼백*** 씨의 알선으로 영국에 건너갈 수 있는 여권을 마련하여가지고 총재 귀국 후 영국에 가서 외무성으로 외무장관을 방문하여 한국문제에 관한 우리 민족의 요망사항을 전하고 그 협조를 요청하였다.

이 총재는 객년 12월에 민족대표외교사절로 도미하여 4월 하순까지 5개월간 외교활동을 전개하여 큰 성과를 거두고 환국한바 그 동안의 외교활동에 관한 종합적인 보고를 4월 23일 돈암장에서 담화발표형식으로 발표하였는데 그 내용은 다음과 같다.

이승만 총재의 귀국담화 (1847년 4월 23일 밤)

"내가 미국에 가서 가장 역설한 바는 해방 이후 1년 반이 지나도록 한인이 독립정부가 없이 군정의 관리 하에서 민생 곤란과 국제적인 중요문제 해결책이 없이 고통을 받고 있던 중에서 하루 바삐 자치 자주하는 정부수립이 필요하며, 따라서 동서양 모든 점령국이 다 총선거를 행하여 정부를 조직하였는데, 우리는 지금까지 군정관리를 받게 됨은 사리상으로도 불공평함이니 우리 민족 전체는 무슨 방식으로든지 더 기다리지 않을 방침이라는 것을 선언한바 미국의 당국과 모든 공론이 다 우리의 주장을 옳게 시인하기에 이른 것입니다.

미국이 전쟁 직후 소련과 협의 진행을 주장한 것으로 공산분자들을 포용해서 중립태도를 표시하느라고 동서 각국에 이 정책을 지켜온 것이나, 3월 12일 미국 대통령 *트루만* 씨가 국회에 보낸 통첩에 이 정책이 전부 변경되어 동서 각국문제에 소련이 미국과 합작하지 않는 경우에는 미국이 단독으로 진행할 것과 공산세력의 확대를 이디서든지 제지하여야 될 필요를 주장하여 세계에 선포하였나니, 이것이 모든 나라에 서광이 비취게 된 바 지나간 1년 동안을 두고 정부 수립에 노력하여 인내하여왔으나 하나도 성공되지 못한 것은 미국의 완화정책으로 인하여 실패된 것인데, 지금은 이 정책으로 인한 결과로 우리가 총선거에 의하여 정부 수립할 계획에 모든 장애가 다 설해雪解케 된 것입니다. *트루만* 대통령이 한국에 민주정체 건설을 절대 지지하며, 국무성당국 모씨는 한국에 총선거로 독립정부 수립을 적극 찬성이고, 중국은 장개석 총통 이하 정부당국과 민중여론이 다 동일하게 만강열정을 표하여주었습니다.

또 *맥아더* 장군은 나와 1시간 동안 담화에서 '한인들이 자치 자주할 능력이 있는 것과 그 권리 사용의 필요는 누구나 인정치 않은 사람이 없다'고 말했습니다. 워싱턴에서 *하지* 중장이 나와 협의한 것이 더욱 충분하여 입법의원을 통하여 총선거제도 통과의 필요를 역실하므로 나의 회환回還이 심히 긴급한 것을 나는 느낀 것입니다.

기왕에 *하지* 중장이 미국 완화정책 하에서 공산분자와의 합작을 부득이 주장하여왔으나 지금은 이 정책이 다 변경되었으므로 *하지* 중장도 절대로 우리와 합작할 것을 확실히 믿으며, 우리도 이 방면으로 노력할 것이니 군정당국 내에서 기왕에 혹 공산분자에 대하여 동정한 사실이 있다 할지라도 지금은 다 변경하여 이런 폐단이 다시는 없기를 바랍니다.

이번에 *마샬* 장군이 소련정부에 통첩한 의미도 미국의 새 정책을 표시함이니 소련이 이에 대하여 호의로 미국과 합작하기를 우리는 바라는 중이며, 따라서 합작 여부에 관계를 물론하고 우리는 미정未定한 우리 정책을 진행할 결심이니 이에 대하여 아무 지장이 없을 것을 나는 확신합니다.

다시 공산당 동포들에게 부탁할 말은 기왕에 중복 권고한 바와 같이 정치나 경제상 주의를 고집하여 국권 수립에 지장이 되지 말고, 전 민족이 합심합력으로 속히 자주정권을 회복하여가지고 만년복리에 기초를 세우기에 합심합작하기를 바라며, 만일 집요하게 일향一向 파괴를 주장할진대 우리 전 민족은 더욱 포용할 수 없습니다. 그리고 지금부터는 좌우합작이라는 문제로 민족통일에 방해하는 행동이나 언론은 일체 없기를 갈망합니다.

과도정부 수립에 대하여 다소 문제점이 있었으나, 우리의 주장하는 바는 남북정부를 수립하기 위하여 우선 남한에서 내치외교상 문제를 해결하며, 남북통일을 미소 양국과 연합각국으로 교섭 개방할 계획이니 서북동포들도 이것을 절대 지지하는 것이 하루 바삐 38이북을 해방하는 첩경이라고 봅니다."

이 담화는 과거 5개월 동안에 도미 외교활동을 한 개황을 발표하는 동시에 앞으로 우리 민족의 나아갈 길에 대해서 간명하게 설파한 것이다. 이 민족의 진로를 국민 앞에 명시하므로 우리도 독립할 수 있게 되었다고 누구나 희망찬 앞날을 내다보게 되었던 것이다.

이 기록은 당시 4월 5일에 건국실천원양성소의 요청에 의하여 필자가 그곳에서 강연한 내용이다.

제8절 국민회청년대(국청)의 발족

Ⅰ. 국청 발족의 동기

독립촉성국민회 창립 1주년을 맞이하여 회장 조성환 씨는 전국 800만 회원에게 다음과 같은 격문을 발하였다.

「작년 2월 8일 대한독립촉성국민회가 발족한 이래 불과 수개월여에

800만 회원이 결속하여 혁혁한 1년의 전적戰績을 남기고 이제 1주년기념일을 맞이하게 되었다. 여余는 친애하는 800만 회원 동지들의 과감한 전공에 대하여 감사의 뜻을 표하는 동시에 우리들이 목적하는 최후의 전과를 전취하기 위하여 공고한 결의와 꿋꿋한 투지를 준비하고 불퇴전의 용왕매진의 태세를 정비하기를 요망하는 바이다.

전국 2,000 지부의 지도자 제위는 우리의 결의를 세계에 표명할 민족사업의 성공을 위하여 2월 8일을 새로운 계기로 그 준비에 착수하라. 금후 우리의 투쟁대상은 국내적으로 찬탁반도와 그 집단이라는 것을 널리 우리들 800만 동지들에게 되새겨 알리도록 하라.」

1947년 2월 8일 오후 1시에 천도교 강당에서는 1주년 기념식이 거행되었다. 즉 본부 간부와 시내 각 구와 그 산하 동분회에서 참석한 동지들과 국내외귀빈이 참석한 가운데 총무부장 이운李雲 씨 사회로 개회되어 조 회장의 개회사와 유기동 씨의 선언문 낭독에 이어 소상항趙尙亢 씨의 경과보고가 끝난 다음, 김석황 씨의 내외정세 보고와 김승학 씨의 결의문 통과가 있었다. 다음 김구 부총재의 치사와 내빈으로 김성수, 조소앙 양씨의 축사가 있었다.

선 언 문

一. 우리는 대한의 완전자주독립을 위하여 최후까지 싸울 것을 선언함.

二. 우리의 운동은 정당정파를 초월한 순연한 국민운동임을 선언함.

三. 우리는 남북과 좌우의 통합을 기하여 지역적으로 사상적으로 통일완수를 위하여 사력을 다할 것을 선언함.

결의문

一. 우리 대한독립촉성국민회는 신탁통치를 절대 반대할 것을 결의함.
二. 본회는 찬탁역적도와 그 집단을 민족의 공적으로 규정하여 철저히 분쇄 타도할 것을 결의함.
三. 본회는 순수한 독립운동단체로서 완전자주독립을 전취할 것을 결의함.

본부에서 이승만 총재의 도미공간을 틈타서 한독당 간부들은 국민회 진용을 정비하여 1월 1일부터 임정추진회를 만들고, 그 안에 별동대라는 청년집단을 두어서 인실隣室에 있는 서울시지부는 은연 중 압력을 느끼는지라 산하 각 구지부 간부들과 그 대책을 수차 토의하여 각 구지부에서는 또한 청년부장이 중심이 되어 각 동분회 간부들과 토의해서 분회단위로 청년부를 강화하기로 하였다.

또한 국민운동을 전개함에 있어서 그 전위적인 임무를 담당하는 것은 청년이다. 그런데 국민회는 경향 간에 거개가 장년 이상 노년층이 그 간부진용으로 구성되어서 모든 운동양상이 신중하고 완만하였다. 그럼으로 해서 긴급쾌속을 요한다거나 적극성을 띤 실천적인 면에 있어서는 청년층의 보강활동이 필요하다. 더구나 공산분자들과의 투쟁이 계속되면 될수록 그 청년층의 활약에 전담專擔이 된다. 그런데 국민회가 창설되어서 1년간에 각 청년단체의 육성을 많이 하였지만 실제 자가단체가 아닌 만큼 자가운동에 협조가 필요할 때에는 늘 군색함을 느끼게 되었다. 아무래도 다른 별개 청년단체에서 응원받는 것보다는 자가 내에 건재健在한 청년단체가 있으면 운동상 그 우익羽翼이 되고, 활동상 그 전위가 된다.

이리하여 국민회 내에 청년단체를 확보하여야 하겠다는 소리가 일선 국민회에서 이구동성으로 높아갈 때 중앙본부는 한국독립당과 제휴하여 임정추진회 일색으로 흘러서 원래의 국민회 노선에서 이탈되는지라, 이 때를 즈음하여 국민운동에 열성인 동지들은 중앙본부를 보이콧하고 독자적인 운동노선, 아니 창설 이래 전개하던 운동노선에서 국민운동을 추진하려 함에 절대로 청년부의 강화, 즉 집결된 한 단체가 필요하였다. 그리하여 국청의 필요는 국민회 발족 당초부터 부수되었지만 은인자중하여오다가 운동 1년이 경과한 후에는 부득이 이를 확보하지 않을 수 없게 된 것이다. 이리하여 2월 1일을 기하여 서울시지부에서 국청창설이 시작되었다.

Ⅱ. 국청 조직

삼일절기념식을 마친 서울시지부에서는 8개 구지부 내 동분회의 청년부장과 부원을 시지부에 집결케 하였다. 오후 2시 신익희 위원장의 임석 하에 조직부장 진헌식 씨 사회로 이 국청발단식을 거행하였다. 국청 동대문구 대표 유화청柳和靑 씨의 경과보고와 진 부장의 국청발족을 역설하는 개회사에 이어서 신 위원장의 축사로써 이날 참석한 300명 청년 동지들은 국청의 핵심체로서 금후 운동에 일로매진할 것을 맹서하였다. 이리하여 3월 말까지는 서울시지부 산하 각 구지부에서 국청구단부가, 각 동분회에는 국청분단이 조직되었다. 즉 기설 청년부가 강화된 셈이다.

4월 하순 제4차 전국대회 때에 각 도에서 도지부장 이하 간부들이 중앙에 와서 서울시내 각 구지부 산하의 국청발족을 보고 감탄한 나머지 각 지방에 돌아가서 자발적으로 청년부를 강화하여 국청체계를 확립하였다. 더구나 강원도 일원은 다른 청년단체는 전무하고 오로지 국청만이 건재하여 국민운동과 청년운동이 혼연일체가 되고, 국민운동이 일층 활발하였다.

이리하여 각 도지부에서 국청이 자연발생적으로 확대 강화되어가는 도중에 지청천 장군 중심으로 청년단체대동단결운동이 벌어져서 국청도 그 합동준비에 가담하였다. 그러나 중앙본부에서 국청이 다른 청년단체와 같이 독립된 단체가 아니고 어디까지나 국민회 내의 청년부를 강화한 것이라는 원래 국청 발족 당초의 취지에 돌아가서 다른 독립된 청년단체와 성격이 판이하므로 합동에 명분이 서지 않는다는 논리 하에 합동을 보류했다.

각 지방에서는 중앙본부와 동일보조이었지만, 특히 강원도에서는 그 합동을 극렬히 반대하므로 일층 힘을 얻은 중앙본부로서는 합동대회일인 9월 21일에 서울시내 국청 각 구당부에서 5,000여명이 시지부인 운현궁 뜰에 모였다가 중앙본부의 강력한 지시를 받들어서 서울운동장에 참석할 예정을 변경하여 천도교강당 앞 광장에 집결하였다. 단장 유화청 씨가 등단하여

"국청은 국민회 조직체의 일부분기관으로서 그 발족이 타 청년단체와 다른 만큼 그 거취도 국민회와 동일해야 할 것이므로 합동을 보류하고 종래와 같이 국민운동에 핵심적인 전위역할만을 담당하라"는 중앙본부 오세창 위원장의 지시와 부단장 김창만 씨의 합동보류를 역설하는 보조연설이 있어서 전체공기는 합동을 반대하고 독자적으로 나아가게 되었다. 당일 각 청년단체가 합동하여 결성한 대동청년단에서는 대소 비난하였으나 국민운동에 이해를 가진 동지들은 국청의 실정을 이해하고 있었는데, 그 다음해인 1948년 제6차 전국대회에서 지청천 장군이 본회 부위원장의 1인으로 강화되자 완전히 대동청년단과 국청과의 알륵軋勒은 해소되었다.

국청이란 특별한 조직체계가 없었으며, 국민회 중앙본부 청년부장이 국청총본부 단장을 겸임하게 된다. 정부 수립 후 재통합을 한 청년단체인 대한청년단이 결성되기까지의 국청단장은 다음과 같다.

초대단장	진헌식	부단장	유화청
2대단장	유화청	부단장	김창만
3대단장	김창만	부단장	김승환金承煥
4대단장	강락원姜樂遠	부단장	김승환

Ⅲ. 국청의 과업

국청은 다른 청년단체와 같이 독자적인 존재가 아니므로 그 수행한 과업도 세인의 눈에 띌 만큼 독자적인 업적이 있을 수 없다. 그러나 이것 하나는 뚜렷한 사실이 있다. 무엇이냐? 각급 국민회지부에 있는 청년부가 국청체계로 되어 있으면 그 국민회에서 전개하는 운동이 한층 활발하였다. 더구나 공산분자 타도에 있어서나 수시로 열리는 각종 국민대회의 민중 동원에 있어서, 특히 반탁시위행동에 있어서는 국청이 언제든지 모든 청년단체의 핵심이 될 뿐 아니라 국민회와 표리일체인 운동을 했기 때문에 숨은 공로가 크다.

여기에 특기할 것은 제2차 미소공동위원회 분쇄를 기도한 단오절 전국반탁총궐기운동 때의 시위행렬에서는 국청과 학련이 최전위역을 했으며, 또한 그 후 총선거추진운동시절에 남산공원에서 10월 25일 국민대회가 끝난 직후 시위행사에는 국청 단독출동의 감을 줄 정도이었다. 그 큰 과업의 이면에는 당시 국청단장인 김창만 동지는 무허가데모를 했다는 사유로 억울하게도 구속되어 서대문감옥에서 월여간 옥고를 겪다가 12월 9일 전국 국청대회 당일에야 보석되었다.

이와 같이 국청은 국민회와 표리일체로 국민운동 전개 상 그 중핵역을 하다가 제6차 전국대회결의, 즉 총선거 완수로써 중앙정부수립운동을 전개할 단계에 들어서야 비로소 그 운동의 활발성을 일층 발휘하였다. 즉 대동청년단이 어떤 지방에서는 한독당 노선인 남북협상과 총선거 반대로 인하여 대소 동요되어서 종래와 같이 적극적인 운동을 하지 않는 지방에서도 국청이 건재한 국민회에서는 하등 영향을 받지 않고 활발하게 운동을 전개하였던 것이다.

국청의 빛나는 과업은 총선거 완수운동에 있어서 한층 활발하였는데 이는 별항에서 기록한다.

제4장 국민운동의 강화

제1절 제4차 전국대회

Ⅰ. 대회 경과

창경원 벚꽃이 난만하게 핀 1947년 4월 19일 오전 11시에 중앙중학교 강당에서 각 도·시·군·읍·면 대표 928명이 참석한 가운데 유기동 씨 사회로 제4차 국민회 전국대의원대회가 개최되었다. 조성환 회장의 개회사와 이운 총무부장의 경과보고가 있은 다음 내빈축사로 들어가서 조소앙 씨의 축사가 있었다. 그 후 임시집행부 신징에 들어가서 의장에 정해준, 남천우, 최석봉 씨를 구두 공천한 다음 김구 부총재의 사임서에 대한 처리를 대회에 묻자 토론 끝에 이 사임서는 접수치 않고 반려하기로 의결하였다. 그런데 김 부총재가 사임서를 대회에 제출한 사정을 살피건대 이승만 총재가 전년 말 도미 직전에 국민회 영도를 김 부총재께 일임하였는데, 그간 조 회장 책임하의 국민회는 임정추진회라는 별동대를 조직해서 이에 전력하는 바람에 국민회 본래의 업무는 자연 소홀하였을 뿐 아니라 외교성금을 횡령해서 동 추진회에서 낭비했으며, 대회 수일 전에는 동 추진회에 등한히 한다는 이유로 배은희 전북도지부장을 테러하여 중상을 입힌 실태失態까지 연출하였으므로 부총재로서 감독 불충분했다는 책임감에서 자책을 표명한바 동시에 국민회장 이하 전 임원들의 인책사임을 촉구한 것이라고 공인共認되었다.

오후에는 각 지방대표들의 지방정세보고가 있은 후 토의사항에 들어가자 지방대표들로부터 중앙본부에 대한 질의전이 벌어져 신랄한 질의와 추궁이 전개되었으나 회장 이하 전 임원이 인책 사임하는 구실로서 난경難境을 호도하고 말았다. 그리하여 본 대회로서는 본부 임원의 총사임을 접수하기로 결의하고 신임간부의 전형은 각 도지부장과 본 대회 의장단에 일임하기로 의결하고 폐회하였다.

익일 4월 20일에 수임된 각 도지부장과 의장단은 본부에 회동하여 회의한 결과 국민회의 혁신적 개편은 이 총재에게 일임하기로 하되, 총재가 금명간 환국하니 그 환국 후에 다시 총재의 지시를 받기로 결의하고 휴회하였다. 다음날인 4월 21일에 지방대표들이 전원 김포공항에 나가서 이 총재 환국을 환영하였다. 그 다음날인 4월 22일 오후 3시에는 장기여행의 피로를 불고하고 총재가 대회 속개장소에 임석하여 다음과 같은 치사致辭를 하였다.

"국민회 800만 회원을 대표한 여러분들이 멀리서 이와 같이 왔다는 말을 듣고 간단한 인사와 감사의 뜻을 표하고자 나왔습니다. 나는 6주간 예정으로 떠났으나 일이 간단치 않은 까닭에 자연 늦어져서 근 반년이란 오랜 시일을 보내게 된 것입니다. 내가 해외에서 활동하는 동안에 국내에서 정당단체들이 단결 협력해준 까닭에 큰 도움이 되었습니다. 우리가 원만한 해결을 얻기 위해서 물론 의견교환이 필요하겠으나, 우리가 원하는 정부를 속히 수립하여야만 산적한 모든 문제가 우리의 요구대로 해결될 것입니다. 금일의 모든 정세는 우리의 목적을 성취하는 데 절호의 기회라고 확신합니다. 나는 일본에 있는 수십만 동포와 중국재류동포들이 여러 가지 난관에 처하여 있는 것을 보고 우선 부분적 문제는 부분적으로 해결하도록 할 것을 부탁했으니, 국내에서 개인이나 일개 단체를 소중히 생각하지 말고 국가를 위한다는 마음에서 일로 분투해야 할 것입니다.

미국이나 중국은 물론 영국, 그 밖의 여러 나라도 우리의 사정을 잘 이해하고 협력하려고 합니다. 소수의 개인이나 어느 일국이 우리의 일을 방해하려고 해도 우리는 결코 성공할 것이니 여러 동포는 지도자를 믿고 협력하여주기를 바라며, 아직 이 자리에서는 언명할 수 없으나 불원하여 내가 생각하는 구체적 방안을 선포하겠습니다. 여하간 우리에게는 유일한 기회요, 가장 유리한 경우에 처하여 있는 것이니 사소한 관계로 시비를 가리지 말고, 오직 정부수립을 위하여 최선의 노력을 다할 것을 바라는 바입니다. 각자는 지방에 돌아가 대다수의 우리 동포가 원하는 대로 보선普選의 원만한 결과를 얻도록 주선하여야 될 것입니다."

본 대회 경과보고와 그 연락 일체를 대회의장단의 1인인 정해준 씨에게 일임하였다. 이에 정씨는 민족통일총본부 간부들과 수차 협의한 후 돈암장으로 이 총재를 왕방하여 수차 품의하여 그의 인준 하에 다음과 같은 본부 새 진용을 구성하여가지고 국민운동에 새로운 출발을 하게 되었다. 특히 전례에 없는 인선은 한민당과 한독당에서 중요 간부 각 5명씩을 영입한바 그 중 1명씩은 동 당의 최고 간부급으로서 본부 부위원장직에 보직하였다. 그리고 각 사회단체와 청년단체 대표들을 총망라하여 본부 상무위원을 삼아서 앞으로의 국민운동 전개에 중요임무를 담당케 한 점이다. 그리고 특필할 것은 회장에는 본회 창립 당초의 회장이던 오세창 선생을 다시 추대한 점이다.

5월 5일에 다음과 같은 새 임원명단이 발표되고, 5월 10일부터 민족통일총본부 사무처 내에 국민회본부를 이전하여 그 업무를 재개하였다.

제4차 국민회 전국대의원대회에서 개편된 중앙본부 임원명단

총　　재 이승만

부 총 재 김 구

위 원 장 오세창

부위원장 백남훈, 명제세

총무부장 이종현 차장 서재권

재정부장 김양수 차장 유태하柳泰夏(후에 선임됨)

조직부장 정해준 차장 김창만

선전부장 박종화(1개월 후 사임), 최규설崔圭卨 취임

문교부장 진헌식 차장 강현원姜顯元

정보부장 전호엽 차장 이 활(2개월 후 취임)

연락부장 최태용(사임으로 정보부장이 겸임)

노동부장 전진한 차장 김 헌

농민부장 김효석 차장 박원식

산업부장 유재기 차장 안재정

후생부장 유화청 차장 방치규

청년부장 진헌식 차장 김승환

부인부장 박승호朴承浩

고 문 이시영, 조성환, 신익희

중앙감찰위원회 위원장 이윤영 위원 12명

중앙본부 중앙위원명단

오세창 이관운 임승환林承煥 진헌식 조중서

유화청 이 활 이한구李翰求 최봉하崔鳳夏 남송학

이중근 이상은 오성환 김일권金一權 유 홍

윤창식尹昶植 전호엽 김성규金聖圭 이 운 김 일

최태용 정해준 이 단李團 서재권 김영준

김효석	방응모	양 수	최창봉崔昌鳳	윤보선
유재기	황기성	홍성하	나경석羅景錫	강준표康俊杓
백홍균白泓均	강익하	장진섭張震燮	신창균申昌均	정운택鄭雲澤
고병남高炳南	이승복李昇馥	김창만	김 산	김동원
조시원趙時元	박현숙	박원식	최규설	김창엽金昌燁
전진한	서정희	이의식李義植	박종화	강인택
이종현	이창환李昌煥	유기태柳基兌	채규연	허 정
박승호	장덕수	이형호李瀅浩	(이상 63명)	

각도 연락원 명단

경기도	이유선李裕善	강원도	이범래李範來	서울	박재영朴栽英
함경남도	이성주	전라북도	박화진朴和鎭	전라남도	최종섭
경상북도	정도영	경상남도	박붕래朴鵬來	충청북도	조대연趙大衍
충청남도	나창헌	황해도	박창빈	경상남도	엄진영
충청남도	강성모康成謨	(이상 13명)			

Ⅱ. 대회 후의 실적

제4차 전국대회에서 회장 이하 전 임원의 사임서를 접수하고 신임된 진용이 5월 10일에 민통 총재실에서 제1회 중앙상무위원회를 개최하였는데 회장 이하 전 임원의 취임인사가 끝난 다음 토의사항으로 들어가

① 본부 신구 임원의 사무인계의 건

② 본부 사무처 이전에 관한 건

③ 국민운동 강화에 관한 건

④ 기타 사항

을 수 시간 토의한 후에 대략 다음과 같은 의결을 보았다.

① 항은 내 5월 15일을 기하여 신구 임원의 사무인계를 이행하도록 총무부에서 진행할 것. 인계 장소는 현 사무처인 민통총재실로 정함.

② 항은 종래의 사무처는 운현궁 내에 있었으나 금반 개편 후는 민통 사무처로 이전하여 민통사무실 각 실을 국민회 각 부서로 배치하여 사용하되, 민통사무국만 종전대로 존속하여 그 사무를 계속 집행하고, 타 부서는 휴무하여 국민회 각 부서에 속한 사무를 전담할 것.

③ 항은 앞으로의 국민운동 전개는 불원간 재개될 미소공동위원회에 대비하여 전국적으로 반탁운동을 재전개할 것을 예정하고, 이를 위한 대책으로 우선 각 도지부 이하 각급 국민회 조직체에 대한 진용 강화, 즉 중앙본부의 개편과 혁신에 준한 각 지방에서도 개편과 혁신을 단행하도록 조직부에서 성안하여 지시할 것. 당면과업으로 서울시내 각 구지부에서 각 동분회의 강화를 기도하고, 그 개편과 신진용으로 혁신 강화할 것을 조속히 착수하도록 지시할 것. 이 안건은 5월 말까지 완수하도록 조직부에서 전담함.

④ 항은 과거 반년간 국민회가 조 회장 지도하에 그 운동을 전개한바 이에 대한 각자의 의견교환과 총재가 외교성공 환국 후의 국내외정세의 추이를 고찰하는 의견교환이 있었다.

한편 민통에서는 5월 12일 오전 10시에 총재 환국 후 첫 회의를 총재 임석 하에 민통총재실에서 개최하였는데 다음 사항을 의결하였다.

① 민통은 그 협의기관과 사무진을 일층 강화할 것. 단 국민회에서 새로이 전개하는 운동이 유력하고 활발하게 진행될 때에는 민통은 전기 운동을 강화시키기 위하여 민통의 직능을 당분간 정지할 것.

② 민통과 국민회는 인사교류 및 기타 방법으로 양 기관의 원만한 협조와 제휴를 기도할 것.

③ 우리의 당면한 운동방침은 5월 9일자로 발표된 총재담화에 기준하여 진행할 것.

총재 담화 (5월 9일) (임정법통 관계)

「해방 후 각 해방국은 총선거를 실시하여 정부를 수립하였는데 오직 우리 남한만은 남의 군정 하에서 우리 문제를 우리가 해결치 못하고 있다. 그러므로 우리는 과도입법의원을 통하여 보통선거법안을 통과시켜 총선거를 실시하고, 정식 입법부를 조직하여 헌법을 제정하면 남북통일의 과정過政 수립의 단계는 열릴 것이라고 생각한다. 그리고 임정법통 관계는 지금 문제삼지 말고 아직 잠복한 상태로 계속하였다가 정식 국회와 정식 정부가 성립된 후에는 의정원議政院과 임정의 법통을 정당히 전임傳任시킬 수 있을 것이오. 만일 정식 정부에 대한 국제장애가 있어서 지금에 진행하려는 방침이 여의치 못할 때에는 우리 민족이 다같은 보조로 임정을 부르고 그 기치 하에서 독립을 전취하기가 미만未晩할 것인즉 모든 문제는 깊이 생각하여 정당한 길로 동일히 나가기를 바란다.」

제2절 반탁운동의 재전개

Ⅰ. 반탁운동 재전개의 필요성

이승만 박사가 반탁반공의 대의검大義劍을 높이 들어서 좌우합작마를 분쇄하는 한편 민족의 혈원血願인 자주독립을 국제외교무대에 호소하려고 도미한 틈을 타서 미군정을 싸고도는 소위 좌우합작위원회는 그 활동을 계속하여 미소공동위원회 재개를 추진하였다. 즉 1947년 1월 11일 공보부 발표에 의하면 평양에 주둔하고 있는 소련군 측은 지난 11월 26

일자로 서울에 있는 미군 측에 서한을 보내기를

1. 미소공동위원회는 반드시 조선에 관한 모스크바결정을 전적으로 지지하는 민주주의 정당 및 사회단체와 협의할 것.

2. 미소공동위원회와 협의하기 위하여 초청을 받는 정당과 사회단체는 적극적으로 모스크바결정의 반대를 주장하는 데 동의한 대표자들을 임명하지 말 것.

3. 미소공동위원회와 협의하기 위하여 초청을 받는 정당 및 사회단체는 모스크바결정 및 공동위원회 업무에 대하여 이를 반대 또는 반대의 의사를 가지지 않을 뿐 아니라 타인에게 선동하지 말 것. 만일 여사한 정당과 사회단체가 있을 때에는 양국 대표의 상호협정으로써 공동위원회와의 협의에서 이를 제외할 것

을 제의하여 왔다.

이에 대하여 미군 측은 12월 24일자로 회한回翰을 보내기를

소련군 측 제안 <그 1>은 다음과 같이 해석한다. 공동위원회 제5호 성명에 서명한 것은 모스크바결정을 전적으로 지지한다는 취의趣意를 성명한 것으로 간취되므로 서명한 정당과 단체는 최초 협의에 참가할 자격이 있을 것이다.

그 제안의 <그 2>는 성명한 정당과 단체가 모스크바결정을 실행하는 데 있어서 자당의 의사를 가장 잘 대표하여 주리라고 믿는 대표를 임명하는 것은 그 정당 그 단체의 권리라고 미국 측은 사유함. 그러나 만일 당해 대표가 모스크바결정 실행에 있어서나 연합국에 대하여 상반된다고 믿을 만한 정당한 이유가 있는 경우에는 공동위원회는 상호 협의한 후 그 단체로 하여금 다른 대변인을 선출케 할 것.

제안 <그 3>은 다음과 같이 그 문구를 수정하기를 제안한다. 즉 공동위원회와 협의하기 위하여 초청을 받은 개인, 정당 및 사회단체는 공

동위원회 제5호성명에 서명한 후에는 공동위원회의 임무에 대해서나 연합국에 대해서나 또는 모스크바결정의 실천에 대하여 적극적 반대를 교사 선동하지 못한다.

공동위원회 제5호성명에 서명한 개인, 정당 및 사회단체로서 공동위원회의 업무에 대해서나 연합국에 대해서나 또는 모스크바결정의 실천에 대하여 적극적 반대를 교사 선동하는 자는 미소공동위원회의 협의에서 이를 제외할 것. 그리고 여사한 개인, 정당 또는 사회단체를 제외하는 것은 공동위원회의 동의로써 이를 결정할 것.

다음날 12일부터 국내여론은 다시 비등하기 시작하여 우익정당 및 사회단체는 일제히 반대의사를 표명하는 성명서를 발표했다. 1947년 1월 13일에 국민회 양우정 선전부장은 다음과 같은 내용의 담화를 발표하였다.

「*하지* 중장의 회신내용은 조선민족의 의사를 전연 무시하였을 뿐 아니라 조변석개로 미국의 위신을 타락시킨 것이다. 우리는 신탁을 전세로 한 공동위원회는 절대로 거부할 것이다. 만약 미국이 조선의 공산주의자를 비롯한 소수 찬탁자들과만 더불어 조선정부를 수립할 수 있다고 생각하면 *하지* 중장은 자기 의사대로 할 것인 반면에 우리는 우리로서 당연히 취할 태도를 취할 것이며, 독촉국민회의 800만 회원은 신탁을 전제한 여하한 기관에도 참가하지 않고 끝까지 싸울 것이다.」

또한 입법의원에서는 주로 민선의원이 주동이 되어 41명이 결속하여 이남규李南圭 의원을 제안자로 하여 다음과 같은 결의안을 냈다.

결의사항

1. 모스크바 3상회의의 조선에 관한 결정 중 신탁통치에 관한 조항은 전 민족이 절대 반대하는 바임에도 불구하고 *하지* 중장이 공동위원회성명

제5호에 서명한 것을 모스크바결정의 전면적 지지로 인정하는 것은 민족의 총의를 왜곡하는 것으로서 이에 그 부당성을 지적하여 단호히 반대한다.

2. 미소공동위원회와 협의하기 위하여 개인, 정당 및 사회단체에 대하여 모스크바결정의 실행에 관한 의사발표의 자유를 구속 내지 금지함은 신탁통치를 조선민족에게 강요하는 것으로서 대서양헌장에 보장된 언론자유의 원칙에 위반될 뿐 아니라 작년 5월 중 미소공동위원회의 결렬 당시에 발표된 *하지* 중장의 성명에도 배치됨을 지적하고, 이에 단호 반대함.

제안자 : 이남규, 하상훈河相勳, 양제박梁濟博, 이종근李琮根, 문진교文珍校, 최명환崔鳴煥, 송종옥宋鐘玉, 김영규金永奎, 홍순철洪淳澈, 유영근柳英根, 김창근, 유승호柳昇浩, 이원생李源生, 손문기孫汶岐, 하만복河萬濮, 이주형李周衡, 신중목愼重穆, 서상일徐相日, 이일우李一雨, 김광현金光顯, 김용모金瑢模, 강익형姜益亨, 이 활, 홍성하, 천진철千珍喆, 황보익黃保翌, 백남용白南鏞, 정진희鄭鎭熙, 윤석구尹錫龜, 백관수, 김도연, 유진희俞鎭熙, 엄우룡嚴雨龍, 오하영吳夏英, 김법린, 박승호, 박현숙, 황신덕, 황철성黃喆性, 허간룡許侃龍, 장연송

한편 35개 애국정당, 사회단체 대표들은 1월 16일 오후 3시에 한국민주당 회의실에 회동하여 김구 선생을 임시의장으로 하고 열렬한 토의 끝에 다음과 같이 결의하였다.

결의사항

一. 미소공동위원회 제5호성명에 대한 서명을 취소한다.

二. 하등의 지반과 근거가 없이 한갓 민족을 분열과 의혹으로 오도하는 소위 좌우합작위원회를 단호 분쇄한다.

광청光靑 오광선	독청獨靑 원석산元石山	건청建靑 신욱균申旭均
서청西靑 강신룡姜信龍	우국노인 서광전徐光銓	한독당 김구
한민당 김성수	국민회 양우정	민중당 이종영李鍾榮

노총 전진한 노협勞協 임기동林基東 여단련 신귀옥申貴玉
문협 박종화 미협 정홍거鄭弘巨 음협 채동선蔡東鮮
애부동愛婦同 박정신朴貞信 외교협 명제세 조민朝民 이윤영
중앙문협 이헌구 여자국민당 박현숙 애국문화회 이창덕李昌德
유도회儒道會 최석영崔錫榮 학련 이철승 외교후원회 김양수
민통 홍성하 민주의원 김도연 노조 오희구吳希九
대의청년단 박고병朴高炳 비국의非國議 백관수 조청당朝靑黨 박 문
청총靑總 한국동韓國東 민주청 유지원柳志元 조국문화사 이 혁
공업기련 유홍柳鴻

그런데 지난번에 입법의원에 제안된 결의안은 미군정과 합작위에서 중대시하여 무슨 방도로든지 입법의원에서 의결하지 못하도록 백방으로 공작을 펴고 있던바 1월 18일에는 김규식 의장과 최동오, 윤기섭尹琦燮 두 부의장이 중심이 되어 양측 대표, 즉 안재홍, 김명순金明濬, 신기인申基彦 씨 등과 이남규, 엄우룡, 백관수, 홍성하, 김영규 씨 등을 대표로 초청해놓고 전기 제안을 보류하도록 요망했으나, 홍성하 씨 등의 열렬한 반대에 부딪쳐서 수시간 논란 끝에 실패하였다. 그런데 앞으로 2, 3일이 지나면 UN총회도 폐회한다는 외신보도를 듣자 한층 초조해진 전기 제안 의원들은 1월 20일에는 기어코 통과시키려고 굳은 결속을 해가지고 20일(월요일)에 의사당에 나왔다. 때마침 김 의장은 궐석하고 윤, 최 두 부의장만 나왔다가 최 부의장만 남아서 사회하게 되었다.

개회선언이 있자 재빠르게 발언권을 얻은 이남규 의원은 등단하여 전주에 제안한 반탁결의안을 상정하고 토의에 들어가자 안재홍 의원(관선)이 수정안을 내놓아 반대발언을 했다. 그 뒤 양측에서 각각 찬반발언이 수시간 계속되므로 신익희 의원이 나와서 명쾌한 논조로 원안 통과를 역설하자 최 부의장은 이 안을 보류하여 묵살해버리려는 태도로 나옴에

격분한 신중목 의원(경남 민선)이 등단하여 "반탁독립을 지연시켜서 소련 적화를 음모하는 적색주구들은 다 이 의사당에서 물러나가라!"고 대갈하면서 최 부의장의 멱살을 끌어 의사당 밖으로 내몰자 백남용 의원(전북 민선), 홍순철 의원(충남 민선), 이종근 의원(경기 민선) 등 십수명의 의원들이 차거此擧에 호응하여 좌우합작파 의원들을 모조리 의사당 밖으로 끌어낸 후에 임시의장에 신익희 씨를 선출한 다음 동일 오후 7시 15분에야 44대 1로 역사적인 반탁결의안을 통과시켰다(반대표 1은 안재홍 관선의원).

이날 입법의원의 반탁결의는 국내정계에 저미低迷하던 찬탁적화의 요운妖雲을 일소하고, 폐회 임박한 제1회 UN총회에 한민족의 반탁독립의 굳은 결의를 표명함과 아울러 도미외교활약 중인 이 박사에게도 무한한 위로와 성원이 되었다.

한편 1월 19일과 20일 양일에 걸쳐서 국민회 각 시군지부장회의를 개최하고 신중 토의한 결과 입법의원에 대한 결의를 다음과 같이 함과 동시에 양 선전부장은 다음과 같이 발표하였다.

1. 좌우합작위원회가 3상회의결정을 전적으로 지지한다고 한 것은 찬탁을 종용한 것이니 우리는 이를 분쇄해야 하며, 좌우합작이라는 미명하에 그실 민족진영의 분열을 책동하는 결과가 되었고, 지방유세대의 명의 등으로 우리의 지방운동을 교란하고 있으니 이는 독립운동의 반역행동으로 규정하여 경향을 막론하고 차종此種 회색행동을 철저히 소탕할 것.

2. 입법의원에 단체 명의로 참가하지 말고, 각 개인의 자유의사에 의하라는 본회 총재의 성명에 의한 본회 태도와 방침은 하등 변동이 없고, *하지* 씨의 성명에 의하여 입법의원은 군정보좌기관이라는 것이 판명되었으니 우리의 완전 자주독립의 계단으로 볼 수 없다.

그리고 동 선전부에서는 미국무성이 *하지* 중장 성명을 발표한 데 대하여 다음과 같이 발표하였다.

1. 탁치에 불평을 가진 것이 일부 정당단체라고 미국 측은 고의로 왜곡하였으나, 민족진영은 한국 민중을 대표하는 것을 인식하여야 할 것이니, 금일 입법의원에서 절대다수 표로써 탁치를 부결한 것을 일부라고 말할 것인가?

2. 한국의 통일을 방해하는 것은 미소 양국의 분할점령 때문이다. 미국도 중국도 인도도 어느 나라를 막론하고 사상적으로 완전히 통일된 곳이 있는가? 한국의 통일을 운위하는 것은 구실을 삼기 위한 구실이다.

이와 같이 입법의원에서 44대 1로 반탁을 결의한 데 대한 본회로서의 절대지지를 표명하며, 그 용감성을 찬양한 것이다.

그 뒤 수일이 지난 1월 24일 오후 2시에 경교장에서는 애국적인 정당, 사회단체 대표와 임시정부 요인들이 다수 참석한 가운데 김구 선생이 “우리 민족은 금후 반탁운동을 재강화하여 재추진하여야 할 것이라”고 열렬히 주장하자 각 대표들이 이에 호응해서 즉시로 그 자리에서 「반탁독립투쟁위원회」가 결성되었는데, 그 지도간부는 다음과 같다.

반탁독립투쟁위원회 위 원 장 김 구
부위원장 조소앙 김성수
지도위원 조완구 명제세 이윤영 김준연 이종영 박용희 허 정 황기성

그 밖에 각 단체대표를 망라하여 중앙집행위원을 다음과 같이 구성했다.

엄항섭嚴恒燮	이의식	유해진柳海辰	백홍균	조종구趙鍾九
박찬희朴讚熙	조헌영	최두선崔斗善	이종현	박종효朴鍾孝

이동욱李東旭	윤보선	김양수	강인택	선우훈鮮于燻
김교희金敎熙	신일용辛日鎔	서상천	박윤진朴允進	박 문
손기업孫基業	오종식	이헌구	전진한	남상철
안병성安炳星	박원식	이철승	김 선	

상임기관으로 총무, 선전, 조직, 동원 등 각 부서를 두어 민통 내에 그 사무처를 설치하고, 반탁운동을 재전개하게 되었다.

반탁독립투쟁위에서는 2월 12일부터 1주간은 「반탁궐기주간」으로 정하고 각종 행사를 준비 중인데, 특히 이 주간에는 민족진영 각 단체를 총동원해서 전국 일제히 매호每戶마다 그 대문에 「반탁대길反託大吉 독립다경獨立多慶」 혹은 「절대반탁 자주독립」이라고 써붙여서 입춘날에 글귀 써붙이는 것을 갈음하기로 하였다. 그래서 남한 전역 방방곡곡까지 국민회원들은 이를 실천하였다.

한편 반탁투위에서는 미·영·중·소·불 5개국의 원수와 외상 및 ***맥아더*** 원수에게 다음의 문안을 반탁대회에서 채택하여 즉시 전문을 발송했다.

「우리 삼천만 민중을 대표하여 모스크바 3상회의에서 논의된 신탁통치조항을 절대 반대하고, 카이로선언 및 포츠담회의에서 공약된 한국에 자주독립을 즉시 실현하기를 요망하는 의사를 전달하는 영광을 갖고자 합니다.」

서기 1947년 2월 14일

반탁독립궐기대회

Ⅱ. 반탁독립궐기대회

특히 1947년 2월 14일 오후 1시에는 경운동 천도교강당에서 각 애국단체 간부들 1,000여명이 참석하여 동회 주최로 「반탁독립궐기대회」를 개최하였다. 동 대회는 지도위원 이윤영 씨 사회로 개회하여 김구 위원장의 개회사에 이어 김준연, 조소앙 두 지도위원의 반탁궐기사와 학생대표 송원영宋元英, 청년대표 김두한 두 동지의 반탁절규가 있은 다음에 결의문 통과와 연합국에 보내는 메시지를 채택한 후에, 다시 김구 위원장의 간곡한 격려사가 있은 다음에 위원장 선창으로 만세3창으로 폐회했다. 이에 호응하여 전국학생총연맹, 대한애국부인회, 그 밖의 애국단체에서 각기 반탁궐기대회를 개최하거나 반탁강연회를 개최하여 반탁정신을 재강조하였다.

무릇 모스크바 3상회의결정 이래 애국단체의 어떠한 회합에서라도 반탁적이 아닌 회합이란 없었다. 더구나 미소공동위원회가 개최될 때에는 한층 더 반탁독립정신을 고취하여 미소공동위원회를 분쇄하려고 노력하였다.

지난 1월 11일에 미소 양군사령관 간에 미소공동위원회 재개에 관한 서한교환이 공표된 이래 수차에 걸쳐서 그 절충이 있다가 5월 21일에 제2차 미소공동위원회가 덕수궁에서 재개되었다. 소위 공동위원회 제5호성명에 의하여 이 공동위원회 협의대상으로 정당과 사회단체에서 참가하느냐 불참하느냐 하는 문제로 민족진영, 즉 반탁 일관하던 정당과 사회단체 간에는 논쟁이 벌어졌다. 특히 한국민주당에서는 그 당내에 이론이 있었으나 동 당 정치부장 장덕수 씨의 주장에 따라서 동 당과 그에 추종하는 사회단체에서 다수 미소공동위원회에 참가하게 되었다. 그리하여 반탁진영 내에는 약간의 분열과 혼란이 일어나고 있을 때에 본회의 이 총재와 김 부총재는 연명으로 반탁 일관해서 미소공동위원회에 불참가 태도를 견지한다는 성명서를 발표하였는데, 그 내용은 다음과 같다.

미소공동위원회에 대한 성명서

「우리는 미소공동위원회가 38선을 철폐하고 독립정부를 수립하는 임무에 속히 성공하기를 기대한다.

공동위원회가 한인의 인도자들을 협의에 참가케 하는 데에는 개인과 단체에 일임하여 자유로 결정케 할 것이다. 우리는 다음 두 제시조건이 명확히 되기 전에는 양심상 협의에 참가할 수 없는 처지임을 표명하는 바이다.

1. 소위 신탁통치와 독립정부와는 서로 모순되는 것이므로 신탁통치조건을 전부 삭제하거나, 그렇지 아니하면 신탁통치가 보통 해석되는 바와 같지 아니한 것을 공식으로 충분히 석명하거나 하여 독립정부 수립과 모순되는 바가 없게 되어야 한다.
2. 미소 양국이 한국에 민주주의 독립정부를 수립하기로 목적을 삼는바 민주주의라는 명사에 2종의 구별이 있으니, 소련이 주장하는 민주정체가 하나이오, 미국이 실행하는 민주정체가 하나이다. 이 두 가지 중 어느 것을 의미하는 것인지를 우리가 먼저 알아야 되겠으니 이는 다름이 아니라 이 두 정체를 혼잡해서 정부를 수립하면 장래 정부의 분열과 국내의 혼란을 면키 어려운 것이오, 열국의 기대에 어그러지게 되는 까닭에 우리는 이 두 가지 조건이 석명되기를 요청하고 있는 중이므로 이 문제가 충분히 해결되기까지 공동위원회 협의에 참가하기를 보류하는 바이다.

단기 4280년 5월 23일

이승만

김 구

5월 24일 오후 2시에 개최한 중앙상무위원회에서는 장시간 토의 끝에 다음 사항을 의결하였다.

1. 본회에 참가한 한국독립당 측 요구조건을 수락함과 동시에 명제세

부위원장 사임을 보류할 것(한독당 요구조건은 선전부장직)

2. 본회 선전부장을 한독당 소속 최규설 위원으로 교체할 것(박종화 선전부장 후임)

3. 미소공동위원회 참가에 관한 본회의 태도는 정·부총재의 성명서를 절대 지지하여 고수할 것.

6월 1일에 개최한 중앙상무위원회에는 정·부총재가 다 임석하여 비장한 어조로 반탁 진두에 몸소 나서서 투쟁하겠다고 선언하자, 참석한 전원은 한층 감격과 용기를 얻어서 위연한 태도로 반탁 일관한 국민운동을 전국적으로 강력히 재전개할 것에 관한 방략을 진중하고도 진지하게 토의하였다. 두 총재가 환차還次한 후에도 계속해서 본 중앙상무위원회에서 가장 토의되었던 문제는 미소공동위원회에 협의대상으로 참가하느냐 않느냐이었는데, 반탁 일관하던 우익 민주진영 내에서 한민당이 거당적으로 참가하므로 동 당 출신인 장덕수 위원을 본 위원회에 출석케 하여 미소공동위원회 참가에 대한 취지를 피력하게 하였다.

장 위원이 동 위원회에서 발언하기를 "미소공동위원회에 참가함으로 반탁을 포기하고 찬탁하던 좌익계열과 같이 수탁을 하자는 것은 아니오. 미소공동위원회에 참가하여 협의할 때에, 즉 임시정부를 수립하는 그 정부의 성격을 5개년 수탁정부로 하지 않고 반탁을 주지로 하는 독립정부로 만들어보자는 것입니다. 운운" 하므로 오성환 위원이 대꾸하기를 "공위성명제5호에 서명한다는 것은 무엇을 의미하는 것이오? 모스크바 3상결정을 전적으로 고수하여 그 결정사항대로 이행한다는 조건 하에 서명에 참가해놓고서 그 3상결정을 반대, 즉 신탁통치를 반대할 수 있다는 말은 어불성설이 아니오?" 하니까 다시 장 위원이

"미소공동위원회에 불참가해서 반탁 일관함도 나라를 위하는 애국심에서 하는 일이오, 미소공동위원회 협의대상으로 참가해서 임시정부를

수립함에 협력하여 그 안에서 반탁을 주장하여보자는 것도 나라를 위한 애국일념뿐입니다. 일전에 이 문제를 가지고 돈암장에 가서 총재께 품하였더니 총재께서 말씀하시기를 '미소공동위원회 참가를 거부하고 반탁을 주장함도 나라를 위함이오, 미소공동위원회에 참가해서 임정 수립에 협력함도 나라를 위하는 애국심에서 하는 일이라'고 하셨습니다"고 변명 비슷한 답변을 하였다. 이에 몇몇 위원 간에 왈가왈부 논란이 벌어졌다가 결론짓기를 본회에서 총재께 대표를 파견하여 장 위원과의 미소공동위원회 참가문제에 관한 회담내용을 확실하게 알아보기로 의결하고, 그 대표에 오성환, 박원식 두 위원을 파견하여 다음 회일에 보고받기로 하였다.

그리하여 위의 두 위원이 즉시 돈암장에 가서 총재를 회견하고 장 씨와의 미소공동위원회 참가문제에 관한 회담내용을 물은즉 "미스터 장이 와서 말하기를 '미소공동위원회에 참가해서 임정 수립에 협력함도 나라를 위하는 정신에서 한다'고 말하데. 그러나 애국자라면 미소공동위원회에 참가치 말아야지! 들리는 소문에 의하면 *하지* 중장이 민주당 사람들을 향해서 간곡하게 말하기를 '미소공동위원회임시정부를 만들어서 정권을 당신네들에게 넘겨줄 터이니 이를 협력하여 달라'고 하니까 그 정권을 넘겨준다는 말에 귀가 솔깃해서 들어가기로 작정했다네." 그래서 오 위원은 "선생님 말씀을 들으니 마음이 상쾌합니다. 제가 국민회 본부로 돌아가서 그대로 보고하겠습니다"라고 말하였다.

이날 동행했던 박원식 위원은 한민당 소속이었는데 국민회본부로 돌아오자 즉석에서 한국민주당을 탈당하여 자기의 태도를 분명히 하는 동시에 민대선거에 종로구에서 입후보하여 당선된 뒤에는 가장 열렬하게 민대의원으로서 미소공동위원회 불참가와 반탁을 주장하였다. 한편 이 총재는 김 부총재와 합의하에 별지내용의 서한을 각 도지부장에게 비밀히 발송하여 6월 6일 오전 10시까지 돈암장에 소집하였다. 그래서 각 도지부장 일동은 당일에 돈암장에 무루 내참하였다.

밀 신密信

경계자敬啓者 긴급협의사가 유有하와 자玆에 특별 전인專人하오니 내 6월 6일 오전 10시까지 무위 상경하심을 요망하오며, 하기 준수사항을 유의하심을 겸요兼要함.

주의사항

1. 상경연유를 수하誰何에게든지 말하지 말 것.

1. 수행원을 대동치 말 것.

1. 대리인을 파견치 말 것.

1. 상경 후에는 즉시 돈암장으로 내방하시고 일체 연유를 발설치 말 것.

단기 4280년 5월 29일

총 재 이 승 만 ㊞

부총재 김 구 ㊞

○○도지부장

○○○ 귀하

이 밀서는 황해, 경기, 강원, 충북, 충남, 전북, 전남, 경북, 경남, 한성시 등 10개 지부에 전인하여 송부하였는데, 6월 6일까지 돈암장에 내참한 도지부장은 다음과 같다.

황해도지부장 박창빈

경기도지부장 오성환

강원도지부장 최규옥崔圭玉

충청북도지부장 조대연

충청남도지부장 남천우
전라북도지부장 배은희
전라남도지부장 최종섭
경상북도지부장 김하승金河昇
경상남도지부장 최석봉
한성시대표 박재영朴栽英

이 각 지방대표와 본부 백남훈, 명제세 두 부위원장이 돈암장에 내참하였다. 정각 오전 10시에 이 총재와 김 부총재 합석 하에 우리 독립운동사상 획기적인 일대 반탁운동을 전국적으로 일으킬 역사적 회의를 개최하였다.

총재는 내참한 일동을 향해서 "방금 덕수궁에서 미소공동위원회가 연일 계속되고 있는바 이 미소공동위원회에서 장차 탁치정부가 나올 모양이니 김 주석과 나는 이 탁치정부를 반대하여 싸우다가 종로네거리에서 쓸어져 죽을 작정이오. 그러하니 여러분! 어떠시오? 우리 두 사람이 쓸어져 죽는 뒤를 따라서 같이 싸우다가 쓸어져 죽을 각오가 있습니까?" 라고 말하였다.

이에 김 부총재도 동감이라는 뜻을 표하면서 말하기를 "원래 우리들이 몇 십년간을 두고 각색 독립운동을 했다는 것은 고국에 돌아와서 와석종신臥席終身하려는 것은 아니었으니까, 이제 우리가 고국에 돌아와서 최후로 독립운동의 진두에서 죽음이 마땅한 줄로 결심하였소."

이 양 영수의 비장한 결심을 토로한 후 잠시 동안 실내는 감격과 흥분 속에 침묵이 흘렀다. 조국의 광복과 민족의 자유를 위하여 그 일생을 바쳐온 민족의 영도자 두 분께서 중앙과 지방의 독립운동 진두에 나선 대표들 앞에서 그 최후결심을 털어놓으니 일동은 감전된 사람같이 자연히 멍해져 구국애족의 숭고한 정신이 최고도로 응결되고 가열되어서 불이 튕기고 그 섬광이 번쩍이는 분위기이었다.

수분간의 무거운 침묵을 깨뜨리고 한 지방대표가 개구하여 "우리 민족이 하늘같이 존경하고 태산같이 의지하는 두 선생님께서 독립전선의 진머리에서 싸우시다가 만일 돌아가신다면 돌아가시는 선생님들의 방명芳名은 천추에 남으시겠습니다만, 이 나라의 백성들은 목자 잃은 양떼가 되어서 좌왕우왕 그 갈 바를 모르고 헤매다가 어느 이리떼에게 또 먹힐 터이니 이 일을, 이 민족의 운명을 어찌하오리까?"라고 말한 후 목메어 다시 말을 계속하지 못하고 얼굴을 숙여 흐르는 눈물을 씻었다.

실내는 다시 비장하고도 불타는 애국열에 휩싸여 얼마의 침묵이 흐르다가 다시 한 도지부장이 이 무거운 공기를 깨뜨려 발언하기를 "독립전선에서 그 선봉노릇은 저희들이 하다가 쓸어지면 또 뒤를 이을 동지들이 나와서 또한 선봉으로 진두에 나설 것입니다. 그러니 두 선생님께서는 위에 앉아서 지휘나 하여주시면 그 지휘하시는 대로 저희들이 앞장서서 싸워나가겠습니다"라고 홍조된 얼굴에 그 결의된 표정으로 정성어린 발언이 끝나자 좌우에서 각 도지부장들이 이 발언에 합세하였다. 그리하여 양 영수께서 반탁진두에 나설 것만은 만류하였다.

다시 다른 도지부장 한분이 굳은 결심을 한 어조로 "저희들이 두 분 선생님의 밀서를 받고서 긴급히 서울에 올라올 때는 다 각오를 하고서 올라왔습니다. 반탁 자주독립을 쟁취하기 위하여 두 선생님이 명령하시는 일이라면 무슨 일이라도 목숨을 내놓고 하겠습니다. 지금 당장이라도 종로네거리에 나가서 반탁독립투쟁하다가 죽으라 하시면 저희들은 말씀하신 그대로 종로거리에 나가서 싸우다가 죽겠습니다. 선생님들의 명령에 대하여 추호의 이의나 주저를 하여 머뭇거릴 사람은 한 사람도 없습니다. 그러니 무슨 명령이든지 내리시면 저희들은 목숨을 내놓고서 그대로 실천하겠습니다"고 지성을 다하여 장중하게 말하는데, 그 두 눈은 빛나고 그 입은 굳게 일자一字로 다물어서 철석의 결의를 하면서 두 주먹은 불끈 쥐어져서 그 무릎을 자근자근 누른다.

숭고한 애국정신에 불타는 각 도지부장 일동은 양 영수를 모시고 종일 반탁독립투쟁을 전개할 방략에 관하여 격의 없는 토의를 하였다. 다음날인 6월 7일도 오전과 오후 날을 마치도록 점심은 총재께서 마련하신 국수 한 그릇으로 요기를 하면서 회의를 계속하였다. 다시 6월 8일 오전 중에는 돈암장회의를 마치고 오후에는 국민회 본부로 와서 각 도지부장과 본부 간부와의 연석회의를 개최하였다. 이 3일간의 역사적인 돈암장회의를 종합해서 나온 결론을 말하면 다음과 같다.

1. 미소공동위원회 제5호성명(모스크바 3상결정을 고수한다는 의사표시)에 서명하고서 미소공동위원회 협의대상으로 들어간 단체가 300여개 되나 그 정당원이나 사회단체원은 국민 중의 극소수이고, 절대다수의 국민대중은 탁치를 반대한다는 것을 전국적으로 표시함으로써 미소공동위원회를 분쇄하는 민중운동을 전개할 것을 제1차 목표의 운동과업으로 함.

2. 제1차 목표운동이 성공치 못하고 미소공동위원회에서 임시정부를 수립한다면 우리는 삼천만 민족의 이름으로 이를 배격하여 이 탁치정부를 타도함에 전 민족의 총역량을 집중 발휘할 것을 제2차 목표과업으로 함.

3. 전기한 탁치정부 타도운동을 전개하는 일방 우리는 자율정부를 내세워서 이를 추대하는 운동을 강력히 전개할 것. 우리가 추대하는 이 자율정부는 어떠한 정부를 지칭하느냐? 이 자율정부 문제가 가장 논의의 초점이 되었던바 현대 민주주의국가의 정부수립원칙 대로 한다면 현 국민의 대표를 공정한 투표방식으로 선출하여 그 대표들이 국민의회를 구성

하고, 그 의회에서 모든 정부수립절차를 공결公決하여 자율적인 국민정부를 수립함을 지칭하는바, 우리도 이 운동 전개를 제3차 목표과업으로 함.

4. 위의 제3차 목표과업을 달성하려하나 현 국내실정은 외국군에게 남북이 분단점령당하고 있어서 그 군정 하에서 행동의 자유가 보장되기 난難하므로 이 제3차 과업이 실패한다면 우리는 기미년에 독립운동을 전개하여 한성에서 수립한 대한민국임시정부를 추대하고서 미소점령군과 싸우는 동시에 국내에 발호한 외세의존분자(사대주의자)를 타도하는 운동을 제4차 목표의 운동과업으로 함.

기미독립운동의 결정체인 한성임시정부의 초대 대통령이었던 이승만 총재와 그 후 근 30개성상 그 임시정부간판을 짊어지고 중국 각지를 유전하다가 환국할 당시의 임정 주석인 김구 부총재를 모시고서 반탁독립운동의 전국대표지노자들이 수일긴 구수회의해서 책정한 이 4대 운동과업에 관한 세부적이고 구체적인 실천요항에 대한 토의와 결정을 짓기에 전 지낭을 경주하였다.

6월 8일 오후에 각 도지부장과 중앙간부가 연석해서 우선 낭년과업으로 전국적인 반탁운동을 전개하여 덕수궁에서 개최 중인 미소공동위원회를 분쇄할 것을 목표로 하는 운동 전개방략을 신중 토의하였다. 그리하여 대략 다음 몇 가지의 결의를 짓고 각 도지부장은 귀도하였다.

1. 미소공동위원회를 분쇄하여 그 공동위원회에서 산출될 위험성 있는 탁치정부를 미연에 방지하는 거족적인 반탁운동을 전국적으로 전개하되, 과거의 반탁운동방식을 혁신하여 과거보다 더 효과를 거둘 수 있는 운동방식을 안출할 것.

2. 각 도지부장을 대표하여 전북 도지부장 배은희 씨를 중앙에 체재케 함.

3. 배 대표는 각 지방을 대표하여 중앙본부와 수시 협의하여 금후 전개할 반탁독립운동의 구체적인 전개방안을 조속히 책정할 것.

4. 각 도지부장은 배 대표와 중앙본부 간에 책정한 운동전개방안을 여하한 난관이 있더라도 이를 극복하고 절대 실행할 것.

5. 기타 사항으로서 중앙본부와 각 도지부 간에 사무연락에 관한 건, 시군지부 강화에 관한 것, 읍면분회의 조직 강화에 관한 건은 본 운동 전개 상 불가결의 기본업무이니 불일내로 귀도 즉시로 착수할 것을 지시하였다.

Ⅲ. 반탁국민총궐기대회

그 후 본부에서는 배 지부장과 매일 협의하여 반탁운동 전개에 관한 격문, 대회선언문, 결의문, 운동전개요강 등을 기초 인쇄해서 6월 17일까지 각 도지부에 전인 발송하였다. 각 도지부는 6월 20일까지 각 도내 시군지부에 전인 발송하고, 시군지부는 6월 21일까지 산하 읍면분회에 전인 발송하였다. 이리하여 6월 23일, 즉 음력 5월 5일 단오 날에 전국 각 도·시·군 국민회지부가 중심이 되어 그 지방 각 애국단체와 산하 각 읍면분회 간부와 회원 참석 하에 그날 오정을 기하여 일제히 반탁국민총궐기대회를 개최하고, 대회 종료 후에는 반탁시위행렬을 강행하였다.

중앙에서는 마침 당일은 미국 보스턴에서 개최한 세계 마라톤대회에서 우승한 서윤복 선수의 우승 축하대회가 서울운동장에서 개최되는지라 수십만 시민이 참집하는 호기회임을 이용하여 한층 시민 동원이 잘 되었다. 그래서 오전 12시까지 서 선수의 환영 축하행사를 간단히 마치자 정오를 기해서 본회가 중심이 되어 각 애국단체연합 주최 하에 반탁국민총궐기대회를 개최하였다.

격 문

동포여! 지금 덕수궁에서는 우리의 운명을 좌우할 미소공동위원회를 열고 있다. 이 공동위원회에서 나오는 탁치정부를 받아들여 5년간 탁치를 받을 것이냐, 완전 자주독립을 할 것이냐? 이는 오직 우리의 각오에 달렸다. 애국에 불타는 동포여! 총궐기하라! 그래서 탁치를 반대하고 공동위원회를 분쇄하자! 다시 우리는 삼일독립정신으로 돌아가서 이승만 박사와 김구 주석 밑에 뭉쳐서 반탁의 깃발을 높이 들자! 그래서 이 미소공동위원회를 분쇄하자! 신탁통치 결사반대! 자주독립 만세!

반탁결의문

一. 우리 삼천만은 신탁통치를 결사반대한다.
一. 우리 삼천만은 비폭력 무저항으로 행동한다.
一. 우리 삼천만은 미소공동위원회를 반대함은 아니다.
一. 총선거에 의하여 자율적 통일정부를 수립함에 미소공동위원회는 협조하라.

단기 4280년 6월 23일
반탁국민총궐기대회

당시 이 운동에 일개 졸도卒徒로서 견마지역을 한 바 있는 필자는 6월 15일 오후 8시까지 본부에서 배은희 지부장과 최규설 선전부장과 3인이 문안작성을 완료하여 약간 미진한 것은 배 지부장 숙소(종로2가 종로여관)에 가서 3인이 석반을 같이 하면서 종결하였다. 인쇄에 회부할 방법을 토의한즉 지방에 발송하여야 할 시간이 불과 24시간밖에 없었다. 군정하에 신속과 기밀이 보장될 만한 인쇄소를 물색했으나 썩 나타나지 않아 시내사정에 정통한 박재영 동지를 청하여 협의했으나 신통한 결론을 얻지 못하였다. 이때에 필자의 머리에 번개같이 떠오른 기억은 1년 전에 용산구 청파동3가 동분회 결성식에 필자가 축하하러 갔다가 그 동 내 공산분자들의 망해난동을 투쟁 방지하면서 기어이 결성하고 밤늦게 갔던 집이 바로 분회장 남송학 씨 집이요, 그 집 안에 남씨가 경영하는 인쇄소가 있던 일이다. 그래서 밤 10시가 지나 남씨 인쇄소에 갔다. 물론 남씨는 즉각 인쇄공원을 소집하여 철야작업을 한 결과 다음날 오후부터 인쇄물을 각 도지부에 비각대飛脚隊가 비밀낭에 넣어 전달하였다. 필자도 물론 비각대원 중의 1인으로서 전북 도지부까지 갔다. 배 지부장 없는 도지부에서는 김병수金炳洙 부지부장이 총지휘하여 즉일로 도내 각 시군지부에 도지부 비각대가 중앙에서 가져온 인쇄물을 나누어가지고 다 떠나는 것을 보고 필자는 서울로 귀임하였다. 다른 도지부에 갔던 중앙 비각대도 필자와 같은 임무를 마치고 다 귀임하였다.

정해년(1947년) 단오절은 한민족의 역사적인 반탁 독립투쟁일이었다. 이날 정오를 기해서 서울운동장에서의 반탁국민총궐기대회를 마친 민중들 중에 특히 애국열혈에 불타는 반탁학생 수십 명은 이철승 동지의 선도 하에 미군정청 앞에 가서 수 시간 연좌하여 농성 항쟁하였고, 또다른 데모대는 덕수궁 앞 대한문에 수천 명이 쇄도하여 미소공동위원회의 미국 측 대표 ***브라운*** 소장 면회를 요청하였다. 그래서 그날 대회에서 통과한 메시지를 전달하는 동시에 우리 민족의 강력한 반탁정신을 반영시키자는 것이다. 미군MP의 제지로 군중은 덕수궁 내에 들어가지 못하고, 그 대표 수명만이 들어가서 미국 측 대표에게 전기 메시지를 수교하고 나왔다. 또한 다른 데모대는 반도호텔 앞에 와서 ***하지*** 중장에게 대회에서 통과한 메시지를 전달하였다. 당시 미군정당국은 미소공동위원회 개회 중에는 데모는 금지되어 있는데, 결사항쟁하는 열렬한 애국청년들은 이 군정 명령을 위반하면서 시위운동을 강행하였다 하여 금반 반탁운동

주최의 책임자인 국민회 본부 이종현, 전호엽, 대동청년단 이성주李成株, 한독당 김승학 씨 등이 구속되어 군정재판을 받고 벌금형을 받아서 벌금을 물고 석방되었다.

이 단오절 반탁운동 후 서울시내에서는 매일같이 각처에서 반탁시위가 연속되었다. 즉 국민회 내에 특설한 애국단체연합 「반탁운동지도본부」에서 모든 계획과 실시방략을 책정하여 주야불문하고 수시로 중앙과 지방간에 비각대(일명 속전대速傳隊)를 특파하였다.

거반 6월 초순에 개최하였던 돈암장회의에서 책정한 제1차 목표의 운동과업 완수와 제2차 목표의 운동과업을 완수하기 위하여 6월 25일자로 각 도지부장에게 별지서한을 전인 발송하여 즉시 실천할 것을 지시하였다. 이 지시사항을 즉시 실천함은 지금까지 전개한 반탁운동의 유종의 미를 거두자는 것이다.

기記

경계자敬啓者 공위대책을 토의할 대표를 선정해서 단시일 내로 상경하는 것이 필요한 관계가 있음으로 자玆에 통지하오니 별지 조례에 의하야 진행하심을 위요爲要함.

단기 4280년 6월 25일

독립촉성국민회

총 재 이 승 만 ㊞

부촌재 김 구 ㊞

각 도지부장 귀하

Ⅳ. 미소공동위원회 대책 대의원 선거

1. 목적

공위에 참가한다는 정당 급 사회단체는 자당과 자단체의 대표는 될지언정 일반민중의 대표라고는 볼 수 없다. 그들은 모스크바협정을 전적으로 지지한다는 제5호성명서에 선서 날인하고 들어가게 되니 우리가 그저 앉아 있으면 세인의 이목이 우리가 다 신탁을 접수하려는 줄로 알게 될 것이다. 그러므로 민중의 대표자로 대의원을 선거하여 대책을 강구하려는 것이다.

2. 방법

(1) 금월(6월) 27일. 도지부에서는 특히 속전대를 선정하여 본 조항을 각 시군지부로 전달할 것

(2) 6월 30일. 각 시군지부는 본 조항을 등사하여 각 읍면분회로 전달할 것.

(3) 7월 1일, 2일. 각 면분회 청년대원 급及 국민회 간부를 동원해서 각 부락으로 파견하여 부락분회와 협력 하에서 선거권자(만 20세 이상 남녀로 문자 해득자)를 조사 등록케 하되 선거권자에게 날인하도록 할 것. 일변一邊으로 읍면대표가 시군으로 회합하야 대의원후보자를 선정하되 ① 30세 이상자로서 정치식견이 있는 자, ② 진정한 애국자, ③ 최후까지 생명과 재산을 공헌하여 독립만을 위하여 싸울 수 있는 자를 인구 10만에 매 1인씩을 배수로 선출하여 그 배수 후보자로서 각 부락에 투표시키도록 할 것(단 인구 10만 이상의 시군, 즉 15만을 초과하는 시군은 2인의 배수, 즉 4명을 선출하되 2명은 여자 중에서 선정하여 투표케 할 것).

(4) 7월 3, 4, 5일까지는 상기한 바와 여히 각 부락에서 투표를 하되

예정한 감시원의 감독 하에서 투표를 엄정히 하고, 농번기에 주간이 불능할 시는 야간을 이용할 것.

(5) 6, 7일은 각 부락 선거표수를 읍면으로 집결하여 군까지 표수 결정의 수속을 마치도록 할 것.

(6) 8, 9일은 선거된 대의원이 경성에 도착하도록 하되 각도별로 동일한 여관에 투숙하야 편의를 도圖케 할 것.

(7) 10일 오전 9시에 대의원 피선거 신임장을 국민회 본부사무소에 제출하고 대의원증을 받을 것. 동일 하오 2시는 ㅇㅇ에서 대의원회를 개최할 것인바 무루 출석하도록 할 것.

추이追而: 국민회의 조직이 없는 면이나 부락은 해 면 해 부락에 유망한 인사를 해 군 면 위원회에서 선정하여 취지를 선전하고 임시조처를 행할 것.

금반 선거는 국민회나 혹 다른 단체에서만의 수상이 아니오 진 민족적 행사이오니 각 단체들과 가급적 협의 진행케 할 것.

단기 4280년 6월 25일

V. 민족대표 명단

전국적으로 전개한 자율선거를 통해서 선출한 민족대표는 7월 10일에 서울에 올라왔다. 누락된 분은 간혹 있으나 대략 다음 인사들이 대의원, 즉 민족대표로서 상경하였다.

서울시 대의원 명단

종로 갑구	박원식朴源植	종로 을구	최규설崔圭卨
동대문 갑구	유화청柳和靑	동대문 을구	전호엽全浩燁
중구	박재영朴栽英	서대문구	강창희姜昌熙

성동갑구 진영하陳永遐 성동을구 최자실崔子實(여자)
마포구 오성환吳誠煥 영등포구 유 홍柳鴻
용산구 남송학南松鶴

경기도 대의원 명단

수원군 홍수한洪洙漢 가평군 김명기金明基
안성군 김영기金英基 평택군 황경수黃慶秀
이천군 김병철金炳哲 여주군 원용한元容漢
개풍군 안광모安光謨 부천군 이유선李裕善
개성시 이종근李琮根 용인군 허 식許植

황해도 대의원 명단

연백군 갑구 박창빈朴昌彬 연백군 을구 오계선吳啓善
옹진군 오택관吳澤寬

강원도 대의원 명단

춘천군 최규옥崔圭鈺 울진군 전영직田永稷
강릉군 심상준沈相俊 홍천군 이홍준李弘俊
삼척군 김동석金東錫 횡성군 양덕인梁德仁
영월군 오열주吳烈周 정선군 정연식鄭然式
평창군 엄정일嚴正一 원주군 이정호李正湖

충청북도 대의원 명단

청주시 최동옥崔東鈺 영동군 이준태李俊泰
청원군 홍순옥洪淳玉 보은군 오병근吳炳根
충주군 조대연趙大衍 음성군 이의상李宜相
진천군 민평식閔平植 단양군 지상현池相鉉

괴산군 구연직具然直 제천군 정인택鄭仁澤

옥천군 박상돈朴相敦

제주도 대의원 명단

북제주군 김충희金忠熙 남제주군 강영술姜榮述

충청남도 대의원 명단

대전시 남천우南天佑 아산군 홍순철洪淳澈

대덕군 송진백宋鎭百 서산군 임석규林錫圭

공주군 김명동金明東 당진군 김용재金用在

천안군 이병국李炳國 논산군 유진홍兪鎭洪

예산군 유승호柳昇浩 연기군 맹의섭盟義燮

홍성군 손재학孫在學 서천군 구덕환丘德煥

경상북도 대의원 명단

대구시 이경희李敬熙, 김하승金河昇, 최성환崔成煥

달성군 배동갑裴同甲 김천군 강익형姜益亨

영천군 정도영鄭島榮 성주군 서칠봉徐七鳳

고령군 신정휴申正休 상주군 백남식白南軾

경주군 김 철金喆 선산군 김경환金景煥

의성군 권병로權炳魯

경상남도 대의원 명단

부산시 최석봉崔錫鳳, 강길수姜吉秀, 김노전金魯全 (여자)

마산시 손문기孫汶岐 거제군 진홍기陳洪基

김해군 갑구 배진환裴珍煥 김해군 을구 주진모朱鎭模

진주군 박봉래朴朋來 고성군 김재익金在翼

사천군 황순주黃順柱 남해군 최용근崔鎔根
합천군 최창섭崔昌燮 하동군 황학성黃學成
울산군 손정수孫廷秀 동래군 엄진영嚴進永

전라북도 대의원 명단

전주시 배은희裵恩希, 조동민趙東玟
완주군 김영진金永珍 익산군 송우식宋宇植
군산시 윤석구尹錫龜, 원상남元尙南 옥구군 이요한李要漢
이리시 김병수金炳洙 김제군 김연식金演植, 최주일崔主日
정읍군 김종문金鍾文, 김택술金宅述
남원군 이봉래李鳳來, 조정훈趙定勳
무주군 신현돈申鉉燉 순창군 조일수趙一洙
고창군 오의균吳毅均 진안군 김준희金俊熙

금산군 정재국鄭在國 장수군 유동언柳東彦
임실군 이기우李奇雨 부안군 백남기白南淇

전라남도 대의원 명단

광주시 최종섭崔鍾涉, 김용환金容煥
목포시 김은균金殷均 순천군 김양수金良洙
보성군 김성복金成福 여수군 정재완鄭在浣
화순군 조국현曺國鉉 영광군 조영규曺泳珪
해남군 송봉해宋鳳海 담양군 김동호金東鎬
장성군 김병수金炳洙 곡성군 정래룡丁來龍
진도군 조병문曺秉雯 구례군 고재연高在演
고흥군 오석주吳錫柱, 박팔봉朴八峰

제3절 민족대표자(민대民代)의 과업

Ⅰ. 개설

1947년 1월 11일자 미군정청 공보부발표로서 미소 양 주둔군 사령관 사이에 교환된 서한의 내용이 공표되자 남한의 애국적인 정당·사회단체가 총궐기해서 반탁운동을 재전개하여 수개월 간 계속되는 거족적 함성을 못 들은 체 기어코 5월 20일에 제2차 미소공동위원회는 덕수궁에서 개최되었다. 그래서 이 공동위원회 협의대상으로 남한에 있는 좌익계열 정당과 사회단체가 거개 참가하게 되매 미국 측 대표는 미군정에 협조하는 우익 정당과 사회단체 대표들을 상대로 설득공작을 전개하였다. 미군정 수뇌들과 가장 접촉이 잦은 한국민주당 간부들이 이에 호응해서 공동위원회 제5호성명에 서명하고, 그 협의대상으로 한국민주당이 거당적으로 참가하게 되자 이 당과 상통하는 개인과 단체는 점차 참가하게 되어 정치, 경제, 문화 각 방면의 단체 200여개가 참가하기에 이르렀다. 국내실정에 어두운 외국인들은 한국민족이 신탁통치를 반대하다가 국세적 압력에 눌려서 신탁통치를 수락할 것이라고 오인하게 되니 자주독립을 전취하려는 독립전선에는 일대 암운이 끼어온 것이 아닐 수 없었다.

이 독립전선에 낀 암운을 극복하기 위하여 우리 국민회 전국 800만 동지들은 이 총재와 김 부총재의 진두지휘 하에 반탁과 공동위원회 분쇄에 결사 총궐기하였다. 그리고 이 거족적 운동을 계속 전개하기 위한 장기투쟁방식으로 남한 전역에 걸쳐서 10만 인구에 한 사람씩 반탁 독립운동에 헌신할 애국적인 민족의 진정한 대표를 자율선거방식에 의해서 선출하였다. 다시 말하면 미소공동위원회에 참가한 한국민주당을 필두로 200여 정당·단체는 그 정당과 단체를 대표해서 공동위원회에 참가했을망정 진정한 민족대표는 엄연히 존재하며, 또한 그 엄존한 민족 대다수는 탁치를 반대하며, 미소공동위원회 참가를 거부한다는 강력한 의사표시를 함은 물론, 그 시위운동으로 일보 나아가 공동위원회 분쇄운동으로 선출되어 나온 것이 이 민족대표자 200여명인 것이다. 조국의 독립전선에 중차대한 책무를 지고 정신挺身한 이 민대원들은 7월 11일을 기하여 쏟아지는 폭우 중에도 국민회 중앙본부 회의실에 전원 참석하였다.

Ⅱ. 제1차 민족대표자대회

1947년 7월 11일 오후 2시 정각에 이승만 총재와 김구 부총재가 임석하자 역사적인 민족대표자대회는 개회되었다. 본부 이종현 총무부장의 사회로 회의는 진행되었으며, 총재 치하 순서에 들어가자 이 총재는 대략 다음과 같은 훈화를 하여 전 대표에게 깊은 감명을 주었다.

"장마철에 들어서 이 풍우 중에 노고를 겪으면서 각 지방에서 이와 같이 이번 회의에 참석하여주어 우리 독립을 위하여 경하할 바입니다. 고인古人이 말하기를 천시天時가 불여지리不如地利요 지리地利가 불여인화不如人和라고 했습니다. 우리가 인화를 얻어서 굳게 한데 뭉친다면, 그래서 국권을 찾기에만 한마음 한뜻이 되면 40년간 잃었던 독립을 찾을 수 있습니다. 거금 170여년 전에 북미에서 13개 지방대표들이 필라델피아의 한 모퉁이에 있는 교회당에 모여서 독립선언을 하고서 영국의 압박에 반항하여 독립투쟁을 한 지 수년 만에 기어코 독립을 전취하여가지고 신생 북미합중국을 건립하였는데, 당초에 독립을 선포한 그 교회당은 지금도 미국의 독립기념관으로 보존되어 있습니다. 우리 남한 2,000만 동포를 대표한 여러분들이 오늘 이 시간에 한자리에 모여서 국권을 회복하기로 굳은 단결을 하고 나섰으니 이 모임이야말로 우리 독립사상에 기념할 만한 일이오, 이 장소는 우리 후손들이 독립기념관으로서 이름을 붙일 것입니다. 이때에 내가 여러분에게 당부하고자 하는 바는 사심을 버리고 국권 찾는 일에만 합심해서 당면한 어려운 문을 뚫고 나가기에만 전심전력하여주기를 바랍니다"라는 서두로 시작하여

"금반 개최된 민족대표자대회는 과거 국민회 전국대표자대회와 같이 2, 3일 모여서 무슨 결의나 짓고, 성명서나 내고서 헤어지는 그러한 일시적인 회합이 아니라 장기전을 벌일 태세, 즉 방금 덕수궁에서 수개월간 회의를 계속하면서 탁치정부를 수립하여 5개년 간 신탁통치라는 굴레를 우리 민족에게 씌우려고 백계모의를 하고 있으니 우리 대표들이 이번에 이것을 분쇄하지 못하면, 이 미소공동위원회를 우리 한국 내에서 몰아내지 못한다면, 그래서 독립의 최대 난관을 돌파치 못한다면 살아서는 물론 죽어서라도 내 고향에 돌아가지 못하리라는 굳은 결심을 촉구합니다." 운운으로 전 대표들이 엄숙한 이 역사적 순간에 최고도의 긴장중에 감격과 흥분 중에 잠겨서 폭우가 실외에서 요란을 떨지라도 누구 한 사람도 실외의 소란에 귀를 기울이는 자 없이 한 덩어리의 불덩이로 화해서 독립전선의 거탄이 되어가지고 어느 때에 어떻게 폭발하고야 말리라는 찰나에 들어 있었다.

약 30분에 걸친 총재의 치사 뒤에는 다시 김구 부총재가 등단하여

"금반에 재개된 미소공동위원회에서 수립하려는 탁치정부를 반대하고 자율적 독립정부를 수립하려고 이 박사와 나는 결심하고 나섰다. 그런데 여러분은 우리 두 사람과 같이 반탁독립투쟁을 해보겠다는 결심하에 동포들의 대표가 되어서 나왔으니 참으로 반갑다. 금후 우리가 잘 의논해가지고 이 박사의 말씀대로 인화가 제일이니 이 인화로 굳은 단결을 하여서 공위에서 임시정부를 수립한다면 이 정부를 결사반대하고

민족자결원칙에 의한 자율적 정부를 우리의 힘과 노력으로 세우도록 이때에 궐기해주기 바란다. 현명한 동지들은 냉정히 잘 생각해보라. 공위5호성명에 싸인하고서, 다시 말하면 모스크바결정을 고수하겠다고 서명하고서 그네들과 합의한답시고 공위에 들어가서 합의되어가지고 만들어내는 임시정부—탁치를 받겠다는 그 정부에 들어가서 어떻게 탁치를 반대할 수 있겠는가? 이는 정신 잃은 광자狂者 아니면 국민을 속이려드는 매국행위가 아닌가? 우리가 이러한 속임수에 넘어가자고 이때껏 소위 독립운동을 수십 년간 해왔는가?"고 폐부를 찌르는 열변으로써 한층 더 전 대표들을 격동시켰다.

임정의 주석으로서 삼일독립운동의 결정체인 임정간판을 짊어지고 근 30년간 상해에서 남경, 장사長沙, 광동, 중경까지 전전유리로 풍찬노숙하면서 독립운동을 하다가 해방 이후 환국하여 반탁일관으로 독립운동의 진두에서 지휘하고 있는 김 부총재의 장중한 격려사에 감동되지 않을 자 있으랴? 일동은 남한 2,000만 애국동포의 참다운 대표로서 결사각오 하에 공위분쇄, 반탁독립투쟁에 일로매진할 것을 재삼재사 맹서盟誓하였다.

다음에는 본 민족대표자대회가 당분간 계속되는 동안에 그 회의 진행상 집행부 선정을 한바 의장에 배은희 씨, 부의장에 명제세, 박순천 양씨를 선출하고, 다시 서기국장에 본부 총무부장 이종현 씨를 선출한 다음 제1일은 폐회하였다. 창밖에는 폭우가 계속되는 중에 7월 12일 오전 10시에 전일에 이어서 제2차 회의를 속개하고서 금후 본 대표자대회에서 토의할 안건을 심의 공결公決하였다.

1. 금반 개최중인 미소공동위원회에 각 정당에서 제출한 답신안에 대한 검토

2. 민주독립국가 수립에 기본이 되는 정강정책에 대한 검토

3. 반탁 일관한 정당·사회단체로서 공위 협의대상으로 참가문제에 대한 검토

4. 입법의원을 통과한 중요 법안에 대한 검토, 부일附日협력자처단법, 토지개혁법 등에 대한 검토

5. 민족대표자대회로서 대 미군정당국, 대 미소공동위원회, 대 연합국에 발송할 서한과 기타 관계당국과의 절충에 관한 건.

위의 안건을 오전과 오후에 토의한 후에 폐회하였다.

7월 13일부터는 서기국장을 서재권으로 교체하고 본회의로 돌입했다. 즉 본 대회 토의안 제1항 「미소공동위원회에 각 정당에서 제출한 답신안에 대한 검토」로서 폭우가 쏟아지는 전일全日을 소비하였다.

7월 14일은 제2항, 즉 「민주독립국가 수립에 기본이 되는 정강정책에 대한 검토」에 들어가서 토의하다가 정치문제의 핵심이 되는 자율적 정부 수립문제의 토의에 돌입했다. 그래서 선 내표들은 진지하고도 열렬한 토의를 시작하였다. 즉 본 대회는 그 성격상 반탁일관으로 미소공동위원회 불참가이니만큼 공동위원회에서 수립한다는 소위 임시정부라는 것은 수탁을 기반으로 한 것이므로 이를 전적으로 거부하고, 어디까지나 외세와 결부됨이 없이 순수하게 자율적으로 민족자결원칙에 의거한 독립정부를 수립해야 한다고 주장하는데 당시 민대의원들이 왜 긴장하며 진지하여질까? 이는 다름 아닌 해방 후 중경重慶에서 환국한 소위 대한민국 임시정부와 금후 만일 가능하다면 민족대표자대회에서 수립할 수 있는 임시정부와의 합작 여부에 관한 문제이다. 환언하면 소위 임정법통을 고수·계승해서 정부수립을 추진하느냐, 또는 현실에 입각한 민족대표 선출, 즉 총선거에 의해서 국민대표가 선출되어 그 대표들이 제정한 정부조직법에 의해서 정부수립을 추진하느냐 하는 것으로 중대한 당면문제에 봉착하였다.

당시 200여명의 민대의원 중에는 한국독립당원, 즉 임정법통을 금과옥조로 신봉하는 대의원과 당적 없는 순 국민회원과 한국민주당원, 즉 이 박사의 독립노선에 충실한 대의원으로 양분할 수 있는데, 이 자율적 임정수립문제에 있어서는 양측의 의견이 대립되어서 갑론을박으로 오전 중에 그 귀결을 짓지 못하였다. 그래서 그날 오후에는 이 총재와 김 부총재를 임석하게 하여 두 분의 말씀을 충분히 듣고 그 후에 우리의 태도를 다수결로 표결하기로 의결하고 폐회하였다.

7월 14일도 종일 내리는 폭우 중에 양측이 왈가왈부 논란하다가 오후 3시에야 이승만 박사와 김구 주석이 임석하므로 전 대의원이 긴장해가지고 두 분의 말씀을 듣기로 했다. 먼저 이 총재가 등단하여 근대국가 특히 민주주의국가의 수립과정과 우리의 당면과업을 상론하고, 거반에 이 박사 자신이 수개월간 도미외교활약을 하던 때의 미국 조야인사들의 한국문제에 관한 의견, 특히 미국무성당국의 대한처리방침은 확고부동하니 그것은 총선거에 의한 자율정부수립이 절대적 조건이라고 간곡하고도 조리정연하게 설파하였다.

다음은 김구 선생이 등단하여 발언하되 대한민국임시정부가 해외에서 20여 성상 조국광복을 위해 투쟁한 것을 정시正視할 것, 즉 삼일독립운동의 고귀한 희생의 결정체요 민족정기의 집결체인 임시정부이니 그 임정법통의 정당성과 그 법통존중의 절대성을 열렬히 주장하는 동시에, 현 미군정이나 미소공동위원회에서 장래 수립하려는 임시정부는 외세에 의한 한낱 괴뢰傀儡에 불과함을 갈파하여 결국 임정법통고수로서 자율정부수립을 추진하는 길만이 금후 민족의 활로라고 강조하였다.

두 분의 발언이 끝나자 회의는 잠간 휴회하고, 두 분이 각각 환차還次한 후에 회장 내 긴장과 흥분된 분위기를 냉각시키기에 용의用意하였다. 시간이 경과한 뒤에 회의를 다시 속개하고 전 대의원 각자가 냉정한 심정으로 돌아간 후에 서서히 공식회의 아닌 좌담형식으로 격의 없는 의견교환을 해가면서 얼마간을 지냈다. 그리하여 피차간의 결론은 양 영수의 긴밀한 제휴만이 위기에 빠진 한국민을 구출할 수 있다는 대국적 견지로 귀착되었다. 이 대국적 결론은 본 민대와 국민의회가 합류하는 길, 다시 말해서 현 남한민족을 대표한 이 민대와 임정법통을 업고 나온 국민의회(국의)가 통합하는 길만이 금후 우리가 밀고나아갈 자율정부수립의 과정이라는 것이다. 이때에 배 의장은 정식으로 개회를 선포하고 토론 종결하고 결의짓기로 하여

① 민대와 국의는 합류할 것.

② 전기 사항을 실행하기 위하여 민대 측 교섭위원 약간 명을 선출할 것을 만장일치로 가결하고, 교섭위원을 남송학, 김명동, 손정수 씨 외 수명을 선출하여 국의 측에 파견하였다. 장마에 쏟아지는 풍우를 무릅쓰고 교섭위원들은 국의장인 조소앙 씨를 회견한바 조씨는 합동원칙을 찬성하고 직시 국의 측 수뇌들과 협의하여 다음날인 7월 15일에 재회하기로 하였다.

7월 15일 오전 중에 전기 민대 측 교섭위원들이 국의 사무처인 창덕궁 인정전 서측관으로 갔더니 조 의장은 양 단체 합동을 찬성하여 국의 측은 민대 측 의사를 영입한다는 것이다. 그리하여 양측 합동을 실현한다는 방침 하에서 그 구체적 방법으로 들어가 민대 측의 구체적 방안을 묻기에 민대 측은

① 민대는 단체적으로 합류할 것.

② 양 단체합동비율은 동수로 할 것

을 제시하였더니, 조 의장은 말하기를 "국민의회는 30년간 독립투쟁한 전통 있는 임정법통의 핵심이니 민대와 같이 하루아침에 생겨난 단체와 동등하게 일대일의 비율원칙이란 어불성설이오, 만약 각 민대의원들이

개인자격으로 국의 측에 무조건 가입해온다면 국의로서는 이를 영입 포섭할 용의가 있소이다"라고 응답하였다.

이에 민대교섭위원을 대표한 남송학 씨가 발언하기를 "임시정부 내 국민의회는 30년 전에 각 도대표가 상해에서 선거라는 민주적 선출방식 없이 자천타천으로 참석하여 수립한 기관이 아닙니까? 그러나 우리 민족대표자라는 것은 해방 후 수년간 공산당과 치열한 투쟁을 하면서 반탁독립운동을 전개하다가 10만 명에 1인씩의 비율로 민주방식에 의한 자율선거로써 선출되어 나온 진정한 현 국민의 대표입니다. 그런 현실성을 인정하시고 이 민족적 위기를 극복하려 함에 먼저 과거와 현재의 독립운동을 하던 단체나 개인이 통합하여 대동단결로써 통일전선을 이룩할 절대성을 절실히 느낀 나머지 이와 같이 민대의원 전원의 결의를 보아서 저희들이 교섭위원으로 나온 것입니다. 그러니 민대 측의 합동조건을 국의 측 여러분이 심사숙고하시고 국가대의를 위해서 선처하여 주심을 바랍니다."

위와 같은 요지의 양측의 의견교환이 있은 후 다시 후일을 약속하고 회담을 마치고 민대회의장에 교섭위원들이 귀임하여 교섭경과를 보고하자, 전원이 불만을 표명하면서 합동을 단념하자는 측과 계속 절충하여 기어코 합동을 실현하자는 측으로 의견이 갈라져서 수시간 논쟁이 전개되었다. 그리하여 결론으로 국의와의 합동문제는 당분간 보류하기로 하였다.

7월 16일과 17일 양일간은 본 민대가 *하지* 중장에게 서한을 제출하기로 하였는데, 그 서한내용은 다음 사항을 질의하여 그 회신을 촉구하자는 것이다.

서 한 문

1. 미소공동위원회는 재개 이래 3개월이 경과한바 앞으로 하시까지 계속할 것인가?
2. 총선거 시행을 선포하라는 요청.
3. 민정장관은 민선으로 하라는 요청.
4. 금후 총선거를 실시할 때는 *하지* 중장이 적극 협조해줄 것을 요청함.

이상의 3개 요청사항과 1개 질의를 내포한 서한을 작성하여 이를 심사하기에 수일을 소비하였다. 그리고 7월 16일부터는 서기국장직을 박재영 씨로 교체하여 회의기록을 관장케 하였다.

7월 20일부터는 수일 전에 보류하였던 현안, 즉 민대와 국의와의 합동문제를 다시 논의하기로 하여 이 합동문제를 백지로 환원하여가지고 재론하게 되었다. 그리 된 이면에는 이 총재와 김 부총재를 긴밀하게 합작하도록 함으로써 공위협의대상으로 반탁진영이 분열 약화된 현 난국을 수습 강화하자는 일석이조의 정략이 들어 있었다.

이 합동문제로 시일을 소비하니까 지방에서 상경한 대의원 중에는 이미 여비가 떨어져서 군색을 느끼게 되니 귀향할 것을 희망하는지라, 이때에 배은희 의장은 그들을 귀향하지 못하도록 단속하면서 회의 출석을 독려하였다. 월여 계속되는 장료長潦에 지쳐서 민심이 피로해진데다가 덕수궁에서 열리고 있는 공위 역시 별무성과로 시일만 천연하고 있어서 민대의원들 가슴은 한층 더 울적하여졌다. 그들이 공위분쇄와 반탁독립의 굳은 결심을 품고 상경한 지 반삭이 지났으나 귀향하여 고향 동지들에게 보고할 만한 성과가 없으니 그들의 우울한 심정을 추측하고도 남음이 있었다.

7월 25일은 본 대회의 제1차 회의를 폐회하기로 하고, 각 도대표 겸 연락원으로 1명씩 중앙에 계속 체류케 하고 기타 대의원들은 한차례 귀향하게 하였다. 이때에 반삭 이상 장마에 시달리며 성과 없는 회의만 하여왔다는 침울한 심회를 참지 못하고 공사석에서 불만과 불평을 토로하는 동지들이 간혹 있었다. 그러면 그 불만을 토하는 동지들 말과 같이 무성과한 회합을 하기 위해서 민족의 영도자인 영명한 이 총재가 본 대회를 소집하였던가?

남한 2,000만 민족대표 200여명을 중앙에 소집하여가지고 반달 이상이나 허송세월하게 하였던가? 성과 없는 민대대회를 개최하려고 자율선거를 7월 상순에 전 남한에서 실시하였던가? 독립 전야에 민족적 위기를 극복하기에 일분일초를 다투어 석용惜用하면서 운동을 전개하고 있는 이 역사적 순간에 6월 하순 이래 1개월이란 중요시간을 성과 없는 일을 하려고 이와 같이 거족적인 행사를 전개하였던가? 금차 대회는 우리 독립운동사상 실로 획기적인 빛나는 기록을 남긴 것이니 이를 대외적으로 대내적으로 분석고찰하면

1. 대외적으로는

(가) 민족 자주역량을 발휘하여 자율적 정부 수립의 가능성을 과시함으로써 지난봄에 이 박사가 미국무성당국자와 신임 ***마샬*** 장관으로부터 언질을 받은바 있는 한국문제 처리는 조속한 시일 내(60일 혹은 90일)로 민주통일독립정부수립방안을 세워서 실행하겠다는 성명을 식언하고 불이행함에 대한 거족적인 문책 표시이다.

(나) 소위 미소공동위원회에서 산출하려는 타율적 탁치정부가 나오려함에 대하여 우리 민족의 진정한 의사표시로써 자율적 독립정부를 수립하여 그 탁치정부와 최후까지 투쟁하겠다는 거족적 총궐기태세와 민족

자주역량을 표시함에 있어서 과거와 같이 일시적인 대회나 시위, 데모 등으로 하지 않고, 조직적이고 구체적으로 실천 가능함을 행동으로 과시한 것이다.

이렇게 함으로써만 미소공동위원회는 분쇄되어 한국에 대한 국제적 압력－신탁통치라는 암운은 일소되고, 자주독립정부 수립이란 진로는 초속도로 전진한 것이다.

2. 대내적으로는

(가) 종래 반탁민족진영 내에서 공위 참가 여부로 인유因由하여 이탈된 정당과 사회단체들의 반성을 촉구하여 가일층 이 총재를 중심으로 한 반탁 자주독립노선에 거족적 총단결의 공고화를 기도하고,

(나) 임정법통봉대파의 고루한 비현실적인 정신을 청산케 하고, 반탁 민족진영의 내부정비를 함으로써 가일층 민족단결을 이룩하면서 자율적 선거에 대한 정치적 훈련을 실시하여 대성과를 거두었고,

(다) 적색제국주의의 예속화를 꿈꾸는 매국도당과 회색적 기회주의 중간노선분자들의 의타적인 사대근성도배들을 일소하여 민족으로 하여금 국제적 협조 하에 정경대도正徑大道를 걸어서 민주주의노선에 입각한 자율적인 정부수립과정을 실천으로 인식케 한 것이다.

이상 총괄적으로 결론짓는다면 「한국민족이 그 영도자 이승만 박사를 중심으로 전개한 독립운동단계에서 정부수립과정으로 거족적 총진군을 수행한 일대 획기적인 역사적 거보이었다」고 후세 사가는 인정치 아니치 못할 것이다.

이러하므로 이 민대회의가 계속되는 동안에 중국 국민정부 미군사사절단장인 ***웨드마이어*** 중장이 미국 ***트루만*** 대통령 특사의 자격으로 내한하여 수차 돈암장으로 이 총재를 왕방하였다. 당시 이 총재와 ***웨드마이***

어 중장 간에 무슨 말이 오고간지는 극비에 속하는 일로 추측키 어려우나 대체로 짐작컨대 '다시 미소공동위원회에서 수립하려는 탁치정부에 대비하여 이 박사를 중심으로 한민족진영이 자율적인 독립정부를 수립하겠다고 민대를 통해서 시위하므로 미국무성당국이 당황하여 지난봄에 이 박사 체미 당시 이 박사에게 약속했던 한국문제 처리방안을 재확인하도록 미국무성당국의 진의를 전달함과 동시에 그 은인자중을 요청한 것이 아닌가'고. 또한 ***웨드마이어*** 중장의 특청에 의해서 해방 후 현재까지의 한국 내 사정을 다음 3개 사항으로 분류하여 저술 제공하였다.

1. 해방 이후 현재까지의 한국 내 정치정세에 대하여: 국민회 중앙상무위원 장덕수

2. 해방 이후 현재까지의 한국 내 경제실정에 대하여: 국민회 중앙상무위원 홍성하

3. 해방 이후 현재까지의 한국 내 대중운동, 특히 반탁운동에 대하여: 국민회 중앙상무위원 겸 총무부차장 서재권

Ⅲ. 제2차 민족대표자대회

성과 없는 미소공동위원회가 어언간 3개월이 경과되는 동안 공산도당은 일익 창궐해가고, 의타적 사대주의자로 화한 중간회색분자들은 주출망량晝出魍魎을 극하여 정계는 혼란이 추일追日 우심해져서 국가의 전도를 우려하는 인사 그 누구나 개탄치 아니치 못할 난국에 봉착하였다. 그리하여 1947년 8월 1일을 기하여 제2차 민족대표자대회를 소집하였다. 동일 오후 2시에는 전국에서 참집한 민대의원 200여명과 입법의원 내의 반탁의원(지난 1월 20일 입법의원에서 반탁결의에 참가한 의원) 신익희, 백관수 씨 외 42명이 내참하여 성황을 이룬 자리에 임석한 이승만 총재

는 다음과 같은 요지의 훈화를 하였다.

"지난번 민대회의는 여러분이 장마 중에 수고를 많이 하여서 우리의 일에 많은 공효功效가 있었던바 중간에 국민의회 측과 합류한다고 설왕설래하다가 깨어지고 만 것은 매우 섭섭한 일이다. 고인古人이 말하기를 '형제혁우장兄弟鬩于墻이나 외어기모外禦其侮하라'고 했는데, 우리가 지금 민족의 지상과업을 눈 앞에 놓고서 피차에 허심탄회하여가지고 한 데 뭉치기 바란다. 그래서 민족총단결을, 민족의 온힘을 발휘하여 총선거를 민주방식대로 하여야 우리가 바라는 독립정부를 수립할 수 있을 것이다. 운운" 간곡하게 말하여 일동의 폐부를 찔렀으므로 일동은 한층 숙연해졌다.

다음에 김구 선생이 등단하여 "거반에 국민의회와 민대가 합류하지 못한 것은 대외적으로 대단 수치스런 일이니 이번 기회에 피차에 원만히 협의하여가지고 합쳐서 우리의 최고목적을 성취해보자. 운운"의 훈화로 많은 감명을 주었다.

금반 개최한 제2차 민대회의에는 입법의원에서 지난 1월 20일에 반탁결의안 통과에 활약하던 신익희 의원 외 43명이 우리 민대노선, 즉 이 총재의 독립노선에 적극 찬동하여 가담하여오므로 민대의원들은 백만원군을 얻은 것 같은 힘을 얻어서 자못 의기헌앙했다.

8월 2일 오전 10시에 민대회의를 개최하고, 다음 사항을 의결하였다.

1. 민족대표자대회규약의 심의 통과.

2. 총선거법에 관한 선거위원회 구성의 건.

3. 본 민대규약에 의준依準한 임원 선거.

이 선거를 하기 위하여 전형위원 15명을 선출하여 그 전형위원이 다음과 같이 전형함.

(가) 정치분과위원회 위원장 신익희 부위원장 이남규 외 7명

(나) 외교분과위원회 위원장 황보익 부위원장 김도연 외 7명

(다) 내무행정분과위원회 위원장 이규갑李奎甲 동 부위원장 박재영 외 7명

(라) 법제분과위원회 위원장 백관수 부위원장 정낙영鄭洛永 외 7명

(마) 재정분과위원회 위원장 김양수 부위원장 고광표高光表 외 7명

(바) 청원징계위원회 위원장 명제세 부위원장 오석주 외 7명

(사) 자격심사위원회 위원장 강인택 부위원장 최석홍崔錫洪 외 7명

(아) 민대상임위원회 위원장 배은희 위원 최석봉, 강인택, 최규설, 김철, 이남규 외 10명.

(자) 국민의회와 합동교섭위원 남송학, 김명동, 손정수 외 12명.

위의 임원을 전형위원 15명이 별실에서 전형하는 시간을 이용하여 지청천 장군이 등단하여 청년운동에 관한 연설을 하고, 뒤이어서 조성환 선생이 나와서 청년운동을 지도 육성하는 방면에 관하여 강연을 하였다.

8월 4일 제3회 회의가 개최되자 그간 국의 측에 파견했던 교섭위원 남송학 씨 외 수명이 나와서 그 동안의 교섭경과를 다음과 같이 보고하였다.

1. 국민의회는 민대를 단체적으로 영입할 것.

2. 총선거는 국의와 민대가 합동한 후에 동 합동의회에서 제정하는 선거법 및 선거대책에 의하여 실시할 것.

이상의 양 단체 간의 교섭조건을 위요하고 수 시간 갑론을박 격론이 벌어졌다. 그리하여 전기 2개 조건의 승인 동의와 금후 교섭조건을 이 박사의 지도이념에 의한 총선거를 실시할 것으로 하자는 개의를 표결로 가부를 결정하게 되었으나 전대의원은 격론 끝에 장내분위기가 매우 격앙되었으므로 의장은 12시 반경 10분간 휴게를 선포했다. 10분 후 속개

되어서 동 문제는 다시 토의되었는데, 결국 배은희 의장으로부터 "이 안건은 표결하기에는 너무나 중대한 문제이니만큼 우선 교섭위원들로 하여금 무조건 순수한 태도로 돌아가서 국의와의 합동교섭을 촉진시키도록 하고, 만약 국의 측으로부터 조건의 제시가 있을 경우에는 그 조건을 본회의에서 신중히 토의하자"는 재개의를 제안하여 만장일치로 이를 채택하고 휴회하였다.

동일(8월 4일) 민대 교섭위원 남송학, 김명동, 손정수 씨 등 수명은 주야 양차에 걸쳐서 국의 측과 연석회의를 개최하여 합동에 관한 최후적인 합의를 보았다고 다음날 8월 5일에 보고되었다. 동 5일 오전 11시부터 국의회의실에서 양측 교섭위원들이 제3차 연석회의를 개최하여 토론한 결과

1. 국민의회와 민족대표자대회가 합동하기로 결정하고, 그 합동전체대회는 8월 8일에 창덕궁 인정전에서 개최한다.

2. 총선거방책과 자율정부 수립에 관한 근본적인 제문제는 합동 실현 후에 각기 전문적인 기구를 구성하여 진행케 하기로 합의를 보았다고 당 5일 오후 회의에서 남송학 교섭위원이 보고하므로 이 보고를 접수하기로 의결하였다.

8월 8일 오후 2시에 인정전에서 양측 합동대회를 개최하였는데, 이승만 총재와 김구 부총재가 임석하여 두 분이 한결같이 합동을 환영한다는 치사를 하고, 대회가 끝나자 즉시 합동기념촬영까지 하였다. 그러나 이 합동대회의 화기애애하던 분위기가 사라지기도 전에 9일에는 양측이 분열되고야 말았다. 그 이유는 다음과 같다.

1. 정부 수립문제에 있어서 국의 측은 이념상 임정법통을 고수하고 현실을 무시함이 재확인된 것.

2. 양측 의석 비율에 있어서도 1대 1의 대등비율을 국의 측은 무시하

고서 무조건 국의를 우위에 놓으려는 고집이 재현된 것. 또 한 가지 가소로운 사실은

3. 해방 후 임정이 환국 당시 구성되었던 국의원은 불과 기십 명이므로 그 의석수효를 민대와 동등하게 200석을 채우기 위하여 급작急作으로 국내 각 정당·사회단체원을 추가한 사실이 탄로된 것.

특히 의석수 보충을 위한 위와 같은 사실을 남한 각지에서 자율선거를 통해서 선출되어서 모인 10만 인구에 1인씩의 비율로 나온 민대의원들이 용인할 이치가 없었던 것이다.

이 총재와 김 부총재가 대국적 견지에서 종용한 양 단체 합동은 실무진의 이기적 고집과 편협 고루한 사고방식 때문에 실패되어 영영 돌이킬 수 없는 분열을 가져왔다. 그리하여 앞날에 양 영수 간 독립노선의 분열과 그로 인한 상극마찰을 결과하였고, 이를 원인으로 해서 정치적 비극까지 두고두고 연출하게 되었다.

당시 이 결렬을 통분히 여기는 인사 중에도 임정 내무부장관이었던 신익희 선생은 말하기를 "속담에 '사당祠堂 치레하려다가 신주神柱 개 물어간다'는 말이 있는데 법통법통 하다가 민족분열로 독립의 기회조차 놓치겠다"고 하였다.

8월 10일 이후는 다시 폐회로 들어갔다. 한 가지 이유는 8·15해방기념식을 각자 고향에 돌아가서 주재主宰하여 거행해야 할 책임자들이 다수인 까닭이다. 그런데 그날 미소공동위원회 미국 측 대표 ***브라운*** 소장은 중대성명을 발표하였다.

브라운 소장은 동 성명에서 "민족자결원칙을 고수하여 자주독립을 기도하는 한국민족이 반탁의사를 표시함은 당연하고도 정당한 일인데, 소련 측이 이 애국적이고 정당한 한국민의 의사표시를 묵살하고 반탁진영을 제외하려는 것은 비민주적이니 이해할 수 없는 일이다"고 노골적

으로 소련 측의 비민주성을 비난하였다. 이 *브라운* 소장이 이런 성명을 하기에 이름에는 여러 가지 원인이 있었지만, 민대가 지난 7월 이래 남한 2,000만 국민의 반탁의사를 대변해서 투쟁해온 것이 그 원인의 중요한 부분일 것이다.

Ⅳ. 제3차 민족대표자대회

1947년 7월 11일에 민대가 개최된 이래 우연히도 국민의회와의 합동 유혹에 번농翻弄되어서 월여를 허비한 지금에는 풍정랑식風靜浪息으로 냉철한 심경에 돌아가서 전민대의원들은 최초의 견지堅志와 애국심에 돌아갔다. 그리하여 8월 23일 오후 3시에 본회 회의실에서 서기국장을 모윤숙 씨로 교체하고, 제3차 민족대표자대회를 속개하였다.

당일 대회에 임석한 이승만 총재는 그 치사를 통하여 "이때야말로 우리 민족이 자주역량을 발휘할 수 있는 유일한 기회이다. 고어에 '천여불수天與不受면 반수기앙反授其殃'이란 말이 있다. 이는 우리 민족에게 하늘이 주는 기회에 뭉쳐서 독립을 획득치 못한다면 천추에 한을 남길 뿐 아니라, 도리어 재앙을 민족적으로 받을 것을 각오하여야 할 것이다. 현하 한인들은 대개 총선거를 실시할 것을 기대하고 있으나 일부에서는 이를 반대하고 있으며, 우익진영 내에서도 미군과 협조하지 않고 자율적으로라도 하자고 주장하고 있으나, 우리는 미군과 협조하여 하루바삐 총선거를 실시하도록 해야 할 것이며, 만일 한미합작으로 잘 안 되든지 또 지연되든지 할 때에는 우리는 단독으로라도 총선거를 실시하도록 해서 조속한 시일 내에 자주정부를 수립하여 시급한 민생문제를 해결하도록 해야 할 것이다"라고 장중한 어조로 민대의원들에게 훈화하였다.

지난 5월 20일에 열렸던 미소공동위원회도 3삭 동안 성과 없이 끌다가 지난 8월 10일 미측 대표 ***브라운*** 소장의 성명이 발표된 이래 결렬상태에 빠졌다. 그런데 이 공동위원회를 개최하는 기회를 틈타서 그간 준동하던 공산계열과 회색적 중간분자들도 차차 무색 실세하여졌고, 또한 공동위원회 참가로 반탁 자주의 지조를 폐리廢履같이 내던진 민족진영내 기회주의적인 정당·사회단체원들도 그들의 백일몽이 사라졌다. 다시 말하면 독립항로에 휘몰아쳐왔던 폭풍우도 운권청천雲捲晴天 사라지고 찬란하게 그 광망光芒을 비취는 것은 유구반만년 내려오는 민족정기에 응결된 자주독립정신으로 불타는 민대의원 일동의 불패불기不覇不羈 외연巍然한 민족기백이요, 이 총재의 구국독립노선에 강철의 단결을 이룬 것뿐이다.

과거 제1차 대회와 제2차 대회에서 정치적 시련을 겪은 전대의원은 각오도 새롭게 화기애애한 중 오로지 민대과업, 민족지상업무를 향해서 용왕매진勇往邁進할 것을 거듭 맹세하였다. 한편 당시 주중 미국 군사사절단장 ***웨드마이어*** 중장이 ***트루만*** 대통령 특사자격으로 내한한 기회에 민대는 서한을 전달하기로 하였다. 그리하여

① ***웨드마이어*** 중장에게 보낼 서한문 심의 통과,

② 총선거법 심의(지난번에 입법의원에서 통과된 것),

③ 민대 예산안 심의를 하였다.

그리고 ***웨드마이어*** 중장에게 서한문을 전달하기 위한 대표로 배은희, 박창빈, 유각경俞珏卿, 모윤숙 4인을 선출하였다. 위의 4인의 대표는 ***웨드마이어*** 중장의 숙소인 조선호텔로 그를 방문하고 동 서한을 전달할 뿐 아니라, 한국국토가 양단되어가지고 남한 미군정 하에서 독립운동과 정으로 반탁운동을 전개했던 사실과 비참한 한국의 실정을 호소하였다.

위의 ②, ③항의 안건을 가지고 수일 심의한 후 8월 26일 오전 10시에는 전 민대의원과 민족진영 정당·사회단체 대표가 회동하여 총선거대

책위원회를 결성하고, 그 사무처를 국민회 중앙본부 내에 설치하였다. 이리하여 민대는 반탁운동의 빛나는 민족적 과업을 성공리에 마치고 다시 독립진로에 거보를 내디디어 총선거추진운동으로 그 운동과업을 새로이 발족하게 되었다.

수일이 지난 9월 4일 오전 10시에 마포장에서 한국민주당 대표 김성수 씨, 장덕수 씨, 독촉국민회 대표 백남훈 씨, 명제세 씨, 민족통일총본부 대표 강인택 씨, 민족대표자대회 대표 최규설 씨, 박재영 씨, 여자국민당 대표 황현숙 씨, 정현숙鄭賢淑 씨, 대한애국부인회 대표 박순천 씨, 독촉청년연맹 이성주 씨, 백석기 씨 등 애국단체 대표들이 회동하여 이 총재 주재 하에 총선거대책을 위해서 회의를 개최하였다. 다시 수일이 지난 9월 8일 오후 1시에 마포장에서 전기 애국단체 대표 외에 대한애국부인회 대표 박승호 씨, 여자국민당 대표 김선 씨, 대한노총 대표 전진한 씨, 대한농총 대표 채규항 씨, 독청 대표 서상천 씨, 청총 대표 유진산 씨, 조선민주당 대표 이윤영 씨, 서북청년회 대표 선우기성鮮于基成 씨 등이 추가되어 확대회의를 개최하고 총선거추진을 위한 협의를 하였다. 그리고 본 추진운동을 위한 기구를 다음과 같이 전형 발표하였다.

총선거대책위원회

위 원 장　　신익희

부위원장　　명제세, 백남훈

총무부장　　최규설

기획부장　　이종현

재정부장　　임승설林承說

연락부장　　이태윤李泰潤

선전부장　　양우정

심사위원장 이규갑
심사부위원장 강인택
감찰위원장 이윤영
감찰부위원장 김양수

제4절 총선거 추진운동(제5차 전국대회) (원문 없음)

제5절 총선거 완수운동(제6차 전국대회) (원문 없음)

제6절 중앙정부 수립운동 (원문 없음)

제2부 정부수립 후의 국민운동

제1장 국민운동의 혁신 (원문 없음)

제1절 이념확립운동(제7차 전국대회)

제2절 관민합작운동(제8차 전국대회)

제2장 정부육성강화운동 (원문 없음)

제1절 방위강화운동

제2절 건설운동

제3장 전시국민운동

제1절 6·25동란과 민심수습운동

북한 공산군의 무장 강화비율에 대등한 아국군의 증강이 수반되지 못하고, 기타 특별조치 없이 1949년 6월 말로써 주한미군이 완전 철수하려 할 수개월 전에 독립촉성국민회 제8차전국대회 시 각급 국민회 동지와 본부 간부들은 우리 민국국방력 강화문제를 진지하게 논의하였다. 그 후 전국애국단체연합회 주최로 1949년 6월 11일에 서울운동장에서 방위강화국민대회를 개최한 이래 남한 선역에서 백만 무장을 호소하는 방위강화운동을 전개하였다. 그리하여 이 군중대회에서 미국을 비롯한 우방 각국에 대한 호소메시지와 결의문을 통과해가지고 이를 전달할 뿐 아니라, 남한 방방곡곡의 애국적인 국민의 연판장을 800만명 이상 받아서 미국과 우방 연합국에 전달하여 우리 민족의 간곡한 의사표시를 하였다.

그러나 미국을 비롯한 UN 우방 각국은 근 1년간 계속한 이 거국적 운동과 거족적 호소에 대하여 하등 조치나 특별한 대책의 강구도 없이 근 1년을 재내다가 이 국민의 고조된 여론과 정부의 끈질긴 요청으로 다음해인 1950년 6월 중순에야 미국정부에서 덜레스 씨 이하 수명의 조사단이 내한하여 38선 일대를 시찰하고 대한방위책을 재검토하려 할 즈음에, 즉 6월 25일(일요일) 미명을 기하여 38선 일대에서 일제히 불법남침을 감행해온 것이다. 외국정부나 외국인들은 의외라는 듯이 놀랐으나,

우리 반공일선의 동지들은 예측하던 바가 현실화하였다 하여 후회와 통분한 심정 금할 바 없었다.

6월 26일 아침에 본부에 나온 몇 간부들은 이 북한괴뢰집단의 강도적 침공에 대처할 우리들의 대책을 강구코자 애련대표자회의를 긴급 소집하였다. 그러나 그 참석률이 너무 낮아서 익 27일로 연기하였으나, 27일에도 역시 참석한 애련대표자가 별로 없어서 다시 28일 오전 중으로 재연기했는데, 그 28일 미명에 서울시내는 공산군에게 점령되고 말았다.

괴뢰군의 포위망을 뚫고 한강을 건너서 남하한 동지들이 7월 1일에 대전에서 만났다. 거개가 가족은 서울에 둔 채로 단신으로 호혈虎穴을 탈출하여온 것이다. 동지 간 피차의 심정을 토로하고 공통되는 초조와 비통을 서로 위로하다가 이 국난을 당하여 우리 국민운동하던 동지들도 일선 군경과 같이 정신挺身 희생할 것을 서로서로 맹세하고 나섰다. 그리하여 익일부터 각 애국단체 간부들의 피난처를 역방해가면서 비상한 국난을 당한 추후 국민의 지도문제를 논의한 끝에 7월 4일은 대전시공관에서 일동이 회동하였다.

만당한 피난동지들 중에서 이범석 장군이 나와서 비분강개를 극한 심회로써 이 국난극복에 총궐기할 것을 호소하자 전 회중은 이에 호응하여 멸사봉공으로 구국일선에 정신하기로 굳게 맹세하고, 즉석에서 각 애국단체 간부 40명이 발기하여 「구국총력연맹」을 결성하였다. 그리하여 동 위원장에 조병옥, 부위원장에 배은희, 김도연 두 사람을 공선하고, 총무·재정·정보·선전·구호·섭외 등 각 부서로 나누어 각기 소임을 완수하려고 노력하였다.

먼저 민심수습운동을 전개하기로 결정하여 영남지방에 조병옥, 유진산 두 사람을 파견하였고, 호남지방에 백남훈, 배은희 두 사람을 파견하였다. 그 밖에 인근 각 지방에도 민심수습을 위한 강연대가 파견되었다.

무엇보다도 경기·강원 두 도에서 피난 남하해오는 반공애국동지들과 가족, 군경과 그 가족들이 임시수도인 대전에 집결하게 되니 그 혼란과 복잡이란 막가명상莫可名狀이었다. 그리하여 본 연맹에서는 우선 대전 시외와 시 주변지구에 운집하는 피난동포들을 소개疏開하여 구호대책을 마련하였다. 즉 그들의 거처와 식량과 의료, 시약 등을 알선해주는 한편 타격을 입은 정신의 안정과 국민사기를 앙양시키기 위한 계몽선전공작 등을 관민합작, 특히 국방부 정훈국과 긴밀한 제휴 하에 전개하였다.

그러나 전세는 우리에게 불리하여 7월 13일에 대전시민소개령이 내리므로 구국총력연맹과 함께 우리도 대구로 다시 남하했다. 대구에 남하한 우리들은 도청 앞에 본 연맹사무소를 설치하고, 경기·강원·충청남북도 등지에서 피난 남하하는 동포들의 구호와 장기화되는 전시태세 정비에 분망한 시일을 보내다가 8월 18일에 정부가 부산으로 이동하자 본 연맹도 정부와 같이 부산으로 내려갔다. 부산역선에 사무소를 설치하고 각 도에서 피난 집결되는 동포들의 구호와 전시국민태세를 정비하기에 노력하였다.

부산으로 집중 피난 온 각 도 국민회 동지들이 경남도청 내에 있는 국민회 도본부에 집결하였다. 그리하여 도본부 사무처 내에 국민회 연락소를 설치하고 각 도에서 모여드는 국민회 각급 지부 동지들의 등록을 8월 1일부터 시작하여 동지들의 피난숙소, 식량, 의료시약 등을 배급해주었다. 한편 경남도 본부와 합작하여 부산시를 중심으로 한 인근 시군에 민심수습강연대를 파견하였고, 부산시내 각 동민궐기대회를 개최하여 총후銃後 국민의 전시체제 확립과 전쟁수행상 협력하여야 할 국민지도를 위한 강연회와 좌담회를 개최하였다. 또한 공보처와 제휴하여 방송국을 통해서 1주일에 수차씩 각 지방동포들의 민심안정과 총후 국민으로서 전쟁협조방안 등을 호소 독려함에 노력하였다.

8월 초순에 미국에서 육군보병과 해병대가 부산에 상륙하자 전국戰局에는 서광이 돋고, 총후 국민의 불안 초조감도 점차 감쇄되었다. 후퇴를 거듭하던 우리 쪽도 낙동강방어선을 사수하고 정부는 대구를 결사 수비하여 전선은 완전 교착상태로 들어갔다.

제2절 전시 국민회 기구

초조와 분격의 도가니 중에서 8·15해방 기념일을 맞이한 국민회 중앙본부 남하간부와 각 도 본부 위원장은 1950년 8월 16일에 경남도본부 사무처에 회동하였고, 회의에서 다음 사항을 결의하였다.

① 국민회 중앙본부 임시사무처를 조속히 결정하여 신문에 광고할 것.

② 부산에 피난 온 전국 각급 지부 동지들의 등록을 여행勵行할 것.

③ 중앙상무위원은 격일隔日로 본부에 집합할 것.

그 뒤에 시내 각처를 물색한 끝에 역전 대교로에 있는 구 일오구락부 건물을 입수하여 9월 1일부터 국민회 중앙본부 임시사무처로 정하고, 9월 3일에 재 부산 중앙상무위원회를 개최하여 다음 사항을 결의하였다.

① 부산에 피난 중인 국민회 각급 동지와 그 가족을 구호하기 위해서 본부에서 적극 노력할 것.

② 후방 국민의 전의를 앙양하여 전력을 증강하도록 정부시책에 협조하여 민심수습을 위한 국민운동을 전개할 것.

③ 전시 국민회 기구로 개편하여 결전태세를 정비할 것. 그 기초위원은 다음과 같다.

이 활(중앙총본부 대표)

서재권(중앙총본부 대표)

진헌식(중앙상무위원 대표)

장익호張翼浩(중앙상무위원 대표)

서상준(각도본부 대표)

위의 위원이 매일 임시사무처에 회동하여 전시기구로서 간소하고 기동성 있게 개편할 것을 토의한 결과 다음 수개 항을 결의하였다.

① 중앙상무위원 수를 15명으로 축소할 것.

② 최고위원제를 폐지하고 회장제로 하여 회장은 총재 지명, 부회장은 회장이 지명하여 총재의 인준을 받도록 할 것.

③ 국과 부는 다음과 같음.

사무국

총무부, 재정부, 선전부, 건설부, 원호부

④ 당분간 회비제를 폐지할 것.

위의 사항을 골자로 한 초안을 기초하여 9월 20일에 각 도본부 위원장 연석 하에 중앙상무위원회를 개최하고, 이 안을 제출하여 그 의결을 본 다음 9월 24일 오후에 본부 간부 수명과 도대표 수명이 대통령 임시관저로 총재를 방문하였다.

① 국난 극복을 위한 국정 섭리燮理에 진췌盡瘁하시는 총재에 대한 인사.

② 전시 국민운동 전개의 취지와 전시기구 간소화를 위한 개편 단행의 구체안 설명.

③ 본회와 구국총력연맹과의 관계에 대한 그간의 경위 보고.

④ 전시를 당하여 임전국민운동 전개방안으로서 관민합작을 가일층 강화할 방침에 관한 설명.

당시는 9월 15일 인천상륙작전에 성공하여 승승장구로 수도 탈환이 목첩目睫 간에 있어서 총재의 수미愁眉도 다소 펴인 듯이 약간 명랑한 태도로 이 총재는 일동을 대하여 전시국민운동 전개에 관한 기구개편과 관민합작방침 등에 관한 격려의 훈화가 있었다.

9월 28일에 서울이 완전 탈환되자 이 대통령은 제1착으로 입성하여 29일 중앙청 광장에서 서울시민들에게 적침 3개월간의 곤욕에 대한 위로와 앞으로 국난극복에 관한 총후 국민의 적극협력을 요망 격려하였다.

한편 9월 말까지 부산 국민회 임시사무처에 등록된 각 지방 국민회 동지와 그 가족에 대한 구호식량을 배급하고, 각 도본부 위원장과 중앙본부 간부 수명(피난자에 한함)에 대한 약간의 원호가 있었다. 10월 중순에 본부 간부가 환도하였고, 10월 20일에 중앙총본부사무처에서 중앙상무위원회를 개최하였는데 다음 여러 사람이 적수赤手에 납북 피화被禍된 사실을 알았다.

① 납북되어 38이북으로 강제연행된 간부

명제세, 최태용, 박원식, 김성규, 강락원, 배상규裵相奎, 신윤희申允熙, 박해병朴海秉, 김진팔金振八

② 적군에 체포되어 피살된 간부

박재영, 안재정

중앙상무위원회 회의에서는 다음 사항을 결의하였다.

① 국민회 전시기구 개편은 총재재결에 일임하고, 당분간 종전대로 시무할 것.

② 38이북 수복지구에 대한 국민회 조직 확대와 동 지구에 대한 민심수습운동을 적극 추진할 것.

③ 국방부정훈국과 제휴하여 수복지구 요원을 확보하여 수복지구 민심수습과 국민회 조직 확대를 병행할 것.

④ 본부 간부 중 납치 피화된 간부들의 유가족을 조위하고, 그 원호방안을 강구할 것.

특히 매일같이 파죽지세로 북진하는 국군과 UN군의 뒤를 따라서 조속히 수복지구에 본회 조직을 전개할 방안에 관한 열렬한 토의가 진행되었다. 그 뒤에 이활 사무국장이 전담하여 수복지구 파견요원을 모집하여 그들이 수행할 과업에 대한 지도와 파견준비절차 등의 일로 관계당국과 절충을 진행했다.

특기할 사실은 10월 15일 오후에 부산에서 환도한 본부 간부 방치규 동지와 필자가 회장 오세창 선생을 권농동으로 예방하여 인사드리고서 "6·25 당시는 황망 중에 미처 모시고 남하하지 못하여 그 동안 많은 곤욕을 당하셨다 하오니 죄송한 말씀 다 사뢰지 못하겠습니다"고 깊은 사과의 말씀을 드렸다. 이때 오 선생께서는 감개무량한 표정을 지으시면서 "나만 당한 고생이 아니라 백만 시민이 다같이 겪은 고생이지만 그놈들이 들어오자 며칠 후에 나를 보고서 인민군 관영방송을 하라 하기에 내가 못한다고 거절하니까 돌아가더니 그 뒷날은 다시 와서 온 가족을 다 결박지어놓고서 '사, 인민군 환영방송을 할 테요? 안 할 테요? 만일 안 하신다면 이 가족들은 다 총살하겠소'라고 위협하므로, 내가 생각하기를 나는 이만치 살아서 나라가 독립되는 것도 보았으니까 지금 당장에 죽어도 별로 여한이 없지만 저 어린 손자들과 가족이야 무슨 죄가 있기로 총살을 당하랴 싶어서 나 한 사람 희생당할 셈 치고 나를 잡아다가 죽이든 어찌하든 너희들 마음대로 하라 하여도 곧 잡아가지도 않고 방송기구를 차려놓고 방송문안을 마련하여 그 방송문을 낭독하라고 여러 놈이 둘러서서 독촉을 성화같이 하데. 그래서 무고한 가족들을 내 눈 앞에서 죽이는 꼴을 볼 수 없어서 부득이 그 방송문을 낭독하였는데, 그 뒤에 마음이 늘 괴로워서 자살이라도 하려고 여러 번 결심하였으나 그도 뜻대로 못하고서 이날저날 정부가 돌아오기만 기다렸지. 이제는 정부도 환도하고 했으니 내가 곧 이 세상을 하직함으로써 양심상 괴로움을 깨끗이 씻어버리기로 결심하였네. 내가 무슨 면목으로 동포들을 대하겠나?"

하시며 심각하고도 비통한 어조로 말씀하였다.

이에 두 사람은 일층 송구하여 여러 가지로 위로의 말씀을 드리어 번의할 것을 진언하였다. 그리고 괴뢰군 점령하의 실정을 짐작하는 식자층에서는 오세창 선생의 방송건을 입건 논평하는 인사가 별무할 뿐 아니라, 선생의 겪은 고충을 이해하고 동정하고 있는 점을 들어서 위로와 안심 되시도록 백방 진언을 거듭한 후 황혼에야 퇴출하였다.

그런데 11월 하순부터 중공군의 개입으로 인하여 전국은 다시 역전하여 동북방으로 진격한 국군은 초산을 지나 압록강에 도달하여 백두산상에 태극기를 휘날릴 날도 머지않은 즈음에 군과 함께 후퇴작전을 하게 되어 서울시민은 12월 초순부터 다시 남하 피난을 하기 시작하였다. 그리하여 본부도 부득이 1951년 1월 2일에 정부와 같이 다시 부산으로 재차 남하하여 역전에 임시사무처를 정하였다.

1월 중순에 전시 국민회 기구개편에 관한 재가가 총재로부터 나왔다.

국민회 중앙총본부 기구: 사무총장, 총무국, 기획국, 건설국

그 후에 간부진용은 다음과 같이 인준되었다.

사무총장 이 활

총무국장 정현모鄭顯謨

총무부장 조필현趙弼顯

경리부장 김두권金斗權

선전부장 조덕윤趙德允

기획국장 오석주

정경부장 피중휘皮重徽

건설국장 김일휴金一休

건설부장 이종윤李鍾潤

조직부장 김한범金翰范

훈련부장 신석호

5월 초순에 각 도본부 위원장회의를 개최하였는데, 이 회의에서 다음 사항을 의결하였다.

① 전시 국민회 기구로 개편 강화하여 후방국민의 총력 발휘태세를 정비할 것.

② 본회 각급 국민회에서는 수시로 민심수습을 위하여 행정당국과 제휴 협조할 것.

③ 시군읍면까지 조속 개편강화대회를 개최한 후 그 경과보고와 임원명단을 중앙총본부에 제출할 것.

④ 평화선 침범 규탄대회를 개최하지 않은 시군에서는 조속 개최한 후에 본부에 그 경과를 보고할 것.

그 후에 전국에서 중앙본부기구에 의준한 간소기구로 개편되고, 강화대회를 개최하여 전시국민운동의 태세를 갖추었다.

제3절 평화선 수호운동

제국주의 일본의 침략은 우리 근해에서 시작된다. 그들은 3면 해양에 있는 무진장한 보고를 침략하여 매년 수십억 원의 어획고를 탈취하여갔다. 그리하여 점령군사령관인 ***맥아더*** 장군은 명령을 발하여 제2차 대전에 패망한 일본에 대하여 인접국 근해에서 종래와 같이 남획함을 제한함으로써 국제분쟁을 미연에 방지하여 국제적 평화를 유지하려고 기도하였다. 그 결과 한국과 일본 간에 해양선을 획정하게 되었다. 즉 ***맥아더***라인을 설정하여 해양 상의 분쟁을 예방하여 한일 간 평화를 유지하려는 것이다.

그런데 한국이 국권을 회복하여 독립국가가 되자 이 ***맥아더***라인은 한국의 해양선으로서 일본과의 어로 상 경계선이 되고 말았다. 그러나 침략근성을 버리지 못한 일본어민들은 한국주권을 무시하고 이 어로경계선을 넘어서 수시로 한국 근해에 와서 어로를 감행하더니, 한국동란이 발발하자 대재大災난 집에 도적이 들어 그 혼란한 틈을 타서 도적질하는 자의 심리와도 같이 일층 더 월경해와서 남획해갔다. 그러므로 정부에서는 정식으로 일본정부에 경고한 바 있으나 책임을 회피할 뿐만 아니라, 점익 도렵盜獵이 자심해졌다. 그리하여 우리 근해 연해에서 어업에 종사하는 어민동포들은 매일같이 이 일본어민의 해양침략의 피해를 당국에 호소하고 있었다. 이때에 국민의 함성을 대표하여 국민회는 애국단체의 협조 하에 침략일본의 반성 촉구와 해양선 수호의 국민총의를 강력히 주장하기로 하여 임시수도 부산시의 충무로광장에서 1951년 4월 8일 오후 1시에 「***맥아더***라인 철폐반대국민대회」를 개최하게 되었다.

대회는 부산시민과 피난 온 각 지방민 수만 명이 참집한 중에 국민회 부산시지부 유영모劉永謨 동지의 사회로 개회하여 국민의례를 마친 후에 본부 총무국장 정현모 씨의 개회사와 이채오李采五(상공부 수산국장) 씨의 ***맥아더***라인 침략사실 보고가 있었다. 이어서 다음과 같은 결의문을 대한청년단 대표 김현대金賢大 동지가 나와서 통과시킨 후, 이활 사무총장 선창으로 만세삼창을 하고 폐회한 후 시가행진하여 ***맥아더***라인 수호의 국민총의를 반영하였다.

결 의 문

우리 한민족은 멸공터전에서 고귀한 피로써 세계의 평화와 인류의 자유를 위하여 빛나는 전과를 거두고 있다.

우리 한국의 성장은 민주진영의 강화 발전을 촉구한다. 일본이 한일 간의 해역인 *맥아더*라인을 침범하려 함은 제2차 대전이 준 역사적 교훈을 망각한 것으로 우리는 인류발전의 기본원리에 입각하여 단호히 이를 배격하는 동시에 장래 체결될 대일강화에 있어 현재의 *맥아더*라인을 해역으로 규정하기를 전 국민의 총의로써 요청하며, 다음 조항을 주장한다.

1. 반도 한국의 방위는 해양을 확보함에 있다. 따라서 이를 방위함은 방공防共과 함께 절대 긴요하다.
2. 어장쟁탈은 국제분쟁을 초래한다. 따라서 한일 간의 평온은 해양평화를 기함에 있다.
3. 아국의 산업경제의 성쇠는 수산자원 개발 여하에 있다. 따라서 근해의 침략을 방비하려 함은 국가자립 상 당연하다.

위를 결의함.

단기 4284년 4월 8일

*맥아더*라인 철폐반대국민대회

다시 본회는 각도본부 즉 충남북, 전남북, 경남북, 제주도 본부에 지시하여 그 산하 시군 국민회지부에서도 중앙본부와 동양同樣으로 국민대회를 개최하여 전 국민의 소리로써 일본어민들의 어로침략사실을 규탄하는 동시에 *맥아더*라인철폐를 반대하는 전 국민의 총의를 강력히 대외적으로 강조하기로 하였다. 그 뒤 약 2주일간(즉 4월 말까지)은 각지에서 동 국민대회를 개최하여 국민총의를 강력히 대외적으로 반영시켰다.

그 뒤에 일본정부와 그 국민에게 우리의 국민총의가 여하히 반영되었던가? 유감천만하게도 그들은 하등의 반성과 자숙함이 없을 뿐 아니라 1951년 9월에 미국 상항桑港에서 대일강화조약이 체결됨으로써 일본의 주권이 회복되어서 점령군의 기반을 벗어나게 되자 가일층 해양어로경계선을 침범하여 아국 근해에 와서 일본어선단이 도렵을 자행하였다.

그리하여 다시 우리는 전 국민을 총궐기시켜서 침략일본의 해양선 침범을 규탄하여 국제여론과 인류공의에 호소하기로 하고, 다시 이 국민운동을 거족적으로 전개하였다. 즉 단기 4284년 9월 27일에 부산시 충무로 광장에서 본회가 중심이 되어 애국단체연합으로 해양침범규탄국민대회를 개최한 이래 각 도·시·군에서도 중앙과 동일한 보조로 국민대회를 열고 국민총의로써 일본어민의 아국 해양선 침범사실을 규탄하였다.

제4절 휴전 반대운동

1952년 6월 27일에 국제연합 정치위원회에서 소련대표 말리크는 한국전쟁에 관한 정전회담을 제안하여왔다. 이를 수락한 미국정부는 즉시 현지 파견군 당국에 명하여 7월 8일부터 개성에서 소위 정전회담을 개시하였다.

수백만 동포의 출혈과 조국강산을 초토화하여놓고 국토를 통일할 수 있는 기회를 수차 일실해가면서 적극공세를 취하여 적을 격퇴함으로써 한국 내에 침입한 중공군을 국경 밖으로 축출하려는 ***맥아더*** 사령관을 미국당국자는 파면시키고, 소극 수세로써 38선을 중심으로 하여 현 전선을 고수 유지하려는 미온적인 미국의 전략에 대하여 적이 어찌 탐지하지 못하랴? 미국이 환영함을 본 적측은 정전회담으로 선전공세를 취하는 일방 전선에서는 적병을 대량 투입하여 남침작전을 강행하였다.

이 적의 악랄한 정략을 병행하는 작전에 대하여 우리 한국군은 도처에서 적을 격파하면서 동부전선에서는 수백 리 북진하였으나, 작전주도권을 장악한 UN군 총사령부에서는 미국정부의 방침대로 소극적인 수세로 나가니 우리 삼천만의 거족적인 분격이 어찌 일어나지 않으리요?

드디어 이 민족의 원한과 분통은 터지고 말았다. 즉 7월 하순에 부산시 충무로광장에서 본회가 중심이 도어 애국단체연합 주최로 「통일 없는 정전반대 국민총궐기대회」를 개최한 이래 남한 전역에서는 도처에서 국민총궐기대회가 개최되고, 이어서 통일을 보지 못한 채 정전함은 절대 반대하는 국민운동이 발발한 것이다.

정전회담은 7월 초순에 시작한 이래 회담제목 협정문제로 쌍방이 서로 고집하여 수개월씩 무기휴회로 들어가기를 다반사로 하는 한편 전선만 점점 악화하여갔다. 그리하여 처음에는 우리 국민은 참을 수 없는 것을 참으면서 이 광경을 관망하다가 12월 초에 본회에서 전국 국민회 각 개 지부에 지시하여 거족적인 휴전반대운동을 전개하기로 하고, 우선 12월 7일은 부산에서 제일 먼저 통일 없는 휴전반대국민총궐기대회를 개최하였다. 당시에 각 지방에 보낸 격문은 우리 민족의 가장 절규하는 바를 표현한 것으로서 당시 거족적 함성임을 여실히 짐작할 수 있다.

동포에 격檄함

이백만 동포의 피를 마시고 전국토를 회신灰燼케 한 원한의 38선은 없어졌다. 그러나 양과 같이 순하고 선량한 우리 겨레의 3분지 1이 피난민으로서 사선을 방황케 한 이미 끊어진 38선을 휴전선이란 변명變名으로 장소를 조금 이동하여 또다시 이 강토 위에 그려놓다니? 이것이야말로 세기의 참극이며, 인류정의의 일대 굴욕이라 아니 할 수 없다.

십수만 순국장병의 영령은 물론이오, 만리 이국산하에 정의의 꽃을 피우려다 쓰러진 십만 민주우방의 UN장병들은 삼척 지하에서도 피눈물을 머금으며 제2의 38선을 노리면서 이렇게도 값이 없는 피를 흘렸던가? '동포여! 휴전반대에 궐기하라!'고 목메어 울며 부르짖고 있을 것이다. 도대체 중공을 침략자로 규정하였음이 그 누구이었든가? 오늘날 UN과 미국이 이

미 규정한 침략자들과 더불어 전와戰渦 처연凄然한 강토 위에 제2의 38선을 재건시키려 함은 우리에게 이 포악한 무장강도와 이웃하여 살란 말인가? 또는 침략제물로 희생되란 말인가? 우리가 이 강도배와 더불어 이웃할 수 없을진대 전 세계도 이 공산침략자와 더불어 이웃할 수 없을 것이다.

이미 진노震怒한 도끼가 가시덤불을 헤쳤으면 그 뿌리까지 찍어버려야 할 것이다. 민주우방은 정시正視하라. 동포는 궐기하자! 목전의 소안小安을 버리고 백년화근을 삼제芟除함에 총진격하자! 압록강 두만강 안에 그 어떠한 경계선도 있을 수 없다.

빈사의 700만 북한동포는 참혹한 공산지옥에서 정의의 진격을 손꼽아 기다리고 있다. 우리는 이미 휴전결사반대를 선언한 지 오래며, 이것은 완전 통일하는 그날까지 추호의 변동도 있을 수 없다.

동포여! 사천여년 계승된 조국독립전에 최후의 일순에서 주저치 말자! 승리가 최촉催促하는 백두산까지 동포여 앞으로!

단기 4285년 12월 7일

국민회중앙총본부

이 거족적인 휴전반대운동이 다시 새로운 양상과 투철한 투쟁의식 중에서 그 운동성격이 진전되어가지고 한층 활발하게 한층 치열하게 계속되었다. 그것은 북진통일운동이다.

제5절 북진통일운동

판문점 휴전회담은 1952년 가을에 무기휴회로 들어갔다가 다시 다음해 3월부터 재개되었다. 그 동안 회담 결렬로 인한 전투재개가 수개월간 계속되었으나 UN군 측은 적극적인 공세를 취하지 않고 38선을 중심으로 한 현상유지를 하는 한편 동부전선의 한국군부대의 북진작전을 견제하므로 일층 국민전체의 분격을 사게 되었다.

1953년 4월 8일에 국민회총본부에서는 애국적인 정당·사회단체·실업경제단체 대표가 다수 참석하여 열렬한 토의 끝에 「통일 없는 휴전반대투쟁위원회」를 구성하고 금후 동 휴전반대투쟁운동을 거족적으로 전개할 것을 결의하였다. 그리고 4월 10일에 부산시내 충무로광장에서 동회 주최로 통일 없는 휴전반대국민총궐기대회를 개최하였다. 이 중앙에 호응하여 각 도내 시군까지 4월 중에 일제히 동 국민대회를 각지에서 개최하여 국민 전체가 휴전에 반대함을 여실히 반영케 하였다.

통일 없는 휴전반대투쟁위원회

위 원 장 이윤영

부위원장 이 활, 김준연, 모윤숙

지도위원 박봉애朴奉愛, 김일휴, 채규항, 한근조韓根祖, 유지원柳志元, 김익준金益俊, 송원도宋元道, 유진산, 양우정, 모윤숙

위 원 이종윤, 박찬희, 조남리趙南离, 이영李榮, 장익호, 임태원林泰員, 김광섭, 김자선金慈善, 이종성李鍾聲, 김정례金正禮, 김상돈金相敦, 조한백趙漢柏, 손창섭孫昌燮, 최상석崔尙錫, 이세규李世圭, 박인호朴仁浩 외 10여 명.

1953년 6월 25일, 즉 한국동란 발발 제3주년 기념일인 국난극복일을 계기로 하여 통일 없는 휴전반대투쟁위원회는 「북진통일투쟁위원회」로 확대 강화하였다. 그리하여 국회와 정당·사회단체·종교단체·경제단체·산업단체를 총망라하여 기구를 확대하는 한편 그 국난극복일에 전국에서 일제히 북진통일국민총궐기대회를 개최하였다. 각 도·시·군에서 동 궐기대회가 개최될 뿐 아니라 애국청년남녀들이 멸공 북진의 굳은 결의를 맹세하여 단지혈서를 하고 민족의 통분을 참다못하여 대회장에서는

통곡성이 진동하였다. 그 중에서도 충북 청주시에서 개최된 북진통일국민총궐기대회에 참석한 열혈청년들과 애국남녀학생들은 다수의 학생이 혈서로써 멸공 북진을 맹세하고 자원입대하여 멸공성전에 참가할 것을 지원하여 일반국민은 물론 외국인들에게도 깊은 감명을 주었다.

제4장 환도 후 국민운동

제1절 국민회 개편 강화(제9차 전국대회)

단기 4286년 5월 29일자로 자유당에 보내온 이승만 총재의 공함에 의하면

「자유당에 와 있는 단체 중에 대회를 하지 않은 단체가 있으면 속히 대회를 개최하여 그 대표를 뽑아서 자유당(중앙위원회)에 보내라」는 유시를 하였다. 당시 자유당 기간단체 중 전국대회를 소집하여 그 대회에서 선출한 대표 3명씩을 자유당에 파견하지 못한 단체로는 국민회와 대한청년단뿐이므로 이 공함을 받은 자유당에서는 6월 초에 긴급간부회의를 개최하고 토의한 결과 국민회 전국대회 개최에 관한 건은 국민부장 양우정 씨에게 일임키로 결의하였다. 그리하여 양 부장은 6월 15일자로 국민회 각도본부 위원장에게 다음과 같은 내용의 공함을 보냈다.

「내 6월 22일에 서울특별시당부 회의실에서 국민회 각도본부위원장 회의를 개최코자 하오니 내참하기를 요망합니다.」

당일 오전 11시에는 자유당 서울특별시당부 회의실에 제주도본부를 제외한 각도본부 대표가 참석한 중에 국민회 각도 대표자회의를 개최하였다. 양 국민부장은 총재가 자유당에 보낸 유시의 공함을 일동에게 회람케 한 후에 각도대표들과 토의한 결과 다음과 같은 결의를 하였다.

① 국민회 전국대회를 개최하되, 그 개최와 일자는 총재의 재가를 얻어 행할 것.

② 동 대회에서 대표 3명을 선출하여 자유당 중앙위원회에 파견하고, 기타 부서를 개편 강화할 것.

이때 각도대표들은 다시 6월 24일에 경무대 관저로 가서 총재를 회견하고 국민회 전국대회 개최에 관한 재가를 받았다. 그리하여 그 개최준비를 위하여 7월 5일에 다시 서울특별시 국민회총본부 임시사무처에서 이 사무총장 이하 간부와 각도대표가 연석회의를 개최하였다. 이 회의에서 다음과 같이 결의하였다.

① 제9차 전국대회를 내 8월 20일에 서울에서 개최할 것.

② 대회참석대표는 5월 29일자 총재 유시에 의준依準하되 읍면 내 리동 대표가 나와서 국민회 읍면대표 2명씩 선출하고, 그 선출된 대표가 나와서 시군대표 2명을 선출하여 그 시군대표 2명씩과 각 도대표 2명씩 나와서 전국대회를 개최할 것.

그런데 이 국민회 전국대회 개최를 위요圍繞하고 두 갈래의 개최준비를 진행하게 되었다. 즉 자유당 측을 대표한 당의 국민부장 양우정 씨는 "대회 소집에 관한 유시가 당에 내려왔으니 대회주최를 당에서 주장主掌함이 당연하다"고 주장하는 반면 국민회중앙본부를 대표한 그 사무총장 이활 씨는 "기존단체로서 국민회중앙본부가 엄연히 있으니 본회가 중심이 되어서 대회 개최를 주관함이 합당하다"고 주장하여 피차간 타협이 되지 않으므로 내무부당국에서 원만한 타협을 지어보려고 노력했으나 수포로 돌아가고, 8월 20일 전국대회는 자유당 측과 국민회 측과 다 같이 소집준비를 진행하였다. 그리하여 총재는 7월 14일과 15일 양일에 양측 책임자를 각각 관저로 초치하여 본대회 개최준비에서 양인은 손을 뗄 것을 지시하였다.

그러나 그 후 양인은 표면상으로는 무관한 척하나 양 부장은 자유당 조직을 통해서 대회대표 선출을 획책하였고, 이 총장은 기존 국민회 각급 조직을 통해서 대회 대표 선출을 추진하여 국민회 측은 천도교강당에서, 자유당 측은 시공관에서 개최키로 그 준비를 진행하다가 8월 19일 오후에 자유당 측은 시공관 사용에 어려움이 있어서 천도교강당에서 개최하는 국민회 측에 합류하기로 결정하였다. 그런데 동 19일 오후 10시 반에 진해 대통령별저로부터 장거리전화로써 서울특별시경찰국장 윤명운尹明運 씨에게 지시가 오기를 「명일 국민회 전국대회는 한 장소에서 분규를 일으키지 말고 하되 시공관에서 개최하도록 하라」고 하였다. 그리하여 밤 12시부터 지방대표 숙소로 각 지방대표들에게 연락하고, 시공관 당국자에게도 20일 조조에 재교섭하여 20일 오전 11시에 시공관에서 자유당 측이 준비한 대회가 개최되었으나, 천도교강당에서 개최 예정인 국민회 측이 준비한 대회는 자중하여 중지하였다.

그런데 해방 후 8년간의 국민회 전통을 무시한 자유당 측 대회의 정파적인 부당성을 지적하여 이를 총재께 호소하기로 결의한 국민회 측 각 지방대표들은 9월 2일에 경무대 관저에 가서 총재께 호소하였는데, 9월 12일자 특별유시로써 「8월 20일 대회는 무효이니 내 11월 30일에 다시 대회를 재소집할 예정으로 하되 기존 국민회가 중심이 되어서 각급 대표 선출과 기타 대회 개최를 준비하라」고 지시하고, 그 대회 소집 책임자로 대한농민회대표 김창수金昌洙, 대한노총대표 이진수李鎭洙, 대한부인회대표 박현숙 3명을 지명하였다.

위의 3인은 총재의 유시를 받들어서 국민회 각급 조직체에서 수습위원을 선출하여 리동대표로부터 상향적으로 국민회 읍면시군도 대표가 선출되어 11월 30일 예정대로 천도교강당에서 제9차 전국대의원대회를 동란 후 처음으로 개최하였다. 각 도시군에서 선출된 대의원 330여명의 참석하에 본회 창립 이래 현재까지 본회를 영도하는 이승만 박사를 종전과 같이 본회 총재로 추대하고, 규약을 수정하여 다시 최고위원제를 채택하고 각 부서도 정비하였는데, 개편 강화된 기구와 임원은 다음과 같다.

총　　재 이승만
최고위원 배은희, 이갑성, 이기붕
총무부장 김일휴
재정부장 한백수韓百秀
조직부장 심　문沈文
선전부장 정인봉鄭寅鳳
훈련부장 백종덕
정경부장 이　영李榮
문화부장 함석희咸錫熙(후에 오성환)
조사부장 이남규李南圭
청년부장 손창섭
감찰부장 이정재李丁載

제2절 개편된 국민회의 1년간의 업적 (제10차 전국대회 전. 1953년 12월 1일~1955년 5월 7일)

Ⅰ. 조직 강화

제9차 전국대회 직후에 지방 각급 국민회의 정비 강화로 활발한 운동이 전개될 것을 기대하고 동년 12월에 다시 「국민회 조직강화요령」을 책정하여 체계적이며 기동성 있는 조직운동을 전국적으로 실시하였고, 본회 조직강화의 일안으로서 특별회원의 대량 획득을 1954년 3월부터 5월 말까지 3개월간으로 정하고, 그 등록기간에 말단기관인 리동분회에서 행동을 개시하도록 읍면지부에 지시하였다. 최소한 국민반장은 물론 특별회원이 되려니와 그 반내에서 1명만은 모집하도록 하는 것이다. 그리하여 다음의 양식에 의하여 상급조직에 보고할 것이다. 그러면 보고받은 읍면지부는 시군지부로 그 수효를 보고하여 도본부에서 도내 특별회원 수를 파악하여 도본부는 즉시 중앙에 보고할 것이다.

기記

특별회원 등록신청서

서울특별시 구 동

도 군 읍 면 리동

하기 인들이 국민회 특별회원으로 등록받기를 지원하여 자玆에 신청함

회원증 번 호	성명	인	성별	생년 월일	직업	소속 정당 단체	종교	약력	연 간 회비액	본적	현주소	비고

회원대장

성 명	생년월일	성 별
본 적		
등 록 연 월 일		
소 속 단 체		
학 력 및 경 력		
사 상 관 계		

Ⅱ. 이념 확립

국민운동역군을 양성하는 한편 국민운동 이념 확립을 기하고자 1954년 2월 8일부터 3월 8일까지 1개월간 국민훈련원 제9기생을 모집하여 그 훈련을 실시하고, 다시 소책자 「국민운동 이념과 건설」을 발간하여 각급 지부와 분회에 보급하였다. 이는 주로 백종덕 훈련부장이 중심이

되어 감행했는데, 그 소책자를 전국에 보급하여 각급 국민회간부만이라도 국민운동이념을 파악하고 동란 후의 조국 재건에 대한 그 건설이념을 가지게 된 것은 다행한 일이다.

Ⅲ. 농촌건설운동

중앙총본부에 「모범부락 중앙지도위원회」를, 각 도본부에 「모범부락 도지도위원회」를, 각 시군지부에 「모범부락 시군지도위원회」를 사계권위자를 망라하여 조직하고, 시군에서 1개 부락을 1년간씩을 기간으로 하여 모범부락 건설운동을 전개할 계획을 수립하였으나 그 후 실천단계에 들어가지 못하고 말았다.

Ⅳ. 5·20총선거 계몽운동

제2대 국회는 전시국회이었는데 일선에서는 국가의 운명을 결정하는 치열한 전투가 계속되고 있는 동안 국회는 후방 국민을 총결속하여 총력전 발휘태세로써 국난을 극복하도록 그 사명을 완수할 줄은 모르고, 사사건건에 행정부와 입법부와의 충돌과 마찰만을 조장하여 국론은 통일되지 못하고 행정부는 강력한 행정기능을 발휘하지 못하였다. 그 원인이 어디에 있는가? 국회 내에 안정세력이 없기 때문이다. 소위 정치가연하는 소지소리小智小利에 밝고 대국대지大局大智를 모르는 군소정객들이 그 소소한 명리를 탐하여 이합집산에 거취무상한 탓이다. 그런 결과로 인하여 소위 정치적 혼란기를 가져왔고, 외인 주시리에 갖은 불상사를 야기하였던 것이다. 그리하여 과거 4년간의 쓰라린 경험으로 전 국민이 깨달은 점은 이 닥쳐온 국난을 극복하고 앞으로 통일대업을 전취하려 함에는 입법부에 안정세력을 확보함으로써 정치상 안정세력을 이룩하여야 한다는 것이다. 이러한 국가의 긴급명령에 응하여 1954년의 5·20선거에서 이 중요과업을 성취하여야 할 것이다. 총본부에서는 4월 28일부터 수일간 전국 각급 국민회 간부를 소집하여 선거계몽에 관한 특별강좌를 개최하였다. 또한 선거계몽대를 2차에 걸쳐 각 지방에 파견하여 민중계몽운동을 전개하였다.

Ⅴ. 전시 국민궐기운동

미국 대통령 *아이젠하워* 씨의 초청에 응하여 이승만 대통령이 방미하였다. 예정한 여정을 마치고 귀국하므로 우리 국민회는 애국단체와의 협조 하에 1954년 8월 23일 서울운동장에서 「이 대통령 방미 귀국 환영 국민대회」를 개최하여 거국적인 환영을 하였다. 뿐만 아니라 이 기회에 다시 한 번 전 국민으로 하여금 이 대통령에게 귀일단결하는 운동을 전개하였다. 또한 8월 15일 해방 기념 겸 건국 6주년 축하식전이 끝난 다음 계속하여 북진통일촉진국민대회를 전국적으로 실시하여 삼일정신 앙양과 멸공북진통일의 국민결의를 다시 한 번 고취하였다.

다시 9월 초순은 지난 3년 전에 반공애국포로를 석방함으로써 수만 애국청년을 구출한 날이므로 본회가 중심이 되어 애국단체연합과 제휴하여 서울운동장에서 「반공애국청년석방기념국민대회」를 개최하였다.

Ⅵ. 미군철수반대운동

휴전협정은 쌍방이 그 조약을 이행하여야 할 것임에도 불구하고 최근 미국 측은 적이 배신하고 휴전 후 군비를 확장함을 보면서도 우리 쪽만 충실하게 휴전협정을 이행하려 하여 다시 남한에서 수개 사단규모의 미군을 철수한다는 것이다. 이 무모한 일방적 이행은 전 국민이 반대하는

지라 이 비등하는 여론에 반영된 본회는 애국단체연합과 제휴하여 미군 철수반대운동을 1954년 10월 상순부터 수 주간 전국적으로 전개하였다.

Ⅶ. 영국, 캐나다 타협안 반대 주권수호국민운동

1954년 하계에 개최했던 제네바외상회의에서 미소 양 진영 간의 합의를 보았다는 소위 평화공존정신에 편승해서 추계 UN총회에서는 영국과 캐나다가 합작하여 소위 「남북통일선거실시안」을 제안하였다. 즉 지난 1947년 11월 14일 UN총회 결의와 1948년 12월 12일 UN총회 승인으로 완전히 독립국가로서 국제적 승인을 받은 대한민국을 무시하고, 과거를 영으로 환원시켜서 남북한을 UN감시 하에 통일선거를 실시하자는 언어도단인 제안을 하였다. 이는 양국의 전통적인 현실주의, 실리주의외교정책에서 나온 것으로서 한국을 희생함으로써 자국 권내圈內에서 무슨 대소 외교적 거래로 조건부 이익을 획득하려는 국제적 음모라고 간주하지 않을 수 없었다.

그리하여 이 보도가 국회에 전해지자 정계여론은 다시 비등하기 시작하였다. 또한 문화국민의 긍지를 가진 대한민국국민으로서 어찌 수수방관할 수 있으랴? 본회는 애국단체연합과 제휴하여 1954년 12월 19일을 기하여 서울운동장에서 「영가英加타협안반대주권수호국민대회」를 개최하였다. 이 대회는 중앙에서뿐만 아니라 각 지방에서도 중앙에 호응하여 대회를 개최하고, 정부의 주장에 뒷받침하는 국민총의를 표명하였다.

제3절 제10차 전국대회

Ⅰ. 임원 개선

1955년 5월 7일 오전 11시에 시내 충정로에 있는 대한금융연합회(현 농협중앙회) 강당에서 제10차 전국대의원(도·시·군 대표)대회를 개최하였다. 이 대회에서 최고위원제를 폐지하고 회장제를 채택하여 즉시 정부회장 선거를 행하였는데, 다음과 같이 정부회장이 당선되고, 기타 임원은 각 도대표 1명씩과 정부회장이 전형하여 개선改選하였으며, 그 명단은 다음과 같다.

국민회중앙총본부

총　　재 이승만

회　　장 이기붕

부 회 장 이　활 조경규趙瓊奎 최순주崔淳周

총무부장 김일휴	훈련부장 백종덕	재정부장 임송본林松本
전경부장 유진순劉鎭舜	조식부장 정인봉	문화부장 임경일林耕一
선전부장 정인봉	청년부장 이　영	조사부장 최응상崔應祥
산업부장 한백수	감찰부장 김　일	

중앙총본부의 1년간의 업적은 다음과 같다.

Ⅱ. 신생활운동

동란 후 국민생활은 마땅히 검소해야 할 것임에도 불구하고 사치와 낭비에 흘러서 결전체제 하의 국민생활이 아니었다. 따라서 국민정신이 부화浮華하고 경조輕佻해져서 건실 대신에 취약, 간소화 대신 허영이 유행되어 재건복구도상의 조국에 일대 암영이라 아니할 수 없었다. 외국제 사치품은 일익 성행되고 밀수암상暗商은 점증하니 국민경제의 자주 확보는 또한 암담한 지경이었다.

그리하여 본부에서는 제10차 전국대회 이래 일대 사업으로서 신생활운동을 전개하기로 하여, 우선 제1착수로서 국민복을 제정하여 이를 착용하도록 강력한 운동을 전개하였다. 수차 중앙집행위원회와 상무위원회를 거쳐서 행정당국과 수차 협의하여 국민복 도안과 보급범위 등 구체적 방안을 작성하여 7월 1일을 기하여 신생활운동으로서 적극 추진하였다. 그리하여 관은 국무위원에서부터 말단공무원까지와 일반시민에 이르기까지 하절夏節은 노타이만으로 출입할 수 있고, 여성도 적당히 간소한 의상만으로 출입함으로써 검박儉朴과 간소화를 기하였다.

공중집회소와 언론기관과 방송 등 선전기관을 동원하여 착용필요성을 계몽선전하여 그 실행을 강조하였는데, 과연 그 효과는 현저하였다. 특히 연예계 일류배우와 악사들을 동원하여 신생활운동 선전연예대를 조직하여 우선 서울시내 각 구 단위로 순회하였고, 각 학교 교정에서 야간 휴게시간을 이용하여 음악과 연예로써 민중에게 위안과 오락을 도모하면서 대중계몽으로 신생활운동의 취지와 실천을 강조함으로써 그 효과는 일층 올라갔다. 이 연예반 활동은 7월 상순부터 1개월간 계속하여 서울시내 각 구 단위로 순회하였다.

Ⅲ. 일본 용공정책 분쇄운동

패망한 일본은 국권을 회복시켜준 미국을 비롯한 민주우방에 대한 도의심과 국제예의를 망각하고 일시적 고식지계에 빠져서 민주진영에 배신하고 소련공산진영에 추파와 미태媚態를 보이더니, 그들의 앞잡이 북한괴뢰집단과 통상어로협정 기타 친선관계를 맺는 한편, 다시 중공과 적극적인 외교통상정책으로서 암암리에 우리 한국을 포위견제하려 하였다. 이 국제정세에 대하여 전 국민은 분격을 사게 되었다. 이에 우리는 일본의 불순한 대외정책을 규탄하여 세계의 이목에 자격刺激을 주는 한편, 국제공의와 정치도의에 호소하여 일본지도자들의 오산을 지적 반성케 함으로써 극동의 민주주의평화를 확보하며, 한국 포위를 음모하는 적색과 흑색의 침략마수를 미연에 타도 방어하려는 것이다.

그리하여 본회는 애국단체연합과 협조하여 1955년 5월 21일에 서울운동장에서 「일본용공정책분쇄국민대회」를 개최하고, 각 지방에서도 6월 5일까지 같은 취지로 국민운동을 전개할 것을 지시하여 그 실행을 보았다. 그런데 거족적인 소리로 일본의 용공정책을 경고하였으나 일본조야는 추호의 반성이나 회오悔悟는커녕 냉소와 묵살로써 대할 뿐 아니라, 재일교포에게 일층 압력을 가하여 냉대와 압박을 증대하였다.

Ⅳ. 적성敵性 감시위원단 축출운동

거족적인 휴전반대운동을 3년간 계속해왔건만 판문점 휴전회담은 기어이 그 종결을 지어서 1953년 7월 27일에 휴전협정을 조인하여 적을 십리간 중립지대를 격隔하여 맞대고 보게 마련했다. 통탄스러운 것은 UN군측이 수비하던 서부전선에서는 개성지대를 포기하여 남하하여 판문점 한강구까지 후퇴해서 6·25동란 전에 우리의 통치 하에 있던 황해도 연백군, 옹진군, 개성시와 개풍군, 장단군 일부까지를 적의 수중에 넘겨준 것이다. 그러나 우리 국군이 담당한 동부전선에서는 양양군을 지나서 고성군, 철원군, 평강군, 양구군, 인제군, 화천군, 연천군 등까지 진격하여 적의 사지에서 수십만 동포를 구출하였다. 그리하여 소위 휴전선은 서부에서는 38

선 이남으로 남하했으나 동부에서는 38선 이북으로 북상하였다.

그 휴전조약문 중에는 쌍방의 휴전조약 이행을 감시하기 위하여 중립국에서 소위 휴전감시위원단이 남북한에 입경入境하여 지정된 5개 도시에 상주하게 되었다. 즉 북한은 신의주, 만포진, 함흥, 원산, 청진이고, 남한은 대구, 강릉, 부산, 인천, 군산이다. 그런데 북한에 입경한 감시위원단은 엄격한 공산군의 행동제한과 감시 하에서 일보도 타처 출입을 금지하므로 그 도시 외의 타지방에서 여하한 군사시설과 군비확장을 한들 알 길이 없고 탐색할 방도가 없으나, 남한에 입경한 감시위원단은 자유방임된지라 각지에서 적성활동을 할 가능성이 있었다.

그러나 UN군 측은 이들 적성감시위원단원에 대한 하등의 행동제한이나 감시 없이 방임상태이었으므로 우국애족에 피끓는 우리 국민들이 이 꼴을 언제까지나 방관할 수 없게 되어 이 적성감시위원단이 주재하는 인천, 군산, 대구, 부산, 강릉 등지 부근의 애국동포들이 궐기하여 그들의 퇴거를 촉구하였다. 그네들이 주재하는 숙소 주변에 몰려가서 그네들의 적성활동을 못하도록 주의를 환기시키며, 불필요한 주재를 단념하고 귀국하라고 매일같이 수천 명 혹은 수백 명씩 군중이 파상공세로 부절히 시위하면서 절규하였다. 이같이 1년 이상이나 계속하니 그들도 자기네의 예정했던 바와 같은 활동을 하기가 곤란한 줄을 깨달았는지 수년 후에는 슬금슬금 귀국하고 말았다.

제4절 제11차 전국대회 겸 창립 10주년 기념식

Ⅰ. 기념식의 경과

1956년 3월 8일 오전 10시 반에 명동 시공관에서 본회 창립 10주년 기념식(2월 8일에 거행할 기념식을 동일로 연기함)을 전국 도·시·군 대의원이 참석한 자리에서 성대히 거행하고, 다음날인 3월 9일은 시청 회의실에서 제11차 전국대의원대회를 개최하였다. 특히 10주년 기념식전에서는 본회 창립 이래 국민운동에 공이 있는 인사를 총본부, 도본부, 시군지부 간부 중에서 심사 선발하여 표창하는 표창식에 전국에서 188명이 내참하여 그 표창을 받고, 물론 한층 더 국민운동에 헌신할 각오를 새로이 하였다. 또한 이 표창식을 마친 다음에는 국민운동을 하다가 순의殉義하신 전국의 각급 국민회 간부들의 합동위령제를 거행하여 순의동지에 대한 공적 추모와 아울러 그들의 명복을 기원하였다.

3월 9일의 전국대회에서는 과거 1년간의 경과보고와 앞으로 신년도에 전개할 국민운동에 대한 진지한 토의가 있었다. 먼저 총본부에서 제출한 지시사항 중에는 다음의 중요한 안건이 있어서 금후 국민운동에 큰 성과를 거두고자 기약하였다.

Ⅱ. 지시사항

1. 조직 강화에 관한 건

민족과업을 달성하기 위해서는 민족의 최대역량을 국민회로 집결하는 국민조직이 시급하므로 각급 조직을 확대 강화하기 위하여 조직의 핵심구성을 중요시하고 애국애족의 지성至誠으로 봉사할 수 있는 특별회원획득운동을 적극 전개하고, 그 특별회원으로 하여금 국민운동의 일익을 담당시켜서 전력귀일하게 함으로써 회무 발전에 기여하도록 할 것.

2. 연락체계 확립에 관한 건

상하 각급 국민회의 유기적인 연락체계 확립은 회무운영에 밀접을 기하고 조직성을 고도로 발휘하므로 본회 조직체계에 입각하여 다음과 같이 연락체계를 확립할 것.

(가) 각 도본부는 중앙으로부터 송달 수리된 통첩에 있어서 지급히 관하管下 각 시군지부에, 시군지부는 각 읍면지부에 이첩 하달하여 처리케 한다.

(나) 각급 국민회는 특히 왕복관계의 요청수리에 있어서는 시일의 적응과 기일을 엄수케 하고, 필히 도본부를 경유하여 연락한다.

3. 선전에 관한 건

(가) 여론정보 수집에 관한 건

선전공작의 원활을 기하기 위하여 주요 시사, 민심동향, 정국동태 기타 국민운동전개 상 필요사항에 대한 여론정보 수집의 철저를 기할 것.

(나) 선전계몽공작에 관한 건

수시로 전변轉變되는 국제정세와 국내동향을 가장 정확히 국민으로 하여금 인식 파악케 하는 선전공작을 도모하기 위하여 효과적인 창의를 발휘하여 계몽선전의 철저를 기하며, 일반의 자율적인 생활로 시국파악에 만전을 기하게 할 것.

(다) 언론기관 제휴에 관한 건

각 언론기관과의 우호적 협조를 적극 강화하여 선전공작에 능동성을 발휘하고, 그 육성을 도모하여 본회 선전계몽에 기여케 할 것.

4. 훈련사업에 관한 건

국민운동의 중요성에 감鑑하여 각급 국민회는 자치적으로 통신훈련을 다음 내용에 의하여 실시할 것.

(가) 훈련교재(월간) : 국민회총본부 발행 「교양강좌」를 교재로 하여 자치적 훈련을 실시함.

(나) 훈련대상 : 각급 국민회 임원과 특별회원

(다) 훈련장소 : 각급 국민회관, 학교강당 등 편의한 장소를 현지에서 물색 선정할 것.

(라) 훈련기간 : 1주간 매일 오후 5시~8시, 3시간(통신훈련은 매월 첫 주일에 실시함)

(마) 통신수강생명단 보고 : 수강생 명단을 작성비치하고, 실시상황을 보고할 것.

5. 문화운동에 관한 건

(가) 윤리운동에 관하여

영국의 산업혁명 이래 서양 물질문명의 탈을 쓴 육체본능, 향락사상이 전세계를 풍미한 뒤를 이어 제2차 대전과 6·25동란을 겪고 난 우리 한국은 이 형체를 무비판적으로 흡수하여 우리 문화에 동화하지 못하였을 뿐 아니라, 오히려 동방의 고유한 도의정신이 퇴폐일로를 걷기에 이르렀다. 이는 실로 조국의 문화를 위하여 통탄을 금하지 못하는 바이니 거족적인 국민운동으로써 윤리생활 앙양을 강조하지 않을 수 없다.

이 윤리화 국민운동은 과거 유교의 삼강오륜만의 실천역행을 강요함이 아니오, 이 시대 민주주의의 새로운 도의정신을 진작시킴으로써 조국을 중흥 건설코자 하는 것이니 국민 자체의 자발적인 총참가가 긴요하다. 물론 행정당국에 의해서 경노회, 효자 열부 표창 혹은 선영현창, 명승고적의 보존 미화운동이 수시로 실시되고 있는데, 이러한 부분적인 운동일지라도 소홀히 하지 못할 것이며, 총체적인 도의생활을 위하여 전

국민이 궐기하도록 선히 지도하기를 바라는 바이다.

(나) 신생활운동 전개에 관하여

국민생활의 안정을 이룩하지 못한 채 6·25사변으로 인한 국토의 폐허화와 거족적인 참상은 이제 우리 국민으로 하여금 조국재건을 위한 비상한 각오와 철저한 생활개선운동이 아니고서는 오늘의 난관을 극복하기가 불가능한 것이다. 특히 밀수 등으로 외래 사치품의 범람과 이에 따르는 자각 없는 국민들의 화려한 생활은 조국부흥을 좀먹는 것이다. 신생활운동은 이제 한낱 구호로만 그칠 것이 아니오, 다시 일어나는 서독과 일본 등 외국국민의 내핍생활을 타산지석으로 본떠 우리 스스로의 신변을 살펴 생활간소화, 국산품 애용 등을 철저히 실천궁행하여야 할 것이다. 일찍이 총재의 내핍생활과 경제안정을 위한 유시도 있었는데, 자전거 애용운동을 말씀한 그 정신을 받들어 관혼상제의 의식생활에 각자 허례를 폐지하고, 일상 의식주생활에 투철한 반성을 가지고 국가경제 안정에 공헌하는 생활혁신운동을 국민운동으로 계속 전개하도록 그 지휘를 요망하였다.

(다) 성인교육 실시

농한기를 이용하여 당국의 지시 아래 문맹퇴치의 성인교육이 실시되고 있으나, 우리 국민회로서는 성인교육사업에 특히 협력하여 문자해득뿐 아니라 내핍생활 생활윤리화의 실천과 국론통일의 이념을 주입 확립하도록 해야 할 것이다.

(라) 원자력 평화이용

전 세계는 바야흐로 원자력산업혁명 전야에 서있어 원자력의 평화산업 이용이 착수되고 있는 이때 한국은 이제야 겨우 농축우라늄의 도입과 한미원자력협정, 기술자양성선에서 답보하고 있는 상태는 한심하기

짝이 없다. 따라서 아직 일반국민으로 하여금 새로운 원자세계에 대비할 관심은 찾아볼 수 없으니 한국민도 급속도로 국민운동을 통하여 이 새로운 세계에 대처하여야 할 것이다. 원자산업혁명이야말로 「파란불의 세기」에 대비해야 할 것이다.

원자산업혁명이야말로 「파란불의 세기」로서 공산주의의 원형인 마르크스도 그의 경제학에서 예견치 못한 새로운 산업혁명인 것이니, 이 새로운 산업혁명만이 공산주의를 근본적으로 지구상에서 말살시키고 말 것이다. 그러므로 국민 각자는 세기의 선구자로서 이에 대한 관심 및 연구의 필요를 강조하여 원자산업혁명에 뒤늦음이 없이 전 국민이 참가할 수 있는 태세를 갖추어주기를 바라는 바이다.

6. 청년지도에 관한 건

(가) 농어촌 중견청년 지도대책에 관하여

농산어촌의 진흥재건은 오로지 중견청년층의 솔선수범적인 국민운동 실천생활에 기여되는 것이다. 농어촌 청년의 실정은 맹목적 도시집중의 경향이 심하여 이농과 피폐일로를 더듬는 현실인데, 농어촌의 부흥발전이 즉 국가재건을 의미하는 것이므로 중견청년지도에 박차를 가하여 농촌진흥과 어촌개척의 일익을 담당케 하여 다음 사항의 실천을 지도할 것.

(나) 실천사항

① 산업개선운동: 농사 개량, 어업 개량, 근로 여행勵行으로 산업을 진흥시킨다.

② 공익사업운동: 도로 수축, 교량 수리, 공공시설 보존수리를 여행하여 국민도의심을 앙양한다.

③ 국민문화운동: 준법사상 고취, 문맹 퇴치, 양풍미속 장려, 누습陋習

타파, 보건운동을 여행하여 국민문화를 앙양한다.

7. 산업운동에 관한 건

(가) 국산품 장려 및 농산 증산에 관하여

자주경제 확립을 기하기 위하여 국산애용 장려와 아울러 우량품 생산 증가를 병진하고, 외래품을 배격하는 운동을 전개하여 국내 생산 부흥을 촉진하는 국민운동을 재개할 것. 농지개량사업 실시 이래 경자유전의 원칙에 입각하여 자율적인 농경방법의 개선과 생산고 증가에 의하여 농촌 진흥과 아울러 농민생활 향상을 기해야 함에도 북구하고 오히려 전면적인 생산감소의 우려도 적지 않은 정도에 이르고 있다. 이는 영농자금문제가 인프레의 영향을 받은 데 기인되고, 또 하나는 급격한 인구증가로 상대적 생산감소로 볼 수 있기 때문이다. 우리나라는 식량을 비롯하여 여러 가지 농산물의 도입으로 국내소비량의 수급을 조절하는 현하 실정에 비추어 농산의욕이 저하되고, 영농방법에 있어서 점차 낙후성을 초래하여 농업국가로서의 입장에 역행하여 농민은 궁핍을 면치 못할 형편이니 농산증가의 목표 하에 영농방법의 대개선으로써 증산운동을 적극 전개하여야 할 것.

(나) 어촌진흥에 관하여

수산자원 개발이 어촌진흥의 관건이 되는 것이다. 어로에 근로심을 고도로 발휘케 하고, 수산물 가공업의 발전과 아울러 해양개척에 지도 계몽운동을 철저히 추진할 것.

제5절 제12차 전국대의원대회(1년간의 업적)

Ⅰ. 회의경과

1957년 6월 12일 오전 10시에 시내 명동에 있는 시공관에서 중앙과 지방의 대의원 260여 명이 참석한 가운데 제12차 전국대의원대회를 개최하였다. 회순에 따라 조경규 부회장의 개회사와 김일휴 총무부장의 회무보고에 이어서 총재의 훈화를 이기붕 회장이 대독한 다음 임경일 문화부장이 국내외정세보고를 하고, 각 도지부장이 나와서 그 도의 지방정세를 보고하고 나서 본부에서 제안한 메시지, 즉

① 휴전협정 폐지요청의 메시지

② 영국 대 북한 금수 해제 반대 메시지

③ 국군에 대한 신무기 조속 장비 요청 메시지

④ 북한동포에게 보내는 멸공통일 촉진 메시지

를 채댁하고 나서 배종덕 훈련부장이 나와서 본부에서 제안한 토의사항에 대한 낭독과 설명이 있었는데, 그 내용은 다음과 같다.

Ⅱ. 토의안건

1. 생활혁신운동과 국산 애용에 관한 건

국민생활의 누습에서의 혁신 없이 국가부흥을 논할 수 없는 것이며, 외국상품의 노예에서 벗어나지 않고 민생고를 극복할 수는 없는 것이니, 1955년 이래 전국조직망을 총동원하고 행정부와 긴밀한 연락 밑에 일대 생활혁신국민운동을 과감히 전개하여 의생활면 기타에 볼만한 성과가 있었다. 그러나 이러한 국민운동은 일조일석에 유종의 미를 거둔다든지

일시적인 구호선전만으로 성공되는 것이 아니다. 의식주 물질생활을 중심으로 하여 내핍과 과학을 줄거리로 하는 일상생활이 개혁되도록 장기간 전역량을 기울여 소기의 목적을 달성하기 위하여 더욱 면려勉勵하려는 것이니, 외래품 숭상의 미신을 타파하고, 국산품 애용의 궤조軌條가 확립되기 위한 보다 철저한 구체안에 대하여 토의코자 함.

2. 정쟁 지양에 대하여 대 국회 민의원 의원 및 각 정당에의 경고에 관한 건

우리 국민은 지난 5·15정부통령선거전 이래 각 정당의 선거전 특히 상대 당에 대한 중상 및 선전공세를 민의원으로 무대를 옮겨 끽긴喫緊한 국내문제 처리를 위한 제 법안의 심의를 방치하고, 건건사사 자당의 당리당책을 위한 감정을 앞세우고 있는 형편으로 민주당의 야당 위치를 최대한 이용한 대 행정부 공격은 정책 시정을 위한 건설적 요구가 아니라, 이대통령에 대한 개인인신공격에 시종하여 심지어는 그들의 언론기관을 동원하여 「정권은 사실상 민주당으로 이양되었다」고 양언揚言하기에 이르렀다.

시중 무뢰한의 폭행이 있어도 이를 이대통령의 독재 소치라 하고, 고의로 선전하는 것이 다반사로 되어 그 진의가 이대통령 임기 만료 전이라도 불법적으로 자당이 정권을 장악하겠다는 데 있는 것으로 우맹愚氓을 선동하는 것 같은 인상을 주고 있다. 이러한 국민생활과 거리가 먼 자가 자당의 이욕을 내세우기 위하여 수단과 방법을 가리지 않는 정쟁이 신성한 의사당에서 되풀이되고 있다. 이에 대하여 우리는 민족과 국가를 위하는 또는 국민생활 타개와 단합을 위한 정당과 국회의원이 되지 않고는 국민에게 지지를 못 받을 뿐 아니라, 민족반역자의 낙인이 찍히게 될 것을 경고하여야 함.

3. 식량문제 근본적 해결책에 관한 건

해마다 춘궁기에 사회문제로서 등장되는 절량絶糧농가와 결식학동문제, 미곡조절책에 대하여 증산과 절량節糧, 외곡 수입 등 정책을 쓰고 있으나 항상 미온적이고 성복 후 약방문격이 되는 것이 되풀이되고 있으므로 우리는 양곡의 증산과 낭비규정에 대한 국민운동을 계속하고 있다. 이를 철저히 하여 행정시책으로 옮겨지기 위하여 대 정부건의안과 대 국민 실천방안에 대하여 토의코자 함.

4. 국민반國民班 운영에 관한 건

국민반은 논자에 따라서는 일제하의 행정세포로서의 소위 애국반으로 보고 있으나, 민국에 있어서는 지방자치를 위한 자치조직이요 여론조직일 뿐이다. 그러므로 멸공통일의 현 단계에 있어서 이 조직을 살려서 오열 적발 등 공헌함이 그 운영의 주안主眼일 것이니, 국민회는 이를 국민 자체의 민주정치 제1단계로 보고 적극 격려 정비에 노력하여야 할 것이다. 민주정치가 참된 여론정치가 되기 위해서는 자치적인 국민반의 국민적 운영이 요구됨에 감鑑하여 이를 토의코자 함.

5. 국민훈련원 계속 개강에 관한 건

5·15선거 이후 휴강상태에 놓여 있는 국민훈련원은 내외정국의 다단多端과 국민도의퇴폐환경 하에서는 일시라도 이를 등한히 할 수 없는 것이니, 건전한 국민사상의 계몽배양을 위하여 속개하기를 토의코자 함.

이상 5개 안건은 본회로서 국민운동 전개상 현하 긴급 적절한 것임을 각 지방대표가 공인共認하고, 그 실천에 옮길 것을 주장하므로 이 안건을 일괄하여 중앙본부 집행부에 일임하여 그 실천에 옮기도록 하는 동시에, 각 도·시·군의 각급 국민회에서는 중앙본부의 지시에 호응하여 중앙과 동일한 보조로 이 운동을 활발히 전개할 것의 결의하였다.

Ⅲ. 이승만 총재의 전국대회 치사

국민회는 처음부터 민족애국을 목적으로 하는 단체이며, 자유당이 조직되기 전에도 우리나라 일에 많은 노력과 분투를 해서 좋은 성과를 나타냈으며, 또 그 후에도 애국하는 남녀들이 이 뒤를 많이 지지해서 자유당의 기간단체로서 점점 진전되고 있으니 앞으로도 더욱 공헌을 이루게 되는 희망이 많은 것입니다. 이 점에 대해서 국민회의 모든 간부와 동지들에게 내가 많은 치하를 하는 바이며, 또 더욱 부탁하고자 하는 것은 우리 국민이 지금 공산당과 대항해서 싸워오는 이 마당에 우리는 세계 반공전선에서 제일 유력하다는 명예를 가지고 있으며, 이로 인연해서 공산당들이 한국에서는 그 목적을 도달치 못하고 있으며, 우리 국민은 전선에서 목숨을 바쳐서 싸우고 경찰과 민중 전체가 뒤에서 공고히 지지해서 전 국민과 군경이 합심합력해서 나오는 까닭으로 이와 같이 진전되고 있으나, 아직까지도 우리는 어려운 경우를 다 지내지 못했으므로 더욱더욱 우리의 정신과 동기를 발휘해서 국민 전체의 정신통일을 전개시키고, 나라 일은 잘 돕고 공의를 세우는 데 유공한 사업은 하여야만 될 것입니다.

또 이번 연차 전국대의원대회에서 새로 간부를 선출하는 데 있어서도 각 개인이나 부분적 세력을 가지고 민중이 공동으로 원하는 것을 진행시키기 어렵게 되는 일이 없도록 하고, 또 각 개인의 사사의도나 사리사욕을 다 제폐해서 공의대로만 하며, 혹 실수나 잘못되는 일이 있은 때에는 서로 권하고 돕고 해서 조금이라도 분령이 없이 항심항력으로 교정하고 개량해서 한마음 한뜻으로 전체의 공동복리를 위해서 나가야만 국민회 자체가 공고히 될 것은 물론 국민이 더욱 지지하게 되며, 동시에 국권이 공고해지고 민국의 통일을 완수할 수 있게 되는 것이니, 앞으로 회장·부회장 또 중요 간부는 물론 일반관계자가 다 이 점을 명심해서 꾯꾯이 나가기를 바라는 바이며, 국민회에서 그 조직체를 보통 전례를 따라서 회장·부회장을 선거하는 것이 국민회원의 요청이라 하니 이것이 대다수 회원의 원하는 것이라면 그대로 해서 아무쪼록 지장이나 분열이 없이 통일적으로 나가야만 될 것이며, 이것을 회원 전체의 대다수 공의를 따라서 행할 것을 지시하는 바입니다. 오늘 이 연차 전국대의원대회에 내가 친히 참예치 못함을 유감으로 생각하는 동시에 이 간단한 말로써 축하하며, 권유하는 바입니다.

단기 4290년 6월 12일

국민회 총재 리 승 만

Ⅳ. 임원 개선

다음날인 6월 13일에 각 도에서 1명씩 중앙본부 임원 개선을 위한 전형위원이 선출되어서 그들이 전형한 임원은 다음과 같다.

총　　재 이승만

회　　장 이기붕

부 회 장 조경규, 이　활, 공진항孔鎭恒

총무부장 김일휴　　　　차장 유종남劉鍾南, 이기형李基荊

조직부장 유화청　　　　차장 김기탁金基鐸, 이병문李丙文

재정부장 함창희咸昌熙　　차장 최병섭崔秉燮

선전부장 임경일　　차장 최영식崔榮植, 조경호趙經鎬
훈련부장 최응상　　차장 김창근, 김병협金秉協
정경부장 정인봉　　차장 이　단李檀, 이명세李命世
문화부장 김병기金秉驥　　차장 이병일李炳一, 김인선金仁善
청년부장 이　영李榮　　차장 김병선金炳善, 박춘현朴春顯
조사부장 정상렬鄭相烈　　차장 김재능金在能, 문득채文得采
산업부장 임문환任文桓　　차장 최헌진崔憲震, 우흥연禹興淵
감찰부장 한백수　　차장 전해수全海壽, 변유석邊裕錫

제6절 중앙집행위원회

Ⅰ. 회의경과

단기 4291년 7월 15일 중앙상무위원회 결의에 의하여 연차대회를 대행할 중앙집행위원회를 9월 15일에 개최하기로 하였다 그간 중앙본부에서 중앙과 각 지방에 있는 중앙집행위원을 초청하여 예정대로 9월 15일 오전 10시에 본부 회의실에서 정원 120명의 과반수인 70여명이 참석한 가운데 조경규 부회장의 개회선언으로 위원회가 개회되었다.

회순에 따라 이기붕 회장의 개회사와 김일휴 총무부장의 회무보고가 있은 후에 임원 선거에 들어가서 본회 총재에는 이승만 대통령을, 회장에는 이기붕 민의원 의장을 추대하기로 만장일치로 가결하고, 부회장 선임은 회장과 동일 회의장인 조경규 부회장과 각 도에서 선출한 1명씩의 대표를 전형위원으로 한 전형위원이 전형한바 조경규, 민병기, 임철호 3인을 발표하고 이를 본대회에 물었더니 대회에서는 이의 없이 박수로써 환영하여 위의 3인이 부회장으로 선임되었다.

오전회의를 마친 다음 오후에는 전원이 시내 영등포구 동작동에 있는 국군묘지에 참배하여 호국영령의 명복을 기원한 다음 다시 본회의실로 돌아와서 별항과 같은 청년건설대(일명 향토건설대) 조직에 관한 토의를 하고, 본부 상무진 선임은 앞의 각 도대표와 정·부회장에게 일임하여 전형한 결과를 총재에게 품하였으며, 수일 후에 다음과 같이 인준되었다.

총　　재 이승만

회　　장 이기붕

부 회 장 민병기, 조경규, 임철호

총무부장 한백수	청년부장 이　영	재정부장 임봉순
조사부장 한광석韓光錫	조직부장 유화청	산업부장 김정식金正植
선전부장 김광섭	감찰부장 두강권杜江權	조사부장 안동준
정경부장 남송학	문화부장 이교화李校華	

Ⅱ. 부의사항

1. 청년건설대 적극 추진에 관한 긴

본회 각급 회에 부설키로 한 발족 당시의 향토건설대 조직은 일시 보류되었는데, 국민운동 전개에 있어 본 건설대의 적극적인 조직 활동이 고도로 요청되는 현실에 입각하여 다시 이를 시급히 조직 추진하게 되었음은 주지하는 사실이다. 중앙지도위원 선임과 아울러 지방조직을 촉진하여 획기적 운동태세를 갖추고자 함은 물론이려니와 국민회 전위대로 실질적 운동체제 확립을 지표하고 있다. 지난해 12월 18일 개최된 전국 청년부장회의의 건의로 채택되어 조직하기로 된 시초의 「향토건설대」를 각 도본부 회장의 건의로 「청년건설대」로 개칭하여 전국 청년의 기백을 앙양하고, 반공상징이 되며, 애향건설로써 국가부흥, 자주통일성업을 완수함에 선봉적 역군으로서 국가간성의 본질을 공고화해야 한다. 이를 위해서는 이 조직의 추진과 운영에 제반 애로를 극복하여 건실한 육성 발전에 총력을 경주할 것을 강조하며, 적극 추진에 구체적 사실을 토의코자 한다.

2. 국민회 말단기구 편성 강화에 관한 건

행정 말단조직인 국민반을 본회 리동분회 하에 최말단기구 국민반 단위체로 하고, 그 편성과 운영에 대해서는 국민반별로 조직책임자 1명을 선정하여 그 국민반에 있어서 명실 공히 총체임무를 담당(반장의 역할)케 한다. 뿐만 아니라 각급 회에 소속된 임원은 거주지 국민반에서 솔선하여 국민운동을 적극 추진하게 하며, 자진하여 국민반 단위체 책임에 임하여야 할 것이다. 모든 국민반 내에 열성반원은 본회 특별회원으로 하여 말단조직을 공고화하자는 것으로서 이의 편성을 강화하여 운영에 만전을 도모하기 위하여 토의코자 한다.

3. 국론 확립운동에 관한 건

국론통일운동은 본회 운동요체의 하나로서 과거 사산四散분열되었던 국론의 통합으로 독립촉성국민운동이 실현되어 오늘의 자주독립을 가져오게 된 것을 상기하며, 더욱 오늘의 우리가 국민운동을 강력히 전개함에 있어서는 오직 국가와 민족을 위한 민족국가의 번영을 목적으로 하는 국론확립운동이어야 한다. 특히 정당운동에 있어서도 국론에 단합통일을 기해야 할 것이다.

공산괴뢰의 정략모략에 가담하여 우리 국가 민족을 파괴하고 심지어는 이적행위를 자행하려는 경향을 말살하는 국론확립운동, 즉 반공을 주로 하는 국론확립운동을 철저히 전개하여야 할 것이다. 그뿐 아니라 국가 중대선거가 있을 때마다 일부 몰지각한 정객들은 국민과 정부를 이간케 하고, 자가의 야망을 채우려는 획책을 감행하여 국민을 현혹케 하였음을 상기하면서 국론확립에 대한 국민운동을 가일층 활발히 실천해야 할 것이다. 더욱 국토통일촉성은 오로지 국론확립운동에 의해서만 성취할 수 있다는 것을 확신하고 이에 토의를 요망한다.

Ⅲ. 이승만 총재의 훈화

단기 4291년 9월 15일 중앙집행위원회의 제1일 일정을 마친 대표들은 다음날 16일 오후 2시에 이기붕 회장 인솔 하에 경무대로 총재를 예방하였다. 먼저 조경규 부회장으로부터 이번 회의의 경과를 들은 총재는 일동을 향해서 다음과 같은 요지의 말씀을 하였다.

"이번에 국민회가 전국적으로 조직개편을 해서 충분하게 해나가는 것은 고맙게 생각한다. 처음 국민회를 조직할 때에 그 목적은 국민된 책임을 다하여서 잃어버린 나라를 다시 찾자는 것이니, 국민회는 애국하는 우리 민족의 대표적인 기관이었던 것이다. 세상에서 일을 해가는 데는 풍파와 어려운 일이 있는 것이며, 애국하는 데는 생명을 내놓고 나라를 위해서 누구를 막론하고 무엇이든지 이겨나가야만 되는 것이며, 이렇게 목적을 가지고 나가는 것이 원리원칙인 것이다. 그 동안 여러분이 애를 많이 쓴 데 대해서 감사하는 것이다.

지금 우리나라는 세계 강국 중에서 셋째 넷째 가는 명예를 받고 있으며, 제일 용맹스럽다는 영예를 듣고 있는 것이다. 10년이나 5년 전에는 꿈도 꾸지 못하던 것이 지금 되어가고 있으나 이것이 목적의 전부는 아닌 것이다. 우리는 남이 나서서 우리나라를 통일하는 것을 바라지 않으며, 우리가 나서서 우리나라를 통일해야 된다는 주장을 가지고 나가는 것이다. 우방의 원조를 얻어서 공장을 발전시켜나가고 있는데, 앞으로 더욱 충분히 해서 더욱 자랑할 만큼 되어야 할 것이다.

국민회에서 해가는 것도 처음의 목적을 특히 확장해서 애국애족의 결심을 굳게 해나가야 할 것이니 경향에다 선전을 해서 잘 만들도록 해야 할 것이다. 그렇게 해서 우리 목적에 도달이 되어 나라를 회복해서 우리 자손들이 다시는 노예가 되는 일이 없도록 해야 할 것이다. 또 이만큼 해오는 것도 우리가 피를 흘린 결과인데, 이 앞에 나가는 데는 지금보다도 열 길이나 더 확장해 나가야 할 것이다.

정당의 목적은 더 잘 해서 다른 정당보다 더 낫고 더 잘 하자는 것이며, 욕이나 하고 남을 넘어뜨리고자 하는 것이 정당의 목적이 아닌 것이다. 6·25의 남침을 한 공산당은 지금 와서는 간첩을 계속해서 내려보내고 있으니 우리는 정신을 차려서 다 같이 이것을 막아야 하며, 나라를 회복하는 책임이 국민회에 있으니 청년단들이 이 간첩을 다 잡아내서 다 같이 나라에 공헌을 하여 이 나라의 통일이 하루 속히 되도록 해야 하는 것이다."

제5장 결 론(국민운동의 전망)

Ⅰ. 서설

본사本史를 쓰려고 산실散失된 문건을 뒤지고 찾으면서 사라져가는 기억의 실마리를 더듬어 볼 때에 절실히 느껴지는 것은 만일에 이 나라를 해방 직후에 등장한 몽양夢陽[1]과 그 집단에게 맡겼더면 어떻게 되었을까? 우리 배달민족의 독립항로 제1관문인 탁치외세문을 돌파했을까? 능히 돌파했으리라고 단정할 사람은 태무殆無할 것이다. 그리고 백범白凡[2]과 그 계열 같으면? 아마도 돌파 가능하리라. 그러나 다시 독립항로 제2관문인 좌우합작 내환문內患門에 부닥쳤을 때 어떻게 되었을까? 이도 돌파하리라고 자신 있게 말할 사람은 드물 것이다. 왜? 그들은 법통신주法統神仕, 酒에 도취하여 냉정한 이성을 잃은지라 이 합작 요부妖婦가 그 화장술을 발휘해서 남북협상 평화통일 부婦로 변모하니까 단번에 그에게 탐닉되고 말았으니 말이다.

우리 겨레에게는 하늘의 축복으로 지혜와 총명이 부어져 있어서 그 영도자를 이승만 박사로 골랐다. 그래서 이 박사를 중심으로 대동단결하여 총력을 발휘하므로 이 두 가지 난관을 무난히 돌파하여 독립항獨立港에 도착한 것이다. 그런데 이 난관 돌파과정을 엄밀히 검토해볼 때에 만일 전국에서 일제히 봉기한 단오반탁운동과 이 운동의 연장인 민족대표

---

1 몽양은 여운형(呂運亨) 씨의 호. 그 집단은 건국준비위원회와 조선인민당 간부.

2 백범은 김구 선생의 호. 그 계열은 한국독립당 간부.

자대회의 장기투쟁이 없었던들 미소공동위원회가 그렇게 쉽사리 무기휴회됨과 동시에 신탁통치안이 분쇄되었을까? 또한 이 총재의 기지여신機智如神한 관찰과 그 지휘 하에 전국 애국단체가 총궐기하지 않았던들 미군정 연장음모가 용이하게 분쇄되었을까? 상상만 하여도 모골이 송연하다.

이 독립항에 들어온 대한민국이란 배는 다시 실력을 기르고 태세를 정비하여 통일항에로 재출발하려 할 즈음에 6·25남침이란 풍랑을 만났다. 그러나 이 배 안에 타고 있는 전 배달족이 총력을 집결하여 그 격랑을 극복하기에 전심전력을 다 했고, 또한 UN이란 구조선이 도와서 아슬아슬한 고비를 넘어 난파를 면할 뿐 아니라 다시 반격을 거듭하여 1950년 가을에는 붉은 마수의 수도 평양을 점령하고 승승장구 10여일 후에는 압록강까지 쳐들어가서 북한 전역을 완전 탈환함을 바로 눈앞에 바라보게 된 때에 중공군의 개입으로 인해서 본의 아닌 후퇴를 하게 되어 다시 휴전선을 국경선으로 만들었다.

통일 없는 휴전을 하려 하는 미국 측에 반대해서 북진통일운동을 2년간이나 줄기차게 전개했으나 결국에는 통일을 보지 못한 채 38선 중심으로 휴전선이 정해진 채 휴전협정을 체결하게 되었다. 그러나 한미방위협정이란 조약으로써 적마赤魔의 재침을 막을 수 있는 금성철벽金城鐵壁을 만들어서 대한민국의 안보는 영구히 보장받게 되었다. 노 대통령의 노련한 외교적 수완과 통일 없는 휴전을 반대하는 전 국민의 함성 속에 한미방위협정이란 굳은 맹약이 미국무장관 **덜레스**의 재차 내한으로 이루어져서 우리는 안도 속에 영구히 살게 되었다.

위에서 누술累述한 바와 같이 전 배달족의 성충誠忠어린 국민운동과 UN우방들의 협조로 건국은 되었으나 행정에 경험 없는 대통령 이하 각 부처장차관들인지라 행정의 완벽을 기하지 못했다. 더구나 아무리 정력이 절륜하다한들 80고령을 넘은 노 박사가 여하히 국민의 기대에 부응할 수 있게 행정수반으로서의 그 책무를 완수할 수 있으리요. 장기집권에 따르는 정실과 부패에다가 장기집권당에 아부한 일부 관리들의 그 방약무인한 민주역행의 각종 선거, 특히 3·15정부통령선거는 그 부정이 국제주시리에 감행되어 만방에 치욕을 살 뿐 아니라, 반만년의 줄기찬 민족정기의 엄숙한 심판을 받아서 그 퇴진을 강요당한 것이다.

피끓는 젊은 양재良才 100만이 전국에서 궐기했고, 특히 1,000여명 학도의 유혈과 고귀한 200여 청춘들을 의거제단에 바쳐가면서 이루어놓은 4월 학생의거의 그늘에서 집권한 민주당은 국민의 기대를 배반하고 분열과 혼란, 암투와 모략을 일삼으면서 집권 10삭 동안에 내치와 외교에 있어서 하나도 바로잡기는커녕 무위무능과 친일용공 등등 비정秕政이 일증월적日增月積되어서 국가의 장래가 실로 염려되었다. 이때에 박정희 장군을 중심한 소장 군인들이 1961년 5월 16일에 군부쿠데타를 일으키어 민주당정권을 내몰고, 국회를 해산하고 소위 혁명공약 6항목을 내걸고 헌정 아닌 군정을 강행하기에 국민은 그 추이를 관망하였다.

집권 당초는 부패를 일소하고 참신한 행정으로 군정의 명분을 세워보려 하였다. 그 첫 공사公事로 한일국교와 한일해양협정을 맺었는데, 약간 졸속에 흘러서 만족스럽지는 못하였다. 그러나 월남파병으로 국군의 사기를 진작했으며, 현대식 전술을 연마함으로써 세계에 막강한 국군의 실력과 국위를 선양했다. 아울러 우리 한국을 중심으로 한 국제적 반공체제를 확립한 점을 높이 평가하지 않을 수 없을 것이다. 그리하여 우리 국민 특히 전도유위前途有爲한 청장년들에게 새로운 희망, 즉 국제적 무대에서 웅비할 수 있다는 자신과 용기를 주게 됨으로써 장차 국운이 맑게 전개될 서광이 보이게 되었다. 특히 수년래 북괴의 부절한 침투와 교란작전으로 인해서 군경뿐 아니라 전 국민이 총결속하여 국토방위에 만전을 기하므로 문자 그대로 금성철옹을 구축하였다.

그리하여 80년대까지의 조국근대화 목표를 100억불 수출로, 국민 1인당 소득 1,000불을 내걸고 경제계획 제1차에서 제2차까지 수행하기에 국민은 반신반의하면서 외채 증대만을 우려하였다. 그러나 제3차 경제계획 5개년을 수립함에는 농어촌진흥계획까지 병행함으로써 농공병행의 일대 획기적인 국책을 과감하게 시책하여 그 실효를 거두는 것을 전 국민이 주시하고 실감하게 되자 전 국민의 사기는 앙양되고, 정부를 신뢰하고 국민 각자가 응분의 노력으로써 이 유사 이래 초유의 대국책 수행에 협력하겠다는 희망과 각오에 넘쳐 있다.

6·25동란 전 건국 당초에 국민회와 대한농회가 공동노력으로 농촌건설운동을 시작할 때와 견주어볼 때에 현하의 새마을운동은 격세의 감이 있는 입안된 구체적이고 국가적인 대규모로서 일대 장관을 이루고 있는 놀라운 미증유의 대역사적 쾌거이다. 세계기능올림픽에 출전하여 3개년간 연패한 우리 한국은 농어촌 새마을운동에도 경이적인 성과를 올려 세계사상 초유의 쾌거로서 만방에 과시할 만한 사실인데, 이 역사적 사실에 주도적 과업을 성공적으로 수행한 분은 조국근대화의 기수이신 박정희 대통령이다.

그런데 박정희 대통령이 10년간 길러온 자기 장족掌足 같은 중앙정보부장의 손에 의하여 시해되었다. 1979년 10월 26일 사태는 우리 민족사상 초유인 통분할 일인데, 이 엄청난 대사건을 맞아 전 국민은 일대 혼미 중에 방황하였으나 전 국민은 투철한 냉정과 이성을 발휘하여 이 국난 극복에 전심전력을 경주하고 있었다. 그러던 중 1980년 5월부터 일어난 국보위의 눈부신 활약으로 과거 20년간 누적된 각계각층의 오예부패를 청소하고 국내사회를 정화하여 새나라 새사람 새역사를 창조하는 일대 역사를 새로 마련하는 쾌거가 이루어가는 과정이다. 이 민족 앞에서 주도적 지도자는 혜성같이 나타난 전두환 대통령이다. 장기집권욕에 사로잡힌 박정희 대통령의 전철을 밟지 않기를 다짐하는 전두환 육군대장의 청신한 지도자상을 받들어서 전 국민은 한차례 궐기하여야 할 때가 왔다. 총궐기 총진군하는 일대 쾌사를 기록하면서 나아갈 따름이다.

회상컨대 우리의 국권회복을 위해서 해내외에서 순국하신 선열들의 영령과 6·25동란에 우리 강토에 뿌리신 우리 장병과 UN우군의 성혈聖血에 대한 보답을 하기 위해서도 우리 민족은 총궐기하여야 할 것이요, 개중에도 민족의 선두에 나선 각계의 지도자, 특히 정계 지도자들은 경성警醒에 경성을 더하여 이들 순국순의하신 내외국 영령들의 부감俯瞰이 부절不絕하심을 자각 자성하면서 그 성충을 다하며, 그 책무를 완수하여야 함이 당연 이상의 당연사이다. 하물며 천진난만한 학도들의 의거와 희생에 대한 보답이랴!

여하히 하면 외침과 내환의 사태가 다시는 반복됨이 없고, 또한 부정부패가 다시는 반복됨이 없게 할 것이냐? 본사本史의 결미結尾로써 꼭 하고자 하는 제안이 여기에 있다. 무엇이냐? 우리 국민 중 각계 지도자뿐 아니라 내일을 약속한 학생이나 국가간성으로 정신挺身할 군인뿐 아니라 우리 민국에 생을 향유한 국민 전체가 총궐기하여 전개하지 않으면 안 될 것이 오로지 거족적인 민족운동, 즉 국민운동이다.

19세기 초 나폴레옹의 철제鐵蹄에 짓밟힌 독일국민의 분격을 대표해서 교육가 Fichte가 「독일국민에게 고함」이란 장문의 호소에 호응해서 궐기한 독일국민은 그 후에 전국적인 국민운동을 일으켜서 눈부신 부흥으로 부강을 이룩하여 보불전쟁에서 대승리를 할 뿐 아니라, 그네들은 금세기 초에 연합국을 상대로 5년간 전쟁할 수 있는 대국력을 축적하였으며, 그 후에도 다시 2차 대전에서 보여준 독일의 국력이나 패전 후 불과 10년에 재부흥으로 소위 라인강의 기적을 세계에 자랑하는 그 전 국민의 저력이 어디서 함양되었느냐? 전기한 19세기 초에 일대 각성을 촉구하는 국민운동이 전개되었던 데에 그 연원淵源이 있다.

또한 척박한 국토를 가진 덴마크 역시 나폴레옹에게 유린되자 23세의 청년 목사 Grundtwig가 10수년간 동치서구東馳西驅하면서 국민각성운동을 전개하여 이에 전 농민이 호응하게 되고, 특히 청년교육가 Christin Kold의 협조를 얻어 전 농민을 궐기시켜서 그 나라 국정에 맞는 산업개발과 경제부흥으로 오늘의 번영을 이룩한 것이 아닌가? 이 두 국민의 천품과 소질을 우리와 비교하면 그들이 더 우수하기는 커녕 개개인은 우리가 더 우수하다. 더구나 국토라는 자연적 조건에 있어서는 이 두 나라보다 우리가 훨씬 월등하다. 그런데 왜 이웃나라에게 늘 치욕을 당하면서 후진성을 면하지 못하느냐? 이는 정치의 빈곤으로 인유하여 국민각성이 부족한 탓이다. 그러니 이제라도 늦지 않으니 전 국민의 일대 각성을 촉구하는 국민운동을 전개해야 하겠다.

Ⅱ. 국민운동 전개의 필요성

그러므로 제일 먼저 착수하여야 할 것이 구각을 탈각脫却하고 앞으로 21세기 이후 인류를 그 선두에서 지도할 만한 자질을 갖춘 신인간으로서의 개조운동, 즉 한민족성을 개주改鑄하는 일대 운동을 전개하자는 것이다. 그러면 우선 구각을 탈각하는 운동을 전개함에 다음 몇 가지 과거의 한국을 쇠망케 한 원인이 되었던, 민족 속에 깊이깊이 뿌리박힌 몇 가지를 들어서 이를 해부 비판하여 이를 깨끗이 쾌척 청소하여야 하겠다.

Ⅲ. 구각의 탈피

1. 사대정신

구각을 형성하는 오재汚滓[3] 중 제일 뿌리깊고 오랜 역사를 가진 것은 사대정신이다. 우리의 과거사를 회고할 때 이 사대정신을 정치에 반영한 몇 가지만 예를 들면 1,500년 전부터 신라는 서방 당나라와, 백제는 동방 일본과 국교를 맺어서 나제동족끼리의 싸움에 이용해서 원교근벌책으로 보경안민保境安民하려 하다가 신라는 당병을 청하여 동족을 침공하여 백제를 정복하고, 그 후 또 고구려를 통합하였다. 그리하여 신라가 3국을 통일했다는 명분은 세웠으나, 그 결과는 광막한 만몽지방을 송두리째 당나라에 넘겨주고 압록·두만 이남의 협소한 반도 내에 국척跼蹐케 되어서 극동의 약소국가로 전락되었다. 고려 중엽 이후 원나라에 머리숙이자 조국보다도 원에 아부해서 사기 일신의 영달을 도모한 소인배가 족생簇生했던 사실史實을 기억하여야 할 것이다. 그리고 조선조에 와서도 임진란 10년 전에 국방강화를 선조에게 헌책한 이율곡을 경원한 당시 조신들의 머리에는 일조 유사시에는 명나라에 의지하려는 동서인 붕낭들이니 그 결과는 임진란 8년 풍진의 치욕을 고수苦受하였던 것이다.

한말에 와서 개혁당이 일병日兵을 이용하여 정권을 쟁탈하니 사대수구파는 청병淸兵을 영입하여 보복하였다. 동족끼리 단합결속해가지고 시일이 걸리더라도 문명개화로 국력을 함양하여야 한다는 국가백년대계보다는 강대국에 아부하여 자력보다 타력을 빌어서 자파의 집권을 꿈꾸던 결과는 거무하에 일본제국주의의 침략에 40년간이나 국치민욕을 당한 것이다.

---

[3] 더러운 찌꺼기.

또한 문화·사회 전방에 걸쳐서 1,000여 년간 내려오면서 강대국을 섬겨온 쓸개 빠진 나머지 자체의 고유한 문화와 풍속은 스스로 멸시하고 스스로 학대한 것이니 금일에도 이 현상은 도처에서 목도하게 된다. 실예를 개인 사생활형태에서 본다면 해방 전은 고사하고 현재 외국에 유학하는 우리의 학생들이 수삼년간 그 나라에서 지내면 모국어는 태반 망각한다 하며, 현주국에 귀화하기 전이라도 벌써 언어 행동까지 그 나라에 동화되어 한국인이었다는 모습을 발견하기 어렵다는 것이다. 가증한 것은 일본여자와 동거하는 가정은 그 풍습 문물이나 자녀들의 언어까지 일인식이요, 미국여성과 동거하면 그 가정과 자녀가 미국식가풍이 자연히 되고, 중국여자와 결혼하여 사는 한국교포 또한 중국식가풍이 되고 마는데, 그 주인이란 명색 한국인은 조금도 이를 수치스럽게 생각하기는커녕 자랑꺼리로 여기는 정도이다.

심하게 말하면 우리 단조檀祖의 자손된 것을 명예스럽게 생각하는 긍지보다도 이를 저주 자탄하면서 거금 80년 전만 해도 청국인 못된 것을 한탄하는 모화당, 일정시절에는 일본인 못된 것을 원망하는 친일파, 다시 해방 후는 미국인으로 태어나지 못한 것을 자탄자모自嘆自侮하는 현시대아가 그 얼마인가? 두루 살펴볼 때에 자경할 정도를 넘어서 분노를 금할 수 없을 것이다. 독립된 오늘에 있어서 외국이역에 여행하는 동포가 외국인들과 어깨를 나란히 하면서 본국에서와 같은 헌앙한 기상으로 대활보할 뿐 아니라, 우리의 문물 중 우수한 것을 들어서 선양하기에 힘쓰는 인사가 기하幾何인지 헤아려보아야 할 것이다.

2. 의뢰심

이 사대정신에서 파생된 작용이 있으니 즉 의뢰심이다. 남에게 의지 의뢰해서 범백사를 처리하고 영위하려는 근성이니, 즉 부모형제 친족들에게 의뢰하려는 비루하고도 태만한 근성이 가정에서 사회까지 파급된 결과로서 그러한 사회로부터 그러한 국가이기에 자연 쇠망을 가져왔다. 우리 가족제도의 장점인 호주 중심으로 단란한 가족—씨족의 평화스러운 생활을 영위하는 반면에 그 가족의 일원으로서 피와 땀을 흘려서 자신의 생계를 유지하려는 독립자영정신보다도 호주에게 일임하고 무위도식으로 안일을 누리려는 나태와 의뢰로써 일생을 취생몽사하는 인분제조기가 우리 사회에 우글거리고 있는 탓으로 인하여 빈곤을 극복하지 못하고, 나아가서 경제건설이나 국가재건이 지지부진하고 있는 실정이다. 그러므로 우리 민족성에 깊이 뿌리박혀 있는 사대정신을 송두리째 뿌리뽑는 작업에는 역시 부수작업으로서 의뢰근성을 삼제하는 과업을 과감하게 병행해야 할 것이다.

3. 편파성

다음은 우리 민족의 머릿속에 깊이 뿌리박고 있는 편파성, 즉 파당 편향하여 당동벌이黨同伐異를 능사로 하는 정신이다. 원래 인간이란 그 환경에 가장 큰 영향을 받는 존재인데 우리 한반도는 지정학적으로 심상치 않은 특이한 위치에 놓여 있다. 삼면 해양과 일면 대륙에 접하여 있으므로 이 해양과 대륙에서 오는 자연력을 받으며, 남북으로 길게 뻗친 척량산맥脊樑山脈 그 사이사이에 협소한 계곡과 대소구릉이 연접된 산간유역에 좁은 들판이 끼워져 있어서 원시적 농업으로 수천년 고정된 생활을 반복하여 왔다. 특히 온대지방인 만큼 4시 변화되는 기온의 자격刺激을 받아서 신경이 예민해지고 소지小智가 발달한 반면에 심국心局이 협소하고 그 용심이 조급하여 남을 관대하게 포섭할 만한 도량과 유장성悠長性이 부족하여 파당을 짓고 편동偏同을 좋아해서 상호 마찰과 각축을 능사로 하다가 기복부침을 거듭한 것이 근 반만년사를 이루었다.

이 편파정신은 특히 조선 500년간에 자심하게 작용되어서 파당성은 국가도 안중에 없고 자당을 위해서는 국정을 희생하는 망동에까지 나아갔다. 누백년 내려오면서 한 치소거리로 되어온 사실이지만 임진란 3년 전에 일본에 사절로 갔던 서인 황윤길黃允吉 정사는 풍신수길의 위인 됨이 살벌성이 많아서 능히 아국을 침공할 우려가 있으니 국방을 강화하자고 주장하나, 동인 김성일金誠一 부사는 반대되는 보고로써 풍신이 원상猿相으로 일개 졸장부라 감히 동병할 만한 용맹이 없다고 왜곡된 언사를 가지고 동인의 주론을 삼았다. 조선 붕당의 시발인 심의겸沈義謙과 김효원金孝元보다도 양파에 가담해서 당동벌이를 능사로 하던 소위 동서인 조신들이 더 가증하지만, 이 자파세력 부식扶植을 위해서는 국정도 국사도 소홀히 여기는 대죄악을 그들은 깨닫지 못하고 이전투구격으로 추태만 연출하였다.

왜병에게 국토의 태반을 유린당하고 의주 국경까지 몽진한 선조로 하여금「통곡관산월痛哭觀山月 상심압수풍傷心鴨水風 조신자금후朝臣自今後 갱작지동서更作之東西」하려느냐고 통절한 훈계를 하게 하였건만, 그 막후에서는 양파가 여전히 승기작파乘機作派하여가지고 임란 수습에 막대한 지장을 가져왔다. 그 중에도 통분할 일은 이순신 장군이 해전에서 연전연승으로 위공偉功을 세우니까 이를 시기한 원균은 소지小智를 발동하여 파벌을 이용한 모략으로 이 구국의 명장을 하옥케 하고 그 지위를 빼앗았다. 이같이 적과 대진한 순간에도 국가안위보다도 사당사욕이 앞서는 편협한 졸부들이다.

그 뒤 병자호란에 적이 남한산성을 포위하고 있어서 국운이 경각간에 달렸으되 주화파니 척화파니 묘의廟議가 통일되지 못하고 분열 지체되었던 사실을 회상해볼 때 그러한 민족이니 수백년이 지냈으나 4·19학생의거로 이룩한 7·29선거에서 집중된 국민의 기대를 배반하고 신구파로 분열된 민주당도 생기지 않았나 하는 추측이 간다. 우리의 조상들이 300년 내려오면서 서인은 노소 양론으로, 동인은 남북양인으로, 다시 북인은 대소 북인으로 4분5열되어서 치열한 당쟁을 한 것을 비판 매도하기 전에 상금 우리의 혈관 속에 흐르는 피를 검토하여 이 편파성 있는 피를 색출하고 세설洗泄하는 작업을 강력히 전개하여야 하겠다. 하물며 300여년 전 북방 호적 못지않은 공산적호共産赤胡가 수도의 150리 밖에까지 600리 장진을 치고, 사륙시四六時 중 호시탐탐 재침을 노리고 있는 현실을 주시할 때 우리 국민은 이 초비상난국을 극복하기 위해서는 한말쇠망의 주원인의 하나인 이 편파붕당성을 또한 척결하여야 할 것이다.

4. 지방벌

이 편파성을 한결 더 발휘하도록 조성해준 요소가 있으니 그것은 지방벌地方閥 관념이다. 원래 이성계가 함경도 출신인지라 북도인의 걱돌성을 알므로 후일 사직 찬탈을 원려한 대비책으로 북방인 불기용원칙을 세워서 역대 왕조가 이를 답습해왔다. 그리하여 북도 인사는 누백년 간에 그 울분이 누적되었다가 이시애, 이괄, 홍경래 등에게서 폭발되었다. 해방 후에도 상금 지방색이 잔존하여 관북파, 서북계 혹은 기호인, 영남, 호남 벌閥로 가리는 폐해가 있으며, 특히 1971년 대통령선거전에는 집권당이 득표공작 상 지방색관념을 환기한 유감스러운 사례가 있었으나 금후 민족성을 개주하는 부수작업으로 이 지방색관념마저 청산하여야 할 것이다.

5. 말살성

우리 민족이 고대에는 그렇지 않았는데 근세에 와서 4색당쟁으로 국정이 부패혼탁해지면서 행정력이 마비되는 틈을 타서 악성국민성이 발호하기 시작했으니 그것은 말살성抹殺性이다. 보존과 성장 대신에 폐기와 말살을 위주로 하여 영원성 대신에 일시적 고식姑息에 빠진 행위이다. 우리 주위의 자연을 애호육성해서 미화한다거나 전래의 문화재를 아끼고 보호하여 영구히 보존 감상하려 들지 않고, 사개인의 일시적인 이득을 위해서는 이 모든 것을 파기 말살하는 경향이 농후해졌다.

이 악성은 한말부터 일층 자심해졌으니 「황폐된 산천은 황폐된 인심을 배태한다」는 격언과 같이 이 황폐된 주위환경자연 속에서는 자연히 황폐된 인간심리가 결과적으로 솟아나온다는 것이다. 그리하여 이 말살성은 제반 행위에 파급되어서 과연 민족성의 장래가 걱정되게 되었다. 일정 때에도 치산치수사업의 일단으로 사방과 조림을 해서 약간 그 성과가 나타나다가 2차대전 말기에 연료난이 박도迫到하니까 산림남벌이 성행되다가 해방 후 수개월간 행정상 진공상태가 되자 이 남벌 도채盜採는 가일층 성행되어 불과 1년 이내에 강산은 까까머리가 되어 점차 황폐일로에 빠졌다.

국민생활에 식량정책 다음가는 가장 중요한 연료대책의 수립이 수년간 미군정기간에 수십년 내지 수백년간 가꾸어놓은 산림이 전국적으로 벌채될 뿐 아니라, 그 치송稚松까지도 뿌리뽑아가고서 그 자리를 메꾸거나 식림하지 않으니 강우기에 사태가 날 것은 정한 노릇이다. 대소구능이 사태가 나고 구렁이 생겨 골짜기는 메워지고 천상川床은 높아져서 소낙비 1시간이면 홍수가 나고 전답이 유실되는 사태가 벌어진다. 측문仄聞한 바로는 한강천상이 해방 전보다 2m 이상 높아졌다 하니 비단 한강뿐이리요. 회상해볼 때 거금 50년 전만 해도 도처에 청산이요, 골짜기마다 청계淸溪가 흘러서 수려한 금수강산을 이루었었는데, 지금은 그 대소구능이 사태가 나서 옛모습을 찾아볼 수 없게 되었다. 이 원인이 산림남

벌에 있고 그 근원은 정치의 빈곤에 따르는 국민정신의 황폐, 즉 말살성이란 일종의 병자적病疵的 민족성에 있다.

생의 약동에 환희를 느끼고 만상萬象의 성장에 희망을 붙일 줄 아는 인생, 아니 희망을 붙이고 사는 인생, 그러한 인간들만이 모인 사회라야 할 것이 아니겠는가? 우리 민족성의 한 모퉁이에 황폐된 자리가 생기고, 그 자리에서 독소인 말살성이 발효한 소치로 오늘날 보이는 우리 주변의 이 황량, 이 삭막상이 생겼다. 누천년 조상 때부터 유전되어오던 문화재, 국보, 아름다운 금수강산이 무지몽매한 목동 초부의 손끝으로 이 독소인 말살성에서 그 하나하나가 사라져가고 잠식되어가고 있는 통탄할 일이 오늘도 내일도 전국 방방곡곡에서 벌어지고 있다고 상도想到할 때 소위 문화민족으로서 어찌 안연할 수 있으랴? 우리 머릿속에 상존한 병자적 독소—말살성을 적출 제거함에 용감하여야 할 것이다.

그런데 이 말살성은 우리 주변에 있는 자연계에 대해서만 발작된 것이 아니라 형이상적인 면, 정신적인 면에서 더 놀랍고도 가공할 발작이 있었다. 자신과 동문의 집권과 영달을 위해서는 이 말살성이 발전된 시기심, 질투심으로 뻗쳤다. 국정을 바로잡아서 민족을 안내케 하려고 선정을 베풀어서 위로 왕의 신임을 받고, 아래로 백성의 신망을 얻은즉 이를 시기질투하여 이를 말살해버리기 위해서 갖은 간지를 짜내어 중상모략하였다. 조선 중엽인 중종조에 기묘사화를 효시로 하여 역대의 대소사화가 인과를 지으면서 부절하던 중 특히 선조 중기부터 붕당이 발호한 이후는 가일층 우심해졌다. 근 400년간에 깎고 깎이우고 인과를 지어가면서 유위한 인재와 경국제민할 만한 영걸이 얼마나 희생되고 있는가 상상조차도 못할 것이다. 우리의 속담에 「4촌이 논을 사면 배가 아프다」고 하는데, 이 얼마나 질투심이 강한 것을 표현한 말인가!

그런데 이와는 반대로 기상을 길러주고 진취성을 북돋아준 일화가

100여년 전에 있었다. 경주 김씨 집에 유아가 있었는데 비범하였고, 글씨쓰기를 좋아하므로 그 부친이 이 아이의 장래를 원려하여 그 양기養氣에 주력하였다. 하루는 대문 앞에서 놀던 이 아이의 울음소리에 그 부친이 뛰어나가 본즉 목편으로 죽자竹字를 쓰는데 최후의 획인 'ㅣ'을 내려 그어가다가 대문턱에 걸려서 못 내려가므로 어린 아이인데도 기어코 문턱을 넘어서 밖에까지 'ㅣ'을 그으려고 고집하였다. 이 비범한 어린이의 기상을 관찰한 그 아버지 또한 비범한지라 즉시 하인을 불러서 도끼로 대문턱을 자르게 하고 그 애자愛子로 하여금 죽竹자를 완성케 했다는 것이다.

이 아이가 후일에 근대 명필인 김추사가 되었으니, 만일 당시에 부친이 대갈일성에 竹자를 파자破字로 만들었더라면, 그래서 그 충천하는 기상을 꺾었더라면 100년 후에 우리가 추앙하는 김추사가 되었을까? 더구나 명필뿐 아니라 근세 실학파의 거벽巨擘으로 우리 문화사상에 불멸의 빛을 발휘한 김정희 선생이시랴! 이러한 선인들의 자취를 추모할 때에 절실히 느껴지는 것은 일정 40년간에 저네들의 식민정책에 희생되어서 우리의 청소년들이 얼마나 진취의 기상이 말살당하고, 왕성한 정신이 얼마나 소멸당했던가!

다시 엄밀하게 검토해보면 오늘날 조국이 독립되어서 민족이 자유의 햇볕을 맞이하였다고 하지만 누백년 내려온 나쁜 유전遺傳의 잔재가 아직도 우리 머릿속 한 모퉁이에 남아 있어서 고의적으로 혹은 부지부식중에 혀끝으로 언사를 써서 혹은 손끝으로 필봉을 휘둘러서 그 얼마나 이 말살성을 발작하는가를 반성해볼 필요가 있다. 또한 우리의 주변에서 각계각층으로 두루 살펴서 이 악성발작을 미연에 예방하고, 기성사실은 그 반추가 근절되도록 하여야 할 것이다. 더구나 후생을 교도하는 직책을 가진 교육자는 그 제자들에게 미치는 영향력이 절대적이므로 사제의

사이는 마치 본체의 그림자와 같으니 본체의 일동일정一動一靜이 그대로 그림자에 미치는 것이다. 그 사람의 일생 운명은 유소년시절에 결정되는 바 그 결정의 인연과 사유가 당시의 정신상태에서 좌우된다. 충천하는 기상을 배양하여 발랄하고도 늘 청신한 정신상태를 형성함에 절대적인 영향력이 교사들의 훈도薰陶 여하에 매였으니 천하의 교육자는 국운성쇠를 좌우하는 이 성직에 참여하는 영광스런 중책을 자각자성하고 자위자긍하면서 자편自鞭하고 자려自勵하여야 할 것이다.

Ⅳ. 민족정신혁명

이상 수항을 들어서 우리 민족사상에 나타난 오재汚滓 요소를 적출하였는데, 앞날에 광휘 있는 민족사를 창조하기 위해서 사대정신을 빼어내버린 사리에 자주독립정신을 강력한 민족의식의 기반 위에 심어서 이것이 건전하게 성장 발전하도록 단련을 통한 도액導掖과 육성에 전심전력하여야 할 것이요, 다음 편파성을 뽑아낸 자리에는 공정을 위주로 하고 협동과 친화로써 좌우보좌케 하여 그 동작과 거취에는 공익우선주의로 행동기준을 삼을 것이요, 그 다음에는 시기와 질투라는 양마兩魔를 구사하는 간악주 말살성이란 놈을 우리 민족정신 중에서 발본색원하여 완전히 제거하는 작업을 과감하고도 끈기 있게 거족적으로 전개해야 할 것이다. 그리하여 우리 선인들이 물려준 문화재를 보존하고 애호하여 이를 토대로 해서 보다 나은 민족문화를 선양하도록 할 것이며, 현재 우리의 주변을 순화하고 환경을 미화하며 더 발전시켜서 윤택하고 여유 있게 하여 앞날의 광휘를 기약할 만한 물심양면의 근원을 함양하고 그 기본을 배양 육성하는 전 민족적인 운동이 전개되어 진작되어야 하겠다. 이를 간명하게 표시하면 다음과 같다.

망	1. 사대정신 — 의뢰근성	**혁**	1. 자주독립정신
국	2. 편파당심 — 지방별 관념	**명**	2. 협동·친화 공정 공익 우선
독	3. 말 살 성 — 시기 질투심	**정**	3. 보존·육성 민족문화 선양
소		**신**	

이상 3대과업은 다른 말로 말하면 민족정신혁명이라고 하겠으니 5·16군사쿠데타가 정신혁명으로 승화 발전하므로 정치·경제·문화·사회 각 부면에까지 혁명과업이 확대 심화함으로써 유종의 미를 거두는 혁명과업 완수가 되어야 할 것이다. 이 위대한 역사적인 대민족과업의 가장 기본적이고 핵심적인 것은 민족정신을 개주하는 과업이라 하겠다. 환언하면 이 민족정신혁명과업을 제일 먼저 완수하여야 할 것인데, 이는 정계지도층이나 공무원이나 사회지도층 등등 특수층만이 아니라 각계각층을 총망라한 거족적인 운동, 즉 국민운동으로 전개해야 할 것이다.

Ⅴ. 국가관 확립운동

일찍이 한국을 쇠망의 심연 속에 몰아넣어서 40년의 국치민욕을 가져왔고, 광복 후 10여년 간에 다시 부패와 부정을 양성釀成하므로 학생의거와 군사혁명까지 일으키지 않을 수 없게 만든 전기 3개 오재독소를 이번 군사혁명을 계기로 해서 영구히 우리 민족정신 속에서 세설洗泄하고 청소한 뒤에 이루어 놓은 순결무구한 자리에는 거족적인 국민운동으로 먼저 국민자각을 철저히 일으켜서 우리 민족의 정신 속에 국가관을 확립하는 운동을 전개해야 하겠다.

무릇 인격의 확립 없는 국민들로 구성하는 국가란 마치 사상가옥沙上架屋이니 약간의 풍우에도 붕괴할 것은 명약관화이다. 그러니 먼저 자각에 철徹한 국민, 즉 자기가 자기를 초월해서 무아의 경지에 도달함으로써 절대자각을 이루어서 인격적 통일로 완전한 조화를 이룬 인간, 이 인간이 비로소 국민된 자각에 철할 수 있나니 이 자각에 철한다면 그 사람의 사람된 바탕에 국가가 있고, 그 국가는 깊이 사람의 바탕에 연계되어 있게 된다. 이렇게 되어야만 그는 국가에 있어서 죽고 국가에 있어서 살며, 국가가 내 안에 있고 내가 또한 국가 안에 있게 되므로 구시대의 사고방식인 개인의 목적충족을 위한 수단으로서의 국가나 이용 대상으로서의 국가일 수 없다. 오히려 개인은 인간으로서의 근원적인 행위로 국가를 형성 유지하는 것이니, 이 국가를 형성하느냐 못하느냐에 따라서 사람의 사람된 가치가 결정되고, 나아가서 민족의 가치가 결정된다. 다시 말하면 국민으로서 국가를 형성 유지하지 못한다면 그런 국민은 사람노릇을 못하게 되고, 그런 민족은 또한 민족노릇을 하지 못하며 민족가치를 상실한 것이다. 일세 40년 동안에 우리가 뼈저리게 통감한 개인적으로나 민족적으로나 생생한 추억을 되새겨보아야 할 것이다.

개인의 자각에서 출발하여 국가관의 확립으로 신생 대한민국의 혁명정신에 철할 수 있나니, 이에 철한 뒤에는 앞으로 통일과업을 대성하기 위해서는 1,400년 전의 3국 중에서도 제일 국토가 척박하고 인구도 적은 신라가 그보다 기름지고 넓은 국토와 많은 인구를 가진 백제와 고구려를 통합할 때의 그 신라국민의 정신면을 고찰해볼 필요가 있다. 전략상으로 당병의 협력이 필요하였지만 그보다도 더 중요한 것은 백제와 고구려 두 나라보다 신라의 국민사기가 더 왕성하였던 것이다. 고구려와 백제 두 나라에 없는 풍류도라는 신라 고유의 정신적 단련에 뭉쳐서 오랜 세월에 한 전통을 형성한 것인바 이 풍류도의 정해진 수련단계를 밟아서 공인된 화랑들이 사회구조와 군인들의 중추가 되고, 국가형성의 핵심이 되어서 국정을 바로잡고 국력을 충실히 한 뒤에 그 왕성한 국민사기를 총집결해가지고 소위 신라통일을 성취한 것이니, 이 화랑정신은 그 뒤 일천 수백 년 동안 우리 민족 속에 살아서 면면히 계승 약동되고 있다.

이 역사상에 나타난 사실 중 몇 개만 간추려서 되새겨 본다면 고려조 500년 사직을 외침에서 방어함에 있어서 강감찬 장군의 전략과 서희 선생의 웅변으로 능히 수십만 적군을 물리친 위공偉功을 들 수 있으며, 조선조 500년간에도 임진왜란에 국토가 왜적에게 짓밟히자 각지에서 봉기한 수십만의 의용군을 호남에서는 김덕령 장군이, 영남에서는 김천일 장군과 곽재우 장군, 정기룡 장군 등이 통솔해서 처처에서 적병을 격파했으며, 특히 수군통제사 이순신 장군은 육전에서의 패전을 수전에서 설욕함으로써 한민족의 기상을 만장萬丈이나 거양擧揚한 것을 들 수 있다. 그리고 40년간의 일제철쇄 중에도 적수赤手로써 과감하게 왜병의 총검 앞에서 독립을 절규한 삼일독립정신을 발휘했으며, 최근에는 자유당 부정선거에 분기한 학생들의 의거정신을 들 수 있으니, 이 모두가 나라와 겨레를 위한, 즉 대의 앞에 소아를 흔연히 내어던지는 화랑정신의 발로이다. 이 화랑의 재출현을 자부하는 국군장병뿐 아니라 전 국민은 이 빛나는 유산, 즉 우리 민족의 혈관 속에 맥맥히 생동하는 화랑정신이자 대한혼을 현시대에 적응되도록 주성鑄成하여 승공통일을 완수할 수 있는 왕성한 국민정신을 발흥진작하는 일대 국민운동을 거족적으로 전개하여야 할 것이다.

Ⅵ. 우리 민족의 세계사적 사명

인간의 발전은 원자무기란 인류 전멸을 가기可期할만한 최후무기를 발달시켰으며, 그 결과는 인류 멸망을 회피하기 위한 방도, 즉 무력과 전쟁에 의하지 않는 방안으로 세계문제를 해결하여 인류평화 내지 행복을 추구하려는 노력이 점고되어가고 있다. 다시 말하면 서구의 과학문명의 궁극은 인류 멸망을 결과하게 되었으니, 이 서구 문명에 환멸을 느끼게 된 서구인 자신들이 지구상 어느 다른 지역에서, 혹 동방에서 그 무엇인가 보다 고차원의 세계로의 창조, 다시 말하면 민주주의와 공산주의를 다 흡수 극복하여 이를 조화 통합할 수 있을 만한 위대하고도 숭고한 사상과 그런 정신에 입각한 인류구원의 길을 창조 안출하여야 할 역사적 단계에 놓이게 된 것이다.

우리의 국토 양단은 양대 사상 격돌의 초점인 동시에 인류문제 해결의 세기적 과제를 걸머지고 있는 인류 주시의 초점인 것이다. 이 초점에서의 해결은 곧 세계문제 해결의 시발적인 관건이 될 것이다. 이 세계사적인 중요시점에 놓여 있는 우리 한민족이 비록 최후무기는 소유하지 못했으나 인류평화와 행복을 가져올 만한 보다 고차원의 정신문명 내지 사상원리를 창조하여 선도할 만한 대사명과 그 명예로운 처지에 부닥쳐 있는 것이다. 하물며 우리 대한민국의 탄생을 UN이 산파하였고, 그 민국 위기에 다다르자 그 보위를 위해서 또한 UN이 숭고한 희생을 치러주어서 건국 이래 바야흐로 청소년기에 돌입하고 있음에랴!

이 숙명적으로 부하된 세기적 과업을 철저히 인식하고 그 과업을 완수할 각오를 철저히 하여가지고 일대 궐기하는 대한민국이 되어야 마땅하지 않겠는가? 이 UN 내지 인류에게 보답하여야 할 당위적인 사명감을 불어넣어서 분연궐기하게 하고, 그 영예로운 세기적인 대 사명 완수를 위한 혼신渾身의 노력을 거족적으로 전개하여 계속 지구持久하도록 우리의 국민운동이 확대 발전하기를 염원하여 마지않는다.

■ 편집 후기

8·15해방이 되자 40년간 정치에 굶주렸던 한국민족은 수십 개 정당을 만들어서 국내가 소연騷然하였으므로 이를 개탄하고 민족의 장래를 염려한 최태용 선생은 그해 12월에 10여명의 동지를 규합하여 신생회新生會를 만들어서 동 회의 첫 과업으로 「정당 부인, 국민운동 추진」이라는 표제 하에 대중계몽강연을 시작하였다. 이 과업은 수삭 계속하다가 미소공동위원회가 개최되어 장차 신탁통치라는 굴레를 한국에 둘러씌우려고 하자, 이를 분쇄하여 반탁독립운동을 추진하기 위한 기관인 미소공위대책총연맹을 수십 개 정당 사회단체의 협소 하에 구성하여 투쟁운동을 수삭동안 전개하다가, 그 다음해인 1947년 1월에는 10여명의 동지를 다시 규합하여 「신국가건설단」을 조직하고 단원들을 수개월간 훈련하였다.

최 선생이 전기 대중계몽, 공위분쇄, 단원훈련 등에 임하여 강론한 사상, 명시한 구국노선, 경주한 그 애국정열과 심오한 인류구원론을 요약한 것이 바로 이 신국가관이다. 그 뒤 1948년 1월부터 수삭동안 삼청동 송림 속에서 국민운동지도자 훈련을 하였고, 다시 1949년 6월부터 1년간 같은 장소에서 국민훈련원을 차려놓고 전국에서 모여드는 청년들을 훈련하였으며, 당시에 수훈생受訓生에게 과한 교재의 주안이 또한 전기 신국가관과 속편 신국가관이다. 그리고 이 두 편의 신국가관은 독립촉성국민회가 국민운동을 전개함에 있어서 전국 동지들이 파지하였던 이념의 핵심이요 중심사상이었다. 그뿐 아니라 정부 수립 후에 독립촉성국민회가 국민회를 일대 혁신하여가지고 내걸었던 2대 구호, 사상통일운동과 국력배양운동의 구체적인 이념적 근거가 되었다.

본사本史를 발간함에 즈음하여 이 두 편의 신국가관을 부록으로 내어서 과거에 국민운동을 하던 제 선배 동지들의 지난날에 간직하였던 사상을 재인식하게 하여 온고지신의 효效를 거둠과 아울러 앞날에 우리 민족이 전개할 새로운 국민운동에 참고의 자資가 되기를 염원한다.*

저 자

* 저자가 언급한 이 두 편의 자료는 망실되어 부록으로 첨부할 수 없어 아쉽다(편자).